JN255555

連結納税の組織再編税制

ケーススタディ

税理士法人トラスト
公認会計士・税理士　**足立好幸**［著］

中央経済社

はじめに

「連結納税の組織再編税制」のすべてがわかる本。

本書は，連結納税採用企業が組織再編を行った場合の税務上の取扱いについて，ケーススタディを使って解説しています。

連結納税は企業グループを形成している企業に適用される税制であるため，連結納税採用企業は組織再編を頻繁に行うことが一般的です。

連結納税では，組織再編があった場合，みなし事業年度の設定，繰越欠損金の切捨て，時価評価，連結子法人株式の帳簿価額修正などの「連結納税への加入や離脱の税務」と，適格・非適格（時価課税），繰越欠損金の利用制限，含み損の利用制限，株主の取扱いなどの「組織再編税制」が同時に適用されることになります。また，この場合，繰越欠損金も法人税，住民税，事業税ごとに単体納税とは異なる取扱いが適用されます。

つまり，連結納税採用企業が組織再編を行う場合，連結納税特有の取扱いはどうなるのか？　組織再編税制の取扱いはどうなるのか？　の両面から税務上の検討を要することとなります。そして，連結納税採用企業が組織再編を行う場合に不利益を受けないスキームはどのようなスキームになるのかを確認する必要が生じます。

以上を踏まえ，本書では，第１章から第３章において，連結納税採用企業が組織再編を行った場合に適用される連結納税特有の取扱いと組織再編税制について，各個別規定の取扱いを解説するとともに，第４章～第８章において，具体的な事例ごとに，それらがまとめてどのように適用されるのかについて解説しています。

また，第９章では，連結法人が最初連結事業年度に組織再編を行う場合の取扱い，第10章では，連結納税開始前と開始後の組織再編の有利・不利を解説しています。

さらに，平成29年度税制改正によって，自己創設営業権の評価が不要になるとともに，「現金を対価に買収すると非特定連結子法人に該当する」という連結納税の原則が変わり，連結納税の組織再編において検討されるスキームの税務上のメリット・デメリットが大きく変わることになったため，第11章においてスキーム選択の有利・不利を解説しています。

なお，本書は，税金の減少のみを目的とした組織再編を取り扱うものではありません。税金の減少のみを目的とした組織再編行為は，包括的租税回避防止規定（法人税法132条，132条の２，132条の３）に抵触します。

したがって，実際に組織再編を行う場合，「その組織再編に係る選択にビジネスニーズなどの経済的合理性があり，銀行・取引先・労働者などの関係者の利害調整や法務リスク等様々な要素を考慮して組織再編の選択の意思決定をしていること」及び「連結納税制度及び組織再編税制（各個別規定を含む）の趣旨・目的に反していないこと」が大前提となることにご留意ください。

本書に記されている税務上の取扱いは，あくまで個人的な見解ですから，個別具体の取引に適用する場合においては，取引の事実関係に基づいて，専門家の意見も参考にしつつ慎重に検討することをお勧めいたします。

最後に，本書を執筆するにあたり，条文の解釈など様々な場面で相談に乗ってくれた油原光雄氏，あなたがいなければ本書は発刊に至らなかったでしょう。ありがとうございました。

また，本書を執筆する機会をいただき，企画から発行まで担当してくださった株式会社中央経済社の大橋昌史氏に心から感謝いたします。

2017年11月

税理士法人トラスト

公認会計士・税理士　**足立　好幸**

目　次

第１章　組織再編に係る連結納税制度

第2章 単体納税の組織再編税制

第3章　連結納税の組織再編税制

第4章　連結納税適用後の合併のケーススタディ

第５章　連結納税適用後の分割のケーススタディ

第6章　連結納税適用後の現物出資のケーススタディ

第9章　連結親法人又は連結子法人が最初連結事業年度に組織再編を行う場合の取扱い

第10章　連結納税開始前と開始後の組織再編の有利・不利

第11章　連結納税による組織再編のスキーム選択の有利・不利

凡　例

凡例	法令及び会計基準等	最終改正日
法法	法人税法	平成29年３月31日 (法律第４号)
法令	法人税法施行令	平成29年７月28日 (政令第210号)
法規	法人税法施行規則	平成29年９月29日 (財務省令第56号)
法基通	法人税基本通達	平成29年６月30日 (課法２-17，課審６-６)
連基通	連結納税基本通達	平成29年６月30日 (課法２-17，課審６-６)
所法	所得税法	平成29年３月31日 (法律第４号)
所令	所得税法施行令	平成29年３月31日 (政令第105号)
地法	地方税法	平成29年３月31日 (法律第２号)
地令	地方税法施行令	平成29年９月15日 (政令第241号)
平成29年所法等改正法附則	附則（所得税法等の一部を改正する法律）	平成29年３月31日 (法律第４号)
平成29年法令改正法令附則	附則（法人税法施行令等の一部を改正する政令）	平成29年３月31日 (政令第106号)

【本書における共通用語の定義】

特段の断りのない限り，本書における次に掲げる用語は，それぞれ次の意味で使用しています。

- 完全支配関係：連結納税を採用している場合に連結完全支配関係に該当する関係（連結親法人から連鎖する内国法人（連結除外法人を除く）のみで完結する100％の資本関係）をいう（法法４の２，法令14の６②・４の２②）。
- 連結親法人事業年度：連結親法人の事業年度をいう（法法15の２①）。
- 連結事業年度：連結所得に対する法人税を課される連結事業年度，つまり，連結申告を行う事業年度をいう（法法15の２①）。
- 単体事業年度：単体申告又は連結単体申告を行う事業年度をいう。
- 最初連結親法人事業年度：連結所得に対する法人税を課される最初の連結親法人事業年度，つまり，初めて連結申告を行う連結親法人の事業年度をいう（法法61の11①）。
- 最初連結事業年度：連結所得に対する法人税を課される最初の連結事業年度，つまり，連結親法人又は連結子法人が初めて連結申告を行う事業年度をいう（法法15の２①・81の９②）。
- 連結開始直前事業年度：最初連結親法人事業年度開始の日の前日の属する事業年度をいう（法法61の11①）。
- 連結加入直前事業年度：連結親法人との間に連結親法人による完全支配関係を有することとなった日の前日の属する事業年度をいう（法法61の12①）。
- 最終単体事業年度：単体申告又は連結単体申告となる連結開始直前事業年度又は連結加入直前事業年度（最終の単体事業年度）をいう。
- 最終連結事業年度：連結納税を離脱する場合又は連結納税が取り止めとなる場合において最後の連結申告となった連結事業年度をいう。
- 連結申告：連結納税による連結グループ全体での合算申告をいう。
- 単体申告：単体納税による各法人ごとの申告をいう。
- 連結単体申告：連結法人としての単体申告。単体申告と同様に，各連結法人ごとの申告となるが，申告期間において連結法人であるため，貸倒引当金

（法令96）等における連結法人としての取扱いを継続して適用する申告をいう。

- 単体欠損金：法人税に係る単体納税（単体申告又は連結単体申告）の繰越欠損金（法人税法57条1項により繰越控除される欠損金額）をいう。

第1章
組織再編に係る連結納税制度

◆この章のテーマ◆

連結納税を採用している企業又は連結納税の採用を予定する企業が組織再編やM&Aを行う場合に適用される連結納税特有の取扱い

1　組織再編に係る連結納税特有の取扱い
2　連結法人の範囲
3　繰越欠損金
4　時価評価
5　連結子法人株式の帳簿価額の修正
6　加入と離脱・取りやめ
7　みなし事業年度

1　組織再編に係る連結納税特有の取扱い

連結納税を採用している企業又は連結納税の採用を予定する企業が組織再編やM&Aを行う場合に適用される連結納税特有の取扱いは次のとおりである。

① 連結法人の範囲
② 繰越欠損金
③ 時価評価
④ 連結子法人株式の帳簿価額の修正
⑤ 加入と離脱・取りやめ
⑥ みなし事業年度

本章では，これら連結納税特有の取扱いを解説する。

2　連結法人の範囲

2-1　連結親法人の範囲

連結親法人とは，内国法人（普通法人又は協同組合等）をいい，次に掲げる法人は連結親法人に該当しない（法法4の2，法令14の6①③）。

1	外国法人
2	清算中の法人
3	内国法人による完全支配関係がある法人（他の内国法人の100%国内子会社）
4	資産の流動化に関する法律に規定する特定目的会社
5	投資信託及び投資法人に関する法律に規定する投資法人
6	法人課税信託に係る法人税法第4条の7に規定する受託法人
7	帳簿書類の備付けの不備等により国税庁長官により連結納税の承認を取り消された法人（ただし，承認の取消しの日から同日以後5年を経過する日の属する事業年度終了の日までの期間を経過していないもの）（法法4の5①）
8	やむを得ない事情により，連結納税の取りやめについて国税庁長官の承認を受けた法人（ただし，承認を受けた日の属する連結親法人事業年度終了の日の翌日から同日以後5年を経過する日の属する事業年度終了の日までの期間を経過していないもの）（法法4の5③）

以上より，連結親法人が他の内国法人の100%子会社となる場合や解散する

場合は連結親法人が消滅することとなり，連結納税が取りやめとなってしまう。

2-2　連結子法人の範囲

連結子法人とは，100%国内子会社であり，連結親法人による完全支配関係がある内国法人のすべてをいう（法法4の2）。

ただし，次に掲げる法人（連結除外法人）は，連結子法人に該当しない（法法4の2，法令14の6①）。

1	普通法人以外の法人 ここで，普通法人とは，公共法人，公益法人等，協同組合等以外の法人をいい，人格のない社団等は含まれない（法法2九）。したがって，合名会社，合資会社，合同会社は普通法人に含まれるため，連結子法人の対象となる。
2	破産手続開始の決定を受けた法人
3	資産の流動化に関する法律に規定する特定目的会社
4	投資信託及び投資法人に関する法律に規定する投資法人
5	法人課税信託に係る法人税法第4条の7に規定する受託法人
6	帳簿書類の備付けの不備等により，国税庁長官により連結納税の承認を取り消された法人（ただし，承認の取消しの日から同日以後5年を経過する日の属する事業年度終了の日までの期間を経過していないもの）（法法4の5①）
7	過去にその連結親法人による連結完全支配関係を有しなくなったことにより，連結納税の承認を取り消された法人（ただし，承認の取消しの日から同日以後5年を経過する日の属する事業年度終了の日までの期間を経過していないもの）（法法4の5②五）。 これは，一定期間，同じ連結納税グループへの再加入を制限する規定である。 ただし，その発行済株式等を直接又は間接に保有する連結子法人の破産手続開始の決定による解散に基因して，連結親法人による連結完全支配関係を有しなくなる場合を除く。
8	やむを得ない事情により，連結納税の取りやめについて国税庁長官の承認を受けた法人（ただし，承認を受けた日の属する連結親法人事業年度終了の日の翌日から同日以後5年を経過する日の属する事業年度終了の日までの期間を経過していないもの）（法法4の5③）

なお，この場合の完全支配関係とは，連結除外法人及び外国法人が介在しない場合の完全支配関係をいう（法法4の2，法令14の6②・4の2②）。

3　繰越欠損金

3 - 1　連結欠損金の種類

連結欠損金の種類と控除制限は次のとおりとなる。

連結欠損金の種類	連結欠損金	個別所得金額の控除制限
非特定連結欠損金	①　連結納税適用事業年度以後に発生した連結欠損金（下記を除く。法法81の9①）	控除制限はない
	②　連結親法人の開始前繰越欠損金（法法81の9①・②一）	控除制限はない
	③　一定の株式移転に係る株式移転完全子法人の一定の開始前繰越欠損金（法法81の9①・②一・③一）	控除制限はない
特定連結欠損金	④　特定連結子法人の開始前又は加入前の繰越欠損金（法法81の9①一・②一・③一）	特定連結子法人の個別所得金額を限度として利用可能
	⑤　連結親法人又は連結子法人を合併法人，連結法人以外の法人を被合併法人とする一定の要件を満たす適格合併が行われた場合の被合併法人の繰越欠損金（法法81の9①一・②二・③二）	合併法人の個別所得金額を限度として利用可能
	⑥　連結親法人との間に完全支配関係がある他の内国法人の残余財産が確定した場合で一定の要件を満たす場合の当該他の内国法人の繰越欠損金（法法81の9①一・②二・③二）	繰越欠損金を引き継いだ連結法人の個別所得金額を限度として利用可能

また，連結欠損金は「連結欠損金個別帰属額」として各連結法人に配分され，連結法人ごとに残高が把握されることとなる（法法81の9⑥，法令155の21①③）。

3 - 2　みなし連結欠損金の帰属連結事業年度

「3 － 1」で解説したみなし連結欠損金は，対象となる繰越欠損金が発生した事業年度に基づいて，次のとおり帰属する連結事業年度が決定される（法法

81の9②，法令155の19①）。

(1)　連結親法人の開始前繰越欠損金

連結親法人の繰越欠損金が発生した事業年度

(2)　特定連結子法人の開始前又は加入前の繰越欠損金

特定連結子法人の繰越欠損金の生じた事業年度開始日の属する連結親法人の連結事業年度

（注1）　連結親法人の最初連結事業年度前の期間にあっては連結親法人対応事業年度（特定連結子法人の繰越欠損金の生じた事業年度開始日の属する連結親法人の事業年度に対応する期間）とする。

（注2）　特定連結子法人の最初連結事業年度開始日の属する連結親法人の連結事業年度開始日以後に開始した特定連結子法人の事業年度において生じた繰越欠損金は連結親法人のその連結事業年度の前連結事業年度とする。

（注3）　連結子法人欠損事業年度開始日（繰越欠損金が発生した最も古い事業年度の開始日）が連結親法人最初事業年度開始日（連結親法人の事業年度のうち最も古い事業年度開始の日）前であるときは，連結子法人欠損事業年度開始日から連結親法人最初事業年度開始日の前日までの期間を連結子法人の事業年度ごとに区分した期間を連結親法人対応事業年度とする（連結親法人最初事業年度開始日の前日の属する期間は，連結子法人の当該前日の属する事業年度開始日から連結親法人最初事業年度開始日の前日までの期間とする）。

(3)　連結法人以外の被合併法人の繰越欠損金

第3章「3－2－1」参照。

(4)　連結法人以外の残余財産確定法人の繰越欠損金

残余財産確定法人の繰越欠損金の生じた事業年度開始日の属する連結親法人の連結事業年度

（注1）　連結親法人の最初連結事業年度前の期間にあっては連結親法人対応事業年度（残余財産確定法人の事業年度開始の日の属する連結親法人の事業年度に対応する期間）とする。

（注2）　連結親法人の残余財産の確定の日の翌日の属する連結事業年度開始の日以後に開始した残余財産確定法人の事業年度において生じた繰越欠損金にあっては，その残余財産の確定の日の翌日の属する連結事業年度の前連結事業年度とする。

（注3）　残余財産確定法人欠損事業年度開始日（残余財産確定法人の繰越欠損金が発生した最も古い事業年度の開始日）が連結親法人最初事業年度開始日（連結親法人の事業年度のうち最も古い事業年度開始の日）前であるときは，残余財産確定法人欠損事業年度開始日から連結親法人最初事業年度開始日の前日までの期間について，残余財産確定法人の事業年度ごとに区分した期間を連結親法人対応事業年度とする（連結親法人最初事業年度開始日の前日の属する期間は，残余財産確定法人の当該前日の属する事業年度開始日から連結親法人最初事業年度開始日の前日までの期間とする）。

3-3　連結親法人の開始前繰越欠損金

連結納税開始前に発生していた連結親法人の繰越欠損金は，非特定連結欠損金として，連結納税適用以後，連結子法人の個別所得を含めた連結所得と相殺することが可能となる。つまり，最初連結事業年度開始の日前９年以内に開始した連結親法人の各事業年度（単体事業年度）において生じた繰越欠損金は，９年以内開始連結事業年度に発生した連結欠損金とみなして，連結納税適用事業年度以後に連結所得と相殺することが可能となる（法法81の９②一，法令155の19①）。

3-4　連結子法人の開始前又は加入前繰越欠損金

連結納税を適用する場合，又は新たに連結納税に加入する場合，次に掲げる特定連結子法人の開始前・加入前繰越欠損金については，特定連結欠損金として，当該連結子法人の個別所得を限度として連結所得と相殺することが可能となる（法法81の９①②③・61の11①・61の12①）。

一方，特定連結子法人に該当しない連結子法人の開始前・加入前繰越欠損金は全額切り捨てられる（法法81の９②）。

なお，本章では，特定連結子法人に該当しない連結子法人を「非特定連結子法人」ということとする。

特定連結子法人	連結納税開始時	連結納税加入時
株式移転完全子法人	連結親法人が，最初連結親法人事業年度開始日の５年前の日から当該開始日までの間に株式移転により設立された法人であり，かつ，株式移転日から当該開始日まで，継続して完全支配関係のある株式移転完全子法人であった連結子法人	－
長期保有連結子法人（５年以上保有）	最初連結親法人事業年度開始日の５年前の日から当該開始日まで，継続して完全支配関係がある連結子法人	－
設立連結子法人	連結親法人または連結子法人が，最初連結親法人事業年度開始日の５年前の日から当該開始日までの間に設立した完全支配関係がある他の連結子法人で，その設	連結親法人または連結子法人が設立した，完全支配関係がある他の連結子法人

	立日から当該開始日まで，継続して完全支配関係がある他の連結子法人	
適格株式交換等(注)による株式交換等完全子法人	連結親法人又は連結子法人を株式交換等完全親法人とする適格株式交換等が，最初連結親法人事業年度開始日の５年前の日から当該開始日までの間に行われ，かつ，適格株式交換等の日から当該開始日まで，継続して完全支配関係のある株式交換等完全子法人であった他の連結子法人	連結親法人又は連結子法人が，適格株式交換等により発行済株式の全部を有することとなった場合の他の連結子法人
適格合併(注)，適格株式交換等(注)，適格株式移転の被合併法人等の長期保有連結子法人及び設立連結子法人	連結親法人が，最初連結親法人事業年度開始日の５年前の日から当該開始日までの間に適格合併等（適格合併，適格株式交換等又は適格株式移転）により完全支配関係を有することとなり，かつ，適格合併等の日から当該開始日まで，継続して完全支配関係がある連結子法人 当該連結子法人は，最初連結親法人事業年度開始日の５年前の日又は設立日から適格合併の日の前日，適格株式交換等の日又は適格株式移転の日まで継続して適格合併等に係る被合併法人等（被合併法人，株式交換等完全子法人又は株式移転完全子法人）との間に被合併法人等による完全支配関係があった法人に限る。	連結親法人が，適格合併等（適格合併又は適格株式交換等）により完全支配関係を有することとなった連結子法人 当該連結子法人は，適格合併等の日の５年前の日又は設立日から適格合併等の日の前日まで継続して適格合併等に係る被合併法人等（被合併法人又は株式交換等完全子法人）との間に被合併法人等による完全支配関係があった法人に限る。
単元未満株の買取等による連結子法人	最初連結親法人事業年度開始日の５年前の日から当該開始日までの間に単元未満株式の買取りその他これに類する買取り又は株主等が法令の規定により保有を制限されたことに伴う株式の買取りにより，完全支配関係を有することとなり，かつ，その有することとなった日から当該開始日まで，継続して完全支配関係がある連結子法人 当該連結子法人は，買取りに係る株式が発行されていなかったとするならば，当該５年前の日又は設立日からこれらの買	単元未満株式の買取りその他これに類する買取り又は株主等が法令の規定により保有を制限されたことに伴う株式の買取りにより，完全支配関係を有することとなった連結子法人 これらの買取りに係る株式が発行されていなかったとするな

	取りの日まで継続して完全支配関係があった法人に限る。	らば，これらの買取りの日の５年前の日又は設立日からこれらの買取りの日まで継続して完全支配関係があった法人に限る。

（注）「株式交換等」とは，「株式交換」及び平成29年10月１日以後に行われた「全部取得条項付種類株式方式」「株式併合方式」「株式売渡請求方式」による完全子法人化をいう（法法２十二の十六，平成29年所法等改正法附則１三ロ・11②）。
　また，「株式交換」と「合併」は，平成29年９月30日以前に行われるものと平成29年10月１日以後に行われるものについて，適格要件（金銭等不交付要件）が異なることとなる（法法２十二の八・十二の十七，旧法法２十二の八・十二の十六）。「株式交換等」「適格株式交換等」「適格合併」の定義については，第２章２「２－３」を参照していただきたい。

3-5　株式移転完全子法人の開始前繰越欠損金

　特定連結子法人のうち，株式移転完全子法人について，当該特定連結子法人が「連結親法人同等法人」である場合，次に掲げる開始前繰越欠損金については，非特定連結欠損金として，個別所得を限度とせずに連結所得と相殺することが可能となる（法法81の９②一・③一）。

①　株式移転が適格株式移転に該当する場合，最初連結事業年度開始日前９年以内に開始した事業年度で発生した株式移転完全子法人の開始前繰越欠損金

②　株式移転が非適格株式移転に該当する場合，最初連結事業年度開始日前９年以内に開始した事業年度のうち，株式移転の日を含む事業年度以後に発生した開始前繰越欠損金

　そして，「連結親法人同等法人」とは，次の要件を満たす特定連結子法人をいう（法法81の９③，法令155の19⑬）。

イ　連結子法人が，連結親法人の最初連結事業年度開始日の５年前の日から当該開始日までに行われた株式移転に係る株式移転完全子法人であること

ロ　連結子法人が，発行済株式の全部を株式移転完全親法人である連結親法人によって，株式移転の日から当該開始日まで継続保有されている株式移転完全子法人であること

ハ　株式移転完全子法人（連結子法人）が，株式移転直前に，他の法人との間

に他の法人による支配関係（50%超の資本関係）がないこと

なお，最初連結親法人事業年度開始日の5年前の日よりも前に株式移転により完全子会社化された連結子法人は，上記の取扱いには該当せず，長期保有連結子法人として特定連結子法人に該当することとなり，特定連結欠損金として，当該連結子法人の個別所得を限度として開始前繰越欠損金が利用可能となる（法法61の11①二）。

3-6　地方税の繰越欠損金

連結納税を採用している場合でも，地方税には連結納税が適用されないことから，連結法人の繰越欠損金について，法人税に係る繰越欠損金，住民税に係る繰越欠損金，事業税に係る繰越欠損金の3つに区分されて発生額や解消額が計算される。

そのうち，法人税に係る繰越欠損金は，連結欠損金（連結欠損金個別帰属額）となる（法法81の9①⑥）。

次に，住民税の繰越欠損金は，法人税で切り捨てられた繰越欠損金に対応する控除対象個別帰属調整額や法人税で損益通算により解消された欠損金に対応する控除対象個別帰属税額となる（地法53⑤⑥⑨・321の8⑤⑥⑨）。

最後に，事業税に係る繰越欠損金は，繰越欠損金の切捨てや損益通算による解消がない繰越欠損金となる（地法72の23①②④，地令20の3①②③）。

そして，連結納税開始後，加入時，組織再編時において，この3つの繰越欠損金がそれぞれ異なる取扱いとなる。

4　時価評価

4-1　時価評価制度の概要

連結納税では，特定連結子法人に該当しない連結子法人について，連結納税開始時又は加入時に特定の資産の時価評価を行う必要がある（法法61の11①・61の12①）。

具体的には，連結納税を開始する場合，連結子法人は連結開始直前事業年度において対象資産を時価評価し，その評価損益を益金又は損金に算入することとなる（法法61の11①）。

また，連結子法人が連結納税に加入する場合，連結子法人は連結加入直前事業年度において対象資産を時価評価し，その評価損益を益金又は損金に算入することとなる（法法61の12①）。

したがって，最初連結事業年度ではなく，連結納税開始直前又は加入直前の事業年度において時価評価をすることに注意を要する。

4-2　時価評価の対象法人

時価評価制度の適用対象法人は，特定連結子法人以外の連結子法人である（法法61の11①・61の12①。特定連結子法人の定義は「3－4」を参照）。

4-3　時価評価資産

時価評価の対象となる資産は，次に掲げる資産をいう（法法61の11①・61の12①・122の12①）。

1	固定資産
2	土地（土地の上に存する権利を含み固定資産に該当するものを除く）
3	有価証券
4	金銭債権
5	繰延資産

ただし，次に掲げる資産は時価評価資産から除かれる（法令122の12①，法基通12の3-2-8）。

① 連結子法人が完全支配関係を有することとなった日以後最初に開始する連結親法人事業年度開始日の5年前の日以後に終了する各事業年度において，国庫補助金又は工事負担金の圧縮記帳の規定等の適用を受けた減価償却資産

② 売買目的有価証券（法法61の3①一）

③ 償還有価証券（法令119の14）

④ 税務上の帳簿価額が1,000万円未満の資産（注）

⑤ 評価損益が連結子法人の連結開始直前事業年度又は連結加入直前事業年度

終了の時の資本金等の額の２分の１又は1,000万円のいずれか少ない金額に満たない資産

⑥　連結子法人との間に完全支配関係がある内国法人（次に掲げるものに限る）の株式又は出資で，その価額がその帳簿価額に満たないもの

イ　清算中のもの

ロ　解散（合併による解散を除く）をすることが見込まれるもの

ハ　当該内国法人との間に完全支配関係がある他の内国法人との間で適格合併を行うことが見込まれるもの

（注）　平成29年度税制改正において，平成29年10月１日以後に終了する事業年度終了の時に有する資産（つまり，連結納税開始日・加入日が平成29年10月２日以後になる場合）について，連結納税開始・加入時の時価評価の対象から「税務上の帳簿価額が1,000万円未満の資産」を除外することとなった（法令122の12①四，平成29年法令改正法令附則１一，15)。これによって，連結納税創設以来，最大の問題であった自己創設営業権の評価（自己創設営業権の定義，評価の必要性，評価方法について専門家の間で意見が一致しないという実務上の混乱）について，帳簿価額が０円であるため，自動的に時価評価の対象から外れることになり，また，大昔に取得した土地など含み益がどれだけ巨額であろうとも帳簿価額が1,000万円未満であれば，含み益課税がされないことになった。なお，平成29年９月30日以前に行った時価評価については，改正後も「自己創設営業権」に係る税務リスクにさらされたままということに注意を要する。

4-4　時価評価に伴う繰延譲渡損益の実現

連結納税への加入によって，譲渡法人と譲受法人との間に完全支配関係を有しないこととなったときは，譲渡法人で繰り延べた譲渡損益調整資産に係る譲渡損益は，譲渡法人の完全支配関係を有しないこととなった日の前日の属する事業年度に実現する（法法61の13③)。

また，譲渡法人と譲受法人との間に完全支配関係が継続する場合でも，譲渡法人が時価評価の対象法人である場合，譲渡法人で繰り延べた譲渡損益は，連結開始直前事業年度又は連結加入直前事業年度において実現する（法法61の13④)。ただし，繰延譲渡損益の未実現額が1,000万円未満の譲渡損益調整資産等は対象から除かれる（法令122の14⑪)。

同様に，譲受法人が時価評価の対象法人である場合，譲渡法人において繰り

延べていた譲渡損益調整資産に係る譲渡損益が，譲受法人の連結開始直前事業年度又は連結加入直前事業年度終了日の属する譲渡法人の事業年度において実現する（法法61の13②，法令122の14④八・⑩）。

4-5　時価の定義

時価評価を行う場合の時価評価資産の時価は，当該時価評価資産が使用収益されるものとしてその時において譲渡されるときに通常付される価額とされている（法基通12の3-2-1）。

ただし，課税上弊害がない場合，次の時価評価資産ごとに定められた方法その他合理的な方法によって算定された価額を時価として採用することが認められている（法基通12の3-2-1）。

なお，評価時点は，連結開始直前事業年度又は連結加入直前事業年度終了の時となる。

① 減価償却資産

イ　有形減価償却資産は，その資産の再取得価額を基礎としてその取得の時から連結開始直前事業年度又は連結加入直前事業年度終了の時まで旧定率法により償却を行ったものとした場合に計算される未償却残額

ロ　無形減価償却資産及び生物は，その取得価額を基礎としてその取得の時から連結開始直前事業年度又は連結加入直前事業年度終了の時まで旧定額法により償却を行ったものとした場合に計算される未償却残額

② 土地

近傍類地の売買実例を基礎として合理的に算定した価額又は近傍類地の公示価格等から合理的に算定した価額。

③ 有価証券

イ　上場有価証券等

市場価格（法基通9-1-8）

ロ　上場有価証券等以外

非上場有価証券の時価の算定方法は次のとおりであり，上記以外にも財産評価基本通達に準じる方法も課税上の弊害のない限り認められている（法基

通９-１-13，９-１-14，９-１-15)。

(イ)　売買実例のあるもの

６月間以内の適正な売買価額

(ロ)　公開途上にある株式

金融商品取引所の内規によって行われる入札により決定される入札後の公募等の価格等を参酌して通常取引されると認められる価額

(ハ)　売買実例のないものでその株式を発行する法人と事業の種類，規模，収益の状況等が類似する他の法人の株式の価額があるもの

当該価額に比準して推定した価額

(ニ)　上記に該当しないもの

１株当たりの純資産価額等を参酌して通常取引されると認められる価額

(ホ)　企業支配株式

通常の価額に企業支配に係る対価の額を加算した金額

④　金銭債権

税務上の帳簿価額（税務上の個別貸倒引当金を控除した金額)。

⑤　繰延資産

イ　創立費，開業費，開発費，株式交付費，社債等発行費は，税務上の帳簿価額

ロ　税務上の繰延資産は，繰延資産の額を基礎としてその支出の時から連結開始直前事業年度又は連結加入直前事業年度終了の時まで繰延資産の償却限度額による償却を行ったものとした場合に計算される未償却残額

4-6　短期間で連結納税から離脱する場合の時価評価の取扱い

支配日以後２か月以内に連結グループから離脱する連結子法人の有する資産は時価評価の対象から除外される（法令122の12①九)。

ここで，支配日とは，完全支配関係を有することとなった日又は月次決算期間末日の翌日（法法14②一の加入日の特例規定を適用した場合）となる。したがって，連結納税開始日以後２か月以内に連結納税から離脱した場合でも，完全支配関係を有することとなった日以後２か月以内の離脱でない場合は，この取扱

いは適用されない。

また，離脱するとは，連結子法人の解散（合併又は破産手続開始の決定による解散に限る）又は残余財産の確定が生じること（法法4の5②四），あるいは，連結子法人が連結親法人との間に連結親法人による連結完全支配関係を有しなくなること（法法4の5②五）により完全支配関係を有しなくなることをいう。

ただし，他の連結法人を合併法人とする合併により完全支配関係を有しなくなる連結子法人及び支配日の属する連結親法人事業年度終了日後に完全支配関係を有しなくなる連結子法人（つまり，連結申告に一度参加する連結子法人）の保有する資産は，時価評価の対象となる。

この取扱いにより，子会社の売却において，売主が売却直前に当該子会社を100％化して，その後，買主に当該子会社の株式の全部を売却する場合に，売主が連結納税を採用していると時価評価が生じてしまうというM&A における税務上の問題を解消することができる。

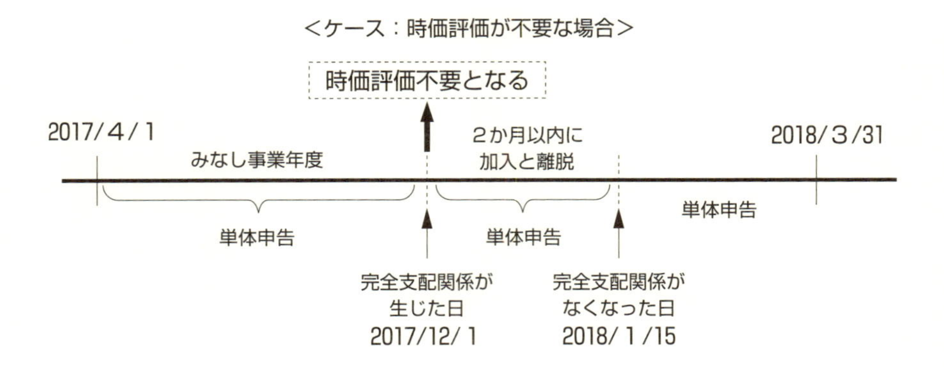

4-7　最初連結親法人事業年度開始日に合併をした場合の取扱い

最初連結親法人事業年度開始日に合併をした場合の次に掲げる資産は時価評価の対象から除かれる（法令122の12①七・八）。

1	最初連結親法人事業年度開始日に連結子法人が連結法人以外の法人を合併法人とする合併により合併法人に移転する資産
2	上記１の合併により，当該連結子法人が発行済株式を直接又は間接に保有する他の連結子法人が連結親法人との間に完全支配関係を有しなくなる場合の当該他の連結子法人の保有する資産
3	最初連結親法人事業年度開始日に連結子法人が当該連結子法人を合併法人とする合併により連結親法人との間に完全支配関係を有しなくなる場合の当該連結子法人の保有する資産
4	上記３の合併により，当該連結子法人が発行済株式を直接又は間接に保有する他の連結子法人が連結親法人との間に完全支配関係を有しなくなる場合の当該他の連結子法人の保有する資産

5　連結子法人株式の帳簿価額の修正

5-1　連結子法人株式の帳簿価額の修正

連結納税では，連結子法人株式を譲渡等した場合に連結納税適用期間中の連結子法人の利益又は損失に相当する金額について，連結親法人及び連結子法人が保有する当該連結子法人株式の帳簿価額を修正する必要が生じる（法令９①六・９の２①四・119の３⑤・119の４①）。そして，この帳簿価額の修正により，当該連結子法人株式の売却損益が修正されることになる。

具体的には，連結法人が有する他の連結子法人（連結親法人を除く）の株式について譲渡等修正事由が生ずる場合の帳簿価額修正額に相当する金額を，当該連結法人の（連結個別）利益積立金額に加算するとともに，同額を当該連結法人が所有する当該他の連結子法人の株式の帳簿価額に加算する。

5-2　譲渡等修正事由

連結子法人株式の帳簿価額は，連結法人間の譲渡，評価替え，連結法人以外への譲渡など譲渡等修正事由が生じた場合に当該事由が生じたときのみ申告書において修正を行うこととなる。譲渡等修正事由は次のとおりとなる（法令９②・９の２②）。

	譲渡等修正事由	摘　要
1	他の連結子法人の株主である連結法人のいずれかが当該他の連結子法人の株式について譲渡によりその全部又は一部を有しなくなること。 (例) 連結法人が所有する連結子法人株式を他の連結法人に譲渡する場合。 この場合，当該連結子法人株式を所有するすべての連結法人で当該連結子法人株式の帳簿価額の修正を行う。	• 帳簿価額の修正は，譲渡日の属する連結事業年度に行う。 • 当該他の連結子法人の株式の譲渡に譲渡損益の繰延べ規定（法法61の13①）が適用される場合であっても，譲渡等修正事由に該当することになる（連基通1-8-3）。また，譲渡される当該他の連結子法人の株式が譲渡損益調整資産に該当するかについては，修正後の帳簿価額を譲渡直前の帳簿価額として1,000万円以上か否かを判定する（連基通14-1-3）。 • また，次の譲渡は除かれる。 (イ) 当該他の連結子法人を分割法人とする適格分割型分割（当該株主である連結法人又は当該株主である連結法人との間に連結完全支配関係がある連結法人のいずれかを分割承継法人とする適格分割型分割に限るものとし，当該分割承継法人が連結親法人でない場合にあっては当該適格分割型分割の直後に当該分割承継法人と当該連結親法人との間に連結完全支配関係がない場合における当該適格分割型分割を除く）に基因する当該他の連結子法人の株式の譲渡 (ロ) 当該株主である連結法人を分割法人，現物出資法人又は現物分配法人とする適格分社型分割，適格現物出資又は適格現物分配による当該他の連結子法人の株式の譲渡 なお，当該株主である連結法人を分割法人とする適格分割型分割による当該他の連結子法人の株式の引継ぎは，譲渡ではないため，譲渡等修正事由には該当しない（法法62の2②）。 (ハ) 当該他の連結子法人を株式交換完全子法人又は株式移転完全子法人とする適格株式交換等（金銭等不交付株式交換に限る）又は適格株式移転による当該他の連結子法人の株式の譲渡 (ニ) 全部取得条項付種類株式等（法法61の2⑭一～三までに掲げる株式）に該当する当該他の連結子法人の株式の取得決議等これら

		の号に定める事由による譲渡（同項の規定の適用がある場合における当該譲渡に限る。） (ホ)　当該他の連結子法人にみなし配当事由（法法24①各号に掲げる事由）が生じたこと（残余財産の分配を受けないことが確定したことを含む）による当該他の連結子法人の株式の譲渡 この場合，下記４に該当することとなる。 (ヘ)　当該他の連結子法人の株式の譲渡に基因して当該株主である連結法人のいずれかと当該他の連結子法人との間に連結完全支配関係がなくなる場合における当該譲渡 この場合，下記３に該当することとなる。
2	他の連結子法人の株主である連結法人のいずれかが当該他の連結子法人の株式について，更生計画認可の決定があったこと等により評価替えをしたこと等（法法25②③・33②③④。当該株式についてこれらの規定の適用を受ける場合に限る）。	帳簿価額の修正は，評価替えを行った連結事業年度に行う。
3	他の連結子法人の株主である連結法人のいずれかと当該他の連結子法人との間に連結完全支配関係がなくなること。 （例） 連結子法人株式が連結法人以外の法人に譲渡された場合	• 帳簿価額の修正は，連結完全支配関係を有しなくなった日の前日の属する連結事業年度又は事業年度に行う。 • 次の場合は除かれる。 (イ)　当該他の連結子法人を被合併法人とする適格合併（金銭等不交付合併で当該株主である連結法人又は当該株主である連結法人との間に連結完全支配関係がある連結法人のいずれかを合併法人とするものに限るものとし，当該合併法人が連結親法人でない場合にあっては当該適格合併の直後に当該合併法人と当該連結親法人との間に連結完全支配関係がない場合における当該適格合併を除く）に基因して当該株主である連結法人と当該他の連結子法人との間に連結完全支配関係がなくなること。 (ロ)　当該株主である連結法人（連結親法人を除く）を被合併法人とする適格合併（当該他

		の連結子法人との間に連結完全支配関係がある連結法人を合併法人とするものに限るものとし，当該合併法人が連結親法人でない場合にあっては当該適格合併の直後に当該合併法人と当該連結親法人との間に連結完全支配関係がない場合における当該適格合併を除く）に基因して当該株主である連結法人と当該他の連結子法人との間に連結完全支配関係がなくなること。 (ハ) 当該他の連結子法人にみなし配当事由（法法24①各号に掲げる事由）が生じたこと（残金財産の分配を受けないことが確定したことを含む）に基因して当該株主である連結法人と当該他の連結子法人との間に連結完全支配関係がなくなること。 この場合，下記4に該当することとなる。
4	他の連結子法人にみなし配当事由（法法24①各号に掲げる事由）が生じたこと（残金財産の分配を受けないことが確定したことを含む)。	• 帳簿価額の修正は，みなし配当が生じた日の属する連結事業年度に行う。 • この場合の帳簿価額の修正は，既修正等額の戻入処理のみ行う（「5－5」参照)。
5	連結法人（上記1～4の事由が生じた法人を除く）が他の連結子法人（発行法人）の株式を保有している場合において当該発行法人の株式を直接又は間接に保有している連結法人（当該発行法人との間に連結完全支配関係がある法人に限るものとし，連結親法人を除く）を上記1～4に規定する他の連結子法人とし，かつ，当該連結法人の株式を当該他の連結子法人の株式としたときに当該連結法人の株式を保有している連結法人につき上記1～4に掲げる事由が生じたこと。	2以上の連結法人がその有する連結法人株式につき，帳簿価額修正額の計算を行うこととなる場合には，これらの連結法人のうち，連結親法人から連鎖する資本関係が最も下位であるものについてこれを行い，順次，その上位のものについてこれを行う（連基通1-8-4)。 つまり，次のような場合の帳簿価額の修正の順序は，まず，他の連結子法人が連結孫法人の株式の帳簿価額の修正を行い，その後に，株主である連結法人が他の連結子法人の帳簿価額の修正を行うこととなる。

	（例） 上記１～４の譲渡等修正事由が生じたことにより，帳簿価額の修正対象となる株式を発行する連結子法人が，他の連結子法人の株式を直接又は間接に保有している場合に，他の連結子法人の株主となる連結法人が当該他の連結子法人の株式の帳簿価額の修正を行う場合	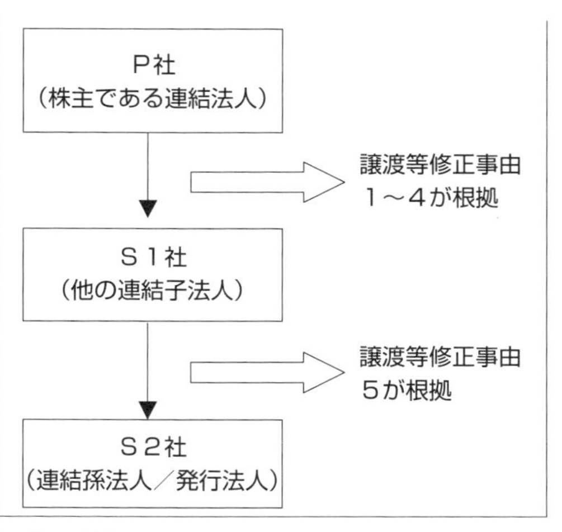

（注１）「株主である連結法人」とは，他の連結子法人の株主であり，他の連結子法人の株式の帳簿価額を修正する連結法人をいう。
（注２）「他の連結子法人」とは，帳簿価額の修正対象となる株式を発行する連結子法人をいう。

5－3　帳簿価額修正額の計算

譲渡等修正事由が発生した場合の株主である連結法人における連結子法人株式の帳簿価額修正額は，次のように計算される（法令９③・９の２③）。

なお，連結子法人にみなし配当事由（法法24①に掲げる事由）が生じる場合が譲渡等修正事由となる場合（法令９②四に該当する場合），（①＋②）が０円を超え，又は，みなし配当が生じるときは，（①＋②）は０円となり，既修正等額の戻入処理のみが行われる（元々の帳簿価額に修正する）。つまり，この場合，既修正等額がなければ，結果的に連結子法人株式の帳簿価額修正額は生じない（「５－５」参照）。

連結子法人株式の帳簿価額修正額＝（①＋②－③）× ④

① 連結納税適用事業年度内の連結子法人の（連結個別）利益積立金の増減額

これは，次に掲げる連結納税開始時又は加入時から譲渡等修正事由が生じた日の前日までの事業年度の（連結個別）利益積立金の増減額となる。

イ　譲渡等修正事由が生じた日前に終了する連結子法人の連結事業年度の連結個

別利益積立金の増減額（法令９③一イ）

これは連結申告の対象となった連結事業年度の連結個別利益積立金の増減額をいう。

ロ　連結子法人が連結納税から離脱した場合の離脱日の前日の属する事業年度の利益積立金の増減額（法法４の５①②四・五，法令９③一ロ）

「５－２」の譲渡等修正事由３が生じた場合の連結子法人の連結単体申告の対象となった事業年度の利益積立金の増減額をいう。なお，最初連結事業年度終了日前に連結子法人が連結納税から離脱する場合の連結単体申告における利益積立金の増減額も修正額に含まれる。

ハ　譲渡等修正事由が生じた日の属する他の連結子法人の連結事業年度又は事業年度開始の日から当該事由が生じた日の前日までの期間の特定項目に係る（連結個別）利益積立金の増減額（法令９③一ハ）

「５－２」の譲渡等修正事由１が生じた場合の譲渡等修正事由が生じた日の属する事業年度開始の日から当該事由が生じた日の前日までの期間において行われた剰余金取引に係る（連結個別）利益積立金の増減額をいう。

特定項目に係る（連結個別）利益積立金の増減額は，適格合併，適格分割型分割により被合併法人，分割法人から引き継いだ利益積立金額等から，支払配当，適格分割型分割により分割承継法人へ引き継ぐ利益積立金額等を減算することによって計算する。

これは，「５－２」の譲渡等修正事由１が生じた場合，みなし事業年度を設定しないため，当該期間の（連結個別）利益積立金の増減額を特定の項目のみに絞って調整することとしたものである。

②　連結子法人において譲渡等修正事由が生じたために発生した当該連結子法人が所有する他の連結子法人株式の帳簿価額修正額（法令９③一ニ）

③　既修正等額

既修正等額とは，連結子法人株式について，過去に帳簿価額の修正があった場合の既に修正対象となった金額をいう（法令９④・９の２③）。

④　持株比率

持株比率とは，連結子法人の譲渡等修正事由が生じた時の直前の発行済株式

（自己株式を除く）の総数のうちに株主である連結法人が当該直前に有する株式の数の占める割合をいう。

5-4　既修正等額

既修正等額とは，連結子法人の株式について，過去に帳簿価額の修正があった場合の既に修正対象となった金額（既修正額）をいう（法令9④・9の2③）。

ただし，修正対象となる連結子法人が「5－3」①のイ，ロ，ハの（連結）事業年度又は期間に，適格合併，適格分割型分割（以下，「適格合併等」という）を行っている場合は，適格合併等により引継ぎを受ける利益積立金及び移転する利益積立金を帳簿価額修正額から除外する必要があるため，それぞれ次の金額を既修正額に加減算して既修正等額を計算することになる（法令9④・9の2③）。

	加減算事由	加減算額
1	過去に修正対象となる連結子法人を合併法人，分割承継法人とし，当該連結子法人以外の連結法人を被合併法人，分割法人とする適格合併等を行っている場合	適格合併等による引受利益積立金額のうち，被合併法人等における適格合併等直前既修正額及び連結納税適用直前の最終利益積立金額（分割の場合は分割移転割合を乗じて計算）を加算
2	過去に修正対象となる連結子法人を合併法人，分割承継法人とし，連結法人以外の法人を被合併法人，分割法人とする適格合併等を行っている場合	適格合併等による被合併法人等からの引受利益積立金額を加算
3	修正対象となる連結子法人を分割法人とする適格分割型分割を行っている場合	移転した引継利益積立金額のうち，分割移転割合に対応する適格分割型分割直前既修正額及び連結納税適用直前の最終利益積立金額を減算

（注1）　適格合併等直前既修正額とは，被合併法人等が適格合併等の前に帳簿価額修正額の規定の適用を受けた金額（被合併法人等既修正額）をいう。また，例えば，被合併法人等既修正額が，合併法人である連結子法人の適格合併に係る引受利益積立金額を超える場合であっても，適格合併等直前既修正額は被合併法人等既修正額となる。適格分割型分割に係る適格合併等直前既修正額に相当する金額についても，同様となる（連基通1-8-5）。

（注2）　最終利益積立金額とは，連結納税開始又は加入直前の事業年度終了の時の利益積立金額をいう。

（注3）　分割移転割合とは，引受利益積立金額又は引継利益積立金額を分割法人の分割直前の利益積立金額又は連結個別利益積立金額で除して計算した割合をいう。

（注4）　適格分割型分割直前既修正額とは，分割法人が適格分割型分割の前に帳簿価額修正額の規定の適用を受けた金額（分割法人既修正額）をいう。

さらに，上記の適格合併等の前に１及び２の場合における被合併法人，分割法人又は３の場合における修正対象となる連結子法人が，自己を合併法人とした適格合併，自己を分割承継法人とした適格分割型分割，自己を分割法人とする適格分割型分割（前適格合併等）を行っている場合は，１～３に従って既修正等額の計算を行う必要がある（法令９④三・９の２③）。

5-5　みなし配当事由が生じた場合の帳簿価額修正額の計算

連結子法人にみなし配当事由（法法24①に掲げる事由）が生じた場合（残余財産の分配を受けないことが確定した場合を含む）が譲渡等修正事由となる場合（「５-２」の譲渡等修正事由４の場合），帳簿価額修正額の計算は以下のようになる（法令９③・９の２③）。

事由	帳簿価額修正額の計算方法
通常の帳簿価額修正額（既修正等額を減算する前の修正額）が０を超えるとき，又は，みなし配当が生じるとき（注１）	帳簿価額修正額は，マイナスの既修正等額となる。 つまり，この場合，「５－３」の（①＋②）は０となり，既修正等額の戻入処理（元々の帳簿価額に戻す処理）のみが行われる）（注２）。
上記以外の場合	「５－３」に従って原則どおり計算された金額が帳簿価額修正額となる。

（注１）

⑴　通常の帳簿価額修正額（既修正等額を減算する前の修正額）とは，「５－３」の（①＋②）となる。

⑵　（①＋②）は，「５－４」の１又は２に該当する場合，（①＋②）から１の最終利益積立金額又は２の引受利益積立金額を減算した金額とする。

⑶　「５－４」の３に該当する場合，（①＋②）に３の分割移転割合に対応する最終利益積立金額を加算した金額とする。

⑷　「５－４」の前適格合併等を行っている場合は，※２又は※３に準じて（①＋②）に減算又は加算する金額を計算する。

（注２）

⑴　この結果，連結子法人株式の帳簿価額を連結納税の開始・加入時点の帳簿価額に戻すことになる。これは，第４号事由の場合，連結子法人株式に係る譲渡損益相当額は株主である連結法人の資本金等の額にチャージされるため，その連結子法人株式の帳簿価額修正によりそのチャージされるべき金額が利益積立金額にチャージされることを防ぐための処理である（参考文献：「平成25年版 改正税法のすべて（一般財団法人大蔵財務協会）」371頁）。

⑵　既修正等額は，「５－４」の１に該当する場合，１の適格合併等直前既修正額（分割の場合は分割移転割合を乗じた計算）を既修正額に加算し，「５－４」の２に該当する場合，加算額はない。これによって，過去に自己を合併法人，分割承継法人とする適格合併又は適格分割型分割があった場合，連結法人である被合併法人又は分割法人から受け入れた既修正額が戻入処理の対象となる。

(3) 「5－4」の3に該当する場合，3の分割移転割合に対応する適格分割型分割直前既修正額を既修正額から減算する。これによって，過去に自己を分割法人とする適格分割型分割があった場合，分割承継法人に移転された既修正額を除いて戻入処理が行われる。
(4) 「5－4」の前適格合併等を行っている場合は，上記(2)又は(3)に準じて既修正額に加算又は減算する金額を計算する。

6　加入と離脱・取りやめ

6-1　連結子法人の加入事由と効力発生日

連結子法人は，連結親法人による完全支配関係を有することとなった日又は加入日の特例規定（法法14②一）の適用を受ける場合にあっては，同日の前日の属する月次決算期間の末日の翌日において連結納税に加入することとなる（法法4の3⑩）。

この場合，「完全支配関係を有することとなった日」とは，例えば，その有することとなった原因が次に掲げる場合には，それぞれ次に掲げる日になる（連基通1-2-2）。

原因	完全支配関係発生日
株式の購入	株式の取得日。 具体的には，以下と考えられる。 • 株券発行会社：株式の引渡しのあった日 • 株券不発行会社：株式売買契約書で定めた株式譲渡の効力発生日 • 上場株式：譲渡人の口座から譲受人の口座への株式の振替の記録がされた日（注）
新たな法人の設立	法人の設立後最初の事業年度開始の日
合併（新設合併を除く）	合併の効力発生日
分割（新設分割を除く）	分割の効力発生日
株式交換	株式交換の効力発生日
全部取得条項付種類株式方式	株式交換以外の株式交換等は「完全支配関係を有することとなること」とされているため，「株式交換等を行った日」が「完全支配関係を有することとなった日」となる。そして，全部取得条項付種類株式方式に係る「株式交換等を行った日」は，「全部取得条項付種類株式を発行した法人が，会社法第234条第2項（一に満たない端数の処理）の規定により，最大株主等である法人（当該法人と

	完全支配関係を有する法人を含む）へ１株未満の株式の全てを売却した日又は同条第４項の規定により１株未満の株式の全てを買い取った日」となる（連基通１-６-１）。 つまり，全部取得条項付種類株式方式の場合の「完全支配関係を有することとなった日」は，「買収会社（買収会社と完全支配関係を有する法人を含む）に１株未満の株式の全てを売却した日」又は「買収対象会社が１株未満の株式の全てを買い取った日」となる。 なお，「売却した日」又は「買い取った日」が具体的にいつになるかは，連結納税基本通達１-２-２で定められていないことから，原則どおり，裁判所の許可を得て，買収会社又は買収対象会社が株式を取得した日（上記「株式の取得日」参照）になると考えられる。
株式併合方式	株式併合方式に係る「株式交換等を行った日」は，「株式の併合を行った法人が，会社法第235条第２項において準用する同法第234条第２項の規定により，最大株主等である法人（当該法人と完全支配関係を有する法人を含む）へ１株未満の株式の全てを売却した日又は同法第235 条第２項において準用する同法第234条第４項の規定により１株未満の株式の全てを買い取った日」となる（連基通１-６-１）。 したがって，株式併合方式の場合の「完全支配関係を有することとなった日」は，全部取得条項付種類株式方式の場合と同様の取扱いになると考えられる。
株式売渡請求方式	株式売渡請求方式に係る「株式交換等を行った日」は，「一の株主等である法人が，当該株式売渡請求をするに際して，会社法第179条の２第１項（株式等売渡請求の方法）の規定により当該承認をする法人の発行済株式等の全部を取得する日として定めた日」となる（連基通１-６-１）。 したがって，株式売渡請求方式の場合の「完全支配関係を有することとなった日」は，「買収会社が株式を取得する日として定めた日」となる。

（注）　参考文献：『連結納税基本通達逐条解説（税務研究会出版局）』（秋元秀仁氏編著）の連結納税基本通達１-２-２の解説。

そして，連結納税への加入事由は次のとおりとなる。

	加入事由
1	他の内国法人が100%子会社として設立されたことにより連結親法人との間に連結親法人による完全支配関係を有することとなる場合
2	他の内国法人が買収（株式取得）で100%子会社化されたことにより連結親法人との間に連結親法人による完全支配関係を有することとなる場合
3	他の内国法人が連結納税に加入したことにより当該他の内国法人の100%国内子会社が連結親法人との間に連結親法人による完全支配関係を有することとなる場合
4	他の内国法人が連結法人に吸収合併されたことにより当該他の内国法人の100%国内子会社が連結親法人との間に連結親法人による完全支配関係を有することとなる場合

6-2　連結子法人が加入した場合の税務上の取扱い

新たな連結子法人が連結納税に加入した場合には，次のように連結納税開始時と同様の税務上の取扱いが適用される。

1	繰越欠損金の切捨て	特定連結子法人（「３－４」参照）に該当しない連結子法人は，連結納税加入前の繰越欠損金が切り捨てられる（地方税を除く。法法81の９②・61の12①）。 ただし，最初連結事業年度終了日までに連結納税から離脱した場合（つまり，同一連結親法人事業年度内に加入と離脱の両方がある場合）は，繰越欠損金の切捨ては生じない（法法57⑨二）。
2	保有資産の時価評価	特定連結子法人に該当しない連結子法人は，連結加入直前事業年度において対象資産の時価評価を行う（法法61の12①）。ただし，支配日以後２か月以内に連結納税から離脱する連結子法人は時価評価の対象から除外される（法令122の12①九）。
3	みなし事業年度	完全支配関係を有することとなった日（法法14②一の規定の適用を受ける場合にあっては，同日の前日の属する月次決算期間の末日の翌日）前後でみなし事業年度を設定し，申告を行う（法法14①六・②一・15の２①四・②・４の３⑩）

6-3　連結納税からの離脱及び取りやめ事由と効力消滅日

連結納税から離脱又は連結納税が取りやめになるのは，次のケースとなる（法法４の５①②③）。

(1) 国税庁長官により取り消される場合

連結法人につき，仮装・隠蔽や連結確定申告書をその提出期限までに提出しなかったことなど一定の事実がある場合には，国税庁長官は，連結納税の承認を取り消すことができ，その取り消された日以後の期間について，連結納税の承認の効力を失うことになる（法法４の５①）。

また，連結法人は，やむを得ない事情があるときは，国税庁長官の承認を受けて連結納税を取りやめることができる（法法４の５③）。

(2) 連結納税の離脱及び取りやめ事由が生じる場合

次の各号に掲げる事実が生じた場合には，当該各号で定める連結法人は，当該各号に定める日において連結納税の承認を取り消されたものとみなされる。この場合において，連結納税の承認は，そのみなされた日以後の期間について，その効力を失うことになる（法法４の５②）。

	離脱及び取りやめ事由	対象法人	取消日
1	連結親法人と内国法人との間に，当該内国法人による完全支配関係が生じたこと	連結親法人及びすべての連結子法人	その生じた日
2	連結子法人がなくなったことにより，連結法人が連結親法人のみとなったこと	連結親法人	そのなくなった日
3	連結親法人の解散	連結親法人及びすべての連結子法人	その解散の日の翌日（合併による解散の場合には，その合併の日）
4	連結子法人の解散（合併又は破産手続開始の決定による解散に限る）又は残余財産の確定	該当する連結子法人	その解散の日の翌日（合併による解散の場合には，その合併の日）又はその残余財産の確定の日の翌日
5	連結子法人が，連結親法人との間に当該連結親法人による連結完全支配関係を有しなくなったこと	該当する連結子法人	その有しなくなった日 具体的には，株式譲渡の場合は，株式の引渡日（「６－１」の株式の取得日），第三者割当増資の場合は，増資の効力発生日であると

			考えられる。

6-4　連結子法人が離脱した場合及び連結納税が取りやめになった場合の税務上の取扱い

連結子法人が連結納税から離脱した場合や連結納税が取りやめになった場合には，単体納税に移行するに際して，連結納税適用期間中の税務上の取扱いについて，次のような取扱いとなる。

1	繰越欠損金の引継ぎ	連結納税から離脱した場合又は連結納税が取りやめになった場合，連結納税時の連結欠損金個別帰属額が単体納税の繰越欠損金とみなされることとなる（法法57⑥）。 この場合，繰越欠損金の帰属事業年度は，その連結欠損金個別帰属額が生じた連結事業年度開始日の属する連結法人の事業年度となる（法法57⑥）。 なお，連結納税開始又は加入により切り捨てられた繰越欠損金は，単体納税に移行した場合も永久に利用することができない（法法57⑨二）。
2	保有資産の時価評価の引継ぎ	連結納税開始又は加入時に行われた時価評価による加算・減算留保は，単体納税に引き継がれる。
3	連結子法人株式の帳簿価額の修正	連結子法人株式の帳簿価額の修正が当該株式を所有する連結法人で行われる（法令9①六・②・9の2①四・②）。
4	譲渡損益調整資産の繰延譲渡損益の実現	譲渡損益調整資産の繰延譲渡損益について，譲渡法人が譲受法人との間に完全支配関係を有しなくなったときは，譲渡法人において，完全支配関係を有しなくなった日の前日の属する事業年度に繰延譲渡損益が益金又は損金に算入される（法法61の13③）。
5	みなし事業年度	離脱日又は取りやめ日前後でみなし事業年度を設定し，申告を行う（法法14①・15の2①・4の5①②③）。
6	同一の連結納税グループへの再加入の制限	離脱日から同日以後5年を経過する日の属する事業年度終了日までは，同一の連結親法人による連結納税グループには，再加入できない（法法4の2，法令14の6①四）。

7　みなし事業年度

連結納税の加入，離脱，取りやめの場合の「みなし事業年度」が生じる事由とその期間，対象法人，申告形態は，次のとおりである。

(1)　連結子法人が加入する場合

設定事由	対象法人	みなし事業年度	申告形態
連結子法人が連結親法人事業年度の中途において，連結親法人と完全支配関係を有することとなった場合（法法14①六・②一・15の2①四・②・4の3⑩）	加入した連結子法人	①完全支配関係発生日（加入日（注1））の前日の属する事業年度開始日から当該前日までの期間 ②加入日（注1）から連結親法人事業年度終了日までの期間（注2）	①単体申告 ②連結申告（注2）

（注1）　なお，完全支配関係発生日の前日の属する月次決算期間の末日の翌日を効力発生日とすることができ，当該効力発生日を加入日として上記のみなし事業年度を設定することができる（法法14②一。ただし，この特例の適用がない場合の申告書の提出期限までに届出書を提出することが要件となる）。

（注2）　100％新規設立子会社は，設立日から連結親法人事業年度終了日まで②となる（①に該当する期間はない）。

(2)　連結納税から離脱する場合

設定事由	対象法人	みなし事業年度	申告形態
連結子法人が連結事業年度の中途において連結親法人による連結完全支配関係を有しなくなった場合（法法14①八・15の2①三・4の5②五）	離脱した連結子法人	①その連結事業年度開始日からその有しなくなった日（離脱日）の前日までの期間 ②当該離脱日からその連結事業年度終了日までの期間 ③その終了日の翌日から当該翌日の属する事業年度終了日までの期間	①連結単体申告 離脱日の前日が連結親法人事業年度終了の日である場合は，連結申告となる。 ②単体申告 ③単体申告
連結子法人が連結事業年度の中途において破産手続開始の決定を受けた場合（法法14①九・15の2①二・4の	破産手続開始の決定を受けた連結子法人	①その連結事業年度開始日から破産手続開始の決定の日までの期間 ②当該決定日の翌日からその連結事業年度終了日ま	①連結単体申告 破産手続開始の決定の日が連結親

5②四)		での期間 ③その終了日の翌日から当該翌日の属する事業年度終了日までの期間	法人事業年度終了の日である場合は，連結申告となる。 ②単体申告 ③単体申告
連結子法人が連結事業年度の中途において合併により解散し，又は，残余財産が確定した場合（法法14①十・15の2①二・4の5②四）	被合併法人となる連結子法人又は残余財産が確定した連結子法人	その連結事業年度開始日から合併日の前日又は残余財産確定の日までの期間（注）	連結単体申告合併日の前日又は残余財産確定の日が連結親法人事業年度終了の日である場合は，連結申告となる。

（注）　単体納税と異なり，連結子法人について，解散の日までのみなし事業年度は設けない。

(3)　連結納税が取りやめとなった場合

設定事由	対象法人	みなし事業年度	申告形態
連結事業年度の中途において連結親法人が他の内国法人に100％買収された場合（法法14①十一・15の2①・4の5②一）	連結親法人	①その連結事業年度開始日から完全支配関係発生日（支配日）の前日までの期間 ②当該支配日からその連結事業年度終了日までの期間	①連結申告 ②単体申告
	連結子法人のすべて	①その連結事業年度開始日から完全支配関係発生日（支配日）の前日までの期間 ②当該支配日からその連結事業度終了日までの期間 ③その終了日の翌日から当該翌日の属する事業年度終了日までの期間	①連結申告 ②単体申告 ③単体申告
連結事業年度の中途において連結親法人が解	連結親法人	①その連結事業年度開始日から解散日までの期間	①連結申告 ②単体申告

散（合併を除く）をした場合（法法14①一・二十一・15の2①・4の5②三）		②解散日の翌日からその清算事業年度（注）終了日までの期間 ③清算事業年度開始日から残余財産の確定日までの期間	③単体申告
連結子法人の連結事業年度の中途において連結親法人が解散（合併を除く）した場合（法法14①十二・15の2①・4の5②三）	連結子法人のすべて	①その連結事業年度開始日から解散日までの期間 ②解散日の翌日からその連結事業年度終了日までの期間 ③その終了日の翌日から当該翌日の属する事業年度終了日までの期間	①連結申告 ②単体申告 ③単体申告
連結親法人が合併により解散した場合（法法14①二・15の2①・4の5②三）	連結親法人	その連結事業年度開始日から合併日の前日までの期間	連結申告
連結子法人の連結事業年度の中途において連結親法人が合併により解散した場合（法法14①十三・15の2①・4の5②三）	連結子法人のすべて	①その連結事業年度開始日から合併日の前日までの期間 ②合併日からその連結事業年度終了日までの期間 ③その終了日の翌日から当該翌日の属する事業年度終了日までの期間	①連結申告 ②単体申告 ③単体申告
連結親法人の連結事業年度の中途において連結子法人がなくなったことにより連結法人が連結親法人のみとなった場合（法法14①十四・15の2①・4の5②二）	連結親法人	①その連結事業年度開始日から連結子法人がなくなった日（離脱日）の前日までの期間 ②当該離脱日からその連結事業年度終了日までの期間	①連結申告 ②単体申告

（注）　解散後の事業年度（清算事業年度）は，定款の事業年度に関係なく，解散日の翌日から１年ごとの期間となる（会社法494①，法法13①，法基通1-2-9）。

なお，連結親法人又は連結子法人が連結納税から離脱あるいは連結納税が取りやめとなった場合で，当該連結親法人又は連結子法人が新たに他の連結納税グループに加入する場合，(2)(3)に加えて，(1)の連結子法人が加入する場合のみなし事業年度が設定されることとなる（なお，この場合，前述(1)（注１）の加入日の特例規定は適用できない）。

第2章

単体納税の組織再編税制

◆この章のテーマ◆

合併法人等又は被合併法人等が連結納税を採用している場合であっても，確認しておくべき単体納税の組織再編税制の取扱い

1　単体納税における組織再編税制
2　適格・非適格の取扱い
3　繰越欠損金の取扱い
4　特定資産譲渡等損失額の損金算入制限
5　株主の税務

1　単体納税における組織再編税制

合併法人等又は被合併法人等が連結納税を採用している場合であっても，合併法人等（連結申告法人）における法人税に係る繰越欠損金の取扱いを除いて，単体申告法人と同じ取扱いとなる。

また，連結子法人が合併法人等として合併等の直後に連結納税から離脱する場合，合併日等（離脱日）の属する事業年度（単体事業年度）において，法人税に係る繰越欠損金の取扱いを含めて単体申告における組織再編税制が適用される。

さらに，合併法人等（連結申告法人）における繰越欠損金又は連結欠損金個別帰属額に係るみなし共同事業要件や利用制限額の計算方法は単体申告の取扱い（法人税法57条の取扱い）が準用される。

そして，連結申告法人であっても，事業税に係る繰越欠損金については単体申告の取扱い（法人税法57条の取扱い）が準用される。

このように，連結納税の実務では，合併法人等又は被合併法人が連結納税を採用している場合であっても，単体納税の組織再編税制の取扱いを確認する必要が生じる。

この単体納税における組織再編税制の取扱いは次のとおりである。

①　適格・非適格

②　繰越欠損金の利用制限

③　特定資産譲渡等損失額の損金算入制限

④　株主の税務

以下，本章において上記の取扱いを解説する。

なお，連結納税における組織再編税制は第３章で解説している。

2　適格・非適格の取扱い

2-1　適格と非適格の処理（合併・分割・現物出資・現物分配・株式分配）

2-1-1　適格の処理

適格合併，適格分割，適格現物出資，適格現物分配，適格株式分配の場合，移転する資産と負債は，簿価により移転され，移転元（被合併法人，分割法人，現物出資法人，現物分配法人，株式分配法人）では譲渡損益は発生しない（法法62の2①②④・62の3①②・62の4①②・62の5③，法令123の3①③・123の4・123の5・123の6①）。

2-1-2　非適格の処理

非適格合併，非適格分割，非適格現物出資，非適格現物分配，非適格株式分配により移転する資産と負債は，時価により移転され，移転元（被合併法人，分割法人，現物出資法人，現物分配法人，株式分配法人）では譲渡損益が発生する（法法62①）。

合併，分割，現物出資については，資産，時価，譲渡損益は，のれん（＝交付対価の価額が移転する資産及び負債の時価純資産価額を超える場合の超過額）を含めて計算される（法法62①）。

また，非適格合併，又は非適格分割，非適格現物出資，事業譲渡（非適格分割，非適格現物出資，事業譲渡については，分割法人，現物出資法人又は移転法人の当該非適格分割等の直前において営む事業及び当該事業に係る主要な資産又は負債のおおむね全部が分割承継法人，被現物出資法人，譲受法人に移転するものをいう）を行う場合は，合併法人，分割承継法人，被現物出資法人，譲受法人で資産調整勘定又は負債調整勘定が計上される（法法62の8，法令123の10）。

ここで，資産調整勘定とは再編対価となる資産の価額が時価純資産価額（退職給与負債調整勘定及び短期重要負債調整勘定を負債に含めた金額）を超える場合の税務上の正ののれんであり，負債調整勘定とは，退職給与負債調整勘定，短期重要負債調整勘定，差額負債調整勘定（時価純資産価額が再編対価となる資産の価額を超える場合の税務上の負ののれん）である。

また，抱合株式（合併法人が有する被合併法人株式）がある場合に，被合併法人では，抱合株式に対しても，合併対価（合併法人株式や金銭等）の割当があったものとみなして，被合併法人は合併法人から合併対価をその時の価額により取得し，直ちに当該合併対価を被合併法人の株主に交付したものとして，被合併法人における譲渡損益を計算する（法法62①・24②）。ただし，合併法人では，抱合株式についても合併対価の割当があったものとしてみなし配当を計算するが（法法24②，法令23⑤），株式譲渡損益については，抱合株式の帳簿価額を譲渡対価とみなすため，抱合株式に係る株式譲渡損益は発生せず（法法61の２②③），株式譲渡損益相当額が資本金等の額として処理される（法令８①五）。

2-2　適格と非適格の処理（株式交換等・株式移転）

2-2-1　適格の処理

適格となる株式交換等又は株式移転（完全支配関係のある法人間の非適格株式交換又は非適格株式移転を含む）の場合，完全子法人が保有する資産と負債は時価による評価替えをせず，完全子法人では評価損益が発生しない（法法62の９①）。

2-2-2　非適格の処理

非適格となる株式交換等又は株式移転（完全支配関係のある法人間の非適格株式交換又は非適格株式移転を除く。以下，「２－２－２」において同じ）により完全子法人が保有する資産と負債は，時価により評価替えを行い，評価益又は評価損を非適格株式交換等又は非適格株式移転の日の属する事業年度の所得の金額の計算上，益金の額又は損金の額に算入する（法法62の９①）。

非適格株式交換等又は非適格株式移転において時価評価すべき資産は次のとおりとなる（法法62の９①）。

- 固定資産
- 土地（土地の上に存する権利を含み，固定資産に該当するものを除く）
- 有価証券
- 金銭債権
- 繰延資産

ただし，次の資産は除かれる（法令123の11①）。

① 完全子法人が非適格株式交換等の日の属する事業年度開始の日前５年以内に開始した各事業年度において，国庫補助金，工事負担金，保険金，転廃業助成金等の課税の特例の規定の適用を受けた減価償却資産

② 売買目的有価証券（法法61の３①一）

③ 償還有価証券（法令119の14）

④ 税務上の帳簿価額が1,000万円未満の資産（平成29年10月１日以後に行われる非適格株式交換等に限る。平成29年法令改正法令附則１一・２②）。

　つまり，自己創設営業権の評価は不要になる。

⑤ 資産の価額とその帳簿価額との差額が完全子法人の資本金等の額の２分の１に相当する金額又は1,000万円のいずれか少ない金額に満たない場合の当該資産

⑥ 株式交換等完全子法人又は株式移転完全子法人との間に完全支配関係がある他の内国法人（次に掲げるものに限る）の株式又は出資で，その価額がその帳簿価額に満たないもの

　イ　清算中のもの

　ロ　解散（合併による解散を除く）をすることが見込まれるもの

　ハ　当該他の内国法人との間に完全支配関係がある内国法人との間で適格合併を行うことが見込まれるもの

なお，譲渡損益調整資産に係る繰延譲渡損益については，株式交換等又は株式移転によって，譲渡法人と譲受法人との間に完全支配関係を有しないこととなったときを除いて，株式交換等完全子法人又は株式移転完全子法人が譲渡法人又は譲受法人のいずれであっても，譲渡法人で繰延譲渡損益は実現しない。

また，時価は，実務上，売買実例価額がある場合は当該価額，それ以外は，連結納税の時価評価に関する『連結納税の開始等に伴う時価評価資産に係る時価の意義（法人税基本通達12の３-２-１）』において定める「時価」を参考としていることが多いと考えられる（第１章「４－５」参照）。

なお，本章以降で解説している「繰越欠損金の利用制限に係る含み損益の特例計算」，「特定資産譲渡等損失額の損金算入制限に係る含み損益の特例計算」，

「支配関係発生日又は同日の属する事業年度開始日における価額が帳簿価額を下回っていない資産の特定資産からの除外特例」においても資産の時価が必要となるが，当該時価の取扱いも同様の考え方による。

2-3　適格要件

以下では，平成29年10月１日以後に行われる組織再編成に係る適格要件を解説する。

したがって，組織再編成が平成29年９月30日以前に行われた場合の適格要件については改正前の税制を確認していただきたい。

2-3-1　合併

合併の適格要件は次のとおりである（法法２十二の八，法令４の３①②③④）。

なお，本書では，新設合併は解説の対象外としている。

＜適格合併の要件＞

要　件	グループ再編				M&A	要件について
	100%完全支配関係		50%超支配関係			
	当事者間の完全支配関係	同一者による完全支配関係	当事者間の支配関係	同一者による支配関係	共同事業要件	
金銭等の交付がないこと	◎	◎	◎	◎	◎	被合併法人の株主に，合併法人株式又は合併親法人株式のいずれか一方の株式以外の資産が交付されないこと ただし，平成29年10月１日以後に行われる合併について，「合併の直前において合併法人が被合併法人の３分の２以上の株式を有している場合に合併法人以外の株主に金銭その他の資産を交付する場合」は，金銭等の交付には該当しない。つまり，スクイーズアウトによる現金交付型吸収合併は，他の要件を満たせば適格合併に該当する
支配関係継続要件		◎		◎		合併後も，同一者による完全支配関係又は支配関係が継続する見込みであること
事業関連性要件					◎	被合併事業（被合併法人の合併前に行う主要な事業のうちのいずれかの事業をいう）と合併法人の合併事業（合併法人の合併前に行う事業のうちのいずれかの事業をいう）とが，相互に関連するものであること

事業規模要件					◎	次の規模の割合のいずれかが，おおむね5倍を超えないこと ・被合併事業と合併事業（当該被合併事業と関連する事業に限る）のそれぞれの売上金額 ・被合併事業と合併事業のそれぞれの従業者の数 ・被合併法人と合併法人のそれぞれの資本金の額 ・これらに準ずるものの規模の割合
又は 経営参画要件						合併前の被合併法人の特定役員（常務以上）のいずれかと合併法人の特定役員のいずれかが，合併後に合併法人の特定役員となることが見込まれていること
従業者引継要件			◎	◎	◎	被合併法人の合併直前の従業者のうち，その総数のおおむね100分の80以上に相当する数の者が合併後に合併法人の業務に従事することが見込まれていること
事業継続要件			◎	◎	◎	被合併法人の合併前に行う主要な事業（共同事業要件の場合，合併法人の合併事業と関連する事業に限る）が，当該合併後に合併法人において引き続き行われることが見込まれていること
株式継続保有要件					◎	合併により交付される合併法人の株式又は合併親法人株式のいずれか一方の株式（議決権のないものを除く）のうち支配株主に交付されるもの（対価株式）の全部が支配株主により継続して保有されることが見込まれていること 支配株主とは，合併直前に被合併法人と他の者との間に当該他の者による支配関係がある場合における当該他の者及び当該他の者による支配関係があるもの（合併法人を除く）をいう ただし，合併直前に被合併法人について他の者との間に当該他の者による支配関係がない場合は，この株式継続保有要件はないものとする（注）

（注）　平成29年9月30日以前に行われた合併については要件が異なる。

2-3-2　分割

分割の適格要件は次のとおりである（法法2十二の十一，法令4の3⑤⑥⑦⑧）。

なお，本書では，分割対価資産の一部のみを分割法人の株主に交付をする分割（中間型分割）は解説の対象外としている。

<＜適格分割の要件＞>

要　件	グループ再編				M&A	要件について
	100%完全支配関係		50%超支配関係		共同事業要件	
	当事者間の完全支配関係	同一者による完全支配関係	当事者間の支配関係	同一者による支配関係		
金銭等の交付がないこと	◎	◎	◎	◎	◎	・分割型分割 分割法人の株主に分割承継法人の株式又は分割承継親法人株式のいずれか一方の株式以外の資産が交付されず，かつ，当該株式が当該株主の有する分割法人の株式の数の割合に応じて交付されること（按分型） ・分社型分割 分割法人に，分割承継法人の株式又は分割承継親法人株式のいずれか一方の株式以外の資産が交付されないこと
支配関係継続要件	◎（注1）	◎（注2）	◎（注1）	◎（注2）		分割後も，当事者間又は同一者による完全支配関係又は支配関係が継続する見込みであること
事業関連性要件					◎	分割法人の分割事業（分割法人の分割前に行う事業のうち，分割により分割承継法人において行われることとなるものをいう）と分割承継法人の分割承継事業（注3）（分割承継法人の分割前に行う事業のうちのいずれかの事業をいう）とが相互に関連するものであること
事業規模要件 又は					◎	次の規模の割合のいずれかが，おおむね5倍を超えないこと ・分割法人の分割事業と分割承継法人の分割承継事業（注3）（分割事業と関連する事業に限る）のそれぞれの売上金額 ・分割事業と分割承継事業のそれぞれの従業者の数 ・これらに準ずるものの規模の割合
経営参画要件						分割前の分割法人の役員等のいずれかと分割承継法人の特定役員のいずれかとが，分割後に分割承継法人の特定役員（注4）となることが見込まれていること
資産・負債引継要件			◎	◎	◎	分割事業に係る主要な資産及び負債が，分割承継法人に移転していること
従業者引継要件			◎	◎	◎	分割直前の分割事業に係る従業者のうち，その総数のおおむね100分の80以上に相当する数の者が，分割後に分割承継法人の業務に従事することが見込まれていること
事業継続要件			◎	◎	◎	分割事業（共同事業要件の場合，分割承継法人の分割承継事業（注3）と関連する事業に限る）が，分割後に分割承継法人において引き続き行われることが見込まれていること

株式継続保有要件					◎	・分割型分割 分割型分割により交付される分割承継法人株式又は分割承継親法人株式のいずれか一方の株式（議決権のないものを除く）のうち支配株主に交付されるもの（対価株式）の全部が支配株主により継続して保有されることが見込まれていること。支配株主とは，分割型分割の直前に分割法人と他の者との間に当該他の者による支配関係がある場合における当該他の者及び当該他の者による支配関係があるもの（当該分割承継法人を除く）をいう。ただし，分割直前に分割法人のすべてについて他の者との間に当該他の者による支配関係がないときは，この株式継続保有要件はないものとする。(注５) ・分社型分割 分割法人が，分社型分割により交付を受ける分割承継法人株式又は分割承継親法人株式のいずれか一方の株式の全部を継続して保有することが見込まれていること

（注１）　平成29年10月１日以後に行われる「分割型分割のうち，分割前に分割法人と分割承継法人との間に分割承継法人による完全支配関係又は支配関係があるもの」については，支配関係継続要件はない（当該完全支配関係又は支配関係が継続しなくても適格となる。平成29年９月30日以前に行われる分割型分割については，当該完全支配関係又は支配関係が継続することが見込まれていることが要件となる）。

（注２）　平成29年10月１日以後に行われる分割型分割のうち，「分割前に分割法人と分割承継法人との間に同一者による完全支配関係又は支配関係がある吸収分割」，「分割後に分割法人と分割承継法人との間に同一者による完全支配関係又は支配関係がある単独新設分割」，「分割前に分割法人と他の分割法人との間に同一者による完全支配関係又は支配関係がある複数新設分割のうち，分割法人が分割型分割，他の分割法人が分割型分割であるもの」については，分割後に同一者と分割承継法人との間に同一者による完全支配関係又は支配関係が継続することが見込まれていることが要件となる（平成29年９月30日以前に行われる分割型分割については，分割後に分割法人と分割承継法人との間に同一者による完全支配関係又は支配関係が継続することが見込まれていることが要件となる）。

（注３）　複数新設分割である場合にあっては，他の分割法人の分割事業をいう。

（注４）　複数新設分割である場合にあっては，他の分割法人の役員等とする。

（注５）　平成29年９月30日以前に行われた分割については要件が異なる。

また，平成29年４月１日以後に行われる単独新設分割のうち，分割法人が行っていた事業をその分割型分割により新たに設立する分割承継法人において独立して行うための分割として次の要件に該当するものは，適格分割に該当する（法法２十二の十一ニ，法令４の３⑨，平成29年所法等改正法附則１・11①，平成29年法令改正法令附則１・２①）。

①　株式按分交付要件

分割に伴って分割法人の株主の持株数に応じて分割承継法人の株式のみが交付されること。

② 非支配要件

分割法人が分割前に他の者による支配関係がないものであり，分割承継法人が分割後に継続して他の者による支配関係がないことが見込まれていること。

③ 役員引継要件

分割法人の役員等（分割法人の重要な使用人で，分割事業に係る業務に従事している者を含む）のいずれかが，分割後に分割承継法人の特定役員となることが見込まれていること。

④ 資産負債引継要件

分割法人の分割事業に係る主要な資産及び負債が分割承継法人に移転していること。

⑤ 従業者引継要件

分割法人の分割直前の分割事業に係る従業者のうち，おおむね 80％以上が分割後に分割承継法人の業務に従事することが見込まれていること。

⑥ 事業継続要件

分割法人の分割事業が分割後に分割承継法人において引き続き行われることが見込まれていること。

2-3-3 現物出資

現物出資の適格要件は次のとおりである（法法２十二の十四，法令４の３⑩⑪⑫⑬⑭⑮）。

＜適格現物出資の要件＞

要　件	グループ再編				M&A	要件について
	100%完全支配関係		50%超支配関係		共同事業要件	
	当事者間の完全支配関係	同一者による完全支配関係	当事者間の支配関係	同一者による支配関係		
被現物出資法人の株式のみが交付されること	◎	◎	◎	◎	◎	現物出資法人に被現物出資法人の株式のみが交付されること（注1）
支配関係継続要件	◎	◎	◎	◎		現物出資後も，当事者間又は同一者による完全支配関係又は支配関係が継続する見込みであること
事業関連性要件					◎	現物出資法人の現物出資事業（現物出資法人の現物出資前に行う事業のうち，被現物出資法人において行われることになるものをいう）と被現物出資法人の被現物出資事業（注2）（被現物出資法人の現物出資前に行う事業のうちのいずれかの事業をいう）とが，相互に関連するものであること
事業規模要件					◎	次の規模の割合のいずれかが，おおむね５倍を超えないこと ・現物出資法人の現物出資事業と被現物出資法人の被現物出資事業（注2）（現物出資事業と関連する事業に限る）のそれぞれの売上金額 ・現物出資事業と被現物出資事業のそれぞれの従業者の数 ・これらに準ずるもの
又は 経営参画要件						現物出資前の現物出資法人の役員等のいずれかと被現物出資法人の特定役員（注3）のいずれかとが，現物出資後に被現物出資法人の特定役員となることが見込まれていること
資産・負債引継要件			◎	◎	◎	現物出資事業に係る主要な資産及び負債が，被現物出資法人に移転していること
従業者引継要件			◎	◎	◎	現物出資の直前の現物出資事業に係る従業者のうち，その総数のおおむね100分の80以上に相当する数の者が，現物出資後に被現物出資法人の業務に従事することが見込まれていること
事業継続要件			◎	◎	◎	現物出資事業（共同事業要件の場合は被現物出資事業（注2）と関連する事業に限る）が，現物出資後に被現物出資法人において引き続き行われることが見込まれていること
株式継続保有要件					◎	現物出資法人が，現物出資により交付を受ける被現物出資法人の株式の全部を継続して保有することが見込まれていること

（注１） 次に掲げる現物出資は除かれる。
- 外国法人に国内資産等の移転を行うもの（国内資産等の全部が外国法人の恒久的施設に属するものを除く）
  ここで，国内資産等とは，国内にある不動産，国内にある不動産の上に存する権利，鉱業法の規定による鉱業権及び採石法の規定による採石権その他国内にある事業所に属する資産（外国法人の発行済株式等の総数の100分の25以上の数の株式を有する場合におけるその外国法人の株式を除く）又は負債とする。
- 外国法人が内国法人又は他の外国法人に国外資産等の移転を行うもの（他の外国法人に国外資産等の移転を行うものにあっては，国外資産等の全部又は一部が他の外国法人の恒久的施設に属するものに限る）
  ここで，国外資産等とは，国外にある事業所に属する資産（国内にある不動産，国内にある不動産の上に存する権利，鉱業法の規定による鉱業権及び採石法の規定による採石権を除く）又は負債とする。
- 内国法人が外国法人に特定国外資産等の移転を行うもので特定国外資産等の全部又は一部が外国法人の恒久的施設に属しないもの
  ここで，特定国外資産等とは，現金，預金，貯金，棚卸資産（不動産及び不動産の上に存する権利を除く）及び有価証券以外の資産でその現物出資の日以前１年以内に内部取引等により国外資産等となったものをいう。
- 新株予約権付社債に付された新株予約権の行使に伴う当該新株予約権付社債についての社債の給付

（注２） 複数新設現物出資である場合にあっては，他の現物出資法人の現物出資事業をいう。
（注３） 複数新設現物出資である場合にあっては，他の現物出資法人の役員等とする。

2-3-4　現物分配

現物分配とは，法人がその株主に対して，剰余金の配当，利益の配当，資本の払戻し，解散による残余財産の分配，自己株式の取得等において，金銭以外の資産の交付をすることをいう（法法２十二の五の二）。

適格現物分配とは，内国法人を現物分配法人とする現物分配のうち，その現物分配により資産の移転を受ける者がその現物分配の直前において当該内国法人との間に完全支配関係がある内国法人のみであるものをいう（法法２十二の十五）。

2-3-5　株式分配

株式分配とは，平成29年４月１日以後に行われる現物分配（剰余金の配当又は利益の配当に限る）のうち，完全子法人の発行済株式の全部が移転するものをいう（法法２十二の十五の二，平成29年所法等改正法附則１）。

完全子法人とは，その現物分配の直前において現物分配法人により発行済株式の全部を保有されていた法人をいう。

ただし，その現物分配により発行済株式の移転を受ける者がその現物分配の直前において現物分配法人との間に完全支配関係がある者のみである場合における現物分配は除かれる。

つまり，連結子法人が行う現物分配は，株式分配には該当しない。

適格株式分配とは，完全子法人の株式のみが移転する株式分配のうち，完全子法人と現物分配法人とが独立して事業を行うための株式分配として次の要件に該当するものをいう（法法2十二の十五の三，法令4の3⑯，平成29年所法等改正法附則1，平成29年法令改正法令附則1）。

①　株式按分交付要件

現物分配法人の株主の持株数に応じて完全子法人株式が交付されるものであること。

②　非支配要件

株式分配の直前に現物分配法人が他の者による支配関係がなく，株式分配後に完全子法人が他の者による支配関係がないことが見込まれていること。

③　役員引継要件

株式分配前の完全子法人の特定役員のすべてが株式分配に伴って退任をするものでないこと。

④　従業者引継要件

完全子法人の株式分配の直前の従業者のおおむね 80％以上が完全子法人の業務に引き続き従事することが見込まれていること。

⑤　事業継続要件

完全子法人の株式分配前に行う主要な事業が引き続き行われることが見込まれていること。

なお，単独新設分社型分割後に分割承継法人を完全子法人とする適格株式分配を行うことが見込まれている場合には，その単独新設分社型分割の時からその適格株式分配の直前の時まで分割法人と分割承継法人との間に分割法人による完全支配関係が継続することが見込まれていれば，その単独新設分社型分割に係る適格要件のうち完全支配関係が継続することが見込まれていること（支配関係継続要件）を満たす（法令4の3⑥一ハ）。また，単独新設現物出資の場合も同様となる（法令4の3⑬一ロ）。

2-3-6　株式交換等

「株式交換等」とは，「株式交換」及び平成29年10月1日以後に行われた次に掲げる行為により，対象法人がイ，ロに規定する最大株主である法人，ハの一の株主である法人との間に完全支配関係を有することとなることをいう（法法

２十二の十六，平成29年所法等改正法附則１三ロ・11②)。

イ　全部取得条項付種類株式の端数処理

全部取得条項付種類株式（注１）に係る取得決議によりその取得の対価として対象法人の最大株主（注２）以外のすべての株主（注３）に１に満たない端数の株式以外の株式が交付されないこととなる場合の当該取得決議

（注１）　全部取得条項付種類株式とは，発行法人が株主総会決議等（取得決議）によってその全部の取得をする旨の定めがある種類株式をいう。

（注２）　最大株主とは，対象法人の株主（対象法人を除く）のうちその有する対象法人の株式の数が最も多い者をいう（下記ロで同じ)。

（注３）　最大株主以外のすべての株主からは，対象法人及び最大株主との間に完全支配関係がある者は除かれる（下記ロで同じ)。

実務上は，以下の手順により，買収会社が少数株主を排除し，対象法人を完全子法人とする行為をいう。

①　買収会社がTOBを含めた株式の買取り等により，対象法人の株式の一定数の議決権を確保する。

②　株主総会の特別決議により，対象法人の定款変更を行い，普通株式を全部取得条項付種類株式へ変更する。

③　全部取得条項付種類株式の取得決議を行い，取得の対価に係る交付比率の調整により，買収会社には１株以上，少数株主には１株未満の端数株式を交付する。

④　１株未満の端数株式を合計した整数株式を，裁判所の許可を得て，買収会社又は対象会社へ任意売却し，少数株主に１株未満の端数株式に対応する現金を交付することにより，買収会社が対象法人を完全子法人とする。

この場合，買収会社とその100％子会社が共同で完全子法人化する場合も含まれるが，買収会社が完全支配関係のない会社と共同で完全子法人化する場合は，組織再編税制の対象となる株式交換等には該当しない（下記ロで同じ)。

なお，本書では，この完全子法人化の手法を「全部取得条項付種類株式方式」ということとする。

ロ　株式併合の端数処理

株式の併合で，最大株主以外のすべての株主の有することとなる対象法人の

株式の数が1に満たない端数となるもの

実務上は，株主総会の特別決議により，対象法人が株式併合を行い，併合比率の調整により，買収会社には1株以上，少数株主には1株未満の端数株式（最終的には，1株未満の端数株式を合計した整数株式を，裁判所の許可を得て，買収会社又は対象会社へ任意売却し，1株未満の端数株式に対応する現金）を交付することにより，買収会社が対象法人を完全子法人とする行為をいう。

なお，本書では，この完全子法人化の手法を「株式併合方式」ということとする。

ハ　株式売渡請求による端数処理

株式売渡請求（注1）に係る承認により法令の規定に基づき対象法人の発行済株式（注2）の全部が対象法人の一の株主に取得されることとなる場合の当該承認

（注1）　対象法人の一の株主が対象法人の承認を得て対象法人の他の株主（対象法人及び一の株主との間に完全支配関係がある者を除く）のすべてに対して法令（外国の法令を含む）の規定に基づいて行う対象法人の株式の全部を売り渡すことの請求をいう。
（注2）　一の株主又は一の株主との間に完全支配関係がある者が有するものを除く。

実務上は，会社法179条の定めに従い，対象法人の総株主の議決権の90％以上を有する特別支配株主（完全支配関係のある者を含む）が，対象会社の取締役会の承認を得て，少数株主（対象法人及び完全支配関係のある者を除く）の全員に対して，その有する対象会社の株式の全部を売り渡すことを請求する行為をいう。

なお，本書では，この完全子法人化の手法を「株式売渡請求方式」ということとする。

また，「株式交換等完全子法人」とは，株式交換完全子法人及び株式交換等（株式交換を除く）に係る対象法人をいい，「株式交換等完全親法人」とは，「株式交換完全親法人」及び株式交換等（株式交換を除く）に係る「イ及びロに規定する最大株主である法人」並びに「ハの一の株主である法人」をいう（法法2十二の六の二・2十二の六の四）。

「全部取得条項付種類株式方式」「株式併合方式」「株式売渡請求方式」は，

株式交換等の前に株式交換等完全子法人と株式交換等完全親法人との間に当事者間の支配関係又は同一者による支配関係がある場合に適格要件を満たすことになる（法法２十二の十七ロ，法令４の３⑲）。

つまり，グループ再編の場合のみ，株式交換等（株式交換を除く）は適格株式交換等となる。

したがって，以下では，株式交換等について株式交換と株式交換等（株式交換を除く）に分けて適格要件をまとめることとする。

株式交換の適格要件は次のとおりである（法法２十二の十七，法令４の３⑰⑱⑲⑳）。

＜適格株式交換の要件＞

要件	グループ再編				M&A	要件について
	100%完全支配関係		50%超支配関係			
	当事者間の完全支配関係	同一者による完全支配関係	当事者間の支配関係	同一者による支配関係	共同事業要件	
金銭等の交付がないこと	◎	◎	◎	◎	◎	株式交換完全子法人の株主に株式交換完全親法人の株式又は株式交換完全支配親法人株式のいずれか一方の株式以外の資産が交付されないこと ただし，平成29年10月１日以後に行われる株式交換について，「株式交換の直前において株式交換完全親法人が株式交換完全子法人の３分の２以上の株式を有している場合に株式交換完全親法人以外の株主に金銭その他の資産を交付する場合」は，金銭等の交付には該当しない。つまり，スクイーズアウトによる現金交付型株式交換は，他の要件を満たせば適格株式交換等に該当する。
支配関係継続要件	◎	◎	◎	◎		株式交換後も，株式交換完全子法人と株式交換完全親法人との間に当事者間又は同一者による完全支配関係又は支配関係が継続する見込みであること
事業関連性要件					◎	株式交換完全子法人の子法人事業（株式交換完全子法人の株式交換前に行う主要な事業のうちのいずれかの事業をいう）と，株式交換完全親法人の親法人事業（株式交換完全親法人の株式交換前に行う事業のうちのいずれかの事業をいう）とが，相互に関連するものであること

事業規模要件					◎	次の規模の割合のいずれかが，おおむね5倍を超えないこと ・株式交換完全子法人の子法人事業と株式交換完全親法人の親法人事業（子法人事業と関連する事業に限る）のそれぞれの売上金額 ・子法人事業と親法人事業のそれぞれの従業者の数 ・これらに準ずるものの規模の割合
又は 経営参画要件						株式交換前の株式交換完全子法人の特定役員のすべてが，株式交換に伴って退任をするものでないこと
従業者引継要件			◎	◎	◎	株式交換完全子法人の株式交換の直前の従業者のうち，その総数のおおむね100分の80以上に相当する数の者が，株式交換完全子法人の業務に引き続き従事することが見込まれていること
事業継続要件			◎	◎	◎	株式交換完全子法人の株式交換前に行う主要な事業（共同事業要件の場合は，親法人事業と関連する子法人事業）が株式交換完全子法人において引き続き行われることが見込まれていること
株式交換完全子法人の株主の株式継続保有要件					◎	株式交換により交付される株式交換完全親法人の株式又は株式交換完全支配親法人株式のいずれか一方の株式（議決権のないものを除く）のうち支配株主に交付されるもの（対価株式）の全部が支配株主により継続して保有されることが見込まれていること 支配株主とは，株式交換の直前に株式交換完全子法人と他の者との間に当該他の者による支配関係がある場合における当該他の者及び当該他の者による支配関係があるもの（株式交換完全親法人を除く）をいう ただし，株式交換直前に株式交換完全子法人と他の者との間に当該他の者による支配関係がないときは，この株式継続保有要件はないものとする（注）。
株式交換完全親法人の株式継続保有要件					◎	株式交換後に，株式交換完全親法人と株式交換完全子法人との間に株式交換完全親法人による完全支配関係が継続することが見込まれていること

（注）　平成29年９月30日以前に行われた株式交換については要件が異なる。

全部取得条項付種類株式方式，株式併合方式，株式売渡請求方式の適格要件は次のとおりである（法法２十二の十七ロ，法令４の３⑲）。

＜全部取得条項付種類株式方式，株式併合方式，株式売渡請求方式の要件＞

要件	グループ再編		要件について
	50%超支配関係		
	当事者間の支配関係（注）	同一者による支配関係（注）	
金銭等の交付がないこと	◎	◎	株式交換等完全子法人の株主に株式交換等完全親法人株式又は株式交換完全支配親法人株式のいずれか一方の株式以外の資産が交付されないこと。 この場合，次に掲げる資産の交付は，金銭等の交付から除かれる。 ・株式売渡請求方式の場合で，株式の取得の対価として交付される金銭その他の資産 ・株式交換等に反対する株主に対するその買取請求に基づく対価として交付される金銭その他の資産 ・全部取得条項付種類株式方式の取得の価格の決定の申立てに基づいて交付される金銭その他の資産 なお，全部取得条項付種類株式方式又は株式併合方式における少数株主への１株未満の端数株式に相当する代金の交付について，１株未満の株式の合計数に相当する数の株式を譲渡し，又は買い取った代金として交付されたものであるときは，１株未満の株式に相当する株式の交付をしたことになる（つまり，金銭等の交付には該当しない。法基通1-4-2，連基通1-6-2）。
支配関係継続要件	◎	◎	株式交換等後も株式交換等完全子法人と株式交換等完全親法人との間に当事者間による支配関係又は同一者による支配関係が継続する見込みであること。
従業者引継要件	◎	◎	株式交換等完全子法人の株式交換等の直前の従業者のうち，その総数のおおむね100分の80以上に相当する数の者が株式交換等完全子法人の業務に引き続き従事することが見込まれていること。
事業継続要件	◎	◎	株式交換等完全子法人の株式交換等前に行う主要な事業が株式交換等完全子法人において引き続き行われることが見込まれていること。

（注）　通常，当事者間の支配関係に該当するが，子会社と孫会社間での完全子法人化の場合は，同一者（親会社）による支配関係となる。いずれにしても適格要件は変わらない。

2-3-7　株式移転

株式移転の適格要件は次のとおりである（法法２十二の十八，法令４の３㉑㉒㉓㉔）。

＜適格株式移転の要件＞

要　件	グループ再編				M&A	要件について
	100%完全支配関係		50%超支配関係		共同事業要件	
	一の法人のみが株式移転完全子法人となる株式移転	同一者による完全支配関係	当事者間の支配関係	同一者による支配関係		
金銭等の交付がないこと	◎	◎	◎	◎	◎	株式移転完全子法人の株主に株式移転完全親法人の株式以外の資産が交付されないこと
支配関係継続要件	◎	◎	◎	◎		・一の法人のみが株式移転完全子法人となる場合 株式移転後に，株式移転完全親法人と株式移転完全子法人との間に株式移転完全親法人による完全支配関係が継続することが見込まれること ・同一者による完全支配関係の場合 株式移転後に，株式移転完全親法人と株式移転完全子法人及び他の株式移転完全子法人との間に同一者による完全支配関係が継続する見込みであること ・当事者間の支配関係の場合 株式移転後に，株式移転完全子法人と他の株式移転完全子法人との間に株式移転に係る株式移転完全親法人による支配関係が継続することが見込まれること ・同一者による支配関係の場合 株式移転後に，株式移転完全親法人と株式移転完全子法人及び他の株式移転完全子法人との間に同一者による支配関係が継続することが見込まれること
事業関連性要件					◎	株式移転完全子法人の子法人事業（株式移転完全子法人の株式移転前に行う主要な事業のうちのいずれかの事業をいう）と，他の株式移転完全子法人の他の子法人事業（他の株式移転完全子法人の株式移転前に行う事業のうちのいずれかの事業をいう）とが，相互に関連するものであること
事業規模要件 又は					◎	次の規模の割合のいずれかが，おおむね５倍を超えないこと ・株式移転完全子法人の子法人事業と他の株式移転完全子法人の他の子法人事業（子法人事業と関連する事業に限る）のそれぞれの売上金額 ・子法人事業と他の子法人事業のそれぞれの従業者の数 ・これらに準ずるものの規模の割合
経営参画要件						株式移転前の株式移転完全子法人又は他の株式移転完全子法人のそれぞれの特定役員のすべてが，株式移転に伴って退任をするものでないこと

従業者引継要件			◎	◎	◎	各株式移転完全子法人の株式移転の直前の従業者のうち，その総数のおおむね100分の80以上に相当する数の者が，各株式移転完全子法人の業務に引き続き従事することが見込まれていること
事業継続要件			◎	◎	◎	・50%超支配関係の場合 各株式移転完全子法人の株式移転前に行う主要な事業が，各株式移転完全子法人において引き続き行われることが見込まれていること ・共同事業要件の場合 株式移転完全子法人又は他の株式移転完全子法人の子法人事業又は他の子法人事業（相互に関連する事業に限る）が，株式移転完全子法人又は他の株式移転完全子法人において引き続き行われることが見込まれていること
株式移転完全子法人の株主の株式継続保有要件					◎	株式移転により交付される株式移転完全親法人の株式（議決権のないものを除く）のうち支配株主に交付されるもの（対価株式）の全部が支配株主により継続して保有されることが見込まれていること 支配株主とは，株式移転の直前に株式移転完全子法人又は他の株式移転完全子法人と他の者との間に当該他の者による支配関係がある場合における当該他の者及び当該他の者による支配関係があるものをいう ただし，株式移転直前に株式移転完全子法人のすべてについて他の者との間に当該他の者による支配関係がないときは，この株式継続保有要件はないものとする（注）。
株式移転完全親法人の株式継続保有要件					◎	株式移転後に，株式移転完全子法人と他の株式移転完全子法人との間に株式移転完全親法人による完全支配関係が継続することが見込まれていること

（注）　平成29年９月30日以前に行われた株式移転については要件が異なる。

2-4　無対価組織再編

2-4-1　無対価合併

無対価合併とは，被合併法人の株主に合併法人の株式その他の資産が交付されない合併をいう（法令４の３②一）。

この無対価合併が適格合併に該当するには，適格要件における完全支配関係又は支配関係が，次のような合併法人と被合併法人間の資本関係を満たす必要がある（法令４の３②③④）。

そして，この資本関係を満たす無対価合併について，支配関係継続要件を含めた他の適格要件（「２－３－１」参照）を満たす場合に適格合併に該当することとなる。

なお，合併法人と被合併法人が，この資本関係を満たさない場合の無対価合併は，非適格となる。

グループ再編				M&A
当事者間の完全支配関係	同一者による完全支配関係	当事者間の支配関係	同一者による支配関係	共同事業要件
無対価合併における完全支配関係は，(イ)の関係に限る。	無対価合併における完全支配関係は，(イ)(ロ)(ハ)(ニ)のいずれかの関係がある場合における完全支配関係に限る。	無対価合併における支配関係は，(ハ)(ニ)のいずれかの関係がある場合における支配関係に限る。	無対価合併における支配関係は(イ)(ロ)(ハ)(ニ)のいずれかの関係がある場合における支配関係に限る。	無対価合併が適格合併に該当するためには，被合併法人のすべて又は合併法人が資本又は出資を有しない法人であるものに限る。

(イ)　合併法人が被合併法人の発行済株式の全部を保有する関係

(ロ)　一の者が被合併法人及び合併法人の発行済株式の全部を保有する関係

(ハ)　合併法人及び合併法人の発行済株式の全部を保有する者が被合併法人の発行済株式の全部を保有する関係

(ニ)　被合併法人及び被合併法人の発行済株式の全部を保有する者が合併法人の発行済株式の全部を保有する関係

(イ)合併法人が被合併法人の発行済株式の全部を保有する関係

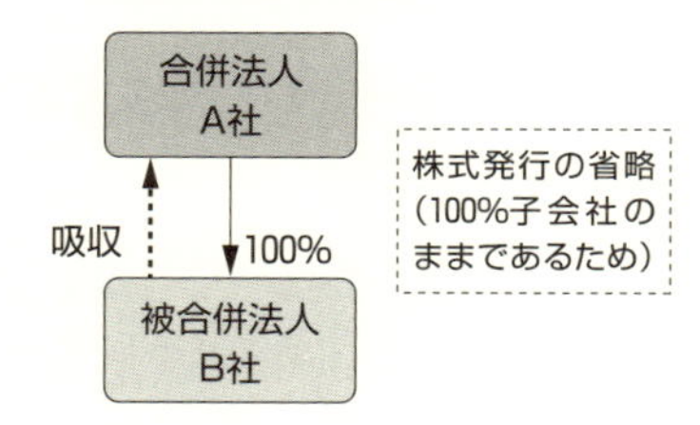

(ロ)一の者が被合併法人及び合併法人の発行済株式の全部を保有する関係

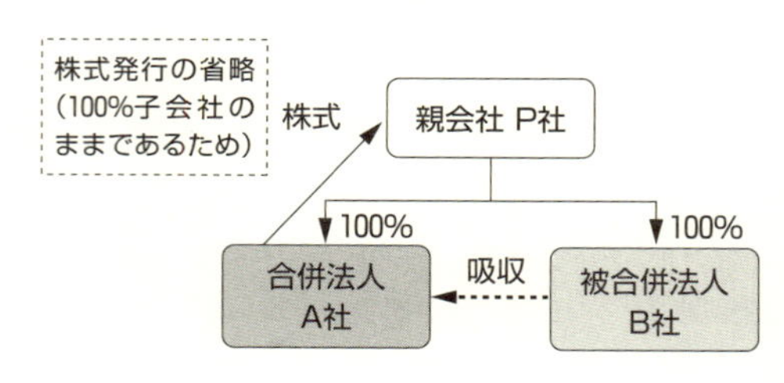

(ハ)合併法人及び合併法人の発行済株式の全部を保有する者が被合併法人の発行済株式の全部を保有する関係

(ニ)被合併法人及び被合併法人の発行済株式の全部を保有する者が合併法人の発行済株式の全部を保有する関係

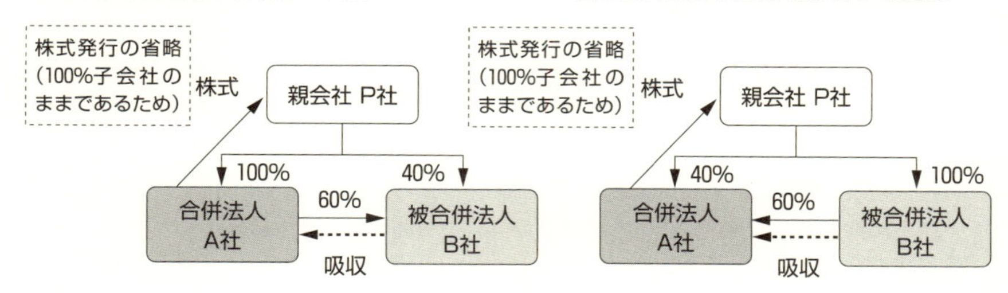

2-4-2 無対価分割

分割は，その分割が，分社型分割に該当するのか，分割型分割に該当するのかにより，適格要件が異なることとなる（法法２十二の十一，法令４の３⑥⑦⑧⑨）。

一方，無対価分割とは，分割対価資産がない分割をいう（法法２十二の九ロ）。

この無対価分割が，分割型分割と分社型分割のいずれに該当するかは，法人税法上は次のように定義されている（法法２十二の九・十二の十）。

(1) 無対価の分割型分割

分割対価資産がない分割で，次のいずれかに該当する分割は分割型分割となる。

ケースⅠ：その分割の直前において，分割承継法人が分割法人の発行済株式の全部を保有している場合の分割（例えば，下記(イ)の分割）

ケースⅡ：その分割の直前において，分割法人が分割承継法人の株式を保有していない場合の分割（例えば，下記(ロ)(ハ)の分割）

(2)　無対価の分社型分割

分割対価資産がない分割で，次に該当する分割は分社型分割となる。

ケースⅢ：その分割の直前において，分割法人が分割承継法人の株式を保有している場合の分割（分割承継法人が分割法人の発行済株式の全部を保有している場合の分割を除く）（例えば，下記(ニ)の分割）

この無対価分割が適格分割に該当するには，適格要件における完全支配関係又は支配関係が，次のような分割法人と分割承継法人間の資本関係を満たす必要がある（法令4の3⑥⑦⑧）。

そして，この資本関係を満たす無対価分割について，支配関係継続要件を含めた他の適格要件（「2－3－2」参照）を満たす場合に適格分割に該当することとなる。

なお，分割法人と分割承継法人が，この資本関係を満たさない場合の無対価分割は，非適格となる。

グループ再編				M&A
当事者間の完全支配関係	同一者による完全支配関係	当事者間の支配関係	同一者による支配関係	共同事業要件
無対価分割における完全支配関係は，分割型分割にあっては(イ)の関係がある場合における完全支配関係に限る。分社型分割にあっては(ニ)の関係がある場合における完全支配関係に限る。	無対価分割における完全支配関係は，分割型分割にあっては(イ)(ロ)(ハ)のいずれかの関係がある場合における完全支配関係に限る。分社型分割にあっては(ニ)の関係がある場合における完全支配関係に限る。	無対価分割における支配関係は，分割型分割にあっては(ハ)の関係がある場合における支配関係に限る（注）。分社型分割にあっては(ニ)の関係がある場合における支配関係に限る。	無対価分割における支配関係は，分割型分割にあっては(イ)(ロ)(ハ)のいずれかの関係がある場合における支配関係に限る。分社型分割にあっては(ニ)の関係がある場合における支配関係に限る。	無対価分割が適格分割に該当するためには，分割法人のすべてが資本又は出資を有しない法人である分割型分割に限る。

(イ)　分割承継法人が分割法人の発行済株式の全部を保有する関係

(ロ)　一の者が分割法人及び分割承継法人の発行済株式の全部を保有する関係

(ハ) 分割承継法人及び分割承継法人の発行済株式の全部を保有する者が分割法人の発行済株式の全部を保有する関係

(ニ) 分割法人が分割承継法人の発行済株式の全部を保有する関係

(注) なお，平成29年９月30日以前に行われる分割型分割にあっては(イ)(ハ)の関係がある場合における支配関係に限っていたが，平成29年10月１日以後に行われる無対価の分割型分割のうち，(イ)の分割承継法人による完全支配関係があるものは，当事者間の完全支配関係がある分割において支配関係継続要件は不要となり，金銭等不交付要件を満たせば必ず適格分割となるため，同日以後に行われる分割型分割にあっては(イ)の関係にあるものは除かれている。

(イ)分割承継法人が分割法人の発行済株式の全部を保有する関係

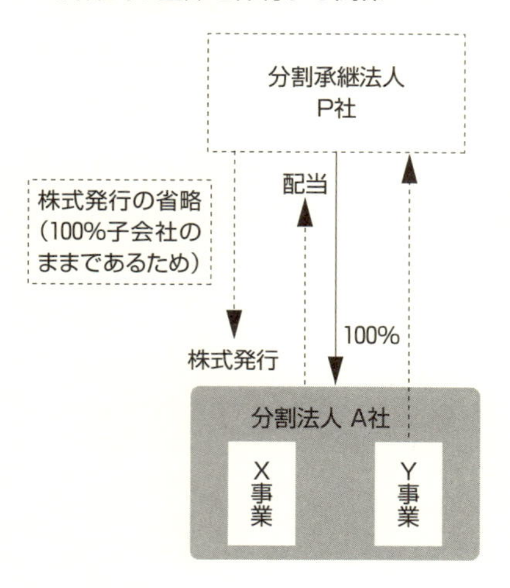

(ロ)一の者が分割法人及び分割承継法人の発行済株式の全部を保有する関係

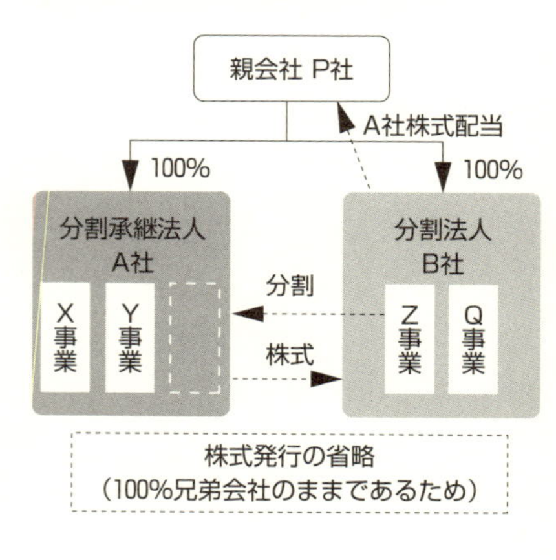

(ハ)分割承継法人及び分割承継法人の発行済株式の全部を保有する者が分割法人の発行済株式の全部を保有する関係

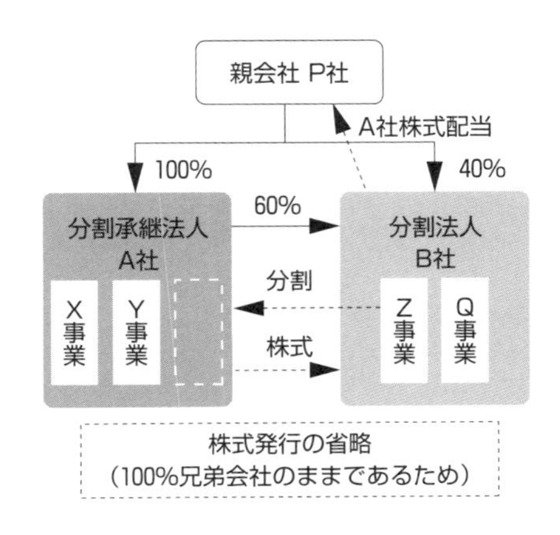

(ニ)分割法人が分割承継法人の発行済株式の全部を保有する関係

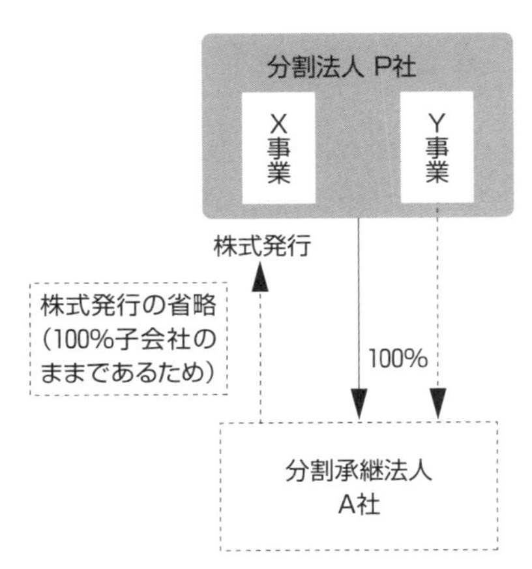

2-4-3　無対価株式交換

無対価株式交換とは，株式交換完全子法人の株主に株式交換完全親法人の株式その他の資産が交付されないものをいう（法令４の３⑱）。

この無対価株式交換が適格株式交換に該当するには，適格要件における完全支配関係又は支配関係が，次のような株式交換完全親法人と株式交換完全子法人間の資本関係を満たす必要がある（法令４の３⑱⑲⑳）。

そして，この資本関係を満たす無対価株式交換について，支配関係継続要件を含めた他の適格要件（「２－３－６」参照）を満たす場合に適格株式交換に該当することとなる。

なお，株式交換完全親法人と株式交換完全子法人が，この資本関係を満たさない場合の無対価株式交換は非適格となる。

グループ再編				M&A
当事者間の完全支配関係	同一者による完全支配関係	当事者間の支配関係	同一者による支配関係	共同事業要件
無対価株式交換は完全支配関係	無対価株式交換における完全支	無対価株式交換における支配関	無対価株式交換における支配関	無対価株式交換は適格株式交換

を満たさない。	配関係は，同一者完全支配関係又は親法人完全支配関係がある場合における完全支配関係に限る。	係は，親法人完全支配関係がある場合における支配関係に限る。	係は，同一者完全支配関係又は親法人完全支配関係がある場合における支配関係に限る。	に該当しない。

(イ) 同一者完全支配関係

一の者が株式交換完全子法人及び株式交換完全親法人の発行済株式の全部を保有する関係

(ロ) 親法人完全支配関係

株式交換完全親法人及び株式交換完全親法人の発行済株式の全部を保有する者が株式交換完全子法人の発行済株式の全部を保有する関係

(イ)同一者完全支配関係

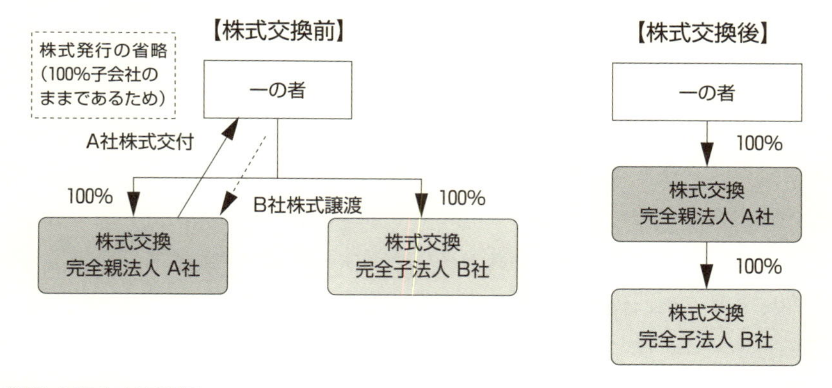

(ロ)親法人完全支配関係

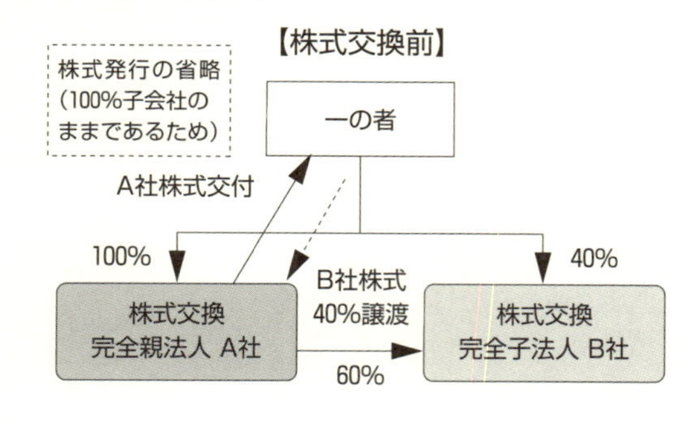

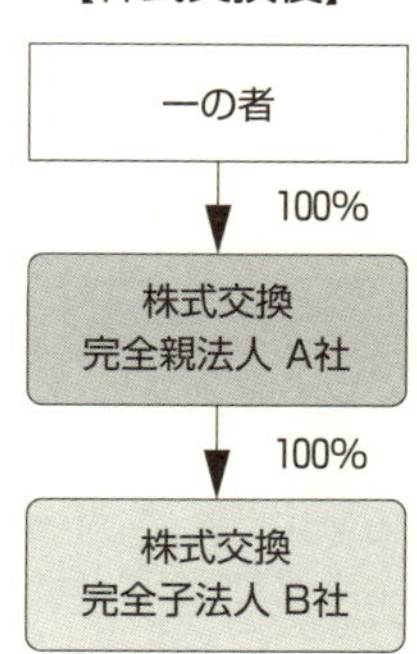

2-5　完全支配関係のある法人間の非適格組織再編の取扱い

2-5-1　合併に係る譲渡損益の繰延べ

完全支配関係のある法人間で非適格合併を行った場合，被合併法人で発生する譲渡損益調整資産に係る譲渡損益は，100％グループ内法人間の譲渡損益調整資産の譲渡取引と同様に繰り延べられる（法法61の13①⑦，法令122の14②）。この場合，譲渡損益が発生する被合併法人の最終事業年度（被合併法人の合併の日の前日の属する事業年度）に，被合併法人において譲渡利益額又は譲渡損失額を損金又は益金に算入する。

なお，非適格合併の場合は，被合併法人の「のれん」を含むすべての資産が時価で譲渡されるため，譲渡損益調整資産以外の資産に係る譲渡損益は通常どおり実現する（法法62）。

2-5-2　非適格分割，非適格現物出資，非適格現物分配に係る譲渡損益の繰延べ

完全支配関係のある法人間で非適格分割を行った場合，分割法人で発生する譲渡損益調整資産に係る譲渡損益は，通常の譲渡と同様に繰り延べられる（法法61の13①，法令122の14②）。この場合，譲渡損益が発生する分割法人の分割事業年度（分割の日の属する事業年度）に，分割法人において譲渡利益額又は譲渡損失額を損金又は益金に算入する。

なお，非適格分割の場合は，分割事業の「のれん」を含むすべての資産が時価で譲渡されるため，譲渡損益調整資産以外の資産に係る譲渡損益は通常どおり実現する（法法62）。

また，分割承継法人と分割法人の株主等との間に完全支配関係がある非適格分割型分割の場合で，分割承継法人により交付される分割対価資産（法法２十二の九イ）が譲渡損益調整資産である場合には，分割承継法人から分割法人の株主等に対して分割対価資産である譲渡損益調整資産が譲渡されたものとみなして，譲渡損益の繰延べが行われることとなる（法令122の14⑭）。

この譲渡損益の繰延べの取扱いは，完全支配関係のある法人間の非適格現物出資又は非適格現物分配についても非適格分割と同様に適用される。

2-5-3　非適格株式交換の時価評価からの除外

株式交換直前に株式交換完全親法人と株式交換完全子法人との間に完全支配関係があった場合の株式交換は，時価評価制度の対象から除外されるため，完全支配関係のある法人間の株式交換は非適格であっても，株式交換完全子法人の有する資産を時価評価する必要はない（法法62の９①）。

2-5-4　非適格株式移転の時価評価からの除外

株式移転直前に株式移転完全子法人と他の株式移転完全子法人との間に完全支配関係があった場合の株式移転は，時価評価制度の対象から除外されるため，完全支配関係のある株式移転完全子法人と他の株式移転完全子法人との間の株式移転は非適格であっても，株式移転完全子法人及び他の株式移転完全子法人の有する資産を時価評価する必要はない（法法62の９①）。

3　繰越欠損金の取扱い

3-1　繰越欠損金の利用制限

3-1-1　繰越欠損金の利用制限

組織再編税制では，事業の移転を受ける法人又は事業を移転する法人が保有する繰越欠損金を，組織再編後も事業の移転を受けた法人において利用できるか否か，という繰越欠損金の利用制限の問題がある。

つまり，合併では，合併法人の繰越欠損金及び被合併法人の繰越欠損金の一部又は全部に合併後に利用制限が生じる可能性があり，分割，現物出資，現物分配では，分割承継法人，被現物出資法人，被現物分配法人の繰越欠損金の一部又は全部に分割，現物出資，現物分配後に利用制限が生じる可能性がある。

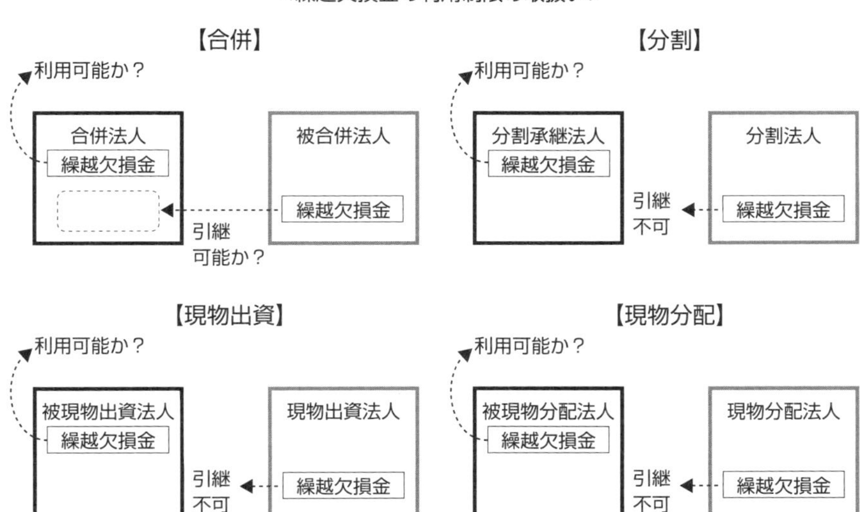

そして，繰越欠損金の利用制限の適用範囲は，当事者ごと，グループ内外の区分，適格・非適格の区分ごとに次のようにまとめられる。

[合併]

当事者	繰越欠損金の種類	支配関係がある法人間の再編		支配関係がない法人間の再編	
		適格	非適格	適格	非適格
合併法人	法人税（注1）	△	○（注4）	○	○
	住民税（注2）	○	○	○	○
	事業税（注3）	△	○	○	○
被合併法人	法人税（注1）	△	×	○	×
	住民税（注2）	○	×	○	×
	事業税（注3）	△	×	○	×

○：利用可能　△：要件有り　×：切捨て

（注1）　法人税に係る繰越欠損金は，単体申告法人の有する法人税の繰越欠損金をいうものとする（以下，本節において同じ）。

（注2）　住民税に係る繰越欠損金は，過去に連結法人であった場合など単体申告法人の有する控除対象個別帰属調整額又は控除対象個別帰属税額をいうものとする（以下，本節において同じ）。

（注3）　事業税に係る繰越欠損金は，単体申告法人の有する事業税の繰越欠損金をいうものとする（以下，本節

において同じ)。

(注4) 譲渡損益の繰延べの規定(法法61の13①)の適用がある非適格合併については，合併法人の繰越欠損金の利用に要件充足が必要となる。

[分割・現物出資・現物分配]

当事者	繰越欠損金の種類	支配関係がある法人間の再編		支配関係がない法人間の再編	
		適格	非適格	適格	非適格
分割承継法人・被現物出資法人・被現物分配法人	法人税	△	○	○	○
	住民税	○	○	○	○
	事業税	△	○	○	○
分割法人・現物出資法人・現物分配法人	法人税	—	—	—	—
	住民税	—	—	—	—
	事業税	—	—	—	—

○：利用可能　△：要件有り　×：切捨て

(参考)

単体納税を採用している場合も，繰越欠損金は法人税に係るものと事業税に係るものが区別されて保有されている。また，単体納税を採用している場合であっても，過去に連結納税を採用していた場合や連結納税を採用している法人との適格合併により，控除対象個別帰属調整額又は控除対象個別帰属税額(住民税に係る繰越欠損金)を保有している場合がある。

そのため，本来，単体納税を採用している企業グループも，繰越欠損金の利用制限については，法人税に係る繰越欠損金(法法57②③④)，住民税に係る繰越欠損金(地法53⑦⑩・321の8⑦⑩)，事業税に係る繰越欠損金(地法72の23①②，地令20の3①)を区別して利用制限を検討する必要が生じる。

ただし，条文上，事業税に係る繰越欠損金の利用制限は，法人税に係る繰越欠損金(法法57②③④)の取扱いを準用する旨が定められている(地法72の23①②，地令20の3①)。また，単体納税を採用している法人では，繰戻還付や外国税額控除等がない場合，法人税と事業税の繰越欠損金の金額が同じになることも多い。さらに，単体納税を採用している法人では，控除対象個別帰属調整額又は控除対象個別帰属税額を保有することがほとんどない。

したがって，組織再編の当事者が単体納税を採用している場合，実務上，法人税に係る繰越欠損金の利用制限のみを確認しておけばよい場合が多い。

3-1-2　被合併法人の繰越欠損金の引継ぎ

適格合併の場合，原則として，合併法人は，被合併法人の繰越欠損金を引き継ぐことができる。

具体的には，被合併法人の適格合併の日前９年以内に開始した各事業年度（前９年内事業年度）に生じた繰越欠損金が，前９年内事業年度開始日の属する合併法人の各事業年度（合併法人の合併事業年度（適格合併の日の属する事業年度）開始日以後に開始した被合併法人の前９年内事業年度において生じた繰越欠損金については，合併事業年度の前事業年度）で生じた繰越欠損金とみなされ，合併法人の合併事業年度以後の各事業年度において繰越控除が可能となる（法法57②）。

なお，合併法人の設立が間もないため，合併法人において被合併法人の繰越欠損金が帰属する事業年度がない場合，被合併法人の繰越欠損金の生じた事業年度（合併法人の設立日の前日の属する期間にあっては，被合併法人の当該前日の属する事業年度開始の日から当該前日までの期間）を合併法人の事業年度とみなして，被合併法人の繰越欠損金の帰属事業年度が決定される（法令112②）。

ただし，被合併法人の前９年内事業年度に生じた繰越欠損金のうち，「３－１－３」及び「３－１－４」によって生じる利用制限額については，合併法人において引き継ぐことはできない。

3-1-3　利用制限が生じないための要件

「３－１－１」の「△：要件有り」に該当する組織再編では，次の①②のいずれかを満たす場合，繰越欠損金の利用制限が生じない（適格現物分配は②を除く。法法57③④，法令112③④⑨⑩）。

① 支配関係が，合併法人等の適格合併等の日の属する事業年度開始日の５年前の日，合併法人等の設立日，被合併法人等の設立日のうち，最も遅い日から継続して生じていること（「３－２」参照）

② みなし共同事業要件を満たしていること（「３－３」参照）

（注１）「被合併法人等」とは，被合併法人，分割法人，現物出資法人，現物分配法人をいう（以下，本節において同じ）。

（注２）「合併法人等」とは，合併法人，分割承継法人，被現物出資法人，被現物分配法人をいう（以下，本節において同じ）。

（注３）「適格合併等」とは，適格合併，譲渡損益の繰延べ規定（法法61の13①）の適用がある非適格合併，適格分割，適格現物出資，適格現物分配をいう（以下，本節において同じ）。

3-1-4　利用制限額

「3－1－3」の①②のいずれも満たさない場合，被合併法人の前9年内事業年度に生じた繰越欠損金又は合併法人等の適格合併等の日の属する事業年度（組織再編成事業年度）開始の日前9年以内に開始した事業年度に生じた繰越欠損金のうち，次に掲げる繰越欠損金に利用制限が生じる（法法57③④。「3－4」参照）。この場合，合併法人等の繰越欠損金の利用制限は適格合併等の日の属する事業年度以後の事業年度に生じる（法法57④）。

引継制限1：被合併法人又は合併法人等の支配関係事業年度前の繰越欠損金
引継制限2：被合併法人又は合併法人等の支配関係事業年度以後の特定資産譲渡等損失相当額

ただし，含み損益の特例計算の適用により，利用制限額が緩和又は免除される場合がある（法令113①④⑤。「3－5」参照）。

3-1-5　住民税に係る繰越欠損金の利用制限

単体申告法人である被合併法人が，控除対象個別帰属調整額又は控除対象個別帰属税額（住民税に係る繰越欠損金）を保有している場合，適格合併であれば，合併法人で引き継ぐことが可能となる（地法53⑦⑩・321の8⑦⑩）。

なお，詳しい取扱いは，第3章「3－1－1」(2)②と同じである。

また，合併法人等が控除対象個別帰属調整額又は控除対象個別帰属税額を保有している場合，利用制限は生じない。

3-1-6　事業税に係る繰越欠損金の利用制限

事業税に係る繰越欠損金は，法人税に係る繰越欠損金の取扱いが適用されるため，「3－1－1」～「3－1－4」と同様の取扱いとなる（地法72の23①②，地令20の3①）。

3-2　5年前の日又は設立日からの支配関係継続要件

繰越欠損金の利用制限が生じない「支配関係が，合併法人等の適格合併等の日の属する事業年度開始日の5年前の日，合併法人等の設立日，被合併法人等の設立日のうち，最も遅い日から継続して生じていること」とは，次の①②のいずれかに該当する場合をいう（法法57③④，法令112④⑨）。

① 合併法人等と被合併法人等との間に，合併法人等の適格合併等の日の属する事業年度開始の日の5年前の日から継続して支配関係がある場合
② 合併法人等又は被合併法人等が5年前の日後に設立された法人である場合（次のイ～ホに掲げる場合を除く）であって，合併法人等と被合併法人等との間に合併法人等の設立日又は被合併法人等の設立日のいずれか遅い日から継続して支配関係がある場合

ただし，次のイ～ホのいずれかに該当する場合は，「合併法人等又は被合併法人等が5年前の日後に設立された法人である場合」に該当しないものとし，上記②の「合併法人等の設立日又は被合併法人等の設立日のいずれか遅い日から継続して支配関係がある場合」に該当しないものとする。

これは，本来，合併法人等と被合併法人等との間の支配関係が5年前の日又は設立日から継続していない場合に，新設法人を設立して，当該新設法人に繰越欠損金又は優良事業を移管した後に，当該新設法人を合併法人等又は被合併法人等とすることにより，支配関係継続要件を形式上満たすという租税回避を防止するためである。

以下，(1)(2)では，この要件の判定対象になる「合併法人等」と「被合併法人」について「当該」を付している。

(1) 被合併法人の繰越欠損金の引継制限に係るイ～ホ

イ	当該合併法人との間に支配関係がある他の内国法人を被合併法人とする適格合併で，当該被合併法人を設立するものが行われていた場合（当該合併法人と当該他の内国法人との間に最後に支配関係があることとなった日が5年前の日以前である場合を除く）
ロ	当該合併法人との間に支配関係がある他の内国法人を被合併法人とする適格合併で，当該合併法人と当該他の内国法人との間に最後に支配関係があることとなった日以後に設立された当該被合併法人を合併法人とするものが行われていた場合（同日が5年前の日以前である場合を除く）
ハ	当該合併法人と他の内国法人との間に最後に支配関係があることとなった日以後に設立された当該被合併法人との間に完全支配関係（清算法人の繰越欠損金の引継ぎに係るものに限る）がある当該他の内国法人（当該合併法人との間に支配関係があるものに限る）で当該被合併法人が発行済株式の全部又は一部を有するものの残余財産が確定していた場合（同日が5年前の日以前である場合を除く）

ニ	当該被合併法人との間に支配関係がある他の法人を被合併法人，分割法人，現物出資法人又は現物分配法人とする適格合併等で，当該合併法人を設立するものが行われていた場合（当該被合併法人と当該他の法人との間に最後に支配関係があることとなった日が５年前の日以前である場合を除く）
ホ	当該被合併法人との間に支配関係がある他の法人を被合併法人，分割法人，現物出資法人又は現物分配法人とする適格合併等で，当該被合併法人と当該他の法人との間に最後に支配関係があることとなった日以後に設立された当該合併法人を合併法人，分割承継法人，被現物出資法人若しくは被現物分配法人とするものが行われていた場合（同日が５年前の日以前である場合を除く）

<イの例>

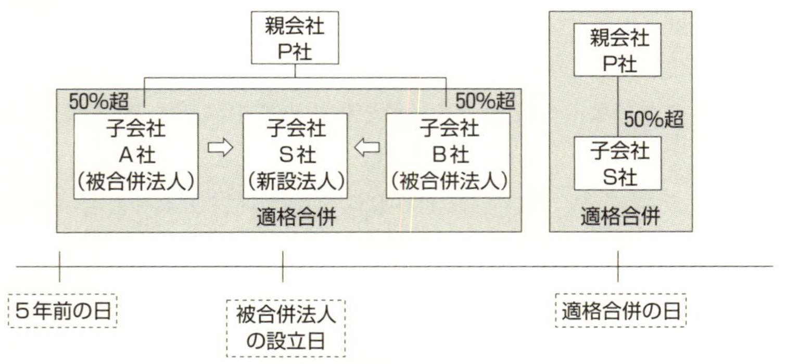

＜ロの例＞

①P社は子会社A社を買収して，支配関係が生じた。

②P社はS社を設立した。

③子会社A社を被合併法人とし，S社を合併法人する適格合併を行った。

④P社を合併法人，S社を被合併法人とする適格合併を行った。

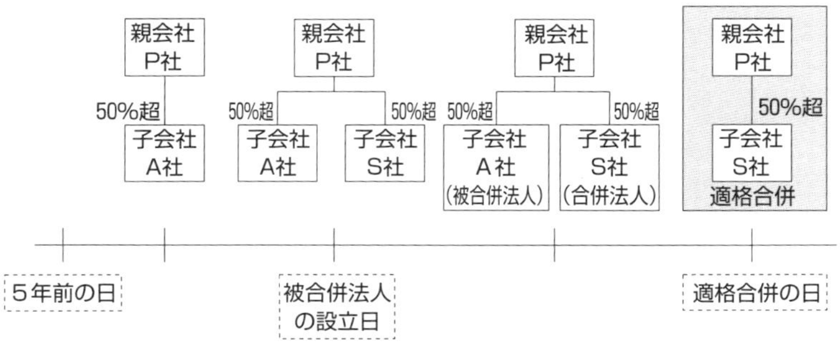

合併法人（P社）又は被合併法人（S社）の設立日から支配関係が継続していない。

＜ハの例＞

①P社は子会社A社を買収して，支配関係が生じた。

②P社はS社を設立した。

③子会社A社を子会社S社の直接子会社にした。

④子会社A社の残余財産が確定した。

⑤P社を合併法人，S社を被合併法人とする適格合併を行った。

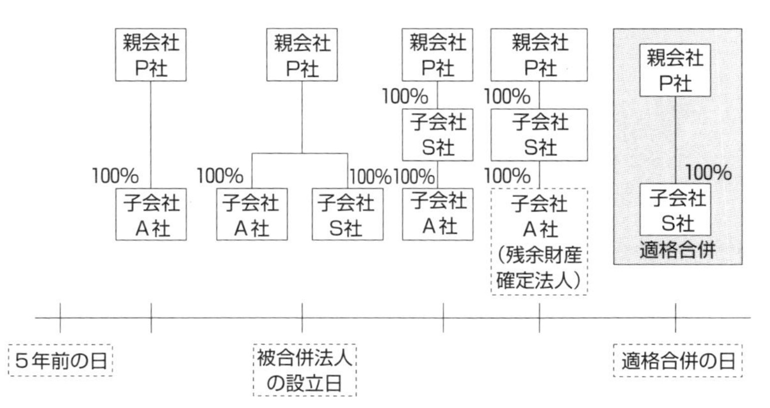

合併法人（P社）又は被合併法人（S社）の設立日から支配関係が継続していない。

＜ニの例＞

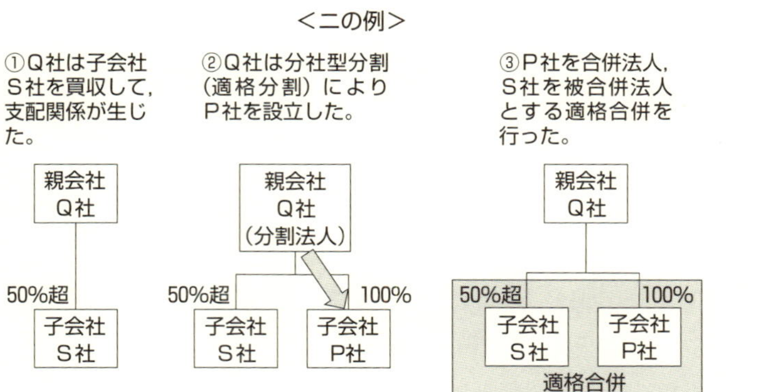

合併法人（P社）又は被合併法人（S社）の設立日から支配関係が継続していない。

＜ホの例＞

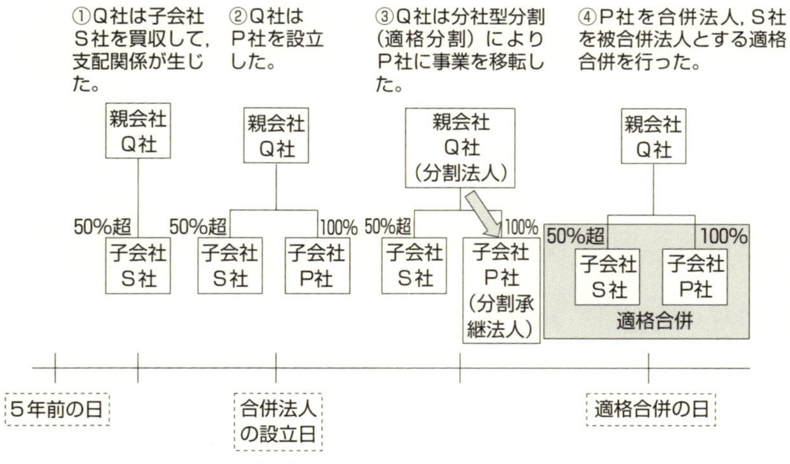

合併法人（P社）又は被合併法人（S社）の設立日から支配関係が継続していない。

(2)　合併法人，分割承継法人，被現物出資法人，被現物分配法人の繰越欠損金の利用制限に係るイ～ホ

イ	当該被合併法人等との間に支配関係がある他の内国法人を被合併法人とする適格合併で，当該合併法人等を設立するものが行われていた場合（当該被合併法人等と当該他の内国法人との間に最後に支配関係があることとなった日が５年前の日以前である場合を除く）
ロ	当該被合併法人等との間に支配関係がある他の内国法人を被合併法人とする適格合併で，当該被合併法人等と当該他の内国法人との間に最後に支配関係があることとなった日以後に設立された当該合併法人等を合併法人とするものが行われていた場合（同日が５年前の日以前である場合を除く）
ハ	当該被合併法人等と他の内国法人との間に最後に支配関係があることとなった日以後に設立された当該合併法人等との間に完全支配関係（清算法人の繰越欠損金の引継ぎに係るものに限る）がある当該他の内国法人（当該被合併法人等との間に支配関係があるものに限る）で当該合併法人等が発行済株式の全部又は一部を有するものの残余財産が確定していた場合（同日が５年前の日以前である場合を除く）
ニ	当該合併法人等との間に支配関係がある他の法人を被合併法人，分割法人，現物出資法人又は現物分配法人とする適格合併等で，当該被合併法人等を設立するものが行われていた場合（当該合併法人等と当該他の法人との間に最後に支配関係があることとなった日が５年前の日以前である場合を除く）
ホ	当該合併法人等との間に支配関係がある他の法人を被合併法人，分割法人，現物出資法人又は現物分配法人とする適格合併等で，当該合併法人等と当該他の法人との間に最後に支配関係があることとなった日以後に設立された当該被合併法人等を合併法人，分割承継法人，被現物出資法人若しくは被現物分配法人とするものが行われていた場合（同日が５年前の日以前である場合を除く）

＜イの例＞

①P社は支配関係のある子会社A社と子会社B社を被合併法人とする適格合併を行い，S社を設立した（P社とA社及びB社の支配関係は，５年前の日以前から生じていない）。

②P社を被合併法人等，S社を合併法人等とする適格合併等を行った。

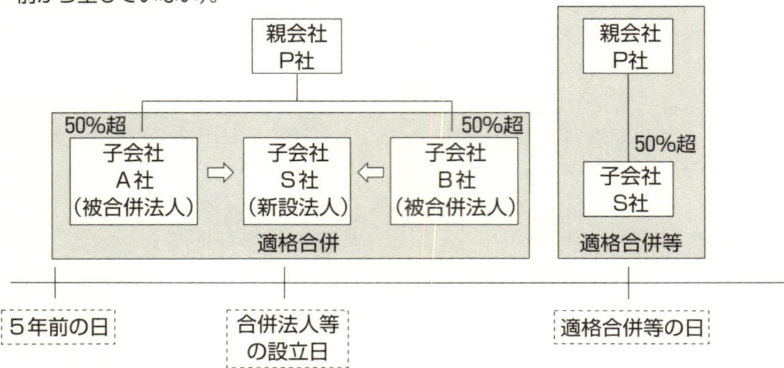

合併法人等（S社）又は被合併法人等（P社）の設立日から支配関係が継続していない。

＜ロの例＞

①P社は子会社A社を買収して，支配関係が生じた。

②P社はS社を設立した。

③子会社A社を被合併法人とし，S社を合併法人する適格合併を行った。

④P社を被合併法人等，S社を合併法人等とする適格合併等を行った。

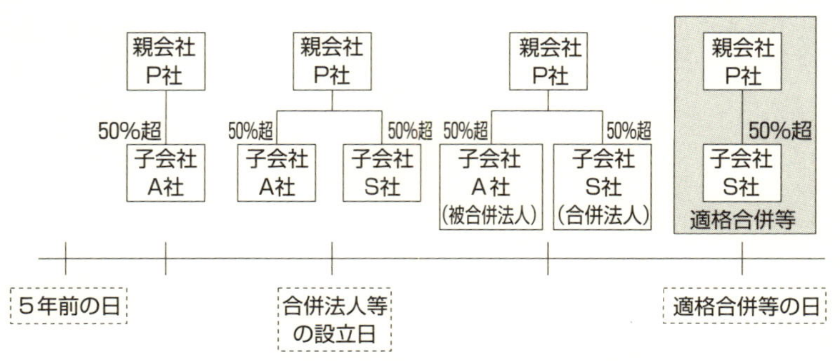

合併法人等（S社）又は被合併法人等（P社）の設立日から支配関係が継続していない。

＜ハの例＞

①Ｐ社は子会社Ａ社を買収して，支配関係が生じた。
②Ｐ社はＳ社を設立した。
③子会社Ａ社を子会社Ｓ社の直接子会社にした。
④子会社Ａ社の残余財産が確定した。
⑤Ｐ社を被合併法人等，Ｓ社を合併法人等とする適格合併等を行った。

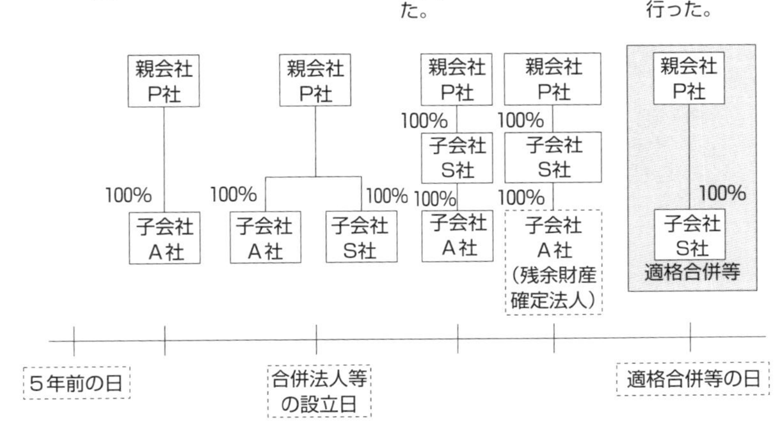

✕ 合併法人等（Ｓ社）又は被合併法人等（Ｐ社）の設立日から支配関係が継続していない。

＜ニの例＞

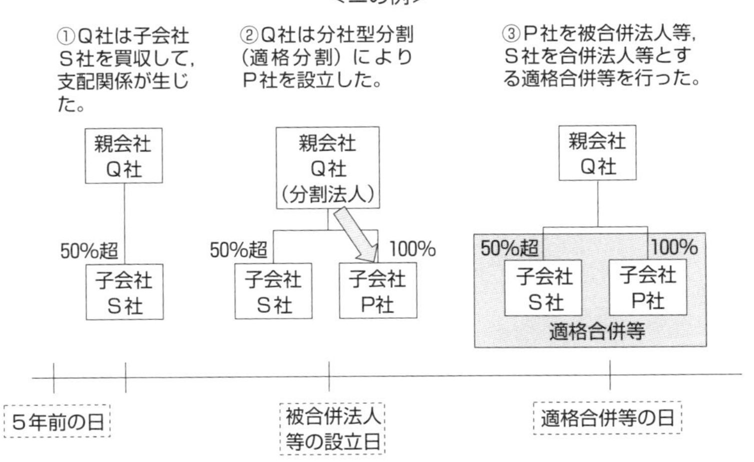

✕ 合併法人等（Ｓ社）又は被合併法人等（Ｐ社）の設立日から支配関係が継続していない。

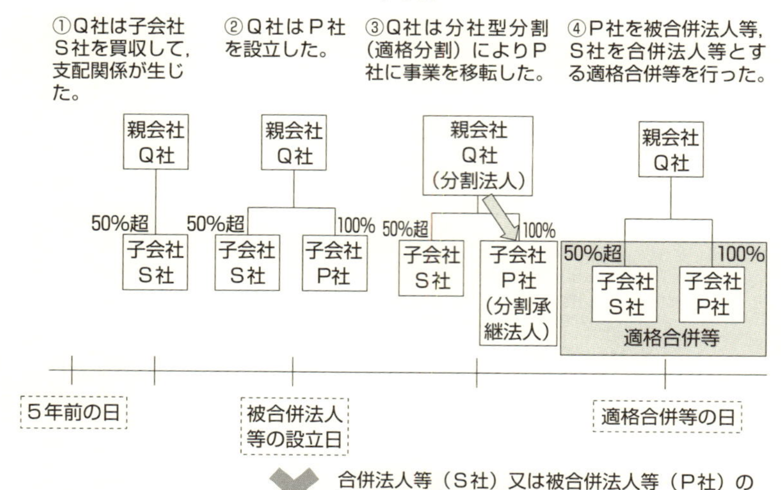

3-3　みなし共同事業要件

みなし共同事業要件を満たすとは，次の条件1又は条件2のいずれかを満たす場合をいう（法令112③⑩）。

なお，適格現物分配にはみなし共同事業要件は定められていない。

条件1：以下の①②③④ の要件に該当

条件2：以下の①⑤の要件に該当

要　　件	内　　容
①事業関連性要件	被合併法人等の被合併等事業（被合併法人の適格合併の前に営む主要な事業のうちのいずれかの事業，分割法人の分割事業，現物出資法人の現物出資事業をいう）と合併法人等の合併等事業（合併法人等の適格合併等の前に営む事業のうちのいずれかの事業をいう）とが相互に関連するものであること。
②事業規模要件	次の規模の割合のいずれかがおおむね5倍を超えないこと。

	• 被合併等事業と合併等事業（被合併等事業と関連する事業に限る）のそれぞれの売上金額 • 被合併等事業と合併等事業のそれぞれの従業者の数 • 被合併法人と合併法人のそれぞれの資本金（合併の場合のみ） • これらに準ずるもの
③被合併等事業の規模継続要件	• 被合併等事業が適格合併等に係る被合併法人等と合併法人等との間に最後に支配関係があることとなった時から適格合併等の直前の時まで継続して行われており， • かつ，被合併法人等の支配関係発生時と適格合併等の直前の時における被合併等事業の規模の割合（②に掲げる規模の割合の計算の基礎とした指標に係るものに限る）がおおむね２倍を超えないこと。
④合併等事業の規模継続要件	• 合併等事業が適格合併等に係る合併法人等と被合併法人等との間に最後に支配関係があることとなった時から適格合併等の直前の時まで継続して行われており， • かつ，合併法人等の支配関係発生時と適格合併等の直前の時における合併等事業の規模（②に掲げる規模の割合の計算の基礎とした指標に係るものに限る）の割合がおおむね２倍を超えないこと。
⑤経営参画要件	適格合併等に係る次のイに掲げる者とロに掲げる者とが，適格合併等の後に合併法人等の特定役員となることが見込まれていること。 イ　被合併法人等の適格合併等の前における特定役員（合併にあっては社長，副社長，代表取締役，代表執行役，専務取締役若しくは常務取締役又はこれらに準ずる者で法人の経営に従事している者をいい，適格分割又は現物出資にあっては役員又はこれらに準じる者で法人の経営に従事している者をいう）である者のいずれかの者（被合併法人等が適格合併等に係る合併法人等と最後に支配関係があることとなった日前〔支配関係が被合併法人等となる法人又は合併法人等となる法人の設立により生じたものである場合には，同日。ロに同じ〕において被合併法人等の役員又は当該これらに準ずる者〔同日において被合併法人等の経営に従事していた者に限る〕であった者に限る） ロ　合併法人等の適格合併等の前における特定役員である者のいずれかの者（最後に支配関係があることとなった日前において合併法人等の役員又はこれらに準ずる者〔同日において合併法人等の経営に従事していた者に限る〕であった者に限る）

3-4　利用制限額

3-4-1　利用制限が生じる繰越欠損金の範囲

支配関係がある法人間で適格合併等が行われた場合で，被合併法人又は合併法人等の法人税に係る繰越欠損金に利用制限が生じる場合，利用制限の対象となる繰越欠損金は次のとおりとなる（法法57③④，法令112⑤⑪）。

利用制限１：被合併法人又は合併法人等の支配関係事業年度前の繰越欠損金

利用制限２：被合併法人又は合併法人等の支配関係事業年度以後の特定資産譲渡等損失相当額

（注）「支配関係事業年度」とは，被合併法人等と合併法人等との間に最後に支配関係があることとなった日の属する事業年度をいう（法法57③④）。

3-4-2　特定資産譲渡等損失相当額の計算

上記のうち，被合併法人又は合併法人等の支配関係事業年度以後の特定資産譲渡等損失相当額とは，支配関係事業年度以後の各事業年度（対象事業年度）において生じた繰越欠損金のうち，対象事業年度ごとに次の(1)から(2)を控除した金額をいう（法令112⑤⑪）。

(1)　対象事業年度に生じた繰越欠損金のうち，対象事業年度を特定資産譲渡等損失額の損金不算入の規定（法法62の７①）が適用される事業年度として，被合併法人又は合併法人等が支配関係発生日において有する資産※１（注１）（注２）を特定資産と仮定して計算される特定資産譲渡等損失額となる金額に達するまでの金額。

※１　下線部分は，平成29年４月１日以後に合併法人等と被合併法人等との間に支配関係が生じている場合，支配関係発生日の属する事業年度開始日前から有していた資産となる（平成29年法令改正法令附則１，11①②）。

(2)　対象事業年度に生じた繰越欠損金のうち，被合併法人又は合併法人等の各事業年度の所得金額の計算において繰越控除された金額及び繰戻還付の対象になった金額。

（注１）　次に掲げる資産に該当するものを除く（法令123の８③一～五・⑭）。

一　棚卸資産（土地及び土地の上に存する権利（土地等）を除く）

二　短期売買商品（法法61①）

三　売買目的有価証券（法法61の３①一）

四　被合併法人の場合は「支配関係発生日の属する事業年度開始日」，合併法人等の場合は，「支配関係発生日」における帳簿価額又は取得価額が1,000万円に満たない資産※２

五　支配関係発生日における価額が支配関係発生日における帳簿価額を下回っていない資産※３（合併法人等の適格合併等の日の属する事業年度の確定申告書等に時価及び帳簿価額に関する明細書の添付があり，かつ，時価の根拠書類を保存している場合に限る）

※２　下線部分は，平成29年４月１日以後に合併法人等と被合併法人等との間に支配関係が生じている場合，支配関係発生日の属する事業年度開始日における帳簿価額又は取得価額が1,000万円に満たな

い資産となる（平成29年法令改正法令附則１・11・16）。

※３　下線部分は，平成29年４月１日以後に合併法人等と被合併法人等との間に支配関係が生じている場合，支配関係発生日の属する事業年度開始日以後に有することとなった資産及び同日における価額が同日における帳簿価額を下回っていない資産となる（平成29年法令改正法令附則１・11・16）。

（注２）　支配関係がある法人（特定支配関係法人）との間で，合併等前２年以内期間内に行われた「みなし共同事業要件を満たさない適格合併等」により，被合併法人又は合併法人等が引き継いだ資産のうち，その特定支配関係法人が支配関係発生日において有していた資産※4は，被合併法人又は合併法人等が支配関係発生日において有していた資産※4とみなして，特定資産譲渡等損失相当額を計算する（法令112⑥⑪）。ここで，「合併等前２年以内期間」とは，被合併法人又は合併法人等の適格合併等の日以前２年以内の期間（支配関係発生日以後の期間に限る）をいう。また，支配関係がある法人（関連法人）との間で，合併等前２年以内期間内に行われた「みなし共同事業要件を満たさない適格合併」又は「残余財産の確定」により，被合併法人又は合併法人等が引き継いだ繰越欠損金のうち，関連法人が支配関係発生日（被合併法人及び合併法人等と関連法人との間に最後に支配関係があることとなった日）において有していた資産※5（上記のみなし特定資産を含む）を特定資産と仮定して，その関連法人において上記⑴及び⑵に従い計算された特定資産譲渡等損失相当額に相当する金額（特定資産譲渡等損失相当欠損金額）がある場合は，被合併法人又は合併法人等の特定資産譲渡等損失相当額に加算する（法令112⑦⑪）。この場合，その関連法人における特定資産譲渡等損失相当欠損金額について，含み損益の特例計算を適用することができる（法令113⑧⑨⑪）。

※４　下線部分は，平成29年４月１日以後に合併法人等と被合併法人等との間に支配関係が生じている場合，支配関係発生日の属する事業年度開始日前から有していた資産となる（平成29年法令改正法令附則１・11①②）。

※５　下線部分は，平成29年４月１日以後に合併法人等と被合併法人等との間に支配関係が生じている場合，支配関係発生日（被合併法人及び合併法人等と関連法人との間に最後に支配関係があることとなった日）の属する事業年度開始日前から有していた資産となる（平成29年法令改正法令附則１・11①②）。

ただし，含み損益の特例計算が適用できる場合，利用制限額が緩和又は免除される（法法57③④，法令113①④⑤。「３－５」参照）。

3-5　含み損益の特例計算

支配関係がある法人間で適格合併等が行われた場合で，被合併法人又は合併法人等の法人税に係る繰越欠損金の利用制限が免除又は緩和される「含み損益の特例計算」には，次の制度がある。

3-5-1　含み損益の特例計算

被合併法人の支配関係事業年度の前事業年度末における含み損益相当額について，合併法人における被合併法人の繰越欠損金の引継制限が緩和される特例がある（法令113①）。

また，合併法人等の支配関係事業年度の前事業年度末における含み損益相当額について，合併法人等における合併法人等の繰越欠損金の利用制限が緩和される特例がある（法令113①④）。

なお，この特例は，合併法人等の適格合併等の日の属する事業年度の確定申告書等に明細書の添付があり，かつ，時価純資産価額の算定の根拠書類を保存している場合に限り適用される（法令113②④，法規26の2の2①）。

含み損益の状況	利用制限額
時価純資産超過額（注1）≧支配関係前未処理欠損金額（注2）の合計額 又は，支配関係前未処理欠損金額がないとき	利用制限は生じない。
時価純資産超過額 ＜支配関係前未処理欠損金額の合計額	支配関係事業年度前の繰越欠損金のうち，支配関係前未処理欠損金額の合計額から時価純資産超過額を控除した額（制限対象金額）（注3）で構成される金額（注4）に引継制限が生じる。 この場合，支配関係事業年度以後の特定資産譲渡等損失相当額は利用可能となる。
簿価純資産超過額（注5） ＜支配関係事業年度以後の特定資産譲渡等損失相当額の当初発生額（注6）の合計額	次の①と②の合計額に利用制限が生じる。 ①支配関係事業年度前の繰越欠損金 ②支配関係事業年度以後の特定資産譲渡等損失相当額のうち，簿価純資産超過額で構成される金額（注7）

（注1）「時価純資産超過額」とは，支配関係事業年度の前事業年度末の時価純資産価額が簿価純資産価額以上である場合における時価純資産価額から簿価純資産価額を控除した金額をいう。つまり，資産全体の含み益相当額をいう（0円を含む）。なお，時価純資産価額は，自己創設営業権を含めて計算する（「平成29年版改正税法のすべて（一般財団法人大蔵財務協会）」333頁。（注5）において同じ）。

（注2）「支配関係前未処理欠損金額」とは，支配関係事業年度開始日前9年以内に開始した各事業年度において生じた繰越欠損金の支配関係事業年度の前事業年度末の残高をいう。

（注3）「制限対象金額」は，支配関係前未処理欠損金額のうち，最も古いものから順次なるものとする。

（注4）「支配関係事業年度前の繰越欠損金のうち，制限対象金額で構成される金額」とは，発生事業年度ごとに，制限対象金額から，支配関係事業年度から適格合併の日の前日の属する事業年度（被合併法人の繰越欠損金の引継制限の場合）又は適格合併等の日の属する事業年度の前事業年度（合併法人等の繰越欠損金の利用制限の場合）までの繰越控除額の合計額を控除した金額をいう。

（注5）「簿価純資産超過額」とは，支配関係事業年度の前事業年度末の簿価純資産価額が時価純資産価額を超過する金額をいう。つまり，資産全体の含み損相当額をいう。

（注6）「支配関係事業年度以後の特定資産譲渡等損失相当額の当初発生額」とは，「3－4－2」の支配関係事業年度以後の特定資産譲渡等損失相当額に係る(1)に掲げる金額をいう。

（注7）「支配関係事業年度以後の特定資産譲渡等損失相当額のうち，簿価純資産超過額で構成される金額」とは，支配関係事業年度以後の特定資産譲渡等損失相当額の当初発生額のうち最も古いものから順次，簿価純資産超過額によって構成されるものとした場合に，その簿価純資産超過額に相当する金額を，「3－4－2」の支配関係事業年度以後の特定資産譲渡等損失相当額に係る(1)に掲げる金額として計算した支配関係事業年度以後の特定資産譲渡等損失相当額をいう。

3-5-2　事業が移転しない場合の含み損益の特例計算

繰越欠損金の利用制限が生じる適格合併等が，事業を移転しない適格分割，適格現物出資，適格現物分配（適格分割等）である場合において，次の各号に掲げる場合に該当するときは，分割承継法人，被現物出資法人，被現物分配法人（分割承継法人等）の繰越欠損金の利用制限額は，それぞれ次に定めるところによることができる（法令113⑤）。

この事業が移転しない場合の含み損益の特例計算を適用する場合は，分割承継法人等は，上記３－５－１の含み損益の特例計算を適用することができない（法令113⑤）。

なお，この特例は，分割承継法人等の適格分割等の日の属する事業年度の確定申告書等の明細書の添付があり，かつ，時価純資産価額の算定の根拠書類を保存している場合に限り適用される（法令113⑥，法規26の２の２②。ただし，分割承継法人等が適格分割等により移転を受けた資産が自己株式のみである場合を除く）。

含み損益の状況	利用制限額
移転を受けた資産の移転直前の移転時価資産価額が移転簿価資産価額以下であるとき（含み益がない場合）	利用制限は生じない。
移転時価資産超過額（注１）が支配関係事業年度前の繰越欠損金の合計額以下であるとき（含み益≦支配関係事業年度前の繰越欠損金の合計額）	支配関係事業年度前の繰越欠損金のうち，移転時価資産超過額に相当する金額（注２）に利用制限が生じる。 この場合，支配関係事業年度以後の特定資産譲渡等損失相当額は利用可能となる。
移転時価資産超過額が支配関係事業年度前の繰越欠損金の合計額を超えるとき（含み益＞支配関係事業年度前の繰越欠損金の合計額）	次の①と②の合計額に利用制限が生じる。 ①支配関係事業年度前の繰越欠損金 ②支配関係事業年度以後の特定資産譲渡等損失相当額のうち，移転時価資産超過額から①を控除した金額（注３）

（注１）「移転時価資産超過額」とは，移転時価資産価額が移転簿価資産価額を超える場合の超過額をいう。
（注２）「移転時価資産超過額に相当する金額」は，支配関係事業年度前の繰越欠損金のうち，最も古いものからなるものとする。
（注３）「支配関係事業年度以後の特定資産譲渡等損失相当額のうち，移転時価資産超過額から①を控除した金額」は，支配関係事業年度以後の特定資産譲渡等損失相当額のうち，最も古いものからなるものとする。

3-6　被合併法人が連結納税を採用している場合の繰越欠損金の引継ぎ

3-6-1　法人税に係る繰越欠損金

(1)　被合併法人が連結子法人である場合（(2)を除く）

単体納税を採用している合併法人が，連結子法人を被合併法人とする合併を行う場合，最終の連結事業年度終了の日の翌日の属する事業年度開始の日前9年以内に開始した各連結事業年度において生じた被合併法人の連結欠損金個別帰属額は，当該翌日の属する事業年度以後の各事業年度において，連結欠損金個別帰属額が生じた連結事業年度開始の日の属する被合併法人の事業年度において生じた繰越欠損金とみなされる（法法57⑥）。

つまり，被合併法人が連結納税を採用している場合でも，連結単体申告の最終事業年度（合併の日の前日の属する事業年度）において，被合併法人の連結欠損金個別帰属額は，単体納税の繰越欠損金とみなされる（法法57⑥・4の5②四)。そして，その単体納税の繰越欠損金について，合併法人において被合併法人の繰越欠損金の引継ぎと引継制限の規定が適用されることとなる（法法57②③。「3－1－1」～「3－1－4」と同様の取扱い)。

つまり，被合併法人が単体納税を採用している場合と変わらない。

(2)　被合併法人が連結親法人である場合又は連結親法人事業年度終了の日の翌日に適格合併を行う連結子法人である場合

適格合併に係る被合併法人が連結親法人又は連結親法人事業年度終了の日の翌日に適格合併を行う連結子法人である場合には，被合併法人の適格合併の日前9年以内に開始した各連結事業年度において生じた連結欠損金個別帰属額を単体納税における前9年内事業年度の繰越欠損金と，当該連結欠損金個別帰属額が生じた連結事業年度を被合併法人の事業年度とみなして，合併法人において被合併法人の繰越欠損金の引継ぎと引継制限の規定を適用することとなる（法法57⑦)。

つまり，連結単体申告のみなし事業年度が設定されない場合，被合併法人の合併直前の連結欠損金個別帰属額を直接，単体納税の繰越欠損金とみなして，被合併法人の繰越欠損金の引継ぎと引継制限の規定が適用されることとなる

（「3－1－1」～「3－1－4」と同様の取扱い）。

3-6-2　住民税に係る繰越欠損金

「3－1－5」と同じ取扱いとなる。

3-6-3　事業税に係る繰越欠損金

「3－1－6」と同じ取扱いとなる。

4　特定資産譲渡等損失額の損金算入制限

4-1　特定資産譲渡等損失額の損金算入制限

組織再編税制では，保有していた資産又は移転を受けた資産の含み損が再編後に実現した場合に，資産の移転を受けた法人において損金算入できない，という特定資産譲渡等損失額の損金算入制限の取扱いがある。

つまり，合併では，合併法人が保有する資産又は被合併法人から引き継いだ資産の含み損が合併後に実現した場合でも損金算入されない可能性がある。また，分割，現物出資，現物分配では，分割承継法人，被現物出資法人，被現物分配法人が保有する資産又は引き継いだ資産の含み損が再編後に実現した場合でも損金算入されない可能性がある。

＜特定資産譲渡等損失額の損金算入制限の取扱い＞

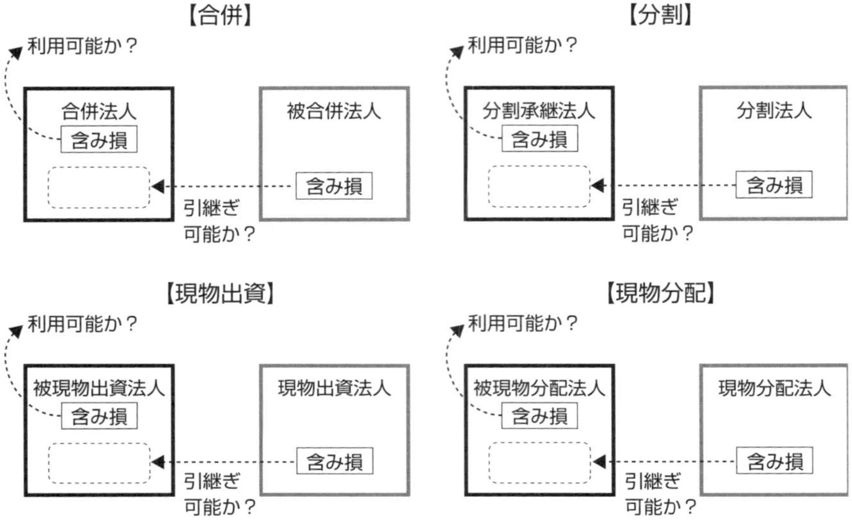

【合併】

利用可能か？
合併法人
含み損
被合併法人
含み損
引継ぎ
可能か？

【分割】

利用可能か？
分割承継法人
含み損
分割法人
含み損
引継ぎ
可能か？

【現物出資】

利用可能か？
被現物出資法人
含み損
現物出資法人
含み損
引継ぎ
可能か？

【現物分配】

利用可能か？
被現物分配法人
含み損
現物分配法人
含み損
引継ぎ
可能か？

そして，特定資産譲渡等損失額の損金算入制限の適用範囲は，特定資産の種類ごと，グループ内外の区分，適格・非適格の区分ごとに次のようにまとめられる。

<特定資産譲渡等損失額の損金算入制限（まとめ）>

[合併]

	支配関係がある法人間の再編		支配関係がない法人間の再編	
	適　格	非適格	適　格	非適格
特定保有資産	△	○（注）	○	○
特定引継資産	△	実現（注）	○	実現

○：利用可能　△：要件有り

（注）　譲渡損益の繰延べの規定の適用がある非適格合併については，特定資産譲渡等損失額の損金算入に要件充足が必要となる（法法61の13①・62の7①）。

[分割・現物出資・現物分配]

	支配関係がある法人間の再編		支配関係がない法人間の再編	
	適　格	非適格	適　格	非適格
特定保有資産	△	○	○	○
特定引継資産	△	実現	○	実現

○：利用可能　△：要件有り

「△：要件有り」では，次の①②のいずれかを満たす場合，特定資産譲渡等損失額の損金算入制限が生じない（適格現物分配は②を除く。法法62の7①・57④，法令112③⑩・123の8①）。

①　支配関係が，合併法人等の適格合併等の日の属する事業年度開始日の5年前の日，合併法人等の設立日，被合併法人等の設立日のうち，最も遅い日から継続して生じていること（「4－6」参照）

②　みなし共同事業要件を満たしていること（「3－3」参照）

（注1）「被合併法人等」とは，被合併法人，分割法人，現物出資法人，現物分配法人をいう（以下，本節において同じ）。

（注2）「合併法人等」とは，合併法人，分割承継法人，被現物出資法人，被現物分配法人をいう（以下，本節において同じ）。

（注3）「適格合併等」とは，適格合併，譲渡損益の繰延べ規定（法法61の13①）の適用がある非適格合併，適格分割，適格現物出資，適格現物分配をいう（以下，本節において同じ）。

ただし，含み損益の特例計算により，損金算入制限が緩和又は免除される場合がある（法令123の9①⑥⑨，「4－7」参照）。

4-2　損金算入制限が生じる期間

特定資産譲渡等損失額の損金算入制限が生じる場合の損金不算入となる期間は，適格合併等の日の属する事業年度開始日から次のうちいずれか早い日までとなる（法法62の7①）。

① 適格合併等の日の属する事業年度開始の日から同日以後3年を経過する日

② 支配関係発生日以後5年を経過する日

なお，非適格株式交換等により株式交換等完全子法人等の保有資産に時価評価が適用される場合（法法62の9①）や連結納税の開始又は加入に伴い連結子法人の時価評価がされる場合（法法61の11①・61の12①）には，適格合併等の日の属する事業年度開始の日から時価評価の適用を受ける事業年度終了の日までの期間となる。

4-3　特定資産譲渡等損失額の計算方法

特定資産譲渡等損失額は，次の金額の合計額となる（法法62の7②）。

① 合併法人等が被合併法人等から適格合併等により移転を受けた資産で，支配関係発生日前から有していたもの（特定引継資産）の譲渡等による損失の額から，特定引継資産の譲渡等による利益の額を控除した金額

② 合併法人等が支配関係発生日前から有していた資産（注）（特定保有資産）の譲渡等による損失の額から，特定保有資産の譲渡等による利益の額を控除した金額

（注） 下線部分は，平成29年4月1日以後に合併法人等と被合併法人等との間に支配関係が生じている場合，支配関係発生日の属する事業年度開始日前から有していた資産となる（平成29年所法等改正法附則1，18）。

なお，被合併法人等又は合併法人等が，前2年以内期間（適格合併等の日以前2年以内の期間。一定の場合，支配関係発生日以後の期間に限る）内に，他の支配関係がある法人との間で行われた適格合併等（みなし共同事業要件を満たさないものに限る）により，支配関係発生日以後に移転を受けた資産（特定保有資産については，平成29年4月1日以後に合併法人等と被合併法人等との間に支配関係が生じている場合，支配関係発生日の属する事業年度開始日以後に移転を受けた資

産）のうち，一定のものを，特定引継資産又は特定保有資産とみなすという規定がある（法令123の8⑫⑮・123の9④⑤⑥）。

4-4　譲渡等の範囲

特定資産譲渡等損失額が発生する譲渡等とは譲渡，評価替え（連結開始・加入，非適格株式交換等の時価評価を含む），貸倒れ，除却その他これらに類する事由（譲渡等特定事由）をいう（法法62の7②，法令123の8②⑤⑨⑮）。

なお，災害による資産の滅失や損壊，更生期間資産譲渡等や再生等期間資産譲渡等，減価償却資産（適正に償却されているものに限る）の除却等は，譲渡等には含まれない（法令123の8④⑧⑮）。

4-5　特定資産から除かれる資産

特定資産譲渡等損失額が発生する特定引継資産及び特定保有資産は，次の資産を除いたものをいう（法令123の8③⑭）。

- 棚卸資産（土地等を除く）
- 短期売買商品
- 売買目的有価証券
- 適格合併等の日（特定保有資産の場合は，適格合併等の日の属する事業年度開始日）における一定の単位の帳簿価額又は取得価額が1,000万円に満たない資産
- 100%グループ内法人間の非適格合併により移転を受けた譲渡損益調整資産以外の資産（法法61の13①）
- 支配関係発生日における価額が支配関係発生日における帳簿価額を下回っていない資産（注）（適格合併等の日の属する事業年度の確定申告書等に時価，帳簿価額に関する明細書を添付し，根拠書類等を保存している場合に限る）

（注）　下線部分は，平成29年4月1日以後に合併法人等と被合併法人等との間に支配関係が生じている場合，支配関係発生日の属する事業年度開始日以後に有することとなった資産及び同日における価額が同日における帳簿価額を下回っていない資産となる（平成29年法令改正法令附則1・16）。

4-6　5年前の日又は設立日からの支配関係継続要件

特定資産譲渡等損失額の損金算入制限が生じない「支配関係が，合併法人等の適格合併等の日の属する事業年度開始日の5年前の日，合併法人等の設立日，被合併法人等の設立日のうち，最も遅い日から継続して生じていること」とは，次の①②のいずれかに該当する場合をいう（法法62の7①，法令123の8①）。

① 合併法人等と被合併法人等との間に，合併法人等の適格合併等の日の属する事業年度開始の日の5年前の日から継続して支配関係がある場合

② 合併法人等又は被合併法人等が5年前の日後に設立された法人である場合（次のイ～ニに掲げる場合を除く）であって，合併法人等と被合併法人等との間に合併法人等の設立日又は被合併法人等の設立日のいずれか遅い日から継続して支配関係がある場合

ただし，次のイ～ニのいずれかに該当する場合は，「合併法人等又は被合併法人等が5年前の日後に設立された法人である場合」に該当しないものとし，上記②の「合併法人等の設立日又は被合併法人等の設立日のいずれか遅い日から継続して支配関係がある場合」に該当しないものとする。

これは，本来，合併法人等と被合併法人等との間の支配関係が5年前の日又は設立日から継続していない場合に，新設法人を設立して，当該新設法人に含み損資産又は優良事業を移管した後に，当該新設法人を合併法人等又は被合併法人等とすることにより，支配関係継続要件を形式上満たすという租税回避を防止するためである。

イ	当該合併法人等との間に支配関係がある他の法人を被合併法人，分割法人，現物出資法人又は現物分配法人とする適格合併等で，当該被合併法人等を設立するものが行われていた場合（当該合併法人等と当該他の法人との間に最後に支配関係があることとなった日が，5年前の日以前である場合を除く）
ロ	当該合併法人等との間に支配関係がある他の法人を被合併法人，分割法人，現物出資法人又は現物分配法人とする適格合併等で，当該合併法人等と当該他の法人との間に最後に支配関係があることとなった日以後に設立された当該被合併法人等を合併法人，分割承継法人，被現物出資法人若しくは被現物分配法人とするものが行われていた場合（同日が5年前の日以前である場合を除く）
ハ	当該被合併法人等との間に支配関係がある他の法人を被合併法人，分割法人，現物出資法人又は現物分配法人とする適格合併等で，当該合併法人等を設立す

	るものが行われていた場合（当該被合併法人等と当該他の法人との間に最後に支配関係があることとなった日が，５年前の日以前である場合を除く）
二	当該被合併法人等との間に支配関係がある他の法人を被合併法人，分割法人，現物出資法人又は現物分配法人とする適格合併等で，当該被合併法人等と当該他の法人との間に最後に支配関係があることとなった日以後に設立された当該合併法人等を合併法人，分割承継法人，被現物出資法人若しくは被現物分配法人とするものが行われていた場合（同日が５年前の日以前である場合を除く）

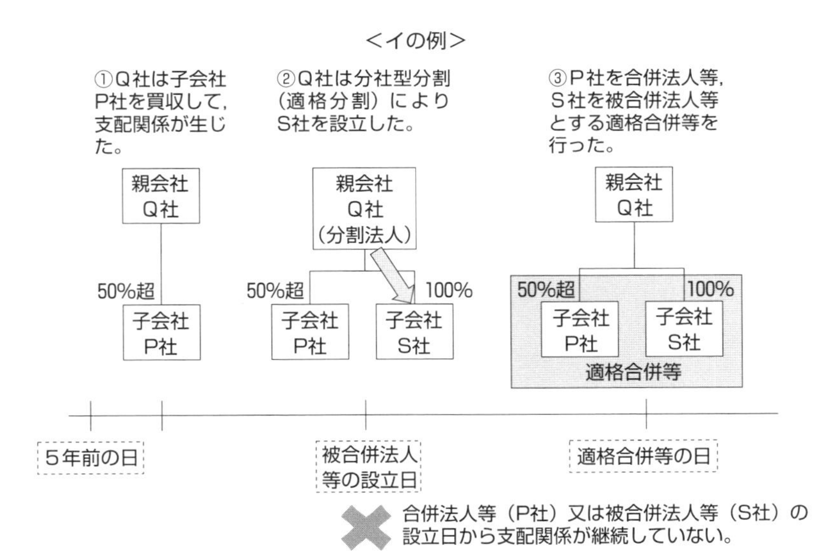

＜ロの例＞

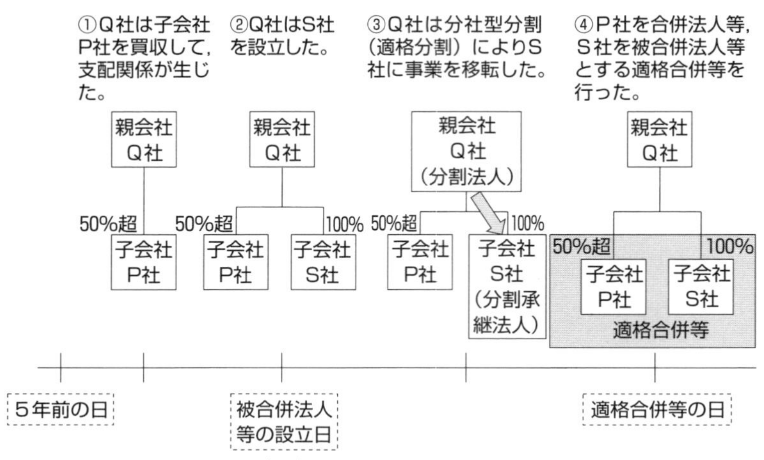

合併法人等（P社）又は被合併法人等（S社）の設立日から支配関係が継続していない。

＜ハの例＞

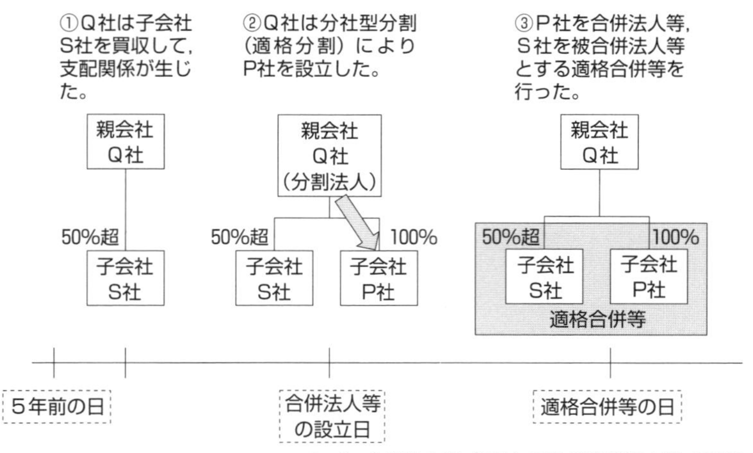

合併法人等（P社）又は被合併法人等（S社）の設立日から支配関係が継続していない。

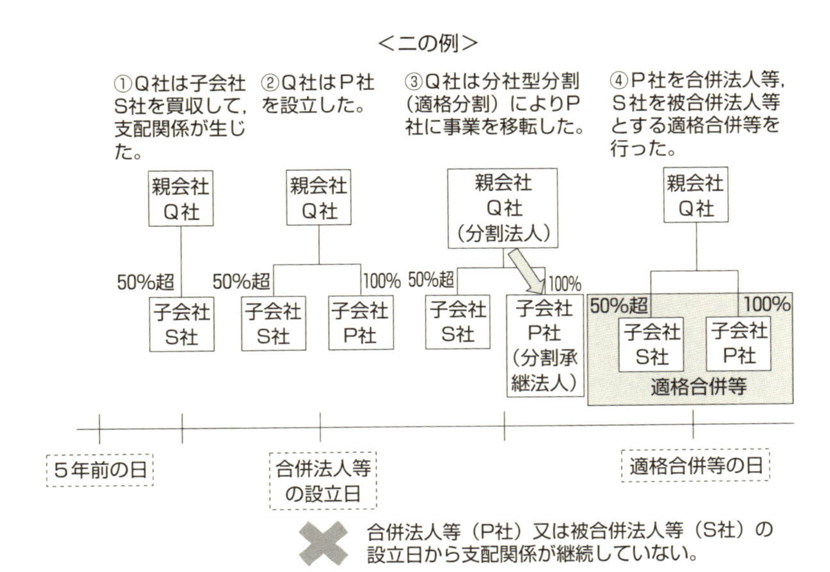

4-7　含み損益の特例計算

4-7-1　含み損益の特例計算

特定資産譲渡等損失額の損金算入制限が生じる場合でも，合併法人等又は被合併法人等の支配関係事業年度の前事業年度末における含み損益を限度として，合併法人等において損金算入制限が免除又は緩和される特例がある（法令123の9①）。

この特例は，特定保有資産（合併法人等）と特定引継資産（被合併法人等）で区別して適用される（法令123の9①⑥）。

また，この特例は，合併法人等の適格合併等の日の属する事業年度及び下記2号の場合は当該事業年度後の適用期間内の日の属する事業年度の確定申告書等に明細書の添付があり，かつ，時価純資産価額の算定の根拠書類を保存している場合に限り適用される（法令123の9②⑥，法規27の15の2①）。

	含み損益の状況	損金算入制限
1	時価純資産価額 ≧ 簿価純資産価額（含み損なし）	損金算入制限はない。

2	時価純資産価額 ＜ 簿価純資産価額（含み損あり）	簿価純資産超過額を限度とする。 ただし，繰越欠損金の利用制限に係る含み損益の特例計算の適用により，特定資産譲渡等損失相当額とみなした金額及び実現済額（注）は限度額から除かれる（つまり，損金算入制限額が減少する。）

（注） 実現済額とは，当該事業年度前の適用期間内の日の属する各事業年度の特定引継資産又は特定保有資産に係る特定資産譲渡等損失額の合計額をいう。

4-7-2　事業が移転しない場合の含み損益の特例計算

事業を移転しない適格分割，適格現物出資，適格現物分配（適格分割等）である場合には，分割承継法人，被現物出資法人，被現物分配法人（分割承継法人等）は，適格分割等の日の属する事業年度以後の各事業年度（適用期間内の日の属する事業年度に限る）における特定保有資産に係る特定資産譲渡等損失額について，次に掲げる区分に応じ，次のように損金算入額を免除又は緩和することができる（法令123の９⑨）。

この事業が移転しない場合の含み損益の特例計算を適用する場合は，「４－７－１」の特定保有資産に係る含み損益の特例計算を適用することができない（法令123の９⑨）。

なお，この特例は，分割承継法人等の適格分割等の日の属する事業年度及び下記２の場合は当該事業年度後の適用期間内の日の属する事業年度の確定申告書等に明細書の添付があり，かつ，移転時価資産価額の算定の根拠書類を保存している場合に限り適用される（法令123の９⑩，法規27の15の２③。ただし，分割承継法人等が適格分割等により移転を受けた資産が自己株式のみである場合を除く）。

	含み損益の状況	引継制限額
1	次のいずれかの場合 ①移転時価資産価額が移転簿価資産価額以下である場合（含み益がない場合） ②移転時価資産超過額（注１）が，事業が移転しない場合の繰越欠損金に係	特定保有資産に係る特定資産譲渡等損失額は，ないものとする。

	る含み損益の特例計算適用後の切捨対象となる繰越欠損金以下である場合（移転時価資産超過額 ≦ 特例切捨欠損金額）	
2	移転時価資産超過額が特例切捨欠損金額を超える場合（移転時価資産超過額 ＞ 特例切捨欠損金額）	特定保有資産に係る特定資産譲渡等損失額は，当該特定資産譲渡等損失額のうち，移転時価資産超過額から特例切捨欠損金額及び実現済額（注2）の合計額を控除した金額に達するまでの金額とする。

（注1）　移転時価資産超過額とは，移転時価資産価額が移転簿価資産価額を超える場合の超過額をいう。
（注2）　実現済額とは，当該事業年度前の適用期間内の日の属する各事業年度の特定保有資産に係る特定資産譲渡等損失額の合計額をいう。

5　株主の税務

5-1　合併に係る株主の税務

5-1-1　被合併法人の株主の税務

合併に係る被合併法人の株主の課税関係は，適格と非適格の区分ごと，金銭等の交付があるか否かにより，みなし配当及び株式譲渡損益が発生する（法法24①一・61の2①②，法令23①一・119①五，119の7の2①，所法25①一，所令61②一・112①②，措法37の10①③一）

	金銭等が交付されるケース		株式※のみが交付されるケース	
	みなし配当	株式譲渡損益	みなし配当	株式譲渡損益
適格合併	×	◎	×	×（注4）
非適格合併	◎（注1）	◎（注2）	◎（注1,3）	×

◎：発生　×：発生しない　―：該当しない

※ここでいう株式とは，合併法人株式又は親法人株式をいう。親法人株式とは，合併法人の発行済株式（自己株式を除く）の全部を保有する法人の株式をいう（適格要件における合併親法人株式はさらにその全部を保有する関係が継続する見込みがあることが要件となる）。
（注1）　みなし配当＝合併対価の時価－持分対応資本金等の額*
＊持分対応資本金等の額＝被合併法人の資本金等の額×当該株主の株式所有数／被合併法人の発行済株式数（自己株式を除く）
（注2）　株式譲渡損益＝持分対応資本金等の額－株式譲渡原価
（注3）　合併法人株式又は親法人株式の帳簿価額は，被合併法人株式の帳簿価額にみなし配当を加算した金額となる。また，株式の交付を受けるために要した費用を取得価額に加算する（(注4）に同じ)。
（注4）　被合併法人株式の帳簿価額が，合併法人株式又は親法人株式の帳簿価額に付け替わる。

ただし，（注２）について，被合併法人の株主と被合併法人との間に完全支配関係がある非適格合併において，株式譲渡損益については，被合併法人株式の帳簿価額を譲渡対価とみなすため，被合併法人株式に係る譲渡損益は発生せず，株式譲渡損相当額が資本金等の額から減額（株式譲渡益相当額の場合は増額）される（法法61の２⑰，法令８①二十二）。

なお，スクイーズアウトにおける合併に反対する被合併法人の株主（少数株主）の買取請求に基づく買取り（裁判所への価格の決定の申立てをした場合を含む）は，自己株式の買取りであるが，みなし配当は生じず，株式譲渡損益のみが発生する（法法61の２①・24①五，法令23③八，所法25①五，所令61①八，措法37の10①）。

5-1-2　無対価合併に係る株主の税務

「２－４－１」の(ロ)(ハ)(ニ)の無対価の適格合併において，被合併法人の株主に合併法人株式その他資産が交付されなかったことにより被合併法人株式を有しなくなった場合，被合併法人の株主において譲渡損益は計上されない（法法61の２②，所令112②）。また，適格合併であるため，みなし配当も発生しない（法法24①一，所法25①一）。

この場合，被合併法人の株主では，合併時に被合併法人株式の帳簿価額を合併法人株式の帳簿価額に付け替えることになる（法令119の３⑩・119の４①，所令112②）。

なお，無対価合併の適格要件は，「２－４－１」を参照。

5-1-3　抱合株式に係る株主の税務

非適格合併において，抱合株式（合併法人が有する被合併法人株式）がある場合，合併法人では，抱合株式についても合併対価の割当があったものとしてみなし配当を計算する（法法24②，法令23⑤）。また，抱合株式の帳簿価額を譲渡対価とみなすため，抱合株式に係る株式譲渡損益は発生しない（法法61の２②③）。なお，抱合株式については，適格合併でも非適格合併でも，その帳簿価額（非適格合併の場合，みなし配当を加算）が資本金等の額から減額される（法令８①五）。

5-2　分割に係る株主の税務

5-2-1　分割法人の株主の税務

分割型分割における分割法人の株主の課税関係は，適格と非適格の区分ごと，金銭等の交付があるか否かにより，みなし配当及び株式譲渡損益が発生する（法法24①二・61の2④⑤，法令23①二・119①六・119の3⑪・119の4①・119の7の2②・119の8①，所法25①二，所令61②二・113①②③，措法37の10①③二）。

また，分社型分割については分割法人の株主に分割対価が交付されないため，分割法人の株主に課税関係は発生しない。

	金銭等が交付されるケース		株式※のみが交付されるケース	
	みなし配当	株式譲渡損益	みなし配当	株式譲渡損益
適格分社型分割	—	—	—	—
非適格分社型分割	—	—	—	—
適格分割型分割	—	—	×	×（注1）
非適格分割型分割	◎（注2）	◎（注3）	◎（注2，4）	×（注1）

◎：発生　×：発生しない　—：該当しない

※　ここでいう株式とは，分割承継法人株式又は親法人株式をいう。親法人株式とは，分割承継法人の発行済株式（自己株式を除く）の全部を保有する法人の株式をいう（適格要件における分割承継親法人株式はさらにその全部を保有する関係が継続する見込みがあることが要件となる）。

（注1）　分割法人株式の分割純資産対応帳簿価額（注3）は分割承継法人株式又は親法人様式の帳簿価額に付け替わる（株式の交付を受けるために要した費用を取得価額に加算する（注4）に同じ）。また，分割直後の分割法人株式の帳簿価額は分割法人株式の分割純資産対応帳簿価額を控除した金額となる。

（注2）　みなし配当＝分割対価の時価－持分対応資本金等の額＊1

＊1　持分対応資本金等の額＝分割資本金等の額＊2×当該株主の株式所有数／分割法人の発行済株式数（自己株式を除く）

＊2　分割資本金等の額＝分割法人の分割直前の資本金等の額×（移転簿価純資産価額＊4／分割法人の簿価純資産総額＊3）＊5

＊3　分割型分割の日の属する事業年度の前事業年度終了の時の金額をいう。ただし，当該終了の時から分割直前の時までに資本金等の額又は利益積立金（当期の所得金額等に係るものを除く。法令9①一・六）が増加又は減少した場合は，増加額を加算し，減少額を減算する。

＊4　分母の金額を限度とする（分母が0に満たない場合を除く）。

＊5　当該割合は，分割直前の資本金等の額が0以下である場合には0，分割直前の資本金等の額及び移転簿価純資産価額が0を超え，かつ，分割法人の簿価純資産総額が0以下である場合は，1とする。小数点以下3位未満の端数切り上げ。

（注3）　株式譲渡損益＝持分対応資本金等の額－分割法人株式の分割純資産対応帳簿価額＊1

＊1　分割法人株式の分割純資産対応帳簿価額
＝分割法人株式の帳簿価額×（移転簿価純資産価額＊3／分割法人の簿価純資産総額＊2）＊4

＊2　（注2）の＊3参照。

＊3　（注2）の＊4参照。

＊4　（注2）の＊5参照。

（注４） 分割承継法人株式又は親法人株式の帳簿価額は，分割法人株式の分割純資産対応帳簿価額にみなし配当を加算した金額となる。

ただし，（注３）について，分割法人の株主と分割法人との間に完全支配関係がある非適格分割型分割における株式譲渡損益については，分割法人株式の分割純資産対応帳簿価額を譲渡対価とみなすため，その所有する分割法人株式に係る譲渡損益は発生せず，株式譲渡損相当額が資本金等の額から減額（株式譲渡益相当額の場合は増額）される（法法61の２⑰，法令８①二十二）。

5-2-2　無対価分割に係る株主の税務

「２－４－２」の(イ)(ロ)(ハ)の無対価の適格分割型分割において，分割法人の株主では，みなし配当及び株式譲渡損益は生じない（法法24①二・61の２④，所法25①二，所令113②③）。

そして，この場合，分割法人株式の分割純資産対応帳簿価額が分割法人株式の帳簿価額から分割承継法人株式の帳簿価額に付け替わることとなる（法令119の３⑪⑫・119の４①・119の８①・23①二，所令113②③）。

なお，無対価分割型分割の適格要件は，「２－４－２」を参照。

5-3　株式交換等又は株式移転に係る株主の税務

5-3-1　株式交換又は株式移転に係る株主の税務

株式交換完全親法人以外の株式交換完全子法人の株主（少数株主）又は株式移転完全子法人の株主の課税関係は，適格・非適格ではなく，金銭等の交付があったかどうかによって，次のとおりとなる（法法61の２①⑨⑪，法令119①九・十一・119の７の２③，所法57の４①②，所令167の７①③④⑤，措法37の10①）。

交付対価の種類	みなし配当	株式譲渡損益
完全親法人株式又は親法人株式※のみ	×	×（注1，2）
金銭その他の資産	×	◎

◎：発生　×：発生しない

※親法人株式とは，株式交換完全親法人の発行済株式（自己株式を除く）の全部を保有する法人（親法人）の株式をいう（適格要件における株式交換完全支配親法人株式は，さらにその全部を保有する関係が継続する見込みがあることが要件となる）。

（注１） 完全子法人株式の帳簿価額が，完全親法人株式又は親法人株式の帳簿価額に付け替わる。また，株式の交付を受けるために要した費用がある場合には，その費用の額を加算した金額が取得価額となる。

（注2）　交換比率の関係で，整数株の他に，1株に満たない端数株式が生じ，それに対する金銭等の交付が行われた場合，いったん1株に満たない端数株式に相当する株式が交付され，その株式の売却代金が交付されるとみなされる。そのため，その部分については，その端数株式に対応する部分の譲渡があったものとして，株式譲渡損益と新たに交付を受けた完全親法人株式又は親法人株式の帳簿価額の計算を行う（法法61の2①，措法37の10①）。この場合，1株に満たない端数株式を完全親法人が自己株式として買い取った場合でも，みなし配当は生じない（法令23③九，所令61①九）。

なお，スクイーズアウトにおける株式交換に反対する株式交換完全子法人の株主（少数株主）の買取請求に基づく買取り（裁判所への価格の決定の申立てをした場合を含む）は，原則どおり，自己株式の買取りとして，みなし配当と株式譲渡損益が発生する（法法61の2①・24①五，法令23③，所法25①五，所令61①，措法37の10①）。この点，全部取得条項付種類株式方式における取扱いと異なる。

5-3-2　全部取得条項付種類株式方式又は株式併合方式に係る株主の税務

全部取得条項付種類株式方式では，少数株主だけでなく，株式交換等完全親法人にも取得の対価が交付されることとなる。

そして，全部取得条項付種類株式方式の場合，取得決議による旧株の譲渡については，株式交換等完全親法人の株式以外の資産が交付されない場合，譲渡損益が繰り延べられ，端数処理については通常の譲渡として譲渡損益が計上される（法法61の2①⑭）。

一方，株式併合方式は，株式併合そのものでは譲渡損益は発生せず，1単位当たりの帳簿価額の付替えのみが生じ（法令119の3⑦・119の4①），端数処理については通常の譲渡として譲渡損益が計上される（法法61の2①）。

それぞれの課税関係は，次のとおりとなる（法法24①五・61の2①⑭三，法令23③九・119①十八・139の3①，法基通2-3-1・2-3-25，所法25①五・57の4③三，所令61①九・167の7⑥四，所基通57の4の2，措法37の10①）。

株式交換等完全子法人の株主	交付対価の種類	みなし配当	株式譲渡損益
株式交換等完全親法人	株式交換等完全子法人株式	×	×（注1，2）
少数株主	1株に満たない端数株式（それに対する金銭等の交付）	×	◎

◎：発生　×：発生しない

（注1）　新たに交付を受けた株式交換等完全子法人株式の帳簿価額は，その取得又は併合前の株式交換等完全子

法人株式の帳簿価額のまま変わらない。また，株式の交付を受けるために要した費用がある場合には，その費用の額を加算した金額が取得価額となる。

（注２） １株に満たない端数株式の買取者が株式交換等完全子法人である場合で，取得比率・併合比率の関係で，株式交換等完全親法人において，整数株の他に，１株に満たない端数株式が生じ，それに対する金銭等の交付が行われた場合，いったん１株に満たない端数株式に相当する株式が交付され，その株式の売却代金が交付されるとみなされる。そのため，その取得又は併合前に有していた株式交換等完全子法人株式のうち，その端数株式に対応する部分の譲渡があったものとして，株式譲渡損益と新たに保有する株式交換等完全子法人株式の帳簿価額の計算を行う（法法61の２①，措法37の10①）。この場合，１株に満たない端数株式を株式交換等完全子法人が自己株式として買い取った場合でもみなし配当は生じない（法令23③九）。一方，１株に満たない端数株式の買取者が株式交換等完全親法人である場合は，株式交換等完全親法人では，自社で生じた１株に満たない端数株式の譲渡をしないため，株式交換等完全親法人において，それに係る譲渡損益は発生しないものと考えられる。この場合，株式交換等完全親法人における端数の合計数に相当する数の株式の取得価額は，その取得のために支払った金額となる（法令119①一）。

なお，スクイーズアウトにおける以下の自己株式の買取りは，みなし配当は生じず，株式譲渡損益のみが発生する（法法61の２⑭三・24①五，法令23③九・十・十一，所法25①五・57の４③三，所令61①九・十・十一，措法37の10①）。

- 全部取得条項付種類株式を発行する旨の定めを設ける定款の変更に反対する株主の買取請求に基づく買取り（注）

（注） 買取請求は，株主がその全部取得条項付種類株式の取得決議に係る取得対価の割当てに関する事項を知った後に行った場合で，買取請求をしないとすれば端数となる株式のみの交付を受けることとなる場合に行ったものに限る。

- 全部取得条項付種類株式の取得の価格の決定の申立てをした者で，その申立てをしないとしたならば取得の対価として交付されることとなる取得をする法人の株式の数が１に満たない端数となるものからの取得
- 株式併合に反対する株主の買取請求に基づく買取り（裁判所への価格の決定の申立てをした場合を含む）

5-3-3　株式売渡請求方式に係る株主の税務

株式売渡請求方式は，通常の株式の譲渡であるため，株式交換等完全子法人の株主（少数株主）の課税関係は，次のとおりとなる（法法61の２①，措法37の10①）。

交付対価の種類	みなし配当	株式譲渡損益
金銭その他の資産	×	◎

◎：発生　×：発生しない

なお，裁判所に対し，売買価格の決定の申立てをした場合についても同じ取

扱いとなる。

5-3-4　無対価株式交換の株主の税務

「２－４－３」の(イ)(ロ)の無対価の適格株式交換において，株式交換完全子法人の株主に株式交換完全親法人株式その他資産が交付されなかったことにより，株式交換完全子法人株式を有しなくなった場合は，株式交換完全子法人の株主において譲渡損益は計上されない（法法61の２⑨，所法57の４①）。

そして，この場合，株式交換完全子法人の株主では，株式交換時に株式交換完全子法人株式の帳簿価額を株式交換完全親法人株式の帳簿価額に付け替えることになる（法令119の３⑮・119の４①，所令167の７④）。

なお，無対価株式交換の適格要件は，「２－４－３」を参照。

第3章

連結納税の組織再編税制

◆この章のテーマ◆

連結納税特有の取扱いを含む連結納税における組織再編税制の取扱い

1　連結納税特有の組織再編税制の取扱い
2　適格・非適格の取扱い
3　繰越欠損金の利用制限（連結申告法人が合併法人等になる場合）
4　繰越欠損金の利用制限（連結申告法人が被合併法人等になる場合）
5　特定資産譲渡等損失額の損金算入制限
6　株主の税務

1　連結納税特有の組織再編税制の取扱い

連結納税を採用している場合の組織再編税制の取扱いも単体納税と同様に次の取扱いがポイントとなる。

① 適格・非適格
② 繰越欠損金の利用制限
③ 特定資産譲渡等損失額の損金算入制限
④ 株主の税務

この場合，適格・非適格，特定資産譲渡等損失額の損金算入制限，株主の税務の取扱いについては，連結納税を採用している場合も基本的に単体納税と同じ取扱いになるが，繰越欠損金の取扱いについては，次の３つの点で連結納税特有の取扱いが生じることとなる。

- 連結申告法人には法人税法81条の９で定める連結欠損金の取扱いが適用されること（単体申告法人では，法人税法57条で定める繰越欠損金の取扱いが適用される）
- 連結法人間の組織再編において単体申告の取扱いと異なる取扱いになること（単体申告法人では，完全支配関係がある法人間と支配関係がある法人間の取扱いが同じとなる）
- 連結申告法人では，法人税，住民税，事業税ごとに繰越欠損金の取扱いが異なること（単体申告法人では，基本的に控除対象個別帰属調整額又は控除対象個別帰属税額は生じず，事業税に係る繰越欠損金は法人税と同じとなるため，法人税に係る繰越欠損金の取扱いだけ確認すればよいことが多い）

＜連結申告法人と単体申告法人の組織再編税制の適用関係＞

対象法人	項目		連結申告法人	単体申告法人（注１）
被合併法人等	適格・非適格		単体申告と同じ取扱い（注２）。	単体申告の取扱いが適用される。
合併法人等	繰越欠損金の利用制限	法人税	連結欠損金の取扱い（法法81の９）が適用される。	単体申告の取扱いが適用される（繰越欠損金の取扱い（法法57）が適用される）。
		住民税	単体申告法人又は連結申告法人いずれも取扱いは同じ（適用条文が同じ）。	単体申告法人又は連結申告法人いずれも取扱いは同じ（適用条文が同じ）。
		事業税	単体申告と同じ取扱い（注２）。	単体申告の取扱いが適用される。
	特定資産譲渡等損失額の損金算入制限		単体申告と同じ取扱い（注２）。	単体申告の取扱いが適用される。
被合併法人等の株主	株主の税務		単体申告と同じ取扱い（注２）。	単体申告の取扱いが適用される。

（注１）　連結子法人であっても，次に掲げる場合，連結法人としての単体申告を行うこととなる。

一　連結子法人が株式譲渡・第三者割当増資により連結納税から離脱する場合で，離脱直前事業年度において連結法人としての単体申告を行う場合

二　連結子法人が合併法人・分割承継法人等として合併・分割等の直後に連結納税から離脱する場合で，離脱直前事業年度において連結法人としての単体申告を行う場合

三　連結子法人が被合併法人として最終事業年度において連結法人としての単体申告を行う場合

四　連結子法人が残余財産確定法人として最終事業年度において連結法人としての単体申告を行う場合

（注２）　単体申告と同じ取扱いとは，法人税法81条の３又は地方税法72条の23第１項及び２項により，連結申告法人にも単体申告の条文が適用されることを意味している。

以下，連結納税における組織再編税制の取扱いを連結納税特有の取扱いを含めて解説する。

また，本章では次の資本関係がある連結グループを想定して，その取扱いを解説していくこととする。

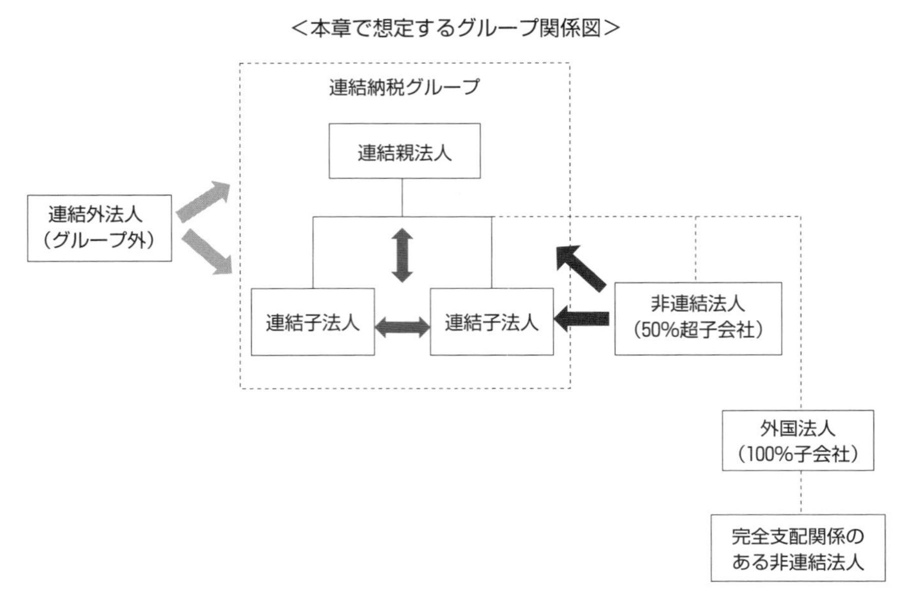

- 「非連結法人」とは，連結親法人との間に連結親法人による連結完全支配関係がない法人（同じ連結納税グループに属する連結法人以外の法人）のうち，連結親法人又は連結子法人との間に支配関係（50%超の資本関係）がある法人をいう。この場合，完全支配関係がある外国法人が株式を所有する完全支配関係のある法人は，「完全支配関係のある非連結法人」とする。
- 「連結外法人」とは，連結法人（連結親法人との間に連結親法人による連結完全支配関係がある法人）及び非連結法人以外の法人をいう。

2　適格・非適格の取扱い

組織再編税制における適格・非適格の取扱いは，条文上，単体納税と連結納税を区別して定められていない。

したがって，連結納税を採用している場合も，適格・非適格の取扱いは，第２章「２　適格・非適格の取扱い」で解説した単体納税を採用している場合と同じ取扱いとなる。

2-1　適格・非適格の処理

連結申告においても，単体申告と同様に適格の場合は，簿価譲渡又は簿価評価となり，非適格の場合は時価譲渡又は時価評価となる（法法81の３。第２章「２－１」「２－２」参照）。

また，その他の税務処理も単体納税と同様の取扱いとなる（法法81の３）。

2-2　適格要件

適格要件は単体申告と連結申告で区別して定められていない（法法２，法令４の３）。

したがって，次のように当事者間の資本関係に応じて，単体申告と同様に適格・非適格が判定される（第２章「２－３」参照）。

再編当事者		適格要件
連結法人	連結法人	当事者又は同一者による完全支配関係がある場合の適格要件により判定する（注１）。
	非連結法人	当事者又は同一者による支配関係がある場合の適格要件により判定する（注２），（注３）。
	連結外法人	共同事業要件により適格要件を判定する。

（注１）　完全支配関係がある場合の適格要件を満たさない場合でも支配関係がある場合の適格要件又は共同事業要件を満たす場合は適格と判定される。

（注２）　支配関係がある場合の適格要件を満たさない場合でも共同事業要件を満たす場合は適格と判定される。

（注３）　非連結法人が，完全支配関係がある非連結法人である場合，当事者又は同一者による完全支配関係がある場合の適格要件により判定する。

2-3　無対価組織再編

適格要件は単体申告と連結申告で区別して定められていない（法法２，法令４の３）。

したがって，連結申告における無対価の組織再編については，単体申告と同じ取扱いになる（第２章「２－４」参照）。

2-4　完全支配関係のある法人間の非適格組織再編の取扱い

連結法人間及び完全支配関係のある非連結法人との間の非適格組織再編につ

いては，単体申告と同様に次のような完全支配関係がある法人間の組織再編の取扱いが適用される（法法81の３，法令155の４。第２章「２－５」参照)。

- 合併に係る譲渡損益の繰延べ
- 非適格分割，非適格現物出資，非適格現物分配に係る譲渡損益の繰延べ
- 非適格株式交換の時価評価からの除外
- 非適格株式移転の時価評価からの除外

この場合，連結子法人株式が譲渡される場合で，その連結子法人株式に譲渡等修正事由が生じる場合（例えば，非適格分社型分割によって連結法人間で連結子法人株式が譲渡される場合)，帳簿価額修正後の連結子法人株式の帳簿価額により1,000万円以上か否かを判定するとともに，譲渡損益調整資産に該当する場合，修正後の帳簿価額に基づいて繰り延べられる譲渡損益が計算される（連基通１-８-３，14-１-３)。

3　繰越欠損金の利用制限（連結申告法人が合併法人等になる場合）

連結申告における繰越欠損金の取扱いについては，法人税法57条ではなく，法人税法81条の９が適用される。

そして，連結法人間の適格組織再編について連結欠損金個別帰属額の引継制限・利用制限は生じないが，それ以外の取扱いについては基本的に単体申告と同様の取扱いとなっている。

以下，本節では，連結法人（連結申告法人）が合併法人，分割承継法人，被現物出資法人，被現物分配法人となる組織再編について解説する。

3-1　連結法人間の組織再編

3-1-1　被合併法人の繰越欠損金の引継制限

(1)　連結法人間の非適格合併の場合

①　法人税に係る繰越欠損金（連結欠損金個別帰属額）

(i)　連結欠損金の取扱い

連結親法人又は連結子法人を合併法人，他の連結子法人を被合併法人とする連結法人間の非適格合併が行われた場合，被合併法人となる他の連結子法人の合併日の属する連結親法人事業年度開始の日前９年以内に開始した連結事業年度において発生した連結欠損金個別帰属額は，連結欠損金の計算上，合併日の属する連結事業年度において，切り捨てられることとなる（法法81の９⑤一）。

(ii)　連結単体申告で発生した欠損金額の取扱い

被合併法人となる他の連結子法人の合併日の前日の属する事業年度（最終事業年度）の連結単体申告において，欠損金額が発生した場合は，合併法人である連結法人の合併日の属する連結事業年度の損金に算入される（法法81の９④）。

具体的には，連結法人を合併法人とする合併で合併法人との間に連結完全支配関係がある他の連結法人を被合併法人とするものが行われた場合において，被合併法人の最終事業年度（単体事業年度）において生じた欠損金額は，合併法人の合併日の属する連結事業年度の連結所得の金額の計算上，損金の額に算入することとなる（法法81の９④）。

ただし，合併日が連結親法人事業年度開始の日又は被合併法人が連結親法人との間に連結完全支配関係を有することとなった日である場合は，連結法人として単体申告を行うみなし事業年度が設定されないため，この取扱いは適用されない（法法81の９④）。

(iii)　連結単体申告における連結欠損金個別帰属額の取扱い

被合併法人となる他の連結子法人の最終事業年度の連結単体申告において，最終事業年度開始日前９年以内に開始した各連結事業年度において発生した連結欠損金個別帰属額は，単体申告の繰越欠損金として，繰越控除することが可能となる（法法57⑥）。

この場合，その連結欠損金個別帰属額が生じた連結事業年度開始日の属する被合併法人となる他の連結子法人の事業年度において生じた単体申告の繰越欠損金とみなされる（法法57⑥）。

② 住民税に係る繰越欠損金（控除対象個別帰属税額等）

非適格合併が行われた場合，被合併法人の控除対象個別帰属調整額又は控除対象個別帰属税額は合併法人において引き継ぐことはできない（地法53⑦⑩・321の８⑦⑩）。

なお，被合併法人の最終事業年度の連結単体申告において，最終事業年度開始日前９年以内に開始した各事業年度で発生した控除対象個別帰属調整額又は控除対象個別帰属税額は繰越控除することが可能となる（地法53⑤⑨・321の８⑤⑨）。

③ 事業税に係る繰越欠損金

非適格合併の場合，単体申告と同様に，被合併法人の繰越欠損金は合併法人において引き継ぐことはできない（地法72の23①②，地令20の３②）。

なお，被合併法人の最終事業年度の連結単体申告において，最終事業年度開始日前９年以内に開始した各事業年度で発生した繰越欠損金は繰越控除することが可能となる（地法72の23①②④，地令20の３①）。

また，法人税に係る繰越欠損金と異なり，最終事業年度の連結単体申告で発生した欠損金額は，合併法人の損金にはならず，被合併法人の繰越欠損金に含まれることとなる。

(2) 連結法人間の適格合併の場合

① 法人税に係る繰越欠損金（連結欠損金個別帰属額）

(i) 連結欠損金の取扱い

連結親法人又は連結子法人を合併法人，他の連結子法人を被合併法人とする連結法人間の適格合併が行われた場合，被合併法人となる他の連結子法人の連結欠損金個別帰属額は連結欠損金の計算上，切り捨てられず，合併法人である連結親法人又は連結子法人に引き継がれる。

具体的には，被合併法人となる他の連結子法人の合併日の属する連結親法人事業年度開始日前９年以内に発生した連結欠損金個別帰属額から被合併法人の最終事業年度の連結単体申告における損金算入額を控除した金額(注)を，合併日の属する連結親法人事業年度以後，合併法人が引き継ぐこととなる（法令155の21②二，法法81の９⑤一）。

この場合，合併法人は，被合併法人の連結欠損金個別帰属額のうち，特定連結欠損金と非特定連結欠損金の区分ごとに連結欠損金個別帰属額を引き継ぐこととなる（法令155の21⑤二）。

（注）　当該損金算入額が連結子法人の各連結事業年度において生じた連結欠損金個別帰属額に満たない場合で，連結欠損金個別帰属額のうち特定連結欠損金個別帰属額が含まれるときは，当該損金算入額のうち特定連結欠損金個別帰属額に達するまでの金額を特定連結欠損金個別帰属額から減額する（法令155の20②・155の21⑤二）。

(ii)　連結単体申告で発生した欠損金額の取扱い

被合併法人となる他の連結子法人の最終事業年度の連結単体申告において，欠損金額が発生した場合は，合併法人である連結法人の合併の日の属する連結事業年度の損金に算入される（法法81の９④）。

具体的には，連結法人を合併法人とする合併で合併法人との間に連結完全支配関係がある他の連結法人を被合併法人とするものが行われた場合において，最終事業年度（単体事業年度）において生じた欠損金額は，合併法人の合併日の属する連結事業年度の連結所得の金額の計算上，損金の額に算入することとなる（法法81の９④）。

ただし，合併日が連結親法人事業年度開始日又は被合併法人が連結親法人との間に連結完全支配関係を有することとなった日である場合は，連結法人として単体申告を行うみなし事業年度が設定されないため，この取扱いは適用されない（法法81の９④）。

(iii)　連結単体申告における連結欠損金個別帰属額の取扱い

被合併法人となる他の連結子法人の最終事業年度の連結単体申告において，最終事業年度開始日前９年以内に開始した各連結事業年度において発生した連結欠損金個別帰属額は，単体申告の繰越欠損金として，繰越控除することが可能となる（法法57⑥）。

この場合，その連結欠損金個別帰属額が生じた連結事業年度開始日の属する被合併法人となる他の連結子法人の事業年度において生じた単体申告の繰越欠損金とみなされる（法法57⑥）。

② 住民税に係る繰越欠損金（控除対象個別帰属税額等）

適格合併が行われた場合，被合併法人の控除対象個別帰属調整額又は控除対象個別帰属税額は合併法人において引き継ぐこととなる。

具体的には，適格合併において，被合併法人の適格合併の日前９年以内に開始した各事業年度又は各連結事業年度（以下，事業年度又は連結事業年度を「事業年度等」とする）に生じた控除対象個別帰属調整額又は控除対象個別帰属税額は，合併法人で生じた控除対象個別帰属調整額又は控除対象個別帰属税額とみなされ，合併法人の適格合併の日の属する事業年度等以後の各事業年度等に個別帰属法人税額と相殺される（地法53⑦⑩・321の８⑦⑩）。

この場合，合併法人における帰属事業年度等は，被合併法人の控除対象個別帰属調整額又は控除対象個別帰属税額が生じた事業年度等開始日の属する合併法人の事業年度等とする。

ただし，合併法人の適格合併の日の属する事業年度等開始日以後に開始した被合併法人の前９年内事業年度等において生じた控除対象個別帰属調整額又は控除対象個別帰属税額については，合併法人の適格合併の日の属する事業年度等の前事業年度等とする。

また，合併法人の設立が間もないため，合併法人の適格合併の日の属する事業年度等開始日前９年以内に開始した事業年度等のうち，最も古い事業年度等開始日が，被合併法人の控除対象個別帰属調整額又は控除対象個別帰属税額に係る前９年内事業年度等のうち，最も古い事業年度等開始日後である場合は，法人税に係る繰越欠損金の引継ぎと同様に，被合併法人の発生事業年度等を基準に合併法人の帰属事業年度等が設定される（地令８の16・８の19・48の11の５・48の11の８）。

なお，被合併法人の最終事業年度の連結単体申告において，最終事業年度開始日前９年以内に発生した控除対象個別帰属調整額又は控除対象個別帰属税額は繰越控除することが可能となる（地法53⑤⑨・321の８⑤⑨）。

③ 事業税に係る繰越欠損金

事業税に係る繰越欠損金は，単体申告の取扱いが適用されるため，連結親法人又は連結子法人を合併法人，他の連結子法人を被合併法人とする連結法人間の適格合併が行われた場合，合併法人における被合併法人の繰越欠損金の引継ぎについて，第２章「３－１－６」で解説した事業税に係る繰越欠損金の取扱いと同じとなる（地法72の23①②④，地令20の３②③，法法57②③）。

具体的には，被合併法人の適格合併の日前９年以内に開始した各事業年度（前９年内事業年度）に生じた繰越欠損金は，前９年内事業年度開始日の属する合併法人の各事業年度（合併法人の適格合併の日の属する事業年度開始日以後に開始した被合併法人の前９年内事業年度において生じた繰越欠損金については，合併事業年度の前事業年度）で生じた繰越欠損金とみなされ，合併法人の合併事業年度以後の各事業年度に課税所得と相殺される（地令20の３②，法法57②）。

この場合，合併法人の設立が間もないため，合併法人の適格合併の日の属する事業年度開始日前９年以内に開始した事業年度のうち，最も古い事業年度開始日が，被合併法人の繰越欠損金に係る前９年内事業年度のうち，最も古い事業年度開始日後である場合は，法人税に係る繰越欠損金の引継ぎと同様に，被合併法人の発生事業年度を基準に合併法人の帰属事業年度が設定される（地令20の３②，法令112②）。

ただし，連結法人間の適格合併は，合併法人及び被合併法人との間に支配関係がある適格合併となるため，次の要件１又は要件２のいずれにも該当しない場合は，被合併法人の繰越欠損金の一部又は全部を合併法人に引き継ぐことができない（地令20の３②，法法57②③，法令112③④）。

要件１：５年前の日又は設立日からの支配関係継続要件を満たす場合（第２章「３－２」参照）

要件２：みなし共同事業要件を満たす場合（第２章「３－３」参照）

この場合，引継制限の対象となる繰越欠損金は次のとおりとなる（地令20の３②，法法57③，法令112⑤⑥⑦⑧。第２章「３－４」参照）。

引継制限１：被合併法人の支配関係事業年度前の繰越欠損金

引継制限２：被合併法人の支配関係事業年度以後の特定資産譲渡等損失相当額

また，含み損益の特例計算の適用により，引継制限額が緩和又は免除される（地令20の３②，法令113①⑧。第２章「３－５」参照）。

なお，前記①(ⅱ)の連結欠損金の取扱いと異なり，最終事業年度の連結単体申告で発生した欠損金額は，合併法人の損金にならずに，被合併法人の繰越欠損金に含まれることとなる。

3-1-2　合併法人，分割承継法人等の繰越欠損金の利用制限

(1)　連結法人間の非適格合併，非適格分割等の場合

①　法人税に係る繰越欠損金（連結欠損金個別帰属額）

非適格合併，非適格分割，非適格現物出資，非適格現物分配の場合，連結法人である合併法人，分割承継法人，被現物出資法人，被現物分配法人の繰越欠損金について利用制限は生じない。

②　住民税に係る繰越欠損金（控除対象個別帰属税額等）

適格，非適格に関係なく合併，分割，現物出資，現物分配において，連結法人である合併法人，分割承継法人，被現物出資法人，被現物分配法人の控除対象個別帰属調整額又は控除対象個別帰属税額に利用制限は生じない。

③　事業税に係る繰越欠損金

非適格合併（譲渡損益の繰延べの規定の適用がある非適格合併を除く），非適格分割，非適格現物出資，非適格現物分配の場合，連結法人である合併法人，分割承継法人，被現物出資法人，被現物分配法人の繰越欠損金について利用制限は生じない。

また，譲渡損益の繰延べの規定の適用がある非適格合併における取扱いについては，連結法人間の適格合併と同様の取扱いとなる（「３－１－２」(2)③参照)。

(2)　連結法人間の適格合併，適格分割等の場合

①　法人税に係る繰越欠損金（連結欠損金個別帰属額）

連結法人間の合併，分割，現物出資，現物分配では，連結法人である合併法人，分割承継法人，被現物出資法人，被現物分配法人の連結欠損金個別帰属額について利用制限は生じない。

②　住民税に係る繰越欠損金（控除対象個別帰属税額等）

適格，非適格に関係なく合併，分割，現物出資，現物分配において，連結法人である合併法人，分割承継法人，被現物出資法人，被現物分配法人の控除対象個別帰属調整額又は控除対象個別帰属税額に利用制限は生じない。

③　事業税に係る繰越欠損金

事業税に係る繰越欠損金は，単体申告の取扱いが適用されるため，連結法人間の適格合併等（適格合併，譲渡損益の繰延べの規定の適用がある非適格合併，適格分割，適格現物出資，適格現物分配）が行われた場合，連結法人である合併法人等（合併法人，分割承継法人，被現物出資法人，被現物分配法人）における繰越欠損金の利用制限について，第2章「3－1－6」で解説した法人税に係る繰越欠損金の取扱いと同じとなる（地法72の23①②④，地令20の3②，法法57④）。

具体的には，連結法人間の適格合併等は，合併法人等及び被合併法人等との間に支配関係がある適格合併等となるため，次の要件1又は要件2のいずれにも該当しない場合（適格現物分配の場合は，要件1に該当しない場合）は，合併法人等の繰越欠損金の一部又は全部を適格合併等の日の属する事業年度以後，合併法人等で利用することができない（地法72の23①②④，地令20の3②，法法57④，法令112③④⑨⑩）。

要件1：5年前の日又は設立日からの支配関係継続要件を満たす場合（第2章「3－2」参照）

要件2：みなし共同事業要件を満たす場合（第2章「3－3」参照）

この場合の利用制限の対象となる繰越欠損金は次のとおりとなる（地令20の3②，法法57④，法令112⑤⑥⑦⑧⑪。第2章「3－4」参照）。

利用制限1：合併法人等の支配関係事業年度前の繰越欠損金

利用制限2：合併法人等の支配関係事業年度以後の特定資産譲渡等損失相当額

また，含み損益の特例計算の適用により，利用制限額が緩和又は免除される（地令20の3②，法法57④，法令113①④⑤⑧⑪。第2章「3－5」参照）。

3-2　連結法人以外の法人との組織再編

3-2-1　被合併法人の繰越欠損金の引継制限（被合併法人が単体納税を採用している場合）

連結法人を合併法人，非連結法人又は連結外法人を被合併法人とする合併が行われた場合で，「合併法人が連結親法人である場合」又は「連結子法人が合併法人である場合で，その連結子法人が合併の直後に連結納税から離脱しない場合」(注)の被合併法人の繰越欠損金の引継制限について，法人税，住民税，事業税ごとの取扱いは次のとおりとなる（「3－2－2」で同じ)。

(注)「連結子法人が合併法人である場合で，その連結子法人が合併の直後に連結納税から離脱しない場合」とは，合併の直後も合併法人である連結子法人と連結親法人との間に連結完全支配関係が継続する場合をいい，具体的には，合併対価が合併法人株式以外の資産（例えば，現金又は連結親法人株式(※1)）となる場合をいう。

(※1) 適格合併には，「合併法人株式又は合併親法人株式のいずれか一方の株式以外の資産が交付されないこと」という要件があるが，この場合の合併親法人株式とは，合併法人との間に合併法人の発行済株式の全部を保有する関係(※2)がある法人の株式をいう（法法2十二の八，法令4の3①)。

(※2) 発行済株式の全部を保有する関係とは，次の2つの要件を満たす場合の合併法人と親法人との間の関係となる。

- 合併の直前に合併法人と合併法人以外の法人（親法人）との間に親法人による直接完全支配関係（二の法人のいずれか一方の法人が他方の法人の発行済株式の全部を保有する関係をいう）があること
- 合併後に合併法人と親法人との間に親法人による直接完全支配関係が継続することが見込まれていること

(1) 連結法人以外の法人との非適格合併の場合

① 法人税に係る繰越欠損金（連結欠損金個別帰属額）

非適格合併の場合，被合併法人の繰越欠損金は，連結親法人又は連結子法人である合併法人において引き継ぐことはできない（法法81の9②二)。

② 住民税に係る繰越欠損金（控除対象個別帰属税額等）

非適格合併が行われた場合，被合併法人の控除対象個別帰属調整額又は控除対象個別帰属税額は合併法人において引き継ぐことはできない（地法53⑦⑩，321の8⑦⑩)。

③ 事業税に係る繰越欠損金

非適格合併の場合，被合併法人の繰越欠損金は合併法人において引き継ぐことはできない（地法72の23①②，地令20の3②)。

(2) 連結法人以外の法人との適格合併の場合

① 法人税に係る繰越欠損金（連結欠損金個別帰属額）

(i) 被合併法人の繰越欠損金の引継ぎ

連結親法人又は連結子法人を合併法人，連結親法人との間に連結完全支配関係のない法人を被合併法人とする適格合併が行われた場合，被合併法人の適格合併の日前９年以内に開始した各事業年度において生じた繰越欠損金のうち，引継制限が生じないものを，適格合併の日の属する連結事業年度以後の各連結事業年度において，連結親法人又は連結子法人で引き継ぐことが可能となる（法法81の９②二，法令155の21②一）。

この場合，連結親法人又は連結子法人が引き継ぐ被合併法人の繰越欠損金は，特定連結欠損金（特定連結欠損金個別帰属額）となる（法法81の９③二，法令155の21⑤一）。

(ii)　帰属連結事業年度

合併法人である連結親法人又は連結子法人が被合併法人の繰越欠損金を引き継ぐ場合，その帰属連結事業年度は，被合併法人の繰越欠損金の生じた事業年度開始日の属する連結親法人の連結事業年度となる（法令155の19①）。

ただし，連結親法人の適格合併の日の属する連結事業年度開始日以後に開始した被合併法人の事業年度において生じた繰越欠損金にあっては，その連結親法人の適格合併の日の属する連結事業年度の前連結事業年度とする（法令155の19①）。

また，連結親法人の最初連結事業年度前の期間にあっては連結親法人対応事業年度（被合併法人の事業年度開始日の属する連結親法人の事業年度に対応する期間）とする（法令155の19①）。

この場合，被合併法人欠損事業年度開始日（被合併法人の繰越欠損金が発生した最も古い事業年度の開始日）が連結親法人最初事業年度開始日（連結親法人の事業年度のうち最も古い事業年度開始日）前であるときは，被合併法人欠損事業年度開始日から連結親法人最初事業年度開始日の前日までの期間について，被合併法人の事業年度ごとに区分した期間（連結親法人最初事業年度開始日の前日の属する期間は，被合併法人の当該前日の属する事業年度開始日から連結親法人最初事業年度開始日の前日までの期間）を連結親法人対応事業年度とする（法令155の19①二）。

(iii)　引継制限

被合併法人が非連結法人である場合において，次の要件１又は要件２のいずれにも該当しない場合は，合併法人である連結親法人又は連結子法人において，被合併法人の繰越欠損金の全額又は一部を引き継ぐことはできない（法法81の9②二，57③，法令112③，155の19⑦）。

なお，単体申告と同様に，被合併法人が連結外法人である場合で，適格合併に該当する場合，合併法人である連結親法人又は連結子法人において，被合併法人の繰越欠損金の引継制限は生じない。

要件1：5年前の日又は設立日からの支配関係継続要件を満たす場合（下記iv参照）

要件2：みなし共同事業要件を満たす場合（第2章「3－3」参照）

みなし共同事業要件は，法人税法施行令112条3項が適用されるため，単体申告の適格合併における要件と同じとなる。

5年前の日又は設立日からの支配関係継続要件は，法人税法施行令155条の19第7項が適用されるが，その内容は，単体申告の適格合併における要件（法令112④）と基本的に同じとなる。

そして，被合併法人の繰越欠損金の引継制限額は，法人税法81条の9第2項2号イにおいて，法人税法57条3項の規定（単体申告の取扱い）により計算することとされており，引継制限の対象となる繰越欠損金は次のとおりとなる（法法81の9②二，法法57③，法令112⑤⑥⑦⑧。第2章「3－4」参照）。

引継制限1：被合併法人の支配関係事業年度前の繰越欠損金

引継制限2：被合併法人の支配関係事業年度以後の特定資産譲渡等損失相当額

この場合，含み損益の特例計算の適用により，引継制限額が緩和又は免除される（法法57③，81の9②二，法令113①⑧。第2章「3－5」参照）。

(iv) 5年前の日又は設立日からの支配関係継続要件

被合併法人の繰越欠損金の引継制限が生じないための5年前の日又は設立日からの支配関係継続要件を満たす場合とは，次の①②のいずれかに該当する場合をいう（法法81の9②二イ，法令155の19⑦）。

① 被合併法人と合併法人である連結親法人又は連結子法人との間に連結親法人又は連結子法人の適格合併の日の属する連結親法人事業年度開始日の5年前の日から継続して支配関係がある場合

② 被合併法人又は連結親法人若しくは連結子法人が５年前の日後に設立された法人である場合（次のイ～ホに掲げる場合を除く）であって，被合併法人と連結親法人又は連結子法人との間に被合併法人の設立の日又は連結親法人若しくは連結子法人の設立の日のいずれか遅い日から継続して支配関係がある場合

ただし，次のイ～ホのいずれかに該当する場合は，「被合併法人又は連結親法人若しくは連結子法人が５年前の日後に設立された法人である場合」に該当しないものとし，上記②の「被合併法人と連結親法人又は連結子法人との間に被合併法人の設立の日又は連結親法人若しくは連結子法人の設立の日のいずれか遅い日から継続して支配関係がある場合」に該当しないものとする 。

これは，単体納税と同様に，新設法人を使って，支配関係継続要件を形式上満たすという租税回避を防止するための除外規定である。

以下，この要件の判定対象になる「被合併法人」について「当該」を付している。

イ	連結親法人又は連結子法人との間に支配関係がある他の内国法人を被合併法人とする適格合併で，当該被合併法人を設立するものが行われていた場合（連結親法人又は連結子法人と当該他の内国法人との間に最後に支配関係があることとなった日が５年前の日以前である場合を除く）
ロ	連結親法人又は連結子法人との間に支配関係がある他の内国法人を被合併法人とする適格合併で，連結親法人又は連結子法人と当該他の内国法人との間に最後に支配関係があることとなった日以後に設立された当該被合併法人を合併法人とするものが行われていた場合（同日が５年前の日以前である場合を除く）
ハ	連結親法人又は連結子法人と他の内国法人との間に最後に支配関係があることとなった日以後に設立された当該被合併法人との間に完全支配関係（清算法人の繰越欠損金の引継ぎに係るものに限る）がある当該他の内国法人（連結親法人又は連結子法人との間に支配関係があるものに限る）で当該被合併法人が発行済株式の全部又は一部を有するものの残余財産が確定していた場合（同日が５年前の日以前である場合を除く）
ニ	当該被合併法人との間に支配関係がある他の法人を被合併法人，分割法人，現物出資法人又は現物分配法人とする適格合併等で，連結親法人若しくは連結子法人を設立するものが行われていた場合（当該被合併法人と当該他の法人との間に最後に支配関係があることとなった日が５年前の日以前である場合を除く）

ホ	当該被合併法人との間に支配関係がある他の法人を被合併法人，分割法人，現物出資法人又は現物分配法人とする適格合併等で，当該被合併法人と当該他の法人との間に最後に支配関係があることとなった日以後に設立された連結親法人又は連結子法人を合併法人，分割承継法人，被現物出資法人若しくは被現物分配法人とするものが行われていた場合（同日が５年前の日以前である場合を除く）

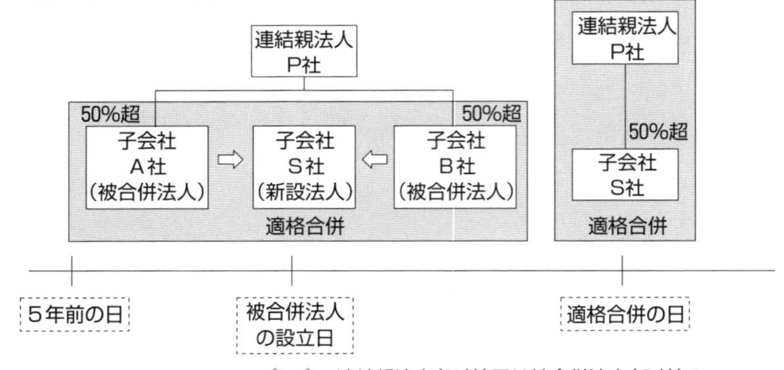

<ロの例>

①P社は子会社A社を買収して，支配関係が生じた。

②P社はS社を設立した。

③子会社A社を被合併法人とし，S社を合併法人する適格合併を行った。

④P社を合併法人，S社を被合併法人とする適格合併を行った。

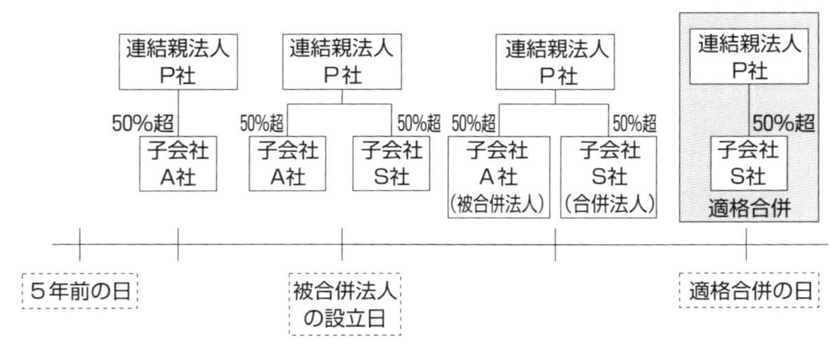

連結親法人（P社）又は被合併法人（S社）の設立日から支配関係が継続していない。

<ハの例>

①P社は子会社A社を買収して，支配関係が生じた。

②P社はS社を設立した。

③子会社A社を子会社S社の直接の100％子会社にした。

④子会社A社の残余財産が確定した。

⑤P社を合併法人，S社を被合併法人とする適格合併を行った。

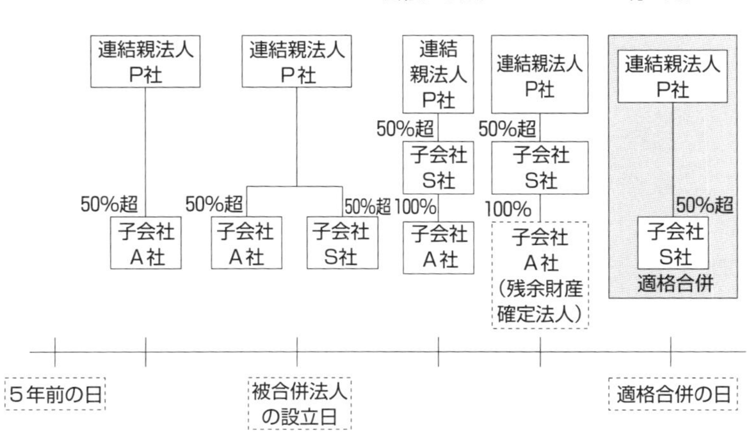

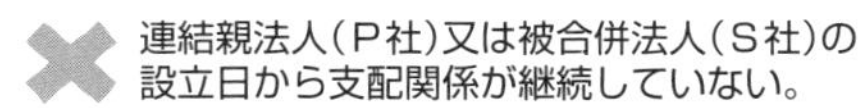

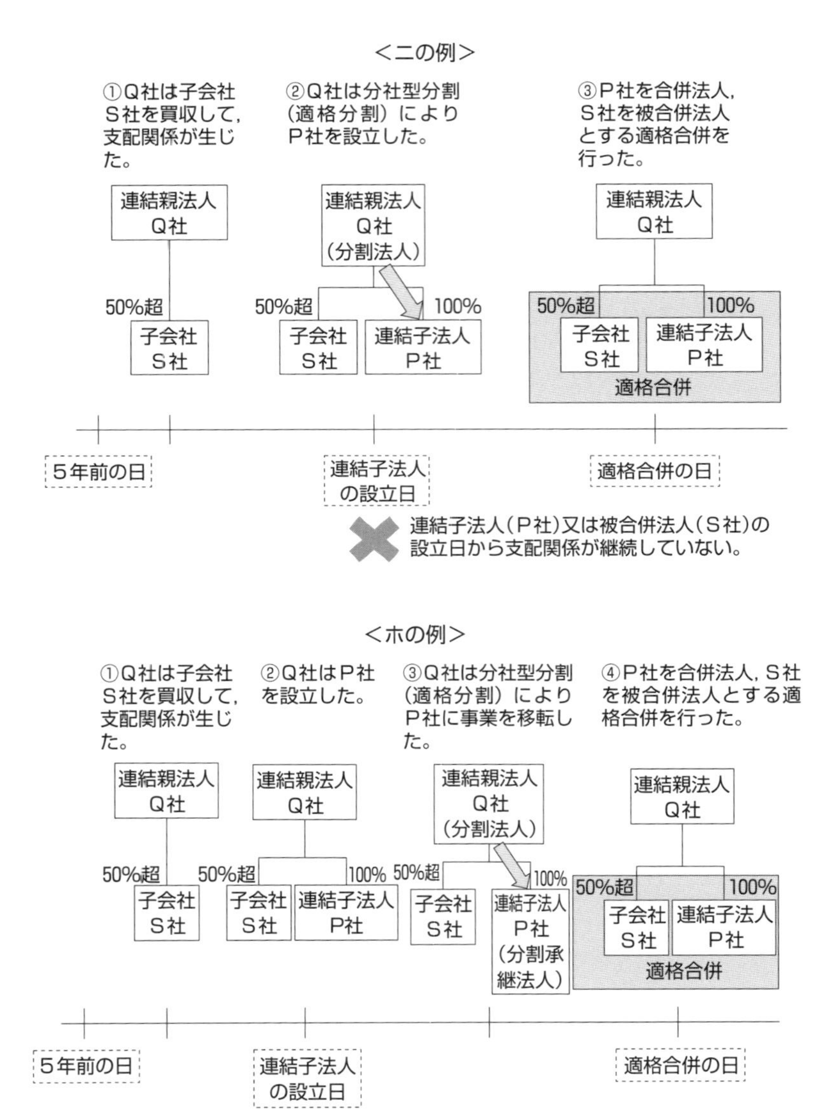
＜ニの例＞
①Q社は子会社S社を買収して，支配関係が生じた。
②Q社は分社型分割（適格分割）によりP社を設立した。
③P社を合併法人，S社を被合併法人とする適格合併を行った。
連結親法人
Q社
50%超
子会社
S社
連結親法人
Q社
（分割法人）
50%超
100%
子会社
S社
連結子法人
P社
連結親法人
Q社
50%超
100%
子会社
S社
連結子法人
P社
適格合併
5年前の日
連結子法人の設立日
適格合併の日
連結子法人（P社）又は被合併法人（S社）の設立日から支配関係が継続していない。
＜ホの例＞
①Q社は子会社S社を買収して，支配関係が生じた。
②Q社はP社を設立した。
③Q社は分社型分割（適格分割）によりP社に事業を移転した。
④P社を合併法人，S社を被合併法人とする適格合併を行った。
連結親法人
Q社
50%超
子会社
S社
連結親法人
Q社
50%超
100%
子会社
S社
連結子法人
P社
連結親法人
Q社
（分割法人）
50%超
100%
子会社
S社
連結子法人
P社
（分割承継法人）
連結親法人
Q社
50%超
100%
子会社
S社
連結子法人
P社
適格合併
5年前の日
連結子法人の設立日
適格合併の日
連結子法人（P社）又は被合併法人（S社）の設立日から支配関係が継続していない。

このように，連結申告における５年前の日又は設立日からの支配関係継続要件（法令155の19⑦）は，イ～ホの除外規定を含めて，単体申告における５年前の日又は設立日からの支配関係継続要件（法令112④。第２章「３－２」）と同じ内容となる。

② 住民税に係る繰越欠損金（控除対象個別帰属税額等）

連結法人間の適格合併と同様の取扱いとなる（「３－１－１」(2)②参照）。

③ 事業税に係る繰越欠損金

連結法人間の適格合併と同様の取扱いとなる（「３－１－１」(2)③参照）。

3-2-2 被合併法人の繰越欠損金の引継制限（被合併法人が連結納税を採用している場合）

被合併法人である非連結法人又は連結外法人が他の連結納税グループに属する連結法人である場合の被合併法人の繰越欠損金の引継制限について，法人税，住民税，事業税ごとの取扱いは次のとおりとなる。

(1) 連結法人以外の法人との非適格合併の場合

① 法人税に係る繰越欠損金（連結欠損金個別帰属額）

「３－２－１」(1)①と同様の取扱いとなる。

② 住民税に係る繰越欠損金（控除対象個別帰属税額等）

「３－２－１」(1)②と同様の取扱いとなる。

③ 事業税に係る繰越欠損金

「３－２－１」(1)③と同様の取扱いとなる。

(2) 連結法人以外の法人との適格合併の場合

① 法人税に係る繰越欠損金（連結欠損金個別帰属額）

(i) 適格合併の日の前日の属する事業年度（最終事業年度）が連結単体申告となる場合（(ii)に該当しない場合）

この場合，最終の連結事業年度終了日の翌日の属する事業年度開始日前９年以内に開始した各連結事業年度において生じた被合併法人の連結欠損金個別帰属額は，当該翌日の属する事業年度以後の各事業年度において，連結欠損金個別帰属額が生じた連結事業年度開始日の属する被合併法人の事業年度において生じた繰越欠損金とみなされる（法法57⑥）。

つまり，被合併法人が他の連結納税グループに属していた場合でも，被合併法人の連結欠損金個別帰属額は，最終事業年度（連結単体申告）で単体納税の繰越欠損金に変わっており（法法57⑥・4の5②四），その被合併法人の繰越欠損金について，合併法人である連結親法人又は連結子法人で引継ぎと引継制限の規定が適用されることとなる（法法81の9②二イ）。

したがって，結果的に，被合併法人が単体納税を採用している場合と同じ取扱いとなる（「3－2－1」⑵①参照）。

(ii) 適格合併の日の前日が連結事業年度終了日である場合

これは，他の連結納税グループに属する連結親法人を被合併法人とする合併を行う場合や他の連結納税グループに属する連結子法人が連結親法人事業年度開始日に被合併法人として合併を行う場合が該当する。

この場合，連結単体申告を跨ぐことなく，直接，連結申告における連結欠損金個別帰属額を被合併法人が引き継ぐこととなる。

具体的には，適格合併の日前9年以内に開始した各連結事業年度において生じた被合併法人の連結欠損金個別帰属額を，そのまま単体納税における前9年内事業年度の繰越欠損金とみなして，被合併法人の繰越欠損金の引継ぎと引継制限の規定が適用されることになる（法法57③・81の9②二ロ，法令112③⑤⑥⑦⑧・113①⑧・155の19⑦⑧⑨⑪）。

したがって，基本的には，被合併法人が単体納税を採用している場合と同じ取扱いとなる（「3－2－1」⑵①参照）。

② 住民税に係る繰越欠損金（控除対象個別帰属税額等）

「3－2－1」⑵②と同様の取扱いになる。

③ 事業税に係る繰越欠損金

「3－2－1」⑵③と同様の取扱いになる。

3-2-3 合併法人・分割承継法人等の繰越欠損金の利用制限

連結親法人又は連結子法人を合併法人等（合併法人，分割承継法人，被現物出資法人，被現物分配法人），非連結法人又は連結外法人を被合併法人等（被合併法人，分割法人，現物出資法人，現物分配法人）とする合併等（合併，分割，現物出資，現物分配）が行われた場合で，「合併法人等が連結親法人である場合」，又は，「連結子法人が合併法人等である場合で，その連結子法人が合併等の直後に連結納税から離脱しない場合」(注)の合併法人等の繰越欠損金の利用制限について，法人税，住民税，事業税ごとの取扱いは次のとおりとなる。

(注)「連結子法人が合併法人等である場合で，その連結子法人が合併等の直後に連結納税から離脱しない場合」とは，合併等の直後も合併法人等である連結子法人と連結親法人との間に連結完全支配関係が継続する場合をいい，具体的には，合併又は分割の場合は，合併又は分割対価が合併法人又は分割承継法人株式以外の資産（例えば，現金又は連結親法人株式※1※2）となる場合をいう。また，連結子法人が被現物出資法人である場合，その連結子法人は現物出資の直後に連結納税から離脱するため，現物出資である場合は除かれる。

※1　適格合併には，「合併法人株式又は合併親法人株式のいずれか一方の株式以外の資産が交付されないこと」という要件があるが，この場合の合併親法人株式とは，合併法人との間に合併法人の発行済株式の全部を保有する関係※3がある法人の株式をいう（法法2十二の八，法令4の3①）。

※2　適格分割には，「分割承継法人株式又は分割承継親法人株式のいずれか一方の株式以外の資産が交付されないこと」という要件があるが，この場合の分割承継親法人株式とは，分割承継法人との間に分割承継法人の発行済株式の全部を保有する関係※4がある法人の株式をいう（法法2十二の十一，法令4の3⑤）。

※3　「3－2－1」（注3）参照。

※4　発行済株式の全部を保有する関係とは，次の2つの要件を満たす場合の分割承継法人と親法人との間の関係となる。

- 分割の直前に分割承継法人と分割承継法人以外の法人（親法人）との間に親法人による直接完全支配関係（二の法人のいずれか一方の法人が他方の法人の発行済株式の全部を保有する関係をいう）があること
- 分割後に分割承継法人と親法人との間に親法人による直接完全支配関係が継続することが見込まれていること

(1)　連結法人以外の法人との非適格合併，非適格分割等の場合

非適格合併等の場合，合併法人等の法人税，住民税，事業税に係る繰越欠損金の利用制限は生じない。

ただし，法人税又は事業税に係る繰越欠損金の利用制限について，譲渡損益の繰延べの規定（法法61の3①）の適用がある非適格合併は，適格合併と同様の取扱いとなる（(2)参照）。

(2)　連結法人以外の法人との適格合併，適格分割等の場合

①　法人税に係る繰越欠損金（連結欠損金個別帰属額）

非連結法人との間に適格合併等が行われた場合，単体納税を採用している場

合と同様の取扱いとなり，一定の要件を満たさない場合，連結親法人又は連結子法人である合併法人等の連結欠損金個別帰属額について利用制限が生じる（法法81の９⑤三，法令155の21②五）。

なお，連結外法人との間に適格合併等が行われた場合，単体申告と同様の取扱いとなり，連結法人である合併法人等の連結欠損金個別帰属額について利用制限が生じない（法法81の９⑤三）。

(i)　利用制限

連結親法人又は連結子法人を合併法人等とし，非連結法人を被合併法人等とする適格合併等が行われた場合で，次の要件１又は要件２のいずれにも該当しない場合，適格合併等の日の属する連結親法人事業年度終了日の属する連結事業年度以後の各連結事業年度において，合併法人等の連結欠損金個別帰属額に利用制限が生じる（法法81の９⑤三・57④，法令112③⑩・155の19⑦・155の20④・155の21②五）。

要件１：５年前の日又は設立日からの支配関係継続要件を満たす場合（下記(ii)参照）

要件２：みなし共同事業要件を満たす場合（「第２章「３－３」参照）

みなし共同事業要件は，法人税法施行令112条10項が適用されるため，単体申告の適格合併等における要件と同じとなる。

５年前の日又は設立日からの支配関係継続要件は，法人税法施行令155条の20第４項で準用される同令155条の19第７項が適用されるが，その内容は，単体申告の適格合併等における要件（法人税法施行令112条９項で準用される同条４項）と基本的に同じとなる。

また，この場合，適格合併等の日の属する連結親法人事業年度開始日前９年以内に開始した各連結事業年度において生じた合併法人等である連結親法人又は連結子法人の連結欠損金個別帰属額のうち，次に掲げる連結欠損金個別帰属額を，適格合併等の日の属する連結親法人事業年度終了日の属する連結事業年度以後の各連結事業年度に利用することができない（法法81の９⑤三・57④，法令112⑤⑥⑦⑧⑪・155の20⑤・155の21②五。第２章「３－４」参照）。

利用制限１：合併法人等の支配関係事業年度前の連結欠損金個別帰属額

利用制限２：合併法人等の支配関係事業年度以後の特定資産譲渡等損失相当額

この場合，含み損益の特例計算の適用により，利用制限額が緩和又は免除される（法令113①④⑤⑧⑪・155の20⑥⑧。第２章「３－５」参照）。

合併法人等の連結欠損金個別帰属額の利用制限額は，法人税法81条の９第５項３号及び法人税法施行令155条の20第５項において，連結親法人又は連結子法人の連結欠損金個別帰属額を，単体納税の繰越欠損金とみなして，法人税法57条４項の規定（単体申告の取扱い）により計算することとされている。

また，利用制限額が連結親法人又は連結子法人の各連結事業年度において生じた連結欠損金個別帰属額に満たない場合で，連結欠損金個別帰属額のうち特定連結欠損金個別帰属額が含まれるときは，利用制限額のうち特定連結欠損金個別帰属額に達するまでの金額を特定連結欠損金から減額することとなる（法令155の21②五・⑤四）。

なお，譲渡損益の繰延べの規定（法法61の３①）の適用がある非適格合併についても同様の取扱いとなる（法法81の９⑤三，法法57④）。

(ii)　５年前の日又は設立日からの支配関係継続要件

合併法人等である連結親法人又は連結子法人の繰越欠損金の利用制限が生じないための５年前の日又は設立日からの支配関係継続要件を満たす場合とは，次の(a)又は(b)のいずれかに該当する場合をいう（法法81の９⑤三，法令155の19⑦・155の20④）。

(a)　被合併法人等である非連結法人と合併法人等である連結親法人又は連結子法人との間に連結親法人又は連結子法人の適格合併等の日の属する連結親法人事業年度開始の日の５年前の日から継続して支配関係がある場合

(b)　非連結法人又は連結親法人若しくは連結子法人が５年前の日後に設立された法人である場合（次のイ～ホに掲げる場合を除く）であって，非連結法人と連結親法人又は連結子法人との間に非連結法人の設立の日又は連結親法人若しくは連結子法人の設立の日のいずれか遅い日から継続して支配関係がある場合

ただし，次のイ～ホのいずれかに該当する場合は，「非連結法人又は連結親法人若しくは連結子法人が５年前の日後に設立された法人である場合」に該当

しないものとし，上記(b)の「非連結法人と連結親法人又は連結子法人との間に非連結法人の設立の日又は連結親法人若しくは連結子法人の設立の日のいずれか遅い日から継続して支配関係がある場合」に該当しないものとする 。

これは，単体納税と同様に，新設法人を使って，支配関係継続要件を形式上満たすという租税回避を防止するための除外規定である。

イ	非連結法人との間に支配関係がある他の内国法人を被合併法人とする適格合併で，連結親法人又は連結子法人（以下，「連結法人」という）を設立するものが行われていた場合（非連結法人と当該他の内国法人との間に最後に支配関係があることとなった日が5年前の日以前である場合を除く）
ロ	非連結法人との間に支配関係がある他の内国法人を被合併法人とする適格合併で，非連結法人と当該他の内国法人との間に最後に支配関係があることとなった日以後に設立された連結法人を合併法人とするものが行われていた場合（同日が5年前の日以前である場合を除く）
ハ	非連結法人と他の内国法人との間に最後に支配関係があることとなった日以後に設立された連結法人との間に完全支配関係（清算法人の繰越欠損金の引継ぎに係るものに限る）がある当該他の内国法人（非連結法人との間に支配関係があるものに限る）で連結法人が発行済株式の全部又は一部を有するものの残余財産が確定していた場合（同日が5年前の日以前である場合を除く）
ニ	連結法人との間に支配関係がある他の法人を被合併法人，分割法人，現物出資法人又は現物分配法人とする適格合併等で，非連結法人を設立するものが行われていた場合（連結法人と当該他の法人との間に最後に支配関係があることとなった日が5年前の日以前である場合を除く）
ホ	連結法人との間に支配関係がある他の法人を被合併法人，分割法人，現物出資法人又は現物分配法人とする適格合併等で，連結法人と当該他の法人との間に最後に支配関係があることとなった日以後に設立された非連結法人を合併法人，分割承継法人，被現物出資法人若しくは被現物分配法人とするものが行われていた場合（同日が5年前の日以前である場合を除く）

<イの例>

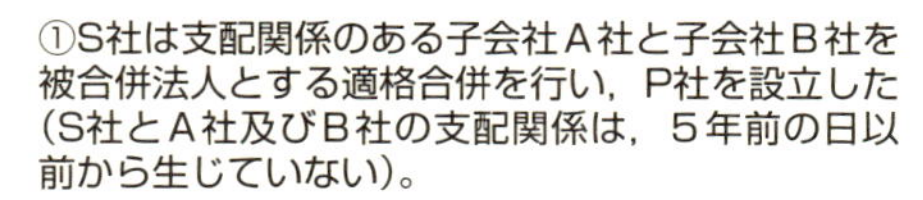
①S社は支配関係のある子会社Ａ社と子会社Ｂ社を被合併法人とする適格合併を行い，P社を設立した（S社とＡ社及びＢ社の支配関係は，５年前の日以前から生じていない）。

②Ｐ社を合併法人等，Ｓ社を被合併法人等とする適格合併等を行った。

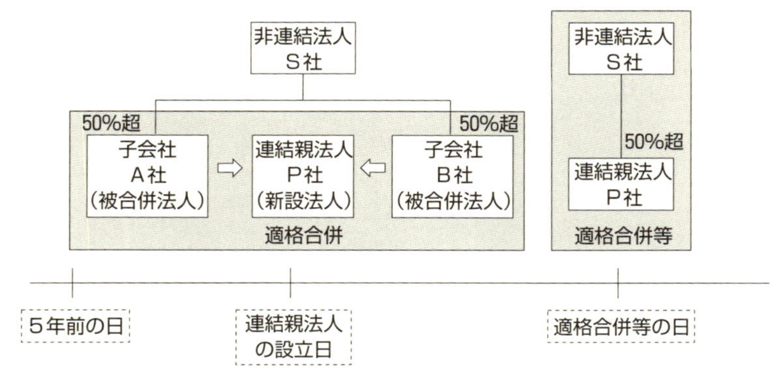

連結親法人（Ｐ社）又は非連結法人（Ｓ社）の設立日から支配関係が継続していない。

<ロの例>

①Ｓ社は子会社Ａ社を買収して，支配関係が生じた。

②Ｓ社はＰ社を設立した。

③子会社Ａ社を被合併法人とし，Ｐ社を合併法人する適格合併を行った。

④Ｐ社を合併法人等，Ｓ社を被合併法人等とする適格合併等を行った。

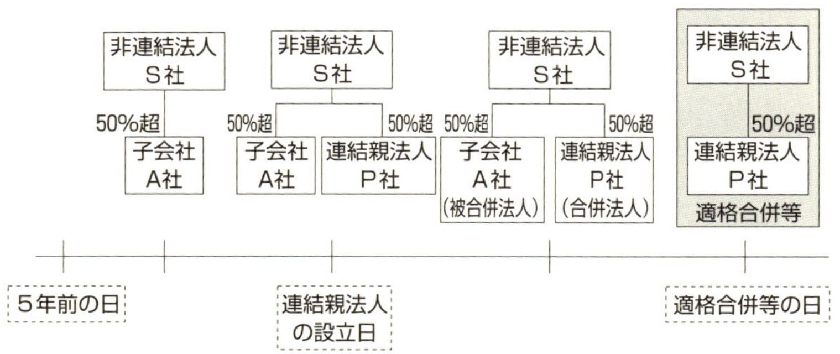

連結親法人（Ｐ社）又は非連結法人（Ｓ社）の設立日から支配関係が継続していない。

＜ハの例＞

①S社は子会社A社を買収して，支配関係が生じた。　②S社はP社を設立した。　③子会社A社をP社の直接の100%子会社にした。　④子会社A社の残余財産が確定した。　⑤P社を合併法人等，S社を被合併法人等とする適格合併等を行った。

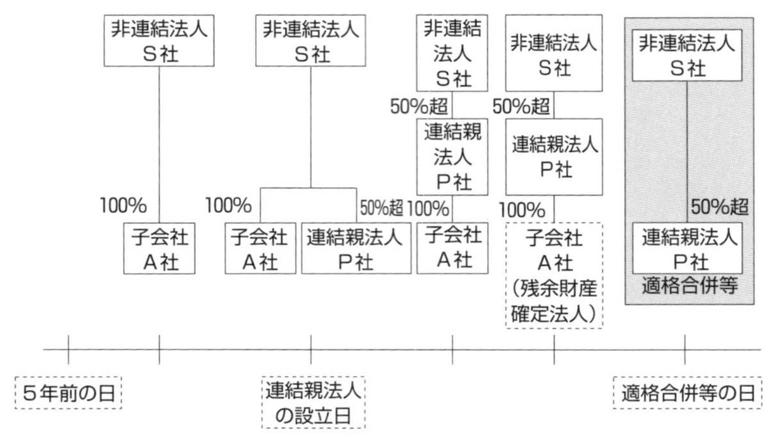

連結親法人（P社）又は非連結法人（S社）の設立日から支配関係が継続していない。

＜ニの例＞

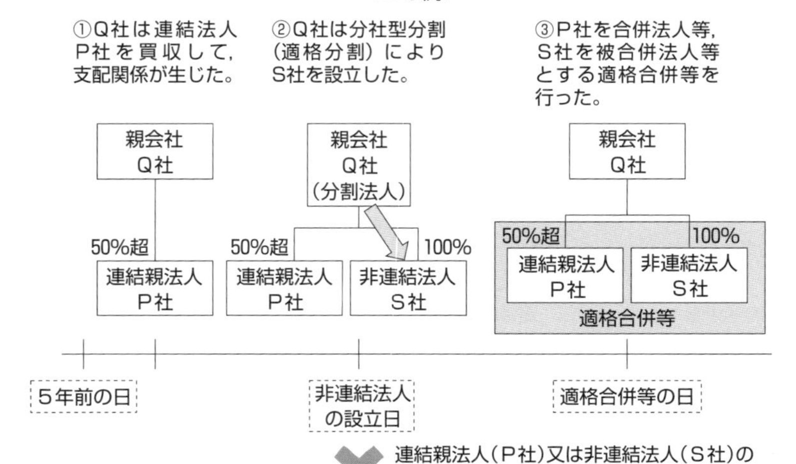

連結親法人（P社）又は非連結法人（S社）の設立日から支配関係が継続していない。

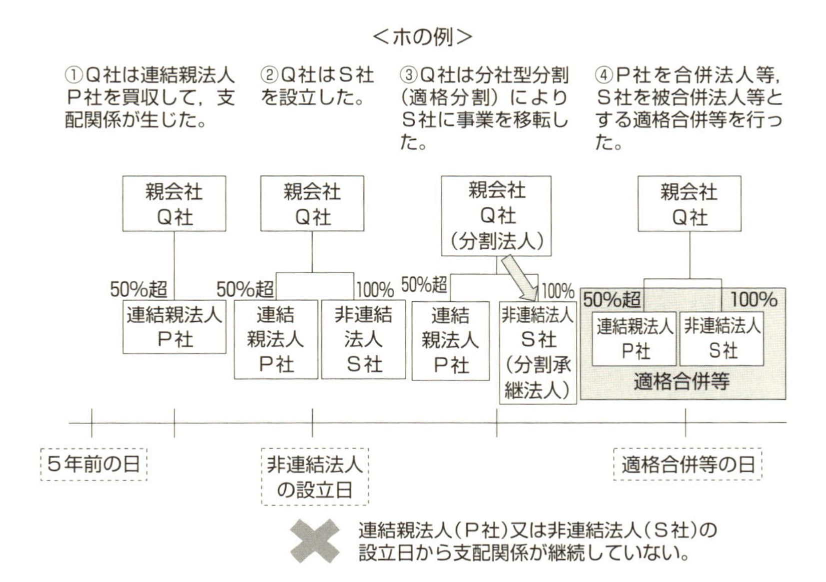

このように，連結申告における５年前の日又は設立日からの支配関係継続要件（法人税法施行令155条の20第４項で準用される同令155条の19第７項）は，イ～ホの除外規定を含めて，単体申告における５年前の日又は設立日からの支配関係継続要件（法人税法施行令112条９項で準用される同条４項。第２章「３－２」）と同じ内容となる。

② 住民税に係る繰越欠損金（控除対象個別帰属税額等）

合併法人等の控除対象個別帰属調整額又は控除対象個別帰属税額に利用制限は生じない。

③ 事業税に係る繰越欠損金

単体申告における繰越欠損金の利用制限と同じ取扱いとなる（第２章「３－１－６」参照）。

3-3 繰越欠損金の利用制限（まとめ）

「３－１」と「３－２」で解説した連結申告法人が合併法人等になる場合の連結欠損金個別帰属額又は繰越欠損金（以下，本項で「繰越欠損金」という）

の利用制限を当事者，繰越欠損金の種類，資本関係，適格・非適格の区別でまとめると次のとおりとなる。

[合併]

当事者	法人の種類	繰越欠損金の種類	支配関係がある法人間の再編				支配関係がない法人間の再編	
			連結法人間の合併		連結法人と非連結法人間の合併		連結法人と連結外法人間の合併	
			適　格	非適格	適　格	非適格	適　格	非適格
合併法人	連結法人（連結申告法人）	法人税（注1）	○	○	△	○（注4）	○	○
		住民税（注2）	○	○	○	○	○	○
		事業税（注3）	△	○（注4）	△	○（注4）	○	○
被合併法人	他の連結法人，非連結法人，連結外法人のいずれか	法人税（注1）	○	×	△	×	○	×
		住民税（注2）	○	×	○	×	○	×
		事業税（注3）	△	×	△	×	○	×

○：利用可能　△：要件有り　×：切捨て

（注１）　法人税に係る繰越欠損金は，連結欠損金個別帰属額又は単体納税における繰越欠損金をいうものとする（以下，本項において同じ）。

（注２）　住民税に係る繰越欠損金は，連結納税又は単体納税を採用している場合の控除対象個別帰属調整額又は控除対象個別帰属税額をいうものとする（以下，本項において同じ）。

（注３）　事業税に係る繰越欠損金は，連結納税又は単体納税を採用している場合の事業税の繰越欠損金をいうものとする（以下，本項において同じ）。

（注４）　譲渡損益の繰延べの規定（法法61の13①）の適用がある非適格合併については，合併法人の繰越欠損金の利用に要件充足が必要となる。

[分割]

当事者	法人の種類	繰越欠損金の種類	支配関係がある法人間の再編				支配関係がない法人間の再編	
			連結法人間の分割		連結法人と非連結法人間の分割		連結法人と連結外法人間の分割	
			適　格	非適格	適　格	非適格	適　格	非適格
分割承継法人	連結法人（連結申告法人）	法人税	○	○	△	○	○	○
		住民税	○	○	○	○	○	○
		事業税	△	○	△	○	○	○
分割法人	他の連結法人，非連結法人，連結外法人のいずれか	法人税	－	－	－	－	－	－
		住民税	－	－	－	－	－	－
		事業税	－	－	－	－	－	－

○：利用可能　△：要件有り

[現物出資]

当事者	法人の種類	繰越欠損金の種類	支配関係がある法人間の再編				支配関係がない法人間の再編	
			連結法人間の現物出資		連結法人と非連結法人間の現物出資		連結法人と連結外法人間の現物出資	
			適　格	非適格	適　格	非適格	適　格	非適格
被現物出資法人	連結法人（連結申告法人）	法人税	○	○	△	○	○	○
		住民税	○	○	○	○	○	○
		事業税	△	○	△	○	○	○
現物出資法人	他の連結法人，非連結法人，連結外法人のいずれか	法人税	－	－	－	－	－	－
		住民税	－	－	－	－	－	－
		事業税	－	－	－	－	－	－

○：利用可能　△：要件有り

[現物分配]

当事者	法人の種類	繰越欠損金の種類	支配関係がある法人間の再編				支配関係がない法人間の再編	
			連結法人間の現物分配		連結法人と非連結法人間の現物分配		連結法人と連結外法人間の現物分配	
			適　格	非適格	適　格	非適格	適　格	非適格
被現物分配法人	連結法人（連結申告法人）	法人税	○	○	△	○	－	○
		住民税	○	○	○	○	－	○
		事業税	△	○	△	○	－	○
現物分配法人	他の連結法人，非連結法人，連結外法人のいずれか	法人税	－	－	－	－	－	－
		住民税	－	－	－	－	－	－
		事業税	－	－	－	－	－	－

○：利用可能　△：要件有り

「△：要件有り」では，次の①②のいずれかを満たす場合，繰越欠損金の利用制限が生じない（適格現物分配は②を除く。法法81の９②二・⑤三・57③④，法令112③④⑨⑩・155の19⑦・155の20④，地法72の23①②，地令20の３②③）。

①　５年前の日又は設立日からの支配関係継続要件を満たしていること

②　みなし共同事業要件を満たしていること

また，上記①②のいずれも満たさない場合，次の繰越欠損金に利用制限が生じる（法法81の９②二・⑤三・57③④，法令112⑤⑥⑦⑧⑪・155の19⑧・155の20⑤，地法72の23①②，地令20の３②）。

利用制限１：被合併法人又は合併法人等の支配関係事業年度前の繰越欠損金

利用制限２：被合併法人又は合併法人等の支配関係事業年度以後の特定資産譲渡等損失相当額

ただし，含み損益の特例計算の適用により，利用制限額が緩和又は免除される（法令155の19⑨⑪・155の20⑥⑧・113①④⑤⑧⑪，地令20の３②）。

4　繰越欠損金の利用制限（連結申告法人が被合併法人等になる場合）

連結法人（連結申告法人）が被合併法人，分割法人，現物出資法人，現物分配法人となる組織再編について，繰越欠損金の利用制限は次のとおりとなる。

［合併］

連結申告法人が被合併法人になる合併の場合，合併法人が単体申告法人である場合は，第２章「３－１－１」～「３－１－４」の合併法人に係る取扱いと第２章「３－６」の被合併法人に係る取扱いとなり，合併法人が他の連結納税グループに属する連結申告法人である場合は，本章「３－２－３」の合併法人に係る取扱いと本章「３－２－２」の被合併法人に係る取扱いとなる。

当事者	法人の種類	繰越欠損金の種類	支配関係がある法人間の再編 非連結法人と連結法人間の合併		支配関係がない法人間の再編 連結外法人と連結法人間の合併	
			適格	非適格	適格	非適格
合併法人	非連結法人，連結外法人のいずれか	法人税（注１）	△	○（注４）	○	○
		住民税（注２）	○	○	○	○
		事業税（注３）	△	○	○	○
被合併法人	連結法人（連結申告法人）	法人税（注１）	△	×	○	×
		住民税（注２）	○	×	○	×
		事業税（注３）	△	×	○	×

○：利用可能　△：要件有　×：切捨て

（注１）　法人税に係る繰越欠損金は，連結欠損金個別帰属額又は単体納税における繰越欠損金をいうものとする（以下，本節において同じ）。

（注２）　住民税に係る繰越欠損金は，連結納税又は単体納税を採用している場合の控除対象個別帰属調整額又は控除対象個別帰属税額をいうものとする（以下，本節において同じ）。

（注３）　事業税に係る繰越欠損金は，連結納税又は単体納税を採用している場合の事業税の繰越欠損金をいうものとする（以下，本節において同じ）。

（注４）　譲渡損益の繰延べの規定（法法61の13①）の適用がある非適格合併については，合併法人の繰越欠損金の利用に要件充足が必要となる。

［分割］

連結申告法人が分割法人になる分割の場合，分割承継法人が単体申告法人である場合は，第２章「３－１－１」～「３－１－４」の分割承継法人に係る取扱いとなり，分割承継法人が他の連結納税グループに属する連結申告法人である場合は本章「３－２－３」の分割承継法人に係る取扱いとなる。

当事者	法人の種類	繰越欠損金の種類	支配関係がある法人間の再編 非連結法人と連結法人間の合併		支配関係がない法人間の再編 連結外法人と連結法人間の合併	
			適格	非適格	適格	非適格
分割承継法人	非連結法人，連結外法人のいずれか	法人税	△	○	○	○
		住民税	○	○	○	○
		事業税	△	○	○	○
分割法人	連結法人（連結申告法人）	法人税	－	－	－	－
		住民税	－	－	－	－
		事業税	－	－	－	－

○：利用可能　△：要件有り　×：切捨て

［現物出資］

連結申告法人が現物出資法人になる現物出資の場合，被現物出資法人が単体申告法人である場合は，第２章「３－１－１」～「３－１－４」の被現物出資法人に係る取扱いとなり，被現物出資法人が他の連結納税グループに属する連結申告法人である場合は本章「３－２－３」の被現物出資法人に係る取扱いとなる。

当事者	法人の種類	繰越欠損金の種類	支配関係がある法人間の再編 非連結法人と連結法人間の合併		支配関係がない法人間の再編 連結外法人と連結法人間の合併	
			適格	非適格	適格	非適格
被現物出資法人	非連結法人，連結外法人のいずれか	法人税	△	○	○	○
		住民税	○	○	○	○
		事業税	△	○	○	○
現物出資法人	連結法人（連結申告法人）	法人税	－	－	－	－
		住民税	－	－	－	－
		事業税	－	－	－	－

○：利用可能　△：要件有り　×：切捨て

[現物分配]

連結申告法人が現物分配法人になる現物分配の場合，被現物分配法人が単体申告法人である場合は，第２章「３－１－１」～「３－１－４」の被現物分配法人に係る取扱いとなり，被現物分配法人が他の連結納税グループに属する連結申告法人である場合は本章「３－２－３」の被現物分配法人に係る取扱いとなる。

当事者	法人の種類	繰越欠損金の種類	支配関係がある法人間の再編		支配関係がない法人間の再編	
			非連結法人と連結法人間の合併		連結外法人と連結法人間の合併	
			適格	非適格	適格	非適格
被現物分配法人	非連結法人，連結外法人のいずれか	法人税	△	○	○	○
		住民税	○	○	○	○
		事業税	△	○	○	○
現物分配法人	連結法人（連結申告法人）	法人税	－	－	－	－
		住民税	－	－	－	－
		事業税	－	－	－	－

○：利用可能　△：要件有り　×：切捨て

なお，「△：要件有り」については，本章「３－３」と同じ内容となる。

5　特定資産譲渡等損失額の損金算入制限

法人税法81条の３では，連結所得の計算において法人税法62条の７を適用することが定められている。

したがって，連結申告法人についても，特定資産譲渡等損失額の損金算入制限が適用され，その取扱いは単体申告における取扱いと同様となる（法法81の３，62の７，法令128の８，128の９，155の５。第２章４参照）。

連結納税を採用している場合の特定資産譲渡等損失額の損金算入制限の適用範囲は，当事者間の資本関係ごとに次のようにまとめられる。

なお，下記の表は，当事者のうち，合併法人，分割承継法人，被現物出資法人，被現物分配法人を連結法人（連結申告法人）とし，被合併法人，分割法人，現物出資法人，現物分配法人を他の連結法人，非連結法人，連結外法人のいずれかとしている。

[合併]

	支配関係がある法人間の再編				支配関係がない法人間の再編	
	連結法人間の合併		連結法人と非連結法人間の合併		連結法人と連結外法人間の合併	
	適　格	非適格	適　格	非適格	適　格	非適格
特定保有資産	△	○（注）	△	○（注）	○	○
特定引継資産	△	実現（注）	△	実現（注）	○	実現

○：利用可能　△：要件有り

（注）　譲渡損益の繰延べの規定の適用がある非適格合併については，特定資産譲渡等損失額の損金算入に要件充足が必要となる（法法61の13①・62の7①）。

[分割]

	支配関係がある法人間の再編				支配関係がない法人間の再編	
	連結法人間の分割		連結法人と非連結法人間の分割		連結法人と連結外法人間の分割	
	適　格	非適格	適　格	非適格	適　格	非適格
特定保有資産	△	○	△	○	○	○
特定引継資産	△	実現	△	実現	○	実現

○：利用可能　△：要件有り

[現物出資]

	支配関係がある法人間の再編				支配関係がない法人間の再編	
	連結法人間の現物出資		連結法人と非連結法人間の現物出資		連結法人と連結外法人間の現物出資	
	適　格	非適格	適　格	非適格	適　格	非適格
特定保有資産	△	○	△	○	○	○
特定引継資産	△	実現	△	実現	○	実現

○：利用可能　△：要件有り

[現物分配]

	支配関係がある法人間の再編				支配関係がない法人間の再編	
	連結法人間の現物分配		連結法人と非連結法人間の現物分配		連結法人と連結外法人間の現物分配	
	適　格	非適格	適　格	非適格	適　格	非適格
特定保有資産	△	○	△	○	－	○
特定引継資産	△	実現	△	実現	－	実現

○：利用可能　△：要件有り

また，「△：要件有り」において，次の①②のいずれかを満たす場合，特定資産譲渡等損失額の損金算入制限が生じない（適格現物分配は②を除く。法法62の7①・57④，法令112③⑩・123の8①）。

① 支配関係が，合併法人等の適格合併等の日の属する事業年度開始日の5年前の日，合併法人等の設立日，被合併法人等の設立日のうち，最も遅い日から継続して生じていること（第2章「4－6」参照）

② みなし共同事業要件を満たしていること（第2章「3－3」参照）

（注1）「被合併法人等」とは，被合併法人，分割法人，現物出資法人，現物分配法人をいう。

（注2）「合併法人等」とは，合併法人，分割承継法人，被現物出資法人，被現物分配法人をいう。

（注3）「適格合併等」とは，適格合併，譲渡損益の繰延べ規定の適用がある非適格合併，適格分割，適格現物出資，適格現物分配をいう。

また，連結納税を採用している場合も含み損益の特例計算により，損金算入制限が緩和又は免除される（法令123の9①④⑥⑨。第2章「4－7」参照）。

さらに，下記の取扱いも単体納税と同じ取扱いとなる。

- 損金算入制限が生じる期間（第2章「4－2」参照）。
- 特定資産譲渡等損失額の計算方法（第2章「4－3」参照）。
- 譲渡等の範囲（第2章「4－4」参照）。
- 特定資産から除かれる資産（第2章「4－5」参照）。

6　株主の税務

組織再編の株主が連結申告法人である場合，その株主の税務上の取扱いは単体申告法人の取扱いと同じとなる（法法81の３。第２章５参照)。

第4章

連結納税適用後の合併のケーススタディ

◆この章のテーマ◆

前章までの連結納税と組織再編税制の取扱いにつき，合併に係るケースごとの連結親法人及び連結子法人の税務上の取扱い

Case 1　連結親法人が連結子法人を吸収合併するケース
Case 2　連結親法人が非連結法人を吸収合併するケース（合併対価が合併法人株式の場合）
Case 3　連結親法人が連結外法人を吸収合併するケース（合併対価が合併法人株式の場合）
Case 4　連結親法人が非連結法人を吸収合併するケース（合併対価が現金の場合）
Case 5　連結親法人が連結外法人を吸収合併するケース（合併対価が現金の場合）
Case 6　連結子法人が他の連結子法人を吸収合併するケース（合併対価が合併法人株式又は無対価の場合）
Case 7　連結子法人が非連結法人を吸収合併するケース（合併対価が連結親法人株式の場合）
Case 8　連結子法人が連結外法人を吸収合併するケース（合併対価が連結親法人株式の場合）
Case 9　連結子法人が非連結法人を吸収合併するケース（合併対価が現金の場合）
Case10　連結子法人が連結外法人を吸収合併するケース（合併対価が現金の場合）
Case11　連結子法人が非連結法人を吸収合併するケース（合併対価が合併法人株式の場合）
Case12　連結子法人が連結外法人を吸収合併するケース（合併対価が合併法人株式の場合）
Case13　連結子法人が株式の３分の２以上を保有する非連結法人を吸収合併するケース（合併対価が現金の場合）
Case14　連結子法人が50％超の株式を保有する非連結法人を吸収合併するケース（合併対価が合併法人株式の場合）
Case15　親会社が連結親法人を吸収合併するケース（合併対価が合併法人株式の場合）
Case16　親会社が連結親法人を吸収合併するケース（合併対価が現金の場合）
Case17　非連結法人が連結子法人を吸収合併するケース（合併対価が合併法人株式の場合）
Case18　非連結法人が連結子法人を吸収合併するケース（合併対価が現金の場合）

本章では，前章までに解説した連結納税と組織再編税制の取扱いについて，合併に係るケースごとの連結親法人及び連結子法人の税務上の取扱いを解説したい。

前提条件は次のとおりである。

① 合併は平成29年10月１日以後に行われるものとする。

② 〔Case15〕，〔Case16〕を除いて，連結親法人の株式の50％超を直接・間接に保有する者はいないものとする。

③ 合併による資産の移転や連結法人が他の連結法人との間に完全支配関係を有しなくなることによる繰延譲渡損益の実現処理の取扱いは解説を省略している。

④ 連結親法人又は連結子法人が最初連結事業年度に合併を行った場合の特有の取扱いは，第９章で解説している。

⑤ ケースにおける非連結法人及び連結外法人は，単体納税を採用しているものとする。

被合併法人である非連結法人又は連結外法人が連結納税を採用している場合で，合併日の前日が連結事業年度終了日である場合，被合併法人の連結欠損金個別帰属額を単体納税における繰越欠損金とみなして，合併法人である連結親法人又は連結子法人による繰越欠損金の引継ぎ及び引継制限の規定が適用される。

その他，合併法人又は被合併法人となる非連結法人又は連結外法人が連結納税を採用している場合の非連結法人又は連結外法人の税務上の取扱いは，本章の他のケーススタディにおける合併法人又は被合併法人となる連結親法人又は連結子法人の税務上の取扱いを参考としていただきたい。

Case 1 連結親法人が連結子法人を吸収合併するケース

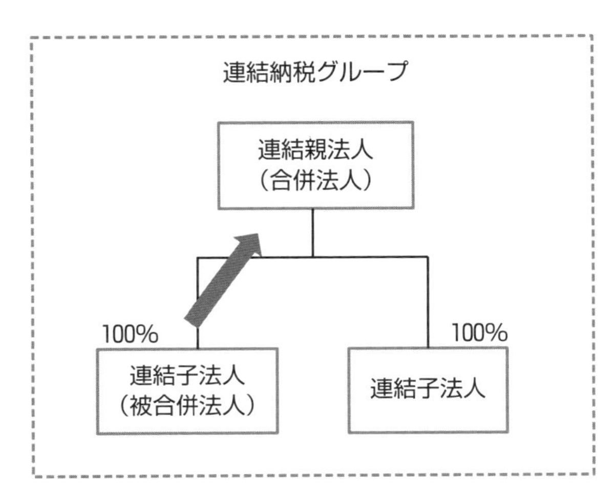

（適格要件）

100％親子会社間合併のため適格要件を満たす（法法２十二の八，法令４の３②）。

❶ 連結親法人（合併法人）の税務上の取扱い

取扱項目／適格・非適格		適格の場合
資産の受入		簿価受入
被合併法人の合併日の前日の属する事業年度の欠損金の損金算入の取扱い		合併日の前日の属する事業年度（合併日が連結親法人事業年度開始日である場合を除く）の連結単体申告において発生した被合併法人の欠損金は，合併法人の合併日の属する連結事業年度の損金に算入される（法法81の９④）。
合併法人の繰越欠損金の利用制限	法人税（注１）	利用制限は生じない。
	住民税（注２）	利用制限は生じない。
	事業税（注３）	次の要件のいずれも満たさない場合，利用制限が生じる（法法57④，法令112③④⑨⑩，地令20の３②）。 ①５年前の日又は設立日からの支配関係継続要件 ②みなし共同事業要件 ただし，含み損益の特例計算の適用がある（法令113①④⑤，地令20の３②）。

被合併法人の繰越欠損金の引継制限	法人税（注1）	•引継制限は生じない（法令155の21②二）。 •合併法人は，被合併法人の連結欠損金個別帰属額のうち，特定連結欠損金と非特定連結欠損金の区分ごとに連結欠損金個別帰属額を引き継ぐこととなる（法令155の21⑤二）。 •被合併法人の最終事業年度（単体事業年度）の連結単体申告により発生した欠損金は，合併法人の合併日の属する連結事業年度の損金に算入される（法法81の9④）。
	住民税（注2）	引継制限は生じない（地法53⑦⑩・321の8⑦⑩）。
	事業税（注3）	次の要件のいずれも満たさない場合，引継制限が生じる（法法57②③，法令112③④，地令20の3②）。 ①5年前の日又は設立日からの支配関係継続要件 ②みなし共同事業要件 ただし，含み損益の特例計算の適用がある（法令113①，地令20の3②）。
特定資産譲渡等損失額の損金算入制限（特定引継資産・特定保有資産）		次の要件のいずれも満たさない場合，損金算入制限が生じる（法法81の3・62の7①・57④，法令112③⑩・123の8①）。 ①5年前の日又は設立日からの支配関係継続要件 ②みなし共同事業要件 ただし，含み損益の特例計算の適用がある（法令123の9①⑥⑨）。
連結子法人株式の帳簿価額の修正		抱合株式について投資簿価修正は生じない（法令9②三イ）。
抱合株式	みなし配当	みなし配当は生じない。
	株式譲渡損益	株式譲渡損益は生じない（法法61の2②，法令8①五）。

（注1） 法人税に係る繰越欠損金は，連結欠損金個別帰属額又は単体納税における繰越欠損金をいうものとする（以下，本章において同じ）。

（注2） 住民税に係る繰越欠損金は，連結納税又は単体納税を採用している場合の控除対象個別帰属調整額又は控除対象個別帰属税額をいうものとする（以下，本章において同じ）。

（注3） 事業税に係る繰越欠損金は，連結納税又は単体納税を採用している場合の事業税の繰越欠損金をいうものとする（以下，本章において同じ）。

❷ 連結子法人（被合併法人）の税務上の取扱い

取扱項目／適格・非適格	適格の場合
資産の移転	簿価譲渡
みなし事業年度	その連結事業年度開始日から合併日の前日までの期間（連結単体申告。合併日の前日が連結親法人事業年度終了の日である場合は，連結申告。法法14①十・15の２①二・４の５②四）
合併日の前日の属する事業年度の繰越欠損金の繰越控除の取扱い	合併日の前日の属する事業年度（合併日が連結親法人事業年度開始日である場合を除く）における連結単体申告では，連結欠損金個別帰属額を単体納税の繰越欠損金とみなして，繰越控除を行う（法法57⑥）。
被合併法人が有する連結子法人株式の取扱い	被合併法人が有する連結子法人株式について投資簿価修正は生じない（法令９②三ロ）。

Case 2 連結親法人が非連結法人を吸収合併するケース（合併対価が合併法人株式の場合）

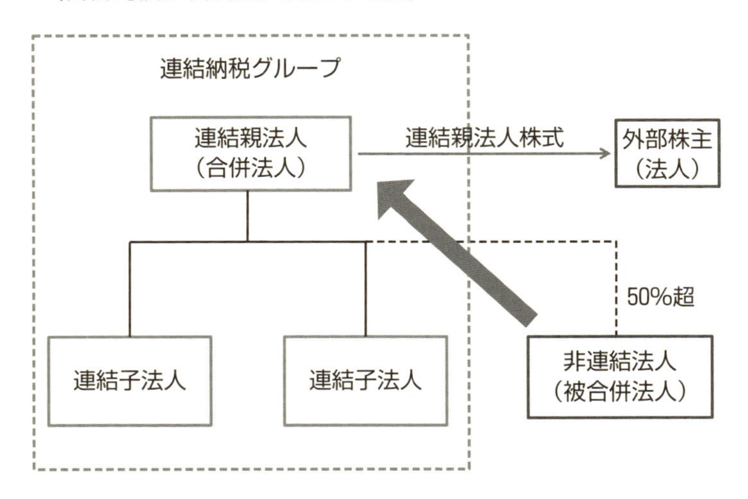

(適格要件)

当事者間の支配関係がある場合の適格要件を満たす場合，適格となる（法法2十二の八，法令4の3③）。

- 金銭等の交付がないこと（合併法人が被合併法人の3分の2以上の株式を有している場合の金銭等の交付は要件を満たす）
- 従業者引継要件
- 事業継続要件

なお，支配関係がある場合の適格要件を満たさない場合でも共同事業要件を満たす場合は適格と判定される。

❶ 連結親法人（合併法人）の税務上の取扱い

取扱項目／適格・非適格		適格の場合	非適格の場合
資産の受入		簿価受入	時価受入
合併法人の繰越欠損金の利用制限	法人税	次の要件のいずれも満たさない場合，利用制限が生じる（法法81の9⑤三・57④，法令112③⑩・155の19⑦・155の20④⑤）。 ①5年前の日又は設立日からの支配関係継続要件 ②みなし共同事業要件 ただし，含み損益の特例計算の適用がある（法令155の20⑥・113①④⑤）。	利用制限は生じない。
	住民税	利用制限は生じない。	利用制限は生じない。
	事業税	法人税に係る繰越欠損金と同様の利用制限が生じる（地令20の3②）。	利用制限は生じない。
被合併法人の繰越欠損金の引継制限	法人税	•次の要件のいずれも満たさない場合，引継制限が生じる（法法81の9②二・57③，法令112③・155の19⑦）。 ①5年前の日又は設立日からの支配関係継続要件 ②みなし共同事業要件 ただし，含み損益の特例計算を適用できる（法法81の9②二・57③，法令113①）。	引継ぎはできない。

		・引き継ぐ被合併法人の繰越欠損金は，特定連結欠損金として合併法人である連結親法人の個別所得を限度として，繰越控除が可能となる（法法81の９①・②二・③二，法令155の21②一・⑤一）。	
	住民税	引継制限は生じない（地法53⑦⑩・321の８⑦⑩）。	引継ぎはできない。
	事業税	法人税に係る繰越欠損金と同様の引継制限が生じる（地令20の３②）。	引継ぎはできない。
特定資産譲渡等損失額の損金算入制限（特定引継資産・特定保有資産）		次の要件のいずれも満たさない場合，損金算入制限が生じる（法法81の３・62の７①・57④，法令112③⑩・123の８①）。 ①５年前の日又は設立日からの支配関係継続要件 ②みなし共同事業要件 ただし，含み損益の特例計算の適用がある（法令123の９①⑥⑨）。	損金算入制限は生じない。
抱合株式	みなし配当	みなし配当は生じない。	みなし配当が生じる（法法24①一・②）。
	株式譲渡損益	株式譲渡損益は生じない（法法61の２②，法令８①五）。	株式譲渡損益は生じない（法法61の２②，法令８①五）。

❷ 非連結法人（被合併法人）の税務上の取扱い

取扱項目／適格・非適格	適格の場合	非適格の場合
資産の移転	簿価譲渡	時価譲渡
みなし事業年度	その事業年度開始日から合併日の前日までの期間（法法14①二）	その事業年度開始日から合併日の前日までの期間（法法14①二）
被合併法人の完全支配関係がある子法人の取扱い	被合併法人の完全支配関係がある子法人のうち，合併により連結子法人となる法人には，連結子法人が加入した場合の税務上の取扱いが適用される（第１章「６－２」参照）。	被合併法人の完全支配関係がある子法人のうち，合併により連結子法人となる法人には，連結子法人が加入した場合の税務上の取扱いが適用される（第１章「６－２」参照）。

❸ 外部株主の税務上の取扱い

取扱項目／適格・非適格	適格の場合	非適格の場合
みなし配当	みなし配当は生じない。	みなし配当が生じる（法法24①一）。
株式譲渡損益	株式譲渡損益は生じない（法法61の２②）。	株式譲渡損益は生じない（法法61の２②）。

Case 3 連結親法人が連結外法人を吸収合併するケース（合併対価が合併法人株式の場合）

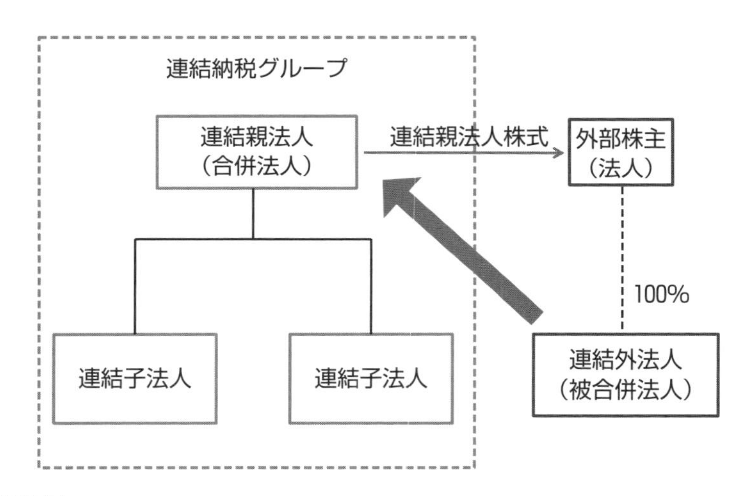

（適格要件）

共同事業要件を満たす場合，適格となる（法法２十二の八，法令４の３④）。

- 金銭等の交付がないこと（合併法人が被合併法人の３分の２以上の株式を有している場合の金銭等の交付は要件を満たす）
- 事業関連性要件
- 事業規模要件又は経営参画要件
- 従業者引継要件
- 事業継続要件
- 株式継続保有要件

❶ 連結親法人（合併法人）の税務上の取扱い

取扱項目／適格・非適格		適格の場合	非適格の場合
資産の受入		簿価受入	時価受入
合併法人の繰越欠損金の利用制限	法人税	利用制限は生じない。	利用制限は生じない。
	住民税	利用制限は生じない。	利用制限は生じない。
	事業税	利用制限は生じない。	利用制限は生じない。
被合併法人の繰越欠損金の引継制限	法人税	• 引継制限は生じない（法法81の９②二）。 • 引き継ぐ被合併法人の繰越欠損金は，特定連結欠損金として合併法人である連結親法人の個別所得を限度として，繰越控除が可能となる（法法81の９①・②二・③二，法令155の21②一・⑤一）。	引継ぎはできない。
	住民税	引継制限は生じない（地法53⑦⑩，321の８⑦⑩）。	引継ぎはできない。
	事業税	引継制限は生じない（地令20の３②）。	引継ぎはできない。
特定資産譲渡等損失額の損金算入制限（特定引継資産・特定保有資産）		損金算入制限が生じない（法法81の３・62の７①）。	損金算入制限は生じない。
抱合株式（50％未満）	みなし配当	みなし配当は生じない。	みなし配当が生じる（法法24①一・②）。
	株式譲渡損益	株式譲渡損益は生じない（法法61の２②，法令８①五）。	株式譲渡損益は生じない（法法61の２②，法令８①五）。

❷ 連結外法人（被合併法人）の税務上の取扱い

取扱項目／適格・非適格	適格の場合	非適格の場合
資産の移転	簿価譲渡	時価譲渡
みなし事業年度	その事業年度開始日から合併日の前日までの期間（法法14①二）	その事業年度開始日から合併日の前日までの期間（法法14①二）
被合併法人の完全支配関係がある子法人の取扱い	被合併法人の完全支配関係がある子法人のうち，合併により連結子法人となる法人に	被合併法人の完全支配関係がある子法人のうち，合併により連結子法人となる法人に

	は，連結子法人が加入した場合の税務上の取扱いが適用される（第１章「６－２」参照）。	は，連結子法人が加入した場合の税務上の取扱いが適用される（第１章「６－２」参照）。

❸ 外部株主の税務上の取扱い

取扱項目／適格・非適格	適格の場合	非適格の場合
みなし配当	みなし配当は生じない。	みなし配当が生じる（法法24①一）。
株式譲渡損益	株式譲渡損益は生じない（法法61の②）。	株式譲渡損益は生じない（法法61の２②）。

Case 4 連結親法人が非連結法人を吸収合併するケース（合併対価が現金の場合）

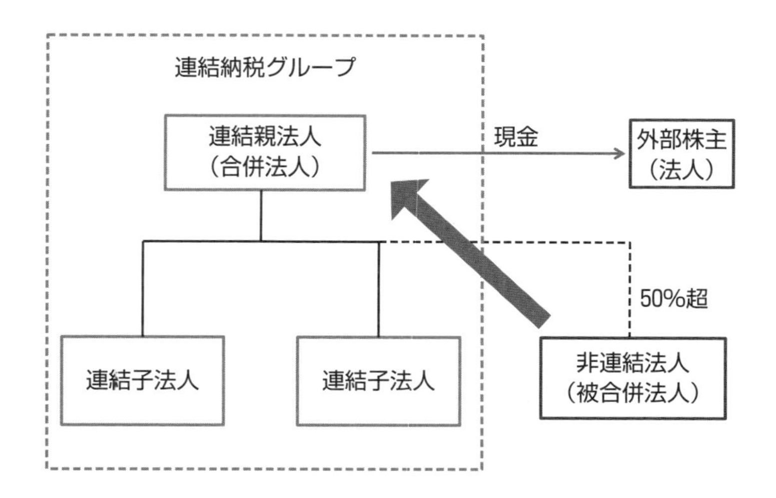

（適格要件）

当事者間の支配関係がある場合の適格要件を満たす場合，適格となる（法法２十二の八，法令４の３③）。

- 金銭等の交付がないこと（合併法人が被合併法人の３分の２以上の株式を有している場合の金銭等の交付は要件を満たす）

- 従業者引継要件
- 事業継続要件

なお，支配関係がある場合の適格要件を満たさない場合でも，共同事業要件を満たす場合は適格と判定される。

❶　連結親法人（合併法人）の税務上の取扱い

取扱項目／適格・非適格		適格の場合	非適格の場合
資産の受入		簿価受入	時価受入
合併法人の繰越欠損金の利用制限	法人税	次の要件のいずれも満たさない場合，利用制限が生じる（法法81の９⑤三・57④，法令112③ ⑩・155の19⑦・155の20④⑤）。 ①５年前の日又は設立日からの支配関係継続要件 ②みなし共同事業要件 ただし，含み損益の特例計算の適用がある（法令155の20⑥・113①④⑤）。	利用制限は生じない。
	住民税	利用制限は生じない。	利用制限は生じない。
	事業税	法人税に係る繰越欠損金と同様の利用制限が生じる（地令20の３②）。	利用制限は生じない。
被合併法人の繰越欠損金の引継制限	法人税	• 次の要件のいずれも満たさない場合，引継制限が生じる(法法81の９②二・57③，法令112③・155の19⑦)。 ①５年前の日又は設立日からの支配関係継続要件 ②みなし共同事業要件 ただし，含み損益の特例計算を適用できる（法法81の９②二・57③，法令113①）。 • 引き継ぐ被合併法人の繰越欠損金は，特定連結欠損金として合併法人である連結親法人の個別所得を限度として，繰越控除が可能とな	引継ぎはできない。

		る（法法81の9①・②二・③二，法令155の21②一・⑤一）。	
	住民税	引継制限は生じない（地法53⑦⑩・321の8⑦⑩）。	引継ぎはできない。
	事業税	法人税に係る繰越欠損金と同様の引継制限が生じる（地令20の3②）。	引継ぎはできない。
特定資産譲渡等損失額の損金算入制限（特定引継資産・特定保有資産）		次の要件のいずれも満たさない場合，損金算入制限が生じる（法法81の3・62の7①・57④，法令112③⑩・123の8①）。 ①5年前の日又は設立日からの支配関係継続要件 ②みなし共同事業要件 ただし，含み損益の特例計算の適用がある（法令123の9①⑥⑨）。	損金算入制限は生じない。
抱合株式	みなし配当	みなし配当は生じない。	みなし配当が生じる（法法24①一・②）。
	株式譲渡損益	株式譲渡損益は生じない（法法61の2③，法令8①五）。	株式譲渡損益は生じない（法法61の2③，法令8①五）。

❷ 非連結法人（被合併法人）の税務上の取扱い

取扱項目／適格・非適格	適格の場合	非適格の場合
資産の移転	簿価譲渡	時価譲渡
みなし事業年度	その事業年度開始日から合併日の前日までの期間（法法14①二）	その事業年度開始日から合併日の前日までの期間（法法14①二）
被合併法人の完全支配関係がある子法人の取扱い	被合併法人の完全支配関係がある子法人のうち，合併により連結子法人となる法人には，連結子法人が加入した場合の税務上の取扱いが適用される（第1章「6－2」参照）。	被合併法人の完全支配関係がある子法人のうち，合併により連結子法人となる法人には，連結子法人が加入した場合の税務上の取扱いが適用される（第1章「6－2」参照）。

❸　外部株主の税務上の取扱い

取扱項目／適格・非適格	適格の場合	非適格の場合
みなし配当	みなし配当は生じない。	みなし配当が生じる（法法24①一）。
株式譲渡損益	株式譲渡損益が生じる（法法61の２①）。	株式譲渡損益が生じる（法法61の２①）。

Case 5　連結親法人が連結外法人を吸収合併するケース（合併対価が現金の場合）

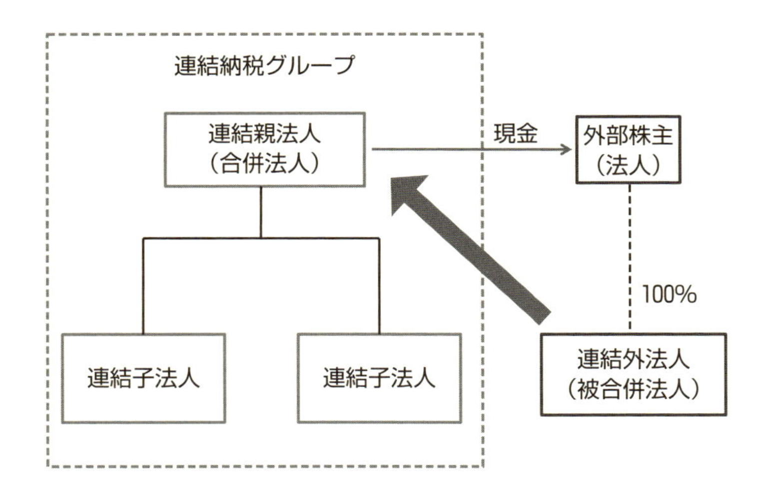

（適格要件）

合併法人が被合併法人の３分の２以上の株式を有しておらず，現金を対価とするため非適格となる（法法２十二の八）。

❶　連結親法人（合併法人）の税務上の取扱い

取扱項目／適格・非適格		非適格の場合
資産の受入		時価受入
合併法人の繰越欠損金の利	法人税	利用制限は生じない。
	住民税	利用制限は生じない。

用制限	事業税	利用制限は生じない。
被合併法人の繰越欠損金の引継制限	法人税	引継ぎはできない。
	住民税	引継ぎはできない。
	事業税	引継ぎはできない。
特定資産譲渡等損失額の損金算入制限（特定引継資産・特定保有資産）		損金算入制限は生じない。
抱合株式（50%未満）	みなし配当	みなし配当が生じる（法法24①一・②）。
	株式譲渡損益	株式譲渡損益は生じない（法法61の２③，法令８①五）。

❷ 連結外法人（被合併法人）の税務上の取扱い

取扱項目／適格・非適格	非適格の場合
資産の移転	時価譲渡
みなし事業年度	その事業年度開始日から合併日の前日までの期間（法法14①二）
被合併法人の完全支配関係がある子法人の取扱い	被合併法人の完全支配関係がある子法人のうち，合併により連結子法人となる法人には，連結子法人が加入した場合の税務上の取扱いが適用される（第１章「６－２」参照）。

❸ 外部株主の税務上の取扱い

取扱項目／適格・非適格	非適格の場合
みなし配当	みなし配当が生じる（法法24①一）。
株式譲渡損益	株式譲渡損益が生じる（法法61の２①）。

Case 6 連結子法人が他の連結子法人を吸収合併するケース（合併対価が合併法人株式又は無対価の場合）

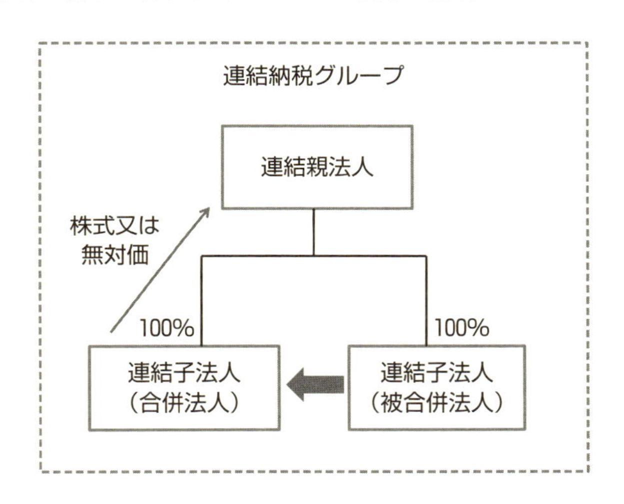

（適格要件）

同一者による完全支配関係がある場合の適格要件を満たす場合，適格となる（法法２十二の八，法令４の３②）。

- 金銭等の交付がないこと（合併法人が被合併法人の３分の２以上の株式を有している場合の金銭等の交付は要件を満たす）
- 支配関係継続要件

完全支配関係がある場合の適格要件を満たさない場合でも支配関係がある場合の適格要件又は共同事業要件を満たす場合は適格と判定される。

❶ 連結子法人（合併法人）の税務上の取扱い

取扱項目／適格・非適格	適格の場合	非適格の場合
資産の受入	簿価受入	時価受入 ただし，譲渡損益調整資産は簿価受入（法法61の13⑦）
被合併法人の合併日の前日の属する事業	合併日の前日の属する事業年度（合併日が連結親法人事業年度開始日で	合併日の前日の属する事業年度（合併日が連

年度の欠損金の損金算入の取扱い		ある場合を除く）の連結単体申告において発生した被合併法人の欠損金は，合併法人の合併日の属する連結事業年度の損金に算入される（法法81の9④）。	結親法人事業年度開始日である場合を除く）の連結単体申告において発生した被合併法人の欠損金は，合併法人の合併日の属する連結事業年度の損金に算入される（法法81の9④）。
合併法人の繰越欠損金の利用制限	法人税	利用制限は生じない。	利用制限は生じない。
	住民税	利用制限は生じない。	利用制限は生じない。
	事業税	次の要件のいずれも満たさない場合，利用制限が生じる（法法57④，法令112③④⑨⑩，地令20の3②）。 ①5年前の日又は設立日からの支配関係継続要件 ②みなし共同事業要件 ただし，含み損益の特例計算の適用がある（法令113①④⑤，地令20の3②）。	利用制限は生じない。ただし，譲渡損益の繰延規定(法法61の13①)の適用がある場合は，適格合併と同様の利用制限の規定が適用される(法法57④，地令20の3②)。
被合併法人の繰越欠損金の引継制限	法人税	•引継制限は生じない（法令155の21②二)。 •合併法人は，被合併法人の連結欠損金個別帰属額のうち，特定連結欠損金と非特定連結欠損金の区分ごとに連結欠損金個別帰属額を引き継ぐこととなる（法令155の21⑤二)。 •被合併法人の連結単体申告により発生した欠損金は，合併法人の合併日の属する連結事業年度の損金に算入される（法法81の9④)	被合併法人の連結欠損金個別帰属額は引き継ぐことができない（法法81の9⑤一)。
	住民税	引継制限は生じない（地法53⑦⑩・321の8⑦⑩)。	引き継ぐことはできない。
	事業税	次の要件のいずれも満たさない場合，引継制限が生じる（法法57②③，法令112③④，地令20の3②)。 ①5年前の日又は設立日からの支配関係継続要件	引き継ぐことはできない。

		②みなし共同事業要件 　ただし，含み損益の特例計算の適用がある（法令113①，地令20の３②）。	
特定資産譲渡等損失額の損金算入制限（特定引継資産・特定保有資産）		次の要件のいずれも満たさない場合，損金算入制限が生じる（法法81の３・62の７①・57④，法令112③⑩・123の８①）。 ①５年前の日又は設立日からの支配関係継続要件 ②みなし共同事業要件 　ただし，含み損益の特例計算の適用がある（法令123の９①⑥⑨）。	損金算入制限が生じない。ただし，譲渡損益の繰延規定（法法61の13①）の適用がある場合は，適格合併と同様の損金算入制限の規定が適用される（法法81の３・62の７①）。

❷ 連結子法人（被合併法人）の税務上の取扱い

取扱項目／適格・非適格	適格の場合	非適格の場合
資産の移転	簿価譲渡	時価譲渡 譲渡損益調整資産について譲渡損益が繰り延べられる（法法61の13①，法令122の14①②）。
みなし事業年度	その連結事業年度開始日から合併日の前日までの期間（連結単体申告。合併日の前日が連結親法人事業年度終了の日である場合は，連結申告。法法14①十・15の２①二・４の５②四）	その連結事業年度開始日から合併日の前日までの期間（連結単体申告。合併日の前日が連結親法人事業年度終了の日である場合は，連結申告。法法14①十・15の２①二・４の５②四）
合併日の前日の属する事業年度の繰越欠損金の繰越控除の取扱い	合併日の前日の属する事業年度（合併日が連結親法人事業年度開始日である場合を除く）における連結単体申告では，連結欠損金個別帰属額を単体納税の繰越欠損金とみなして，繰越控除を行う（法法57⑥）。	合併日の前日の属する事業年度（合併日が連結親法人事業年度開始日である場合を除く）における連結単体申告では，連結欠損金個別帰属額を単体納税の繰越欠損金とみなして，繰越控除を行う（法法57⑥）。
被合併法人が有する他の連結子法人株式の取扱い	被合併法人が有する他の連結子法人株式について投資簿価修正は生じない（法令９②三	被合併法人が有する他の連結子法人株式の投資簿価修正が行われ，修正後の帳簿価額に

	ロ)。	より合併法人における受入処理が行われる(法令9②五)。

❸ 連結親法人の税務上の取扱い

取扱項目/適格・非適格		適格の場合	非適格の場合
被合併法人株式	みなし配当	みなし配当は生じない。	みなし配当が生じる(法法24①一)。
	株式譲渡損益	• 株式譲渡損益は生じない(法法61の2②)。 • 被合併法人株式の帳簿価額を合併法人株式の帳簿価額に付け替える(法令119①五・119の3⑩・119の4①)。	• 株式譲渡損益は生じない(法法61の2②)。 • 被合併法人株式の帳簿価額及びみなし配当を合併法人株式の帳簿価額に付け替える(法令119①五)。
連結子法人株式の帳簿価額の修正		投資簿価修正は生じない(法令9②三イ)。	連結親法人において被合併法人となる連結子法人株式の投資簿価修正が行われ,修正後の帳簿価額により,被合併法人株式の合併処理が行われる(法令9②四)。なお,連結子法人株式の帳簿価額修正額は,通常の帳簿価額修正額(既修正等額を減算する前の修正額)がゼロを超えるとき,または,みなし配当が生じるときは,マイナスの既修正等額となる(法令9③)。

Case 7 連結子法人が非連結法人を吸収合併するケース（合併対価が連結親法人株式の場合）

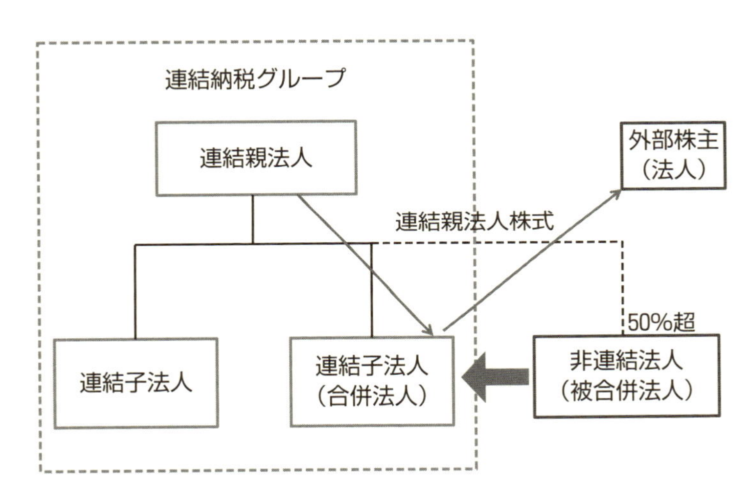

（適格要件）

同一者による支配関係がある場合の適格要件を満たす場合，適格となる（法法２十二の八，法令４の３③）。

- 金銭等の交付がないこと（合併法人が被合併法人の３分の２以上の株式を有している場合の金銭等の交付は要件を満たす）
- 支配関係継続要件
- 従業者引継要件
- 事業継続要件

なお，支配関係がある場合の適格要件を満たさない場合でも共同事業要件を満たす場合は適格と判定される。

（合併親法人株式の定義）

本ケースにおける合併対価となる連結親法人株式は，第３章「３－２－１」で定める適格要件を満たす合併親法人株式に該当するものとする（以下，本章において同じ）。

また，本ケースでは，連結子法人は，合併親法人株式を所有していないものとし，連結親法人は，連結子法人に対して被合併法人の株主に交付するための合併対価として，連結親法人株式の発行をすることとする。したがって，合併親法人株式について譲渡損益は生じない（法法61の2㉓，法令119の11の2）。

なお，合併対価の範囲であれば，親会社株式の取得及び保有制限の規定は適用されない（会社法800①②）。

❶ 連結子法人（合併法人）の税務上の取扱い

取扱項目／適格・非適格		適格の場合	非適格の場合
資産の受入		簿価受入	時価受入
合併法人の繰越欠損金の利用制限	法人税	次の要件のいずれも満たさない場合，利用制限が生じる（法法81の9⑤三・57④，法令112③⑩・155の19⑦・155の20④⑤）。 ①5年前の日又は設立日からの支配関係継続要件 ②みなし共同事業要件 ただし，含み損益の特例計算の適用がある（法令155の20⑥・113①④⑤）。	利用制限は生じない。
	住民税	利用制限は生じない。	利用制限は生じない。
	事業税	法人税に係る繰越欠損金と同様の利用制限が生じる（地令20の3②）。	利用制限は生じない。
被合併法人の繰越欠損金の引継制限	法人税	• 次の要件のいずれも満たさない場合，引継制限が生じる（法法81の9②二・57③，法令112③・155の19⑦）。 ①5年前の日又は設立日からの支配関係継続要件 ②みなし共同事業要件 ただし，含み損益の特例計算を適用できる（法法81の9②二・57③，法令113①）。 • 引き継ぐ被合併法人の繰越欠損金は，特定連結欠損金として合併法人である連結子法人の個別所得を限度として，繰越控除が可能となる（法法81の9①・②二・③二，法令155の21②一・⑤一）。	引継ぎはできない。

	住民税	引継制限は生じない（地法53⑦⑩・321の８⑦⑩）。	引継ぎはできない。
	事業税	法人税に係る繰越欠損金と同様の引継制限が生じる（地令20の３②）。	引継ぎはできない。
特定資産譲渡等損失額の損金算入制限（特定引継資産・特定保有資産）		次の要件のいずれも満たさない場合，損金算入制限が生じる（法法81の３・62の７①・57④，法令112③⑩・123の８①）。 ①５年前の日又は設立日からの支配関係継続要件 ②みなし共同事業要件 ただし，含み損益の特例計算の適用がある（法令123の９①⑥⑨）。	損金算入制限は生じない。
抱合株式	みなし配当	みなし配当は生じない。	みなし配当が生じる（法法24①一・②）。
	株式譲渡損益	株式譲渡損益は生じない（法法61の２②，法令８①五）。	株式譲渡損益は生じない（法法61の２②，法令８①五）。

❷　非連結法人（被合併法人）の税務上の取扱い

取扱項目／適格・非適格	適格の場合	非適格の場合
資産の移転	簿価譲渡	時価譲渡
みなし事業年度	その事業年度開始日から合併日の前日までの期間（法法14①二）	その事業年度開始日から合併日の前日までの期間（法法14①二）
被合併法人の完全支配関係がある子法人の取扱い	被合併法人の完全支配関係がある子法人のうち，合併により連結子法人となる法人には，連結子法人が加入した場合の税務上の取扱いが適用される（第１章「６－２」参照）。	被合併法人の完全支配関係がある子法人のうち，合併により連結子法人となる法人には，連結子法人が加入した場合の税務上の取扱いが適用される（第１章「６－２」参照）。

❸　連結親法人の税務上の取扱い

取扱項目／適格・非適格		適格の場合	非適格の場合
被合併法人株式	みなし配当	みなし配当は生じない。	みなし配当が生じる（法法24①一）。

	株式譲渡損益	・株式譲渡損益は生じない（法法61の２②）。 ・被合併法人株式の帳簿価額を合併親法人株式の帳簿価額に付け替える（法令119①五）。この合併親法人株式の帳簿価額は，資本金等の額から減算される（法令８①二十一）。	・株式譲渡損益は生じない（法法61の２②）。 ・被合併法人株式の帳簿価額及びみなし配当を合併親法人株式の帳簿価額に付け替える（法令119①五）。この合併親法人株式の帳簿価額は，資本金等の額から減算される（法令８①二十一）。
連結子法人株式の帳簿価額の修正		投資簿価修正は生じない。	投資簿価修正は生じない。

❹　外部株主の税務上の取扱い

取扱項目／適格・非適格	適格の場合	非適格の場合
みなし配当	みなし配当は生じない。	みなし配当が生じる（法法24①一）。
株式譲渡損益	株式譲渡損益は生じない（法法61の２②）。	株式譲渡損益は生じない（法法61の２②）。

Case 8　連結子法人が連結外法人を吸収合併するケース（合併対価が連結親法人株式の場合）

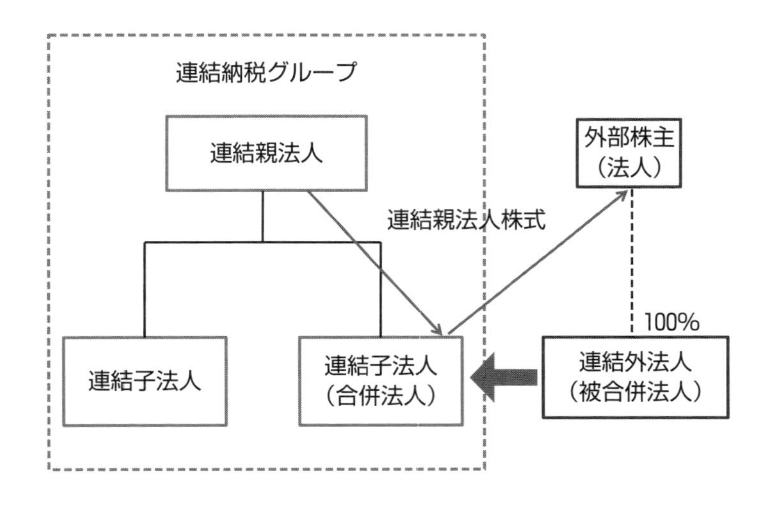

（適格要件）

共同事業要件を満たす場合，適格となる（法法２十二の八，法令４の３④）。

- 金銭等の交付がないこと（合併法人が被合併法人の３分の２以上の株式を有している場合の金銭等の交付は要件を満たす）
- 事業関連性要件
- 事業規模要件又は経営参画要件
- 従業者引継要件
- 事業継続要件
- 株式継続保有要件

（合併親法人株式の定義）

〔Case 7〕と同じ。

❶　連結子法人（合併法人）の税務上の取扱い

取扱項目／適格・非適格		適格の場合	非適格の場合
資産の受入		簿価受入	時価受入
合併法人の繰越欠損金の利用制限	法人税	利用制限は生じない。	利用制限は生じない。
	住民税	利用制限は生じない。	利用制限は生じない。
	事業税	利用制限は生じない。	利用制限は生じない。
被合併法人の繰越欠損金の引継制限	法人税	•引継制限は生じない（法法81の９②二）。 •引き継ぐ被合併法人の繰越欠損金は，特定連結欠損金として合併法人である連結子法人の個別所得を限度として，繰越控除が可能となる（法法81の９①・②二・③二，法令155の21②一・⑤一）。	引継ぎはできない。
	住民税	引継制限は生じない（地法53⑦⑩・321の８⑦⑩）。	引継ぎはできない。
	事業税	引継制限は生じない（地令20の３②）。	引継ぎはできない。
特定資産譲渡等損失額の損金算入制限（特定引継資産・特定保有資産）		損金算入制限が生じない（法法81の３・62の７①）。	損金算入制限は生じない。

抱合株式（50％未満）	みなし配当	みなし配当は生じない。	みなし配当が生じる（法法24①一・②）。
	株式譲渡損益	株式譲渡損益は生じない（法法61の2②，法令8①五）。	株式譲渡損益は生じない（法法61の2②，法令8①五）。

❷ 連結外法人（被合併法人）の税務上の取扱い

取扱項目／適格・非適格	適格の場合	非適格の場合
資産の移転	簿価譲渡	時価譲渡
みなし事業年度	その事業年度開始日から合併日の前日までの期間（法法14①二）	その事業年度開始日から合併日の前日までの期間（法法14①二）
被合併法人の完全支配関係がある子法人の取扱い	被合併法人の完全支配関係がある子法人のうち，合併により連結子法人となる法人には，連結子法人が加入した場合の税務上の取扱いが適用される（第1章「6－2」参照）。	被合併法人の完全支配関係がある子法人のうち，合併により連結子法人となる法人には，連結子法人が加入した場合の税務上の取扱いが適用される（第1章「6－2」参照）。

❸ 連結親法人の税務上の取扱い

取扱項目／適格・非適格	適格の場合	非適格の場合
連結子法人株式の帳簿価額の修正	投資簿価修正は生じない。	投資簿価修正は生じない。

❹ 外部株主の税務上の取扱い

取扱項目／適格・非適格	適格の場合	非適格の場合
みなし配当	みなし配当は生じない。	みなし配当が生じる（法法24①一）。
株式譲渡損益	株式譲渡損益は生じない（法法61の2②）。	株式譲渡損益は生じない（法法61の2②）。

Case 9 連結子法人が非連結法人を吸収合併するケース（合併対価が現金の場合）

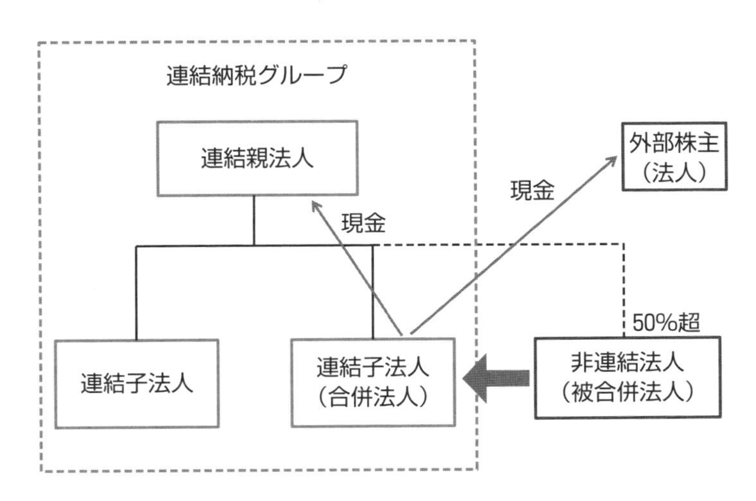

（適格要件）

合併法人が被合併法人の３分の２以上の株式を有しておらず，現金を対価とするため非適格となる（法法２十二の八）。

❶ 連結子法人（合併法人）の税務上の取扱い

取扱項目／適格・非適格		非適格の場合
資産の受入		時価受入
合併法人の繰越欠損金の利用制限	法人税	利用制限は生じない。
	住民税	利用制限は生じない。
	事業税	利用制限は生じない。
被合併法人の繰越欠損金の引継制限	法人税	引継ぎはできない。
	住民税	引継ぎはできない。
	事業税	引継ぎはできない。
特定資産譲渡等損失額の損金算入制限（特定引継資産・特定保有資産）		損金算入制限は生じない。

抱合株式	みなし配当	みなし配当が生じる（法法24①一・②）。
	株式譲渡損益	株式譲渡損益は生じない（法法61の２③，法令８①五）。

❷ 非連結法人（被合併法人）の税務上の取扱い

取扱項目／適格・非適格	非適格の場合
資産の移転	時価譲渡
みなし事業年度	その事業年度開始日から合併日の前日までの期間（法法14①二）
被合併法人の完全支配関係がある子法人の取扱い	被合併法人の完全支配関係がある子法人のうち，合併により連結子法人となる法人には，連結子法人が加入した場合の税務上の取扱いが適用される（第１章「６－２」参照）。

❸ 連結親法人の税務上の取扱い

取扱項目／適格・非適格		非適格の場合
被合併法人株式	みなし配当	みなし配当が生じる（法法24①一）。
	株式譲渡損益	株式譲渡損益が生じる（法法61の２①）。
連結子法人株式の帳簿価額の修正		投資簿価修正は生じない。

❹ 外部株主の税務上の取扱い

取扱項目／適格・非適格	非適格の場合
みなし配当	みなし配当が生じる（法法24①一）。
株式譲渡損益	株式譲渡損益が生じる（法法61の２①）。

Case 10 連結子法人が連結外法人を吸収合併するケース（合併対価が現金の場合）

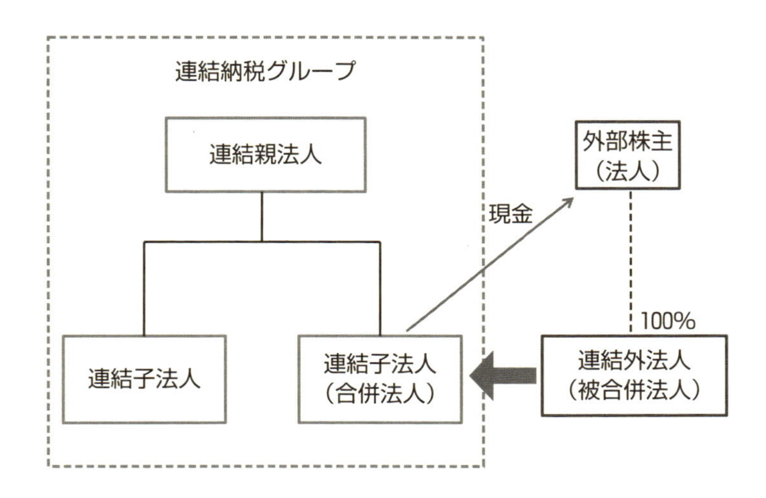

（適格要件）

合併法人が被合併法人の３分の２以上の株式を有しておらず，現金を対価とするため非適格となる（法法２十二の八）。

❶ 連結子法人（合併法人）の税務上の取扱い

取扱項目／適格・非適格		非適格の場合
資産の受入		時価受入
合併法人の繰越欠損金の利用制限	法人税	利用制限は生じない。
	住民税	利用制限は生じない。
	事業税	利用制限は生じない。
被合併法人の繰越欠損金の引継制限	法人税	引継ぎはできない。
	住民税	引継ぎはできない。
	事業税	引継ぎはできない。
特定資産譲渡等損失額の損金算入制限（特定引継資産・特定保有資産）		損金算入制限は生じない。

抱合株式（50%未満）	みなし配当	みなし配当が生じる（法法24①一・②）。
	株式譲渡損益	株式譲渡損益は生じない（法法61の２③，法令８①五）。

❷ 連結外法人（被合併法人）の税務上の取扱い

取扱項目／適格・非適格	非適格の場合
資産の移転	時価譲渡
みなし事業年度	その事業年度開始日から合併日の前日までの期間（法法14①二）
被合併法人の完全支配関係がある子法人の取扱い	被合併法人の完全支配関係がある子法人のうち，合併により連結子法人となる法人には，連結子法人が加入した場合の税務上の取扱いが適用される（第１章「６－２」参照）。

❸ 連結親法人の税務上の取扱い

取扱項目／適格・非適格	非適格の場合
連結子法人株式の帳簿価額の修正	投資簿価修正は生じない。

❹ 外部株主の税務上の取扱い

取扱項目／適格・非適格	非適格の場合
みなし配当	みなし配当が生じる（法法24①一）。
株式譲渡損益	株式譲渡損益が生じる（法法61の２①）。

Case 11 連結子法人が非連結法人を吸収合併するケース（合併対価が合併法人株式の場合）

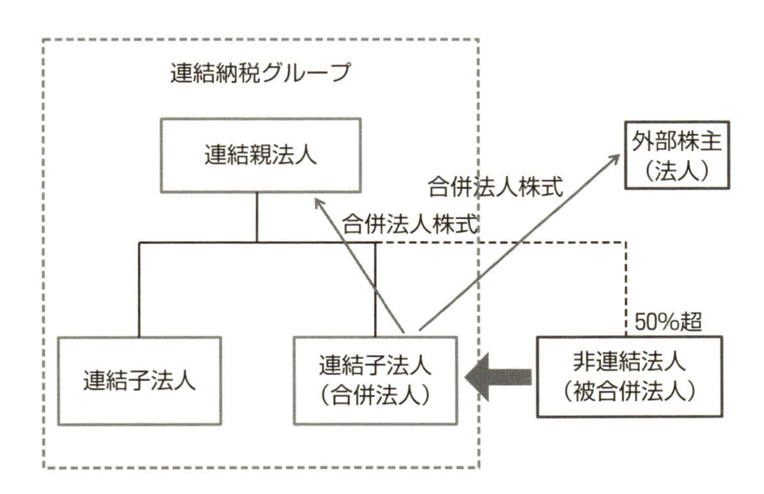

（適格要件）

同一者による支配関係がある場合の適格要件を満たす場合，適格となる（法法２十二の八，法令４の３③）。

- 金銭等の交付がないこと（合併法人が被合併法人の３分の２以上の株式を有している場合の金銭等の交付は要件を満たす）
- 支配関係継続要件
- 従業者引継要件
- 事業継続要件

なお，支配関係がある場合の適格要件を満たさない場合でも共同事業要件を満たす場合は適格と判定される。

（連結納税からの離脱）

合併法人である連結子法人が連結法人以外の者に株式を発行するため，当該連結子法人は合併日に連結納税から離脱する（法法４の５②五）。

当該連結子法人の連結納税離脱によるみなし事業年度は次のとおりである（法法14①八・15の２①三・４の５②五）。なお，離脱日は合併日となる。

(1)　その連結事業年度開始日から離脱日の前日までの期間（連結単体申告。ただし，離脱日の前日が連結親法人事業年度終了の日である場合は，連結申告）

(2)　離脱日からその連結事業年度終了日までの期間（単体申告）

(3)　その終了日の翌日から当該翌日の属する事業年度終了日までの期間（単体申告）

❶　連結子法人（合併法人）の税務上の取扱い

<table>
<tr><th colspan="2">取扱項目／適格・非適格</th><th>適格の場合</th><th>非適格の場合</th></tr>
<tr><td colspan="2">資産の受入</td><td>•簿価受入
•受入処理は，連結納税離脱後の事業年度（合併日の属する事業年度）に行われる。</td><td>•時価受入
•受入処理は，連結納税離脱後の事業年度（合併日の属する事業年度）に行われる。</td></tr>
<tr><td colspan="2">連結欠損金個別帰属額</td><td>連結欠損金個別帰属額は，合併日の前日の属する事業年度（合併日が連結事業年度終了の日の翌日である場合は，合併日の属する事業年度）以後，単体納税の繰越欠損金とみなされる（法法57⑥）。</td><td>連結欠損金個別帰属額は，合併日の前日の属する事業年度（合併日が連結事業年度終了の日の翌日である場合は，合併日の属する事業年度）以後，単体納税の繰越欠損金とみなされる（法法57⑥）。</td></tr>
<tr><td rowspan="3">合併法人の繰越欠損金の利用制限</td><td>法人税</td><td>•次の要件のいずれも満たさない場合，利用制限が生じる（法法57④，法令112③④⑨⑩）。
①５年前の日又は設立日からの支配関係継続要件
②みなし共同事業要件
ただし，含み損益の特例計算の適用がある（法令113①④⑤）。
•利用制限は，連結納税離脱後の事業年度（合併日の属する事業年度）に生じる。</td><td>利用制限は生じない。</td></tr>
<tr><td>住民税</td><td>利用制限は生じない。</td><td>利用制限は生じない。</td></tr>
<tr><td>事業税</td><td>•法人税に係る繰越欠損金と同様の利用制限が生じる（地令20の３①）。</td><td>利用制限は生じない。</td></tr>
</table>

		•利用制限は，連結納税離脱後の事業年度（合併日の属する事業年度）に生じる。	
被合併法人の繰越欠損金の引継制限	法人税	•次の要件のいずれも満たさない場合，引継制限が生じる（法法57②③，法令112③④）。 ①５年前の日又は設立日からの支配関係継続要件 ②みなし共同事業要件 ただし，含み損益の特例計算を適用できる（法令113①）。 •引継ぎは，連結納税離脱後の事業年度（合併日の属する事業年度）に行われる。	引継ぎはできない。
	住民税	•引継制限は生じない（地法53⑦⑩，321の８⑦⑩）。 •引継ぎは，連結納税離脱後の事業年度（合併日の属する事業年度）に行われる。	引継ぎはできない。
	事業税	•法人税に係る繰越欠損金と同様の引継制限が生じる（地令20の３①）。 •引継ぎは，連結納税離脱後の事業年度（合併日の属する事業年度）に行われる。	引継ぎはできない。
特定資産譲渡等損失額の損金算入制限（特定引継資産・特定保有資産）		•次の要件のいずれも満たさない場合，損金算入制限が生じる（法法62の７①・57④，法令112③⑩・123の８①）。 ①５年前の日又は設立日からの支配関係継続要件 ②みなし共同事業要件 ただし，含み損益の特例計算の適用がある（法令123の９①⑥⑨）。 •損金算入制限は，連結納税離脱後の事業年度（合併日の属する事業年度）以後に生じる。	損金算入制限は生じない。
抱合株式	みなし配当	みなし配当は生じない。	みなし配当が生じる（法法24①一・②）。

	株式譲渡損益	株式譲渡損益は生じない（法法61の2②，法令8①五）。	株式譲渡損益は生じない（法法61の2②，法令8①五）。
連結子法人株式の帳簿価額の修正		連結子法人が他の連結子法人の株式を所有する場合，連結納税から離脱する他の連結子法人株式の投資簿価修正が生じる（法令9②五）。	連結子法人が他の連結子法人の株式を所有する場合，連結納税から離脱する他の連結子法人株式の投資簿価修正が生じる（法令9②五）。
再加入		再加入制限（法令14の6①四）	再加入制限（法令14の6①四）

❷ 非連結法人（被合併法人）の税務上の取扱い

取扱項目／適格・非適格	適格の場合	非適格の場合
資産の移転	簿価譲渡	時価譲渡
みなし事業年度	その事業年度開始日から合併日の前日までの期間（法法14①二）	その事業年度開始日から合併日の前日までの期間（法法14①二）

❸ 連結親法人の税務上の取扱い

取扱項目／適格・非適格		適格の場合	非適格の場合
連結欠損金		合併法人である連結子法人の連結欠損金個別帰属額は，合併の日の属する連結事業年度以後，連結欠損金から減額される（法法81の9⑤六）。	合併法人である連結子法人の連結欠損金個別帰属額は，合併の日の属する連結事業年度以後，連結欠損金から減額される（法法81の9⑤六）。
被合併法人株式	みなし配当	みなし配当は生じない。	みなし配当が生じる（法法24①一）。
	株式譲渡損益	• 株式譲渡損益は生じない（法法61の2②）。 • 被合併法人株式の帳簿価額を合併法人株式の帳簿価額に付け替える（法令119①五）。	• 株式譲渡損益は生じない（法法61の2②）。 • 被合併法人株式の帳簿価額及びみなし配当を合併法人株式の帳簿価額に付け替える（法令119①五）。
連結子法人株式の帳簿価額の修正		離脱する連結子法人株式の投資簿価修正が生じる（法令9②三）。	離脱する連結子法人株式の投資簿価修正が生じる（法令9②三）。

❹ 外部株主の税務上の取扱い

取扱項目／適格・非適格	適格の場合	非適格の場合
みなし配当	みなし配当は生じない。	みなし配当が生じる（法法24①一）。
株式譲渡損益	株式譲渡損益は生じない（法法61の②）。	株式譲渡損益は生じない（法法61の２②）。

Case 12 連結子法人が連結外法人を吸収合併するケース（合併対価が合併法人株式の場合）

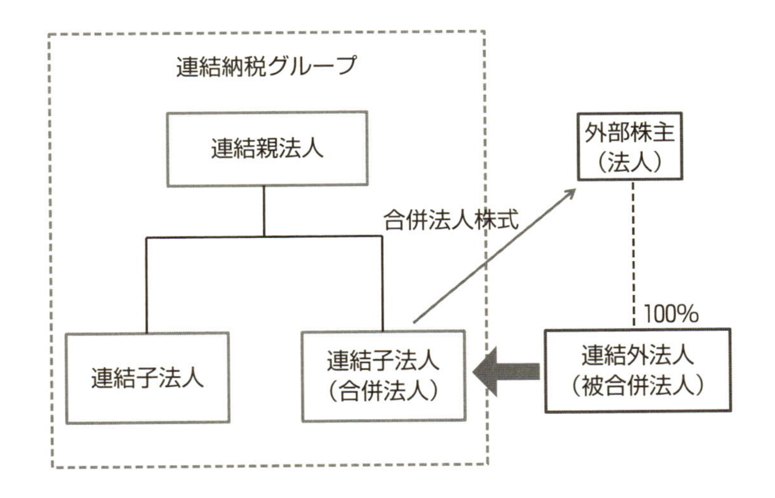

（適格要件）

共同事業要件を満たす場合，適格となる（法法２十二の八，法令４の３④）。

- 金銭等の交付がないこと（合併法人が被合併法人の３分の２以上の株式を有している場合の金銭等の交付は要件を満たす）
- 事業関連性要件
- 事業規模要件又は経営参画要件
- 従業者引継要件
- 事業継続要件

• 株式継続保有要件

（連結納税からの離脱）

合併法人である連結子法人が連結法人以外の者に株式を発行するため，当該連結子法人は合併日に連結納税から離脱する（法法４の５②五）。

当該連結子法人の連結納税離脱によるみなし事業年度は〔Case11〕のとおりである。なお，離脱日は合併日となる。

❶ 連結子法人（合併法人）の税務上の取扱い

取扱項目／適格・非適格		適格の場合	非適格の場合
資産の受入		• 簿価受入 • 受入処理は，連結納税離脱後の事業年度（合併日の属する事業年度）に行われる。	• 時価受入 • 受入処理は，連結納税離脱後の事業年度（合併日の属する事業年度）に行われる。
連結欠損金個別帰属額		連結欠損金個別帰属額は，合併日の前日の属する事業年度（合併日が連結事業年度終了の日の翌日である場合は，合併日の属する事業年度）以後，単体納税の繰越欠損金とみなされる（法法57⑥）。	連結欠損金個別帰属額は，合併日の前日の属する事業年度（合併日が連結事業年度終了の日の翌日である場合は，合併日の属する事業年度）以後，単体納税の繰越欠損金とみなされる（法法57⑥）。
合併法人の繰越欠損金の利用制限	法人税	利用制限は生じない。	利用制限は生じない。
	住民税	利用制限は生じない。	利用制限は生じない。
	事業税	利用制限は生じない。	利用制限は生じない。
被合併法人の繰越欠損金の引継制限	法人税	• 引継制限は生じない（法法57②③）。 • 引継ぎは，連結納税離脱後の事業年度（合併日の属する事業年度）に行われる。	引継ぎはできない。
	住民税	• 引継制限は生じない（地法53⑦⑩・321の８⑦⑩）。 • 引継ぎは，連結納税離脱後の事業年度（合併日の属する事業年度）に行われる。	引継ぎはできない。

	事業税	•引継制限は生じない（地令20の３①）。 •引継ぎは，連結納税離脱後の事業年度（合併日の属する事業年度）に行われる。	引継ぎはできない。
特定資産譲渡等損失額の損金算入制限（特定引継資産・特定保有資産）		損金算入制限が生じない。	損金算入制限が生じない。
抱合株式（50％未満）	みなし配当	みなし配当は生じない。	みなし配当が生じる（法法24①一・②）。
	株式譲渡損益	株式譲渡損益は生じない（法法61の２②，法令８①五）。	株式譲渡損益は生じない（法法61の２②，法令８①五）。
連結子法人株式の帳簿価額の修正		連結子法人が他の連結子法人の株式を所有する場合，連結納税から離脱する他の連結子法人株式の投資簿価修正が生じる（法令９②五）。	連結子法人が他の連結子法人の株式を所有する場合，連結納税から離脱する他の連結子法人株式の投資簿価修正が生じる（法令９②五）。
再加入		再加入制限（法令14の６①四）	再加入制限（法令14の６①四）

❷　連結外法人（被合併法人）の税務上の取扱い

取扱項目／適格・非適格	適格の場合	非適格の場合
資産の移転	簿価譲渡	時価譲渡
みなし事業年度	その事業年度開始日から合併日の前日までの期間（法法14①二）	その事業年度開始日から合併日の前日までの期間（法法14①二）

❸　連結親法人の税務上の取扱い

取扱項目／適格・非適格	適格の場合	非適格の場合
連結欠損金	合併法人である連結子法人の連結欠損金個別帰属額は，合併日の属する連結事業年度以後，連結欠損金から減額される（法法81の９⑤六）。	合併法人である連結子法人の連結欠損金個別帰属額は，合併日の属する連結事業年度以後，連結欠損金から減額される（法法81の９⑤六）。

連結子法人株式の帳簿価額の修正	離脱する連結子法人株式の投資簿価修正が生じる（法令9②三）。	離脱する連結子法人株式の投資簿価修正が生じる（法令9②三）。

❹ 外部株主の税務上の取扱い

取扱項目／適格・非適格	適格の場合	非適格の場合
みなし配当	みなし配当は生じない。	みなし配当が生じる（法法24①一）。
株式譲渡損益	株式譲渡損益は生じない（法法61の②）。	株式譲渡損益は生じない（法法61の2②）。

Case 13 連結子法人が株式の３分の２以上を保有する非連結法人を吸収合併するケース（合併対価が現金の場合）

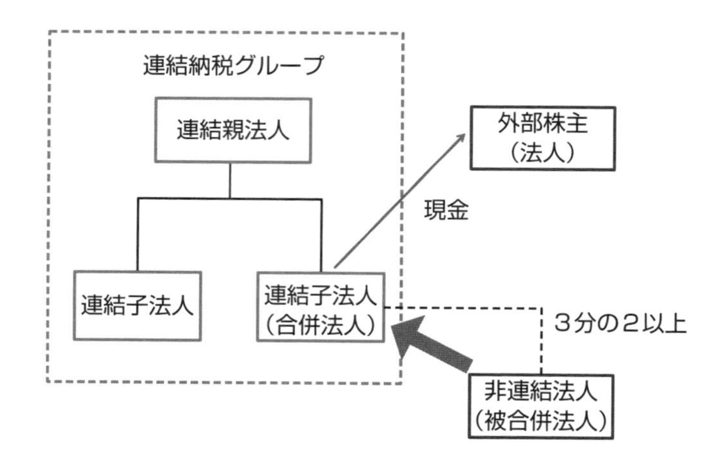

（適格要件）

同一者による支配関係がある場合の適格要件を満たす場合，適格となる（法法2十二の八，法令4の3③）。

- 金銭等の交付がないこと（合併法人が被合併法人の３分の２以上の株式を有している場合の金銭等の交付は要件を満たす）
- 支配関係継続要件

- 従業者引継要件
- 事業継続要件

なお，同一者による支配関係がある場合の適格要件を満たさない場合でも当事者間の支配関係がある場合の適格要件を満たす場合又は共同事業要件を満たす場合は適格と判定される。

❶　連結子法人（合併法人）の税務上の取扱い

取扱項目／適格・非適格		適格の場合	非適格の場合
資産の受入		簿価受入	時価受入
合併法人の繰越欠損金の利用制限	法人税	次の要件のいずれも満たさない場合，利用制限が生じる（法法81の９⑤三・57④，法令112③ ⑩・155の19⑦・155の20④⑤）。 ①５年前の日又は設立日からの支配関係継続要件 ②みなし共同事業要件 ただし，含み損益の特例計算の適用がある（法令155の20⑥・113①④⑤）。	利用制限は生じない。
	住民税	利用制限は生じない。	利用制限は生じない。
	事業税	法人税に係る繰越欠損金と同様の利用制限が生じる（地令20の３②）。	利用制限は生じない
被合併法人の繰越欠損金の引継制限	法人税	• 次の要件のいずれも満たさない場合，引継制限が生じる（法法81の９②二・57③，法令112③・155の19⑦）。 ①５年前の日又は設立日からの支配関係継続要件 ②みなし共同事業要件 ただし，含み損益の特例計算を適用できる（法法81の９②二・57③，法令113①）。 • 引き継ぐ被合併法人の繰越欠損金は，特定連結欠損金として合併法人である連結子法人の個別所得を限度と	引継ぎはできない。

		して，繰越控除が可能となる（法法81の9①・②二・③二，法令155の21②一・⑤一）。	
	住民税	引継制限は生じない（地法53⑦⑩，321の8⑦⑩）。	引継ぎはできない。
	事業税	法人税に係る繰越欠損金と同様の引継制限が生じる（地令20の3②）。	引継ぎはできない。
特定資産譲渡等損失額の損金算入制限（特定引継資産・特定保有資産）		次の要件のいずれも満たさない場合，損金算入制限が生じる（法法81の3・62の7①・57④，法令112③⑩・123の8①）。 ①5年前の日又は設立日からの支配関係継続要件 ②みなし共同事業要件 ただし，含み損益の特例計算の適用がある（法令123の9①⑥⑨）。	損金算入制限は生じない。
抱合株式	みなし配当	みなし配当は生じない。	みなし配当が生じる（法法24①一・②）。
	株式譲渡損益	株式譲渡損益は生じない（法法61の2③，法令8①五）。	株式譲渡損益は生じない（法法61の2③，法令8①五）。

❷ 非連結法人（被合併法人）の税務上の取扱い

取扱項目／適格・非適格	適格の場合	非適格の場合
資産の移転	簿価譲渡	時価譲渡
みなし事業年度	その事業年度開始日から合併日の前日までの期間（法法14①二）	その事業年度開始日から合併日の前日までの期間（法法14①二）
被合併法人の完全支配関係がある子法人の取扱い	被合併法人の完全支配関係がある子法人のうち，合併により連結子法人となる法人には，連結子法人が加入した場合の税務上の取扱いが適用される（第1章「6－2」参照）。	被合併法人の完全支配関係がある子法人のうち，合併により連結子法人となる法人には，連結子法人が加入した場合の税務上の取扱いが適用される（第1章「6－2」参照）。

❸　連結親法人の税務上の取扱い

取扱項目／適格・非適格	適格の場合	非適格の場合
連結子法人株式の帳簿価額の修正	投資簿価修正は生じない。	投資簿価修正は生じない。

❹　外部株主の税務上の取扱い

取扱項目／適格・非適格	適格の場合	非適格の場合
みなし配当	みなし配当は生じない。	みなし配当が生じる（法法24①一）。
株式譲渡損益	株式譲渡損益が生じる（法法61の２①）。	株式譲渡損益が生じる（法法61の２①）。

Case 14　連結子法人が50%超の株式を保有する非連結法人を吸収合併するケース（合併対価が合併法人株式の場合）

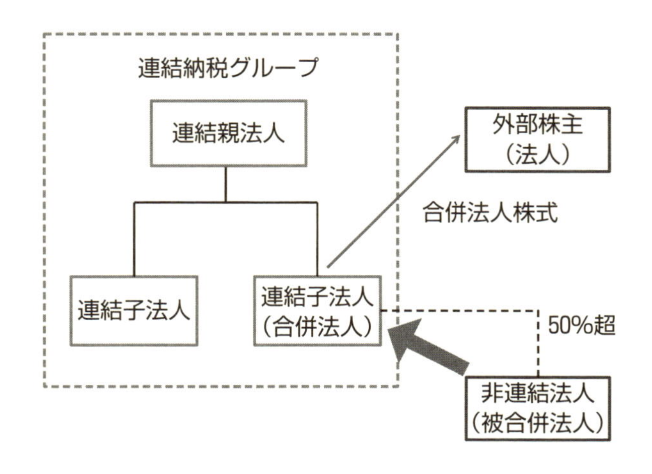

（適格要件）

同一者による支配関係がある場合の適格要件を満たす場合，適格となる（法法２十二の八，法令４の３③）。

- 金銭等の交付がないこと（合併法人が被合併法人の３分の２以上の株式を有している場合の金銭等の交付は要件を満たす）

- 支配関係継続要件
- 従業者引継要件
- 事業継続要件

なお，同一者による支配関係がある場合の適格要件を満たさない場合でも当事者間の支配関係がある場合の適格要件を満たす場合又は共同事業要件を満たす場合は適格と判定される。

(連結納税からの離脱)

合併法人である連結子法人が連結法人以外の者に株式を発行するため，当該連結子法人は合併日に連結納税から離脱する（法法4の5②五)。

当該連結子法人の連結納税離脱によるみなし事業年度は〔Case11〕のとおりである。なお，離脱日は合併日となる。

❶ 連結子法人（合併法人）の税務上の取扱い

取扱項目／適格・非適格		適格の場合	非適格の場合
資産の受入		•簿価受入 •受入処理は，連結納税離脱後の事業年度（合併日の属する事業年度）に行われる。	•時価受入 •受入処理は，連結納税離脱後の事業年度（合併日の属する事業年度）に行われる。
連結欠損金個別帰属額		連結欠損金個別帰属額は，合併の前日の属する事業年度（合併日が連結事業年度終了の日の翌日である場合は，合併日の属する事業年度）以後，単体納税の繰越欠損金とみなされる（法法57⑥)。	連結欠損金個別帰属額は，合併の前日の属する事業年度（合併日が連結事業年度終了の日の翌日である場合は，合併日の属する事業年度）以後，単体納税の繰越欠損金とみなされる（法法57⑥)。
合併法人の繰越欠損金の利用制限	法人税	•次の要件のいずれも満たさない場合，利用制限が生じる（法法57④，法令112③④⑨⑩)。 ①5年前の日又は設立日からの支配関係継続要件 ②みなし共同事業要件 ただし，含み損益の特例計算の適用がある（法令113①④⑤)。	利用制限は生じない。

		• 利用制限は，連結納税離脱後の事業年度（合併日の属する事業年度）に生じる。	
	住民税	利用制限は生じない。	利用制限は生じない。
	事業税	• 法人税に係る繰越欠損金と同様の利用制限が生じる(地令20の３①)。 • 利用制限は，連結納税離脱後の事業年度（合併日の属する事業年度）に生じる。	利用制限は生じない
被合併法人の繰越欠損金の引継制限	法人税	• 次の要件のいずれも満たさない場合，引継制限が生じる（法法57②③，法令112③④)。 ①５年前の日又は設立日からの支配関係継続要件 ②みなし共同事業要件 ただし，含み損益の特例計算を適用できる（法令113①)。 • 引継ぎは，連結納税離脱後の事業年度（合併日の属する事業年度）に行われる。	引継ぎはできない。
	住民税	• 引継制限は生じない（地法53⑦⑩，321の８⑦⑩)。 • 引継ぎは，連結納税離脱後の事業年度（合併日の属する事業年度）に行われる。	引継ぎはできない。
	事業税	• 法人税に係る繰越欠損金と同様の引継制限が生じる(地令20の３①)。 • 引継ぎは，連結納税離脱後の事業年度（合併日の属する事業年度）に行われる。	引継ぎはできない。
特定資産譲渡等損失額の損金算入制限(特定引継資産・特定保有資産)		• 次の要件のいずれも満たさない場合，損金算入制限が生じる(法法62の７①・57④，法令112③⑩，123の８①)。	損金算入制限は生じない。

		①５年前の日又は設立日からの支配関係継続要件 ②みなし共同事業要件 ただし，含み損益の特例計算の適用がある（法令123の９①⑥⑨）。 • 損金算入制限は，連結納税離脱後の事業年度（合併日の属する事業年度）以後に生じる。	
抱合株式	みなし配当	みなし配当は生じない。	みなし配当が生じる（法法24①一・②）。
	株式譲渡損益	株式譲渡損益は生じない（法法61の２②，法令８①五）。	株式譲渡損益は生じない（法法61の２②，法令８①五）。
連結子法人株式の帳簿価額の修正		連結子法人が他の連結子法人の株式を所有する場合，連結納税から離脱する他の連結子法人株式の投資簿価修正が生じる（法令９②五）。	連結子法人が他の連結子法人の株式を所有する場合，連結納税から離脱する他の連結子法人株式の投資簿価修正が生じる（法令９②五）。
再加入		再加入制限（法令14の６①四）	再加入制限（法令14の６①四）

❷　非連結法人（被合併法人）の税務上の取扱い

取扱項目／適格・非適格	適格の場合	非適格の場合
資産の移転	簿価譲渡	時価譲渡
みなし事業年度	その事業年度開始日から合併日の前日までの期間（法法14①二）	その事業年度開始日から合併日の前日までの期間（法法14①二）

❸　連結親法人の税務上の取扱い

取扱項目／適格・非適格	適格の場合	非適格の場合
連結欠損金	合併法人である連結子法人の連結欠損金個別帰属額は，合併の日の属する連結事業年度以後，連結欠損金から減額される（法法81の９⑤六）。	合併法人である連結子法人の連結欠損金個別帰属額は，合併の日の属する連結事業年度以後，連結欠損金から減額される（法法81の９⑤六）。
連結子法人株式の帳簿価額の修正	離脱する連結子法人株式の投資簿価修正が生じる（法令９②三）。	離脱する連結子法人株式の投資簿価修正が生じる（法令９②三）。

❹　外部株主の税務上の取扱い

取扱項目／適格・非適格	適格の場合	非適格の場合
みなし配当	みなし配当は生じない。	みなし配当が生じる（法法24①一）。
株式譲渡損益	株式譲渡損益は生じない（法法61の②）。	株式譲渡損益は生じない（法法61の２②）。

Case 15　親会社が連結親法人を吸収合併するケース（合併対価が合併法人株式の場合）

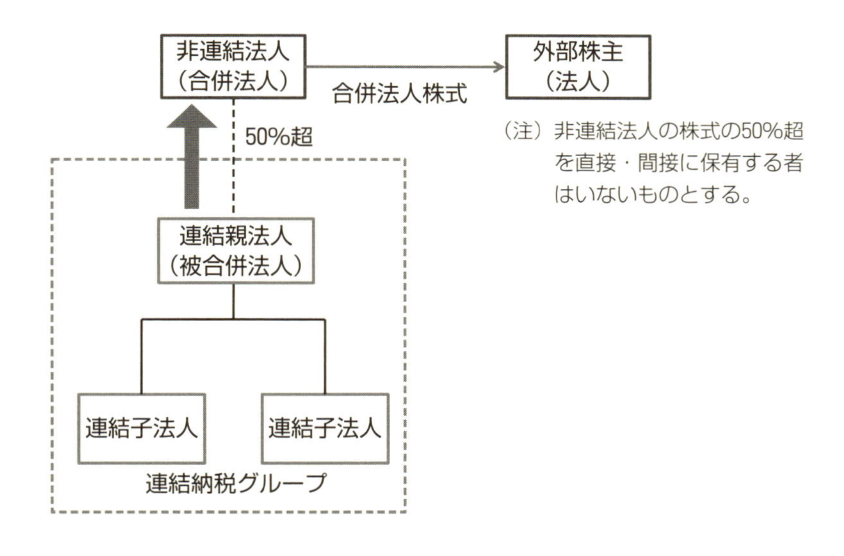

（適格要件）

当事者間の支配関係がある場合の適格要件を満たす場合，適格となる（法法２十二の八，法令４の３③）。

- 金銭等の交付がないこと（合併法人が被合併法人の３分の２以上の株式を有している場合の金銭等の交付は要件を満たす）
- 従業者引継要件
- 事業継続要件

なお，支配関係がある場合の適格要件を満たさない場合でも共同事業要件を満たす場合は適格と判定される。

(連結納税の取りやめ)

連結親法人が合併により解散する場合，合併日に連結納税が取りやめとなる（法法4の5②三）。

連結親法人が合併により解散する場合の連結親法人又は連結子法人のみなし事業年度は次のとおりである（法法14①二・十三，15の2①，4の5②三)。なお，取りやめ日は合併日となる。

・連結親法人

その連結事業年度開始日から合併日の前日までの期間（連結申告）

・連結子法人

ⅰ　その連結事業年度開始日から合併日の前日までの期間（連結申告）

ⅱ　合併日からその連結事業年度終了日までの期間（単体申告）

ⅲ　その終了日の翌日から当該翌日の属する事業年度終了日までの期間（単体申告）

❶　連結親法人（被合併法人）の税務上の取扱い

取扱項目／適格・非適格	適格の場合	非適格の場合
資産の移転	簿価譲渡	時価譲渡
連結欠損金個別帰属額	被合併法人の適格合併の日前９年以内に開始した各連結事業年度において生じた連結欠損金個別帰属額が，単体納税の繰越欠損金とみなされ，合併法人への引継ぎ及び引継制限規定が適用される（法法57⑦)。	被合併法人の適格合併の日前９年以内に開始した各連結事業年度において生じた連結欠損金個別帰属額が，単体納税の繰越欠損金とみなされ，合併法人への引継ぎ及び引継制限規定が適用される（法法57⑦)。
連結子法人株式の帳簿価額の修正	連結子法人株式の投資簿価修正が生じる(法令９②三)。なお，投資簿価修正は，合併日の前日の属する連結事業年度に行われ，修正後の帳簿価額により連結子法人株式の合併による移転処理が行われる	連結子法人株式の投資簿価修正が生じる(法令９②三)。なお，投資簿価修正は，合併日の前日の属する連結事業年度に行われ，修正後の帳簿価額により連結子法人株式の合併による移転処理が行われる。

	（法法62の２①，法令123の３①）。	

❷　非連結法人（合併法人）の税務上の取扱い

取扱項目／適格・非適格		適格の場合	非適格の場合
資産の受入		簿価受入	時価受入
合併法人の繰越欠損金の利用制限	法人税	次の要件のいずれも満たさない場合，利用制限が生じる（法法57④，法令112③④⑨⑩）。 ①５年前の日又は設立日からの支配関係継続要件 ②みなし共同事業要件 ただし，含み損益の特例計算の適用がある（法令113①④⑤）。	利用制限は生じない。
	住民税	利用制限は生じない。	利用制限は生じない。
	事業税	法人税に係る繰越欠損金と同様の利用制限が生じる（地令20の３①）。	利用制限は生じない
被合併法人の繰越欠損金の引継制限	法人税	次の要件のいずれも満たさない場合，引継制限が生じる（法法57③⑦，法令112③④）。 ①５年前の日又は設立日からの支配関係継続要件 ②みなし共同事業要件 ただし，含み損益の特例計算を適用できる（法令113①）。	引継ぎはできない。
	住民税	引継制限は生じない（地法53⑦⑩，321の８⑦⑩）。	引継ぎはできない。
	事業税	法人税に係る繰越欠損金と同様の引継制限が生じる（地令20の３①）。	引継ぎはできない。
特定資産譲渡等損失額の損金算入制限（特定引継資産・特定保有資産）		次の要件のいずれも満たさない場合，損金算入制限が生じる（法法62の７①・57④，法令112③⑩・123の８①）。 ①５年前の日又は設立日からの支配関係継続要件	損金算入制限は生じない。

		②みなし共同事業要件 ただし，含み損益の特例計算の適用がある（法令123の9①⑥⑨）。	
抱合株式	みなし配当	みなし配当は生じない。	みなし配当が生じる（法法24①一・②）。
	株式譲渡損益	株式譲渡損益は生じない（法法61の2②，法令8①五）。	株式譲渡損益は生じない（法法61の2②，法令8①五）。

❸ 連結子法人の税務上の取扱い

取扱項目／適格・非適格		適格又は非適格の場合
連結子法人の繰越欠損金	法人税	連結納税取り消し後，連結欠損金個別帰属額は単体納税の繰越欠損金とみなされる（法法57⑥）。
	住民税	連結納税取り消し後も控除対象個別帰属調整額又は控除対象個別帰属税額を保有する。
	事業税	連結納税取り消し後も繰越欠損金を保有する 。
連結子法人株式の帳簿価額の修正		連結子法人が他の連結子法人の株式を所有する場合，他の連結子法人株式の投資簿価修正が生じる（法令9②五）。なお，投資簿価修正は，合併日の前日の属する連結事業年度に行われる。

❹ 外部株主の税務上の取扱い

取扱項目／適格・非適格	適格の場合	非適格の場合
みなし配当	みなし配当は生じない。	みなし配当が生じる（法法24①一）。
株式譲渡損益	株式譲渡損益は生じない（法法61の②）。	株式譲渡損益は生じない（法法61の2②）。

Case 16 親会社が連結親法人を吸収合併するケース（合併対価が現金の場合）

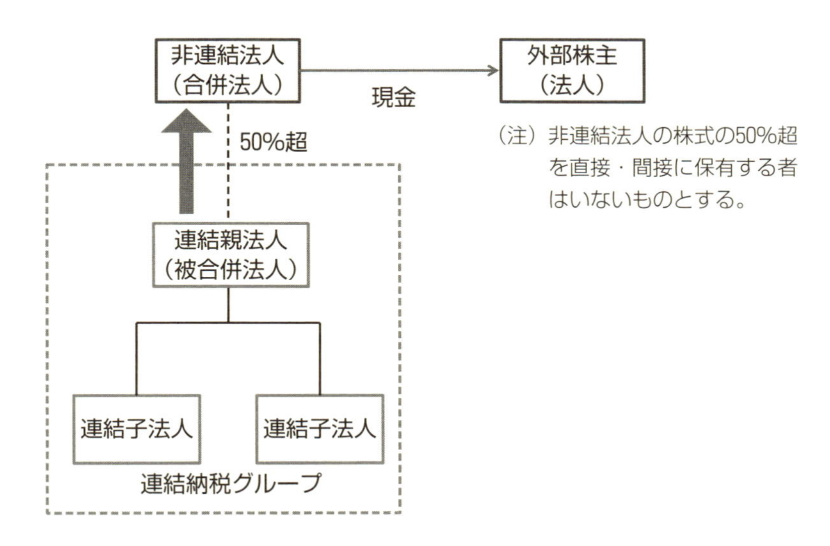

（適格要件）

当事者間の支配関係がある場合の適格要件を満たす場合，適格となる（法法２十二の八，法令４の３③）。

- 金銭等の交付がないこと（合併法人が被合併法人の３分の２以上の株式を有している場合の金銭等の交付は要件を満たす）
- 従業者引継要件
- 事業継続要件

なお，支配関係がある場合の適格要件を満たさない場合でも共同事業要件を満たす場合は適格と判定される。

（連結納税の取りやめ）

連結親法人が合併により解散する場合，合併日に連結納税が取りやめとなる（法法４の５②三）。

連結親法人が合併により解散する場合の連結親法人又は連結子法人のみなし事業年度は〔Case15〕のとおりである。なお，取りやめ日は合併日となる。

❶ 連結親法人（被合併法人）の税務上の取扱い

取扱項目／適格・非適格	適格の場合	非適格の場合
資産の移転	簿価譲渡	時価譲渡
連結欠損金個別帰属額	被合併法人の適格合併の日前9年以内に開始した各連結事業年度において生じた連結欠損金個別帰属額が，単体納税の繰越欠損金とみなされ，合併法人への引継ぎ及び引継制限規定が適用される（法法57⑦）。	被合併法人の適格合併の日前9年以内に開始した各連結事業年度において生じた連結欠損金個別帰属額が，単体納税の繰越欠損金とみなされ，合併法人への引継ぎ及び引継制限規定が適用される（法法57⑦）。
連結子法人株式の帳簿価額の修正	連結子法人株式の投資簿価修正が生じる（法令9②三）。なお，投資簿価修正は，合併日の前日の属する連結事業年度に行われ，修正後の帳簿価額により連結子法人株式の合併による移転処理が行われる（法法62の2①，法令123の3①）。	連結子法人株式の投資簿価修正が生じる（法令9②三）。なお，投資簿価修正は，合併日の前日の属する連結事業年度に行われ，修正後の帳簿価額により連結子法人株式の合併による移転処理が行われる。

❷ 非連結法人（合併法人）の税務上の取扱い

取扱項目／適格・非適格		適格の場合	非適格の場合
資産の受入		簿価受入	時価受入
合併法人の繰越欠損金の利用制限	法人税	次の要件のいずれも満たさない場合，利用制限が生じる（法法57④，法令112③④⑨⑩）。 ①5年前の日又は設立日からの支配関係継続要件 ②みなし共同事業要件 ただし，含み損益の特例計算の適用がある（法令113①④⑤）。	利用制限は生じない。
	住民税	利用制限は生じない。	利用制限は生じない。
	事業税	法人税に係る繰越欠損金と同様の利用制限が生じる（地令20の3①）。	利用制限は生じない。

被合併法人の繰越欠損金の引継制限	法人税	次の要件のいずれも満たさない場合，引継制限が生じる（法法57③⑦，法令112③④）。 ①5年前の日又は設立日からの支配関係継続要件 ②みなし共同事業要件 ただし，含み損益の特例計算を適用できる（法令113①）。	引継ぎはできない。
	住民税	引継制限は生じない（地法53⑦⑩，321の8⑦⑩）。	引継ぎはできない。
	事業税	法人税に係る繰越欠損金と同様の引継制限が生じる（地令20の3①）。	引継ぎはできない。
特定資産譲渡等損失額の損金算入制限（特定引継資産・特定保有資産）		次の要件のいずれも満たさない場合，損金算入制限が生じる（法法62の7①・57④，法令112③⑩・123の8①）。 ①5年前の日又は設立日からの支配関係継続要件 ②みなし共同事業要件 ただし，含み損益の特例計算の適用がある（法令123の9①⑥⑨）。	損金算入制限は生じない。
抱合株式	みなし配当	みなし配当は生じない。	みなし配当が生じる（法法24①一・②）。
	株式譲渡損益	株式譲渡損益は生じない（法法61の2③，法令8①五）。	株式譲渡損益は生じない（法法61の2③，法令8①五）。

❸　連結子法人の税務上の取扱い

取扱項目／適格・非適格		適格又は非適格の場合
連結子法人の繰越欠損金	法人税	連結納税取り消し後，連結欠損金個別帰属額は単体納税の繰越欠損金とみなされる（法法57⑥）。
	住民税	連結納税取り消し後も控除対象個別帰属調整額又は控除対象個別帰属税額を保有する 。
	事業税	連結納税取り消し後も繰越欠損金を保有する 。
連結子法人株式の帳簿価額の修正		連結子法人が他の連結子法人の株式を所有する場合，他の連結子法人株式の投資簿価修正が生じる（法令9②五）。なお，投資簿価修正は，合併日の前日の属する連結事業年度

	に行われる。

❹ 外部株主の税務上の取扱い

取扱項目／適格・非適格	適格の場合	非適格の場合
みなし配当	みなし配当は生じない。	みなし配当が生じる（法法24①一）。
株式譲渡損益	株式譲渡損益が生じる（法法61の２①）。	株式譲渡損益が生じる（法法61の２①）。

Case 17 非連結法人が連結子法人を吸収合併するケース（合併対価が合併法人株式の場合）

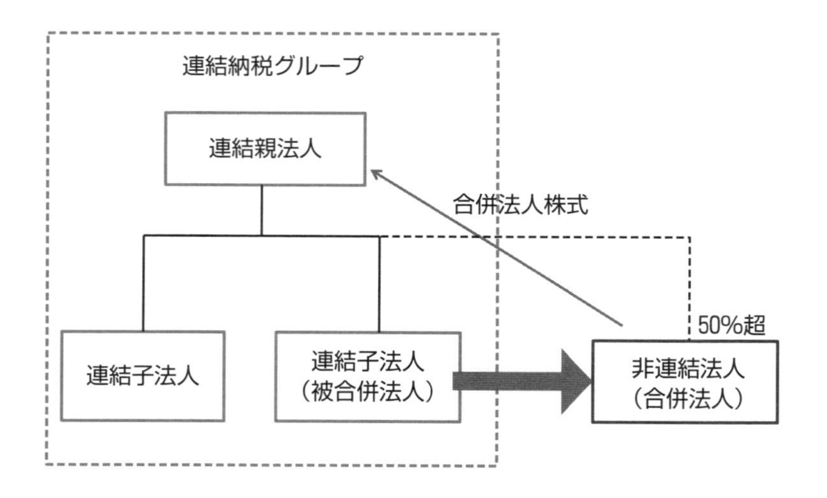

（適格要件）

同一者による支配関係がある場合の適格要件を満たす場合，適格となる（法法２十二の八，法令４の３③）。

- 金銭等の交付がないこと（合併法人が被合併法人の３分の２以上の株式を有している場合の金銭等の交付は要件を満たす）
- 支配関係継続要件
- 従業者引継要件

・事業継続要件

なお，同一者による支配関係がある場合の適格要件を満たさない場合でも共同事業要件を満たす場合は適格と判定される。

（連結納税からの離脱）

連結子法人が合併により解散する場合，合併日に連結納税から離脱する（法法４の５②四）。

連結子法人が合併により解散する場合，その連結事業年度開始日から合併日の前日までの期間（連結単体申告。ただし，合併日の前日が連結親法人事業年度終了の日である場合は，連結申告）を連結子法人のみなし事業年度とする（法法14①十・15の２①二・４の５②四）。

❶　連結子法人（被合併法人）の税務上の取扱い

取扱項目／適格・非適格	適格の場合	非適格の場合
資産の移転	簿価譲渡	時価譲渡
合併日の前日の属する事業年度の繰越欠損金の繰越控除の取扱い	合併日の前日の属する事業年度（合併日が連結親法人事業年度開始日である場合を除く）における連結単体申告では，連結欠損金個別帰属額を単体納税の繰越欠損金とみなして，繰越控除を行う（法法57⑥）。そして，その単体納税の繰越欠損金について，合併法人への引継ぎ及び引継制限の規定が適用される（法法57②）。	合併日の前日の属する事業年度（合併日が連結親法人事業年度開始日である場合を除く）における連結単体申告では，連結欠損金個別帰属額を単体納税の繰越欠損金とみなして，繰越控除を行う（法法57⑥）。そして，その単体納税の繰越欠損金について，合併法人への引継ぎ及び引継制限の規定が適用される（法法57②）。
連結欠損金個別帰属額	合併日の前日が連結親法人事業年度終了の日である場合は，連結欠損金個別帰属額を単体納税の繰越欠損金とみなして，合併法人への引継ぎ及び引継制限の規定が適用される（法法57⑦）。	合併日の前日が連結親法人事業年度終了の日である場合は，連結欠損金個別帰属額を単体納税の繰越欠損金とみなして，合併法人への引継ぎ及び引継制限の規定が適用される（法法57⑦）。
連結子法人株式の帳簿価額の修正	連結子法人が他の連結子法人の株式を所有する場合，連結納税から離脱する他の連結子	連結子法人が他の連結子法人の株式を所有する場合，連結納税から離脱する他の連結子

	法人株式の投資簿価修正が生じる（法令9②五）。なお，投資簿価修正は，合併日の前日の属する（連結）事業年度に行われ，修正後の帳簿価額により他の連結子法人株式の合併による移転処理が行われる（法法62の2①，法令123の3①）。	法人株式の投資簿価修正が生じる（法令9②五）。なお，投資簿価修正は，合併日の前日の属する（連結）事業年度に行われ，修正後の帳簿価額により他の連結子法人株式の合併による移転処理が行われる。

❷ 非連結法人（合併法人）の税務上の取扱い

取扱項目／適格・非適格		適格の場合	非適格の場合
資産の受入		簿価受入	時価受入
合併法人の繰越欠損金の利用制限	法人税	次の要件のいずれも満たさない場合，利用制限が生じる（法法57④，法令112③④⑨⑩）。 ①5年前の日又は設立日からの支配関係継続要件 ②みなし共同事業要件 ただし，含み損益の特例計算の適用がある（法令113①④⑤）。	利用制限は生じない。
	住民税	利用制限は生じない。	利用制限は生じない。
	事業税	法人税に係る繰越欠損金と同様の利用制限が生じる（地令20の3①）。	利用制限は生じない。
被合併法人の繰越欠損金の引継制限	法人税	次の要件のいずれも満たさない場合，引継制限が生じる（法法57③⑦，法令112③④）。 ①5年前の日又は設立日からの支配関係継続要件 ②みなし共同事業要件 ただし，含み損益の特例計算を適用できる（法令113①）。	引継ぎはできない。
	住民税	引継制限は生じない（地法53⑦⑩・321の8⑦⑩）。	引継ぎはできない。
	事業税	法人税に係る繰越欠損金と同様の引継制限が生じる（地令20の3①）。	引継ぎはできない。
特定資産譲渡等損失額の損金算入制限（特		次の要件のいずれも満たさない場合，損金算入制限が生じる（法法62	損金算入制限が生じない。

定引継資産・特定保有資産）		の７①・57④，法令112③⑩・123の８①）。 ①５年前の日又は設立日からの支配関係継続要件 ②みなし共同事業要件 ただし，含み損益の特例計算の適用がある（法令123の９①⑥⑨）。	
抱合株式	みなし配当	みなし配当は生じない。	みなし配当が生じる（法法24①一・②）。
	株式譲渡損益	株式譲渡損益は生じない（法法61の２②，法令８①五）。	株式譲渡損益は生じない（法法61の２②，法令８①五）。

❸　連結親法人の税務上の取扱い

取扱項目／適格・非適格		適格の場合	非適格の場合
被合併法人株式	みなし配当	みなし配当は生じない。	みなし配当が生じる（法法24①一・②）。
	株式譲渡損益	• 株式譲渡損益は生じない（法法61の２②） • 被合併法人株式の帳簿価額を合併法人株式の帳簿価額に付け替える（法令119①五）。	• 株式譲渡損益は生じない（法法61の２②） • 被合併法人株式の帳簿価額及びみなし配当を合併法人株式の帳簿価額に付け替える（法令119①五）。
連結子法人株式の帳簿価額の修正		被合併法人となる連結子法人株式の投資簿価修正が生じる（法令９②三）。なお，修正後，被合併法人株式の合併処理が行われる。	被合併法人となる連結子法人株式の投資簿価修正が行われ，修正後の帳簿価額により，被合併法人株式の合併処理が行われる（法令９②四）。なお，連結子法人株式の帳簿価額修正額は，通常の帳簿価額修正額（既修正等額を減算する前の修正額）がゼロを超えるとき，または，みなし配当が生じるときは，マイナスの既修正等額となる（法令９③）。

Case 18 非連結法人が連結子法人を吸収合併するケース（合併対価が現金の場合）

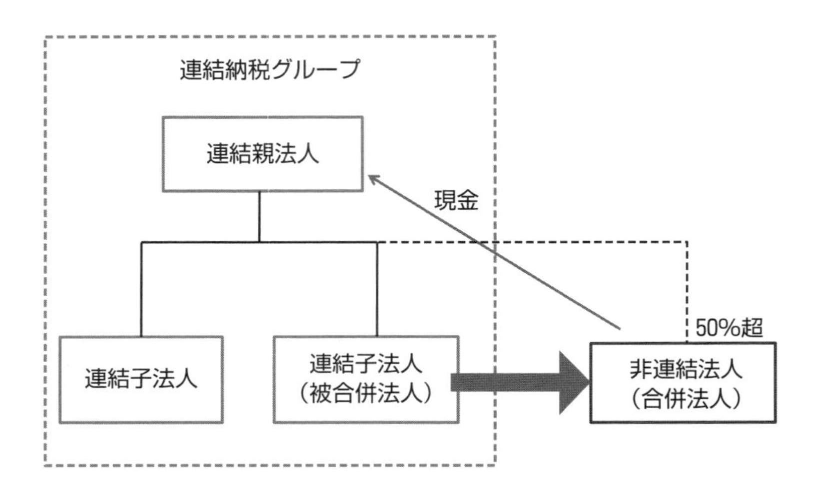

（適格要件）

合併法人が被合併法人の３分の２以上の株式を有しておらず，現金を対価とするため非適格となる（法法２十二の八）。

（連結納税からの離脱）

連結子法人が合併により解散する場合，合併日に連結納税から離脱する（法法４の５②四）。

連結子法人が合併により解散する場合のみなし事業年度は〔Case17〕のとおりである。

❶ 連結子法人（被合併法人）の税務上の取扱い

取扱項目／適格・非適格	非適格の場合
資産の移転	時価譲渡
合併日の前日の属する事業年度の繰越欠損金の繰越控除の取扱い	合併日の前日の属する事業年度（合併日が連結親法人事業年度開始日である場合を除く）における連結単体申告では，連結欠損金個別帰属額を単体納税の繰越欠損金とみなして，繰越控除を行う（法法57⑥）そして，その単体納税の繰越欠損金について，合併法人への引継ぎ及び引継制限の規定

	が適用される（法法57②）。
連結欠損金個別帰属額	合併日の前日が連結親法人事業年度終了の日である場合は，連結欠損金個別帰属額を単体納税の繰越欠損金とみなして，合併法人への引継ぎ及び引継制限の規定が適用される（法法57⑦）。
連結子法人株式の帳簿価額の修正	連結子法人が他の連結子法人の株式を所有する場合，連結納税から離脱する他の連結子法人株式の投資簿価修正が生じる（法令９②五）。なお，投資簿価修正は，合併日の前日の属する（連結）事業年度に行われ，修正後の帳簿価額により他の連結子法人株式の合併による移転処理が行われる。

❷　非連結法人（合併法人）の税務上の取扱い

取扱項目／適格・非適格		非適格の場合
資産の受入		時価受入
合併法人の繰越欠損金の利用制限	法人税	利用制限は生じない。
	住民税	利用制限は生じない。
	事業税	利用制限は生じない。
被合併法人の繰越欠損金の引継制限	法人税	引継ぎはできない。
	住民税	引継ぎはできない。
	事業税	引継ぎはできない。
特定資産譲渡等損失額の損金算入制限（特定引継資産・特定保有資産）		損金算入制限は生じない。
抱合株式	みなし配当	みなし配当が生じる（法法24①一・②）。
	株式譲渡損益	株式譲渡損益が生じない（法法61の２③，法令８①五）。

❸　連結親法人の税務上の取扱い

取扱項目／適格・非適格		非適格の場合
被合併法人株式	みなし配当	みなし配当が生じる（法法24①一・②）。
	株式譲渡損益	株式譲渡損益は発生せず，資本金等で処理される（法法61の２⑰，法令８①二十二）。
連結子法人株式の帳		被合併法人となる連結子法人株式の投資簿価修正が行われ，

簿価額の修正	修正後の帳簿価額により，被合併法人株式の合併処理が行われる（法令9②四)。なお，連結子法人株式の帳簿価額修正額は，通常の帳簿価額修正額（既修正等額を減算する前の修正額）がゼロを超えるとき，又は，みなし配当が生じるときは，マイナスの既修正等額となる（法令9③)。

第5章

連結納税適用後の分割のケーススタディ

◆この章のテーマ◆

第3章までの連結納税と組織再編税制の取扱いにつき，分割に係るケースごとの連結親法人及び連結子法人の税務上の取扱い

Case 1　連結法人が他の連結法人に分社型分割を行うケース（分割対価が現金の場合）
Case 2　連結親法人が連結子法人に分社型分割を行うケース（分割対価が分割承継法人株式又は無対価の場合）
Case 3　連結子法人が連結親法人に分割型分割を行うケース（分割対価が分割承継法人株式又は無対価の場合）
Case 4　連結子法人が他の連結子法人に分割型分割を行うケース（分割対価が分割承継法人株式又は無対価の場合）
Case 5　非連結法人又は連結外法人が連結法人に分社型分割を行うケース（分割対価が現金の場合）
Case 6　非連結法人が連結親法人に分社型分割又は分割型分割を行うケース（分割対価が分割承継法人株式の場合）
Case 7　連結外法人が連結親法人に分社型分割又は分割型分割を行うケース（分割対価が分割承継法人株式の場合）
Case 8　非連結法人が連結子法人に分社型分割又は分割型分割を行うケース（分割対価が分割承継法人株式の場合）
Case 9　連結外法人が連結子法人に分社型分割又は分割型分割を行うケース（分割対価が分割承継法人株式の場合）
Case10　非連結法人が連結子法人に分社型分割又は分割型分割を行うケース（分割対価が連結親法人株式の場合）
Case11　連結外法人が連結子法人に分社型分割又は分割型分割を行うケース（分割対価が連結親法人株式の場合）
Case12　連結親法人が新設分社型分割を行うケース
Case13　連結親法人が新設分割型分割（スピンオフ）を行うケース
Case14　連結子法人が新設分社型分割又は新設分割型分割を行うケース
Case15　連結法人が非連結法人又は連結外法人に分社型分割を行うケース（分割対価が現金の場合）
Case16　連結親法人が非連結法人に分社型分割を行うケース（分割対価が分割承継法人株式の場合）
Case17　連結親法人が連結外法人に分社型分割を行うケース（分割対価が分割承継法人株式の場合）
Case18　連結子法人が非連結法人に分社型分割又は分割型分割を行うケース（分割対価が分割承継法人株式の場合）
Case19　連結子法人が連結外法人に分社型分割又は分割型分割を行うケース（分割対価が分割承継法人株式の場合）

第３章までに解説した連結納税と組織再編税制の取扱いについて，分割に係るケースごとの連結親法人及び連結子法人の税務上の取扱いは次のとおりである。

前提条件は次のとおりである。

① 分割は平成29年10月１日以後に行われるものとする。

② 〔Case13〕を除いて，連結親法人の株式の50％超を直接・間接に保有する者はいないものとする。

③ 分割による資産の移転や連結法人が他の連結法人との間に完全支配関係を有しなくなることによる繰延譲渡損益の実現処理の取扱いは解説を省略している。

④ 連結親法人又は連結子法人が最初連結事業年度に分割を行った場合の特有の取扱いは，第９章で解説している。

⑤ ケーススタディにおける非連結法人及び連結外法人は，単体納税を採用しているものとする。したがって，非連結法人又は連結外法人が連結納税を採用している場合の非連結法人又は連結外法人の税務上の取扱いは，本章の他のケーススタディにおける分割承継法人又は分割法人となる連結親法人又は連結子法人の税務上の取扱いを参考としていただきたい。

Case 1 連結法人が他の連結法人に分社型分割を行うケース（分割対価が現金の場合）

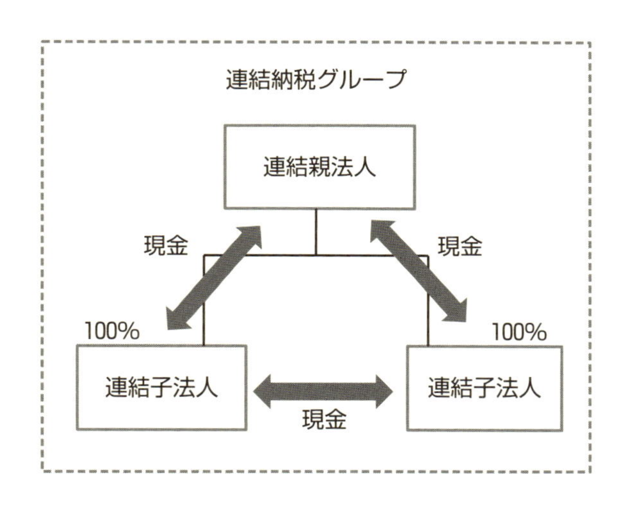

（適格要件）

現金を対価とするため非適格となる（法法２十二の十一）。

❶ 連結法人（分割承継法人）の税務上の取扱い

取扱項目／適格・非適格		非適格の場合
資産の受入		時価受入
分割承継法人の繰越欠損金の利用制限	法人税（注１）	利用制限は生じない。
	住民税（注２）	利用制限は生じない。
	事業税（注３）	利用制限は生じない。
特定資産譲渡等損失額の損金算入制限（特定引継資産・特定保有資産）		損金算入制限は生じない。

（注１）法人税に係る繰越欠損金は，連結欠損金個別帰属額又は単体納税における繰越欠損金をいうものとする（以下，本章において同じ）。
（注２）住民税に係る繰越欠損金は，連結納税又は単体納税を採用している場合の控除対象個別帰属調整額又は控除対象個別帰属税額をいうものとする（以下，本章において同じ）。
（注３）事業税に係る繰越欠損金は，連結納税又は単体納税を採用している場合の事業税の繰越欠損金をいうものとする（以下，本章において同じ）。

❷ 連結法人（分割法人）の税務上の取扱い

取扱項目／適格・非適格	非適格の場合
資産の移転	時価譲渡 譲渡損益調整資産について譲渡損益が繰り延べられる（法法61の13①，法令122の14②）。 分割資産に他の連結子法人株式が含まれている場合，当該他の連結子法人株式の帳簿価額の修正が行われ，修正後の帳簿価額で移転処理が行われる（法令９②一）。

Case 2 連結親法人が連結子法人に分社型分割を行うケース（分割対価が分割承継法人株式又は無対価の場合）

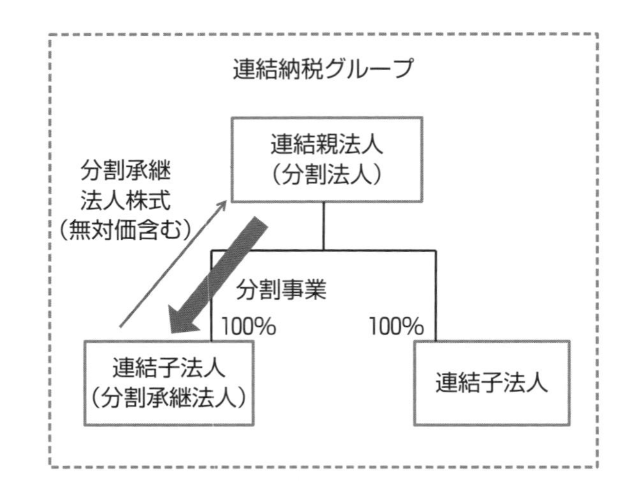

（適格要件）

当事者間の完全支配関係がある場合の適格要件を満たす場合，適格となる（法法２十二の十一，法令４の３⑥）。

- 金銭等の交付がないこと
- 支配関係継続要件

なお，完全支配関係がある場合の適格要件を満たさない場合でも支配関係がある場合の適格要件又は共同事業要件を満たす場合は適格と判定される。

❶　連結子法人（分割承継法人）の税務上の取扱い

<table>
<tr><th colspan="2">取扱項目／適格・非適格</th><th>適格の場合</th><th>非適格の場合</th></tr>
<tr><td colspan="2">資産の受入</td><td>簿価受入</td><td>時価受入</td></tr>
<tr><td rowspan="3">分割承継法人の繰越欠損金の利用制限</td><td>法人税</td><td>利用制限は生じない。</td><td>利用制限は生じない。</td></tr>
<tr><td>住民税</td><td>利用制限は生じない。</td><td>利用制限は生じない。</td></tr>
<tr><td>事業税</td><td>次の要件のいずれも満たさない場合，利用制限が生じる（法法57④，法令112③④⑨⑩，地令20の３②）。
①５年前の日又は設立日からの支配関係継続要件
②みなし共同事業要件
ただし，含み損益の特例計算の適用がある（法令113①④⑤，地令20の３②）。</td><td>利用制限は生じない。</td></tr>
<tr><td colspan="2">特定資産譲渡等損失額の損金算入制限（特定引継資産・特定保有資産）</td><td>次の要件のいずれも満たさない場合，損金算入制限が生じる（法法81の３・62の７①・57④，法令112③⑩・123の８①）。
①５年前の日又は設立日からの支配関係継続要件
②みなし共同事業要件
ただし，含み損益の特例計算の適用がある（法令123の９①⑥⑨）。</td><td>損金算入制限が生じない。</td></tr>
</table>

❷　連結親法人（分割法人）の税務上の取扱い

取扱項目／適格・非適格	適格の場合	非適格の場合
資産の移転	簿価譲渡 分割資産に他の連結子法人株式が含まれている場合，当該他の連結子法人株式の投資簿価修正は生じない（法令９②一ロ）。	時価譲渡 譲渡損益調整資産について譲渡損益が繰り延べられる（法法61の13①，法令122の14②）。 分割資産に他の連結子法人株式が含まれている場合，当該他の連結子法人株式の帳簿価額の修正が行われ，修正後の帳簿価額で移転処理が行われる（法令９②一）。

Case 3 連結子法人が連結親法人に分割型分割を行うケース（分割対価が分割承継法人株式又は無対価の場合）

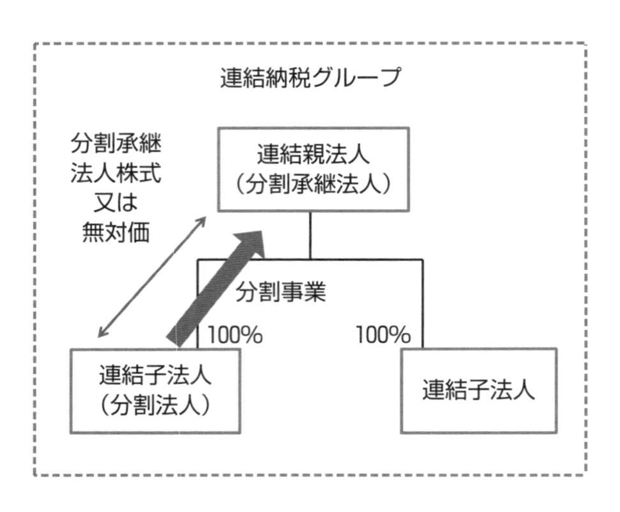

（適格要件）

当事者間の完全支配関係がある場合の適格要件を満たす場合，適格となる（法法２十二の十一，法令４の３⑥）。

- 金銭等の交付がないこと

（・支配関係継続要件は不要）

なお，完全支配関係がある場合の適格要件を満たさない場合でも支配関係がある場合の適格要件又は共同事業要件を満たす場合は適格と判定される。

❶ 連結親法人（分割承継法人）の税務上の取扱い

取扱項目／適格・非適格		適格の場合	非適格の場合
資産の受入		簿価受入	時価受入
分割承継法人の繰越欠損金の利用制限	法人税	利用制限は生じない。	利用制限は生じない。
	住民税	利用制限は生じない。	利用制限は生じない。
	事業税	次の要件のいずれも満たさない場合，利用制限が生じる（法法57④,	利用制限は生じない。

		法令112③④⑨⑩，地令20の3②)。 ①5年前の日又は設立日からの支配関係継続要件 ②みなし共同事業要件 ただし，含み損益の特例計算の適用がある（法令113①④⑤，地令20の3②)。	
特定資産譲渡等損失額の損金算入制限（特定引継資産・特定保有資産）		次の要件のいずれも満たさない場合，損金算入制限が生じる（法法81の3・62の7①・57④，法令112③⑩・123の8①)。 ①5年前の日又は設立日からの支配関係継続要件 ②みなし共同事業要件 ただし，含み損益の特例計算の適用がある（法令123の9①⑥⑨)。	損金算入制限が生じない。
分割法人株式	みなし配当	みなし配当は生じない。	みなし配当が生じる（法法24①二)。
	株式譲渡損益	• 株式譲渡損益は生じない（法法61の2④)。 • 分割法人株式の分割純資産対応帳簿価額の分割承継法人株式への付け替えが行われる（法令119①六・119の3⑪・119の4①・119の8①・23①二)。この分割承継法人株式の帳簿価額は，資本金等の額から減算される（法令8①二十一)。 • 対価が発行されない場合は，分割法人株式の分割純資産対応帳簿価額は資本金等の額から減算される（法令8①六)。	• 株式譲渡損益は生じない（法法61の2④)。 • 対価が発行される場合，分割法人株式の分割純資産対応帳簿価額及びみなし配当の分割承継法人株式への付け替えが行われる（法令119①六・119の3⑪・119の4①・119の8①・23①二)。この分割承継法人株式の帳簿価額は，資本金等の額から減算される（法令8①二十一)。
連結子法人株式の帳簿価額の修正		分割法人となる連結子法人株式の投資簿価修正は生じない（法令9②一イ)。	分割法人となる連結子法人株式の投資簿価修正が行われ，修正後の帳簿価額により，分割法人株式の分割処理が

		行われる（法令9②四）。なお，連結子法人株式の帳簿価額修正額は，通常の帳簿価額修正額（既修正等額を減算する前の修正額）が0を超えるとき，又は，みなし配当が生じるときは，マイナスの既修正等額となる（法令9③）。

❷ 連結子法人（分割法人）の税務上の取扱い

取扱項目／適格・非適格	適格の場合	非適格の場合
資産の移転	簿価引継 分割資産に他の連結子法人株式が含まれている場合，適格分割型分割の場合，「譲渡」に該当しないため，当該他の連結子法人株式の投資簿価修正は生じない（法令9②，法法62の2②）。	時価譲渡 譲渡損益調整資産について譲渡損益が繰り延べられる（法法61の13①，法令122の14②）。 分割資産に他の連結子法人株式が含まれている場合，当該他の連結子法人株式の帳簿価額の修正が行われ，修正後の帳簿価額で移転処理が行われる（法令9②一）。

Case 4 連結子法人が他の連結子法人に分割型分割を行うケース（分割対価が分割承継法人株式又は無対価の場合）

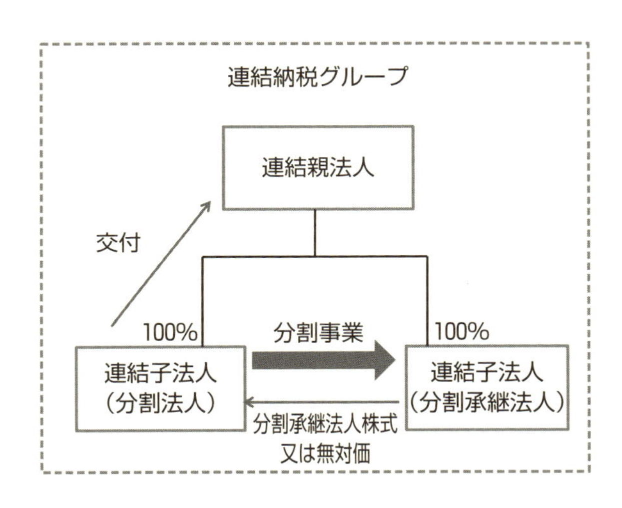

（適格要件）

同一者による完全支配関係がある場合の適格要件を満たす場合，適格となる（法法２十二の十一，法令４の３⑥）。

- 金銭等の交付がないこと
- 支配関係継続要件

なお，完全支配関係がある場合の適格要件を満たさない場合でも支配関係がある場合の適格要件又は共同事業要件を満たす場合は適格と判定される。

❶　連結子法人（分割承継法人）の税務上の取扱い

取扱項目／適格・非適格		適格の場合	非適格の場合
資産の受入		簿価受入	時価受入
分割承継法人の繰越欠損金の利用制限	法人税	利用制限は生じない。	利用制限は生じない。
	住民税	利用制限は生じない。	利用制限は生じない。
	事業税	次の要件のいずれも満たさない場合，利用制限が生じる（法法57④，	利用制限は生じない。

		法令112③④⑨⑩，地令20の３②)。 ①５年前の日又は設立日からの支配関係継続要件 ②みなし共同事業要件 ただし，含み損益の特例計算の適用がある（法令113①④⑤，地令20の３②)。	
特定資産譲渡等損失額の損金算入制限（特定引継資産・特定保有資産）		次の要件のいずれも満たさない場合，損金算入制限が生じる（法法81の３・62の７①・57④，法令112③⑩・123の８①)。 ①５年前の日又は設立日からの支配関係継続要件 ②みなし共同事業要件 ただし，含み損益の特例計算の適用がある（法令123の９①⑥⑨)。	損金算入制限が生じない。

❷　連結子法人（分割法人）の税務上の取扱い

取扱項目／適格・非適格	適格の場合	非適格の場合
資産の移転	簿価引継 分割資産に他の連結子法人株式が含まれている場合，適格分割型分割の場合，「譲渡」に該当しないため，当該他の連結子法人株式の投資簿価修正は生じない（法令９②，法法62の２②)。	時価譲渡 譲渡損益調整資産について譲渡損益が繰り延べられる（法法61の13①，法令122の14②)。 分割資産に他の連結子法人株式が含まれている場合，当該他の連結子法人株式の帳簿価額の修正が行われ，修正後の帳簿価額で移転処理が行われる（法令９②一)。

❸　連結親法人（分割法人の株主）の税務上の取扱い

取扱項目／適格・非適格		適格の場合	非適格の場合
分割法人株式	みなし配当	みなし配当は生じない。	みなし配当が生じる（法法24①二)。
	株式譲渡損益	• 株式譲渡損益は生じない（法法61の２④)。 • 分割法人株式の分割純資産対応帳簿価額の分割承継法人株式への付け替えが行わ	• 株式譲渡損益は生じない（法法61の２④)。 • 対価が発行される場合，分割法人株式の分割純資産対応帳簿価額及びみなし配当

	れる（法令119①六・119の3⑪⑫・119の4①・119の8①・23①二）。	の分割承継法人株式への付け替えが行われる（法令119①六・119の3⑪・119の4①・119の8①・23①二）。
連結子法人株式の帳簿価額の修正	分割法人となる連結子法人株式の投資簿価修正は生じない（法令9②一イ）。	分割法人となる連結子法人株式の投資簿価修正が行われ，修正後の帳簿価額により，分割法人株式の分割処理が行われる（法令9②四）。なお，連結子法人株式の帳簿価額修正額は，通常の帳簿価額修正額（既修正等額を減算する前の修正額）が0を超えるとき，又は，みなし配当が生じるときは，マイナスの既修正等額となる（法令9③）。

Case 5 非連結法人又は連結外法人が連結法人に分社型分割を行うケース（分割対価が現金の場合）

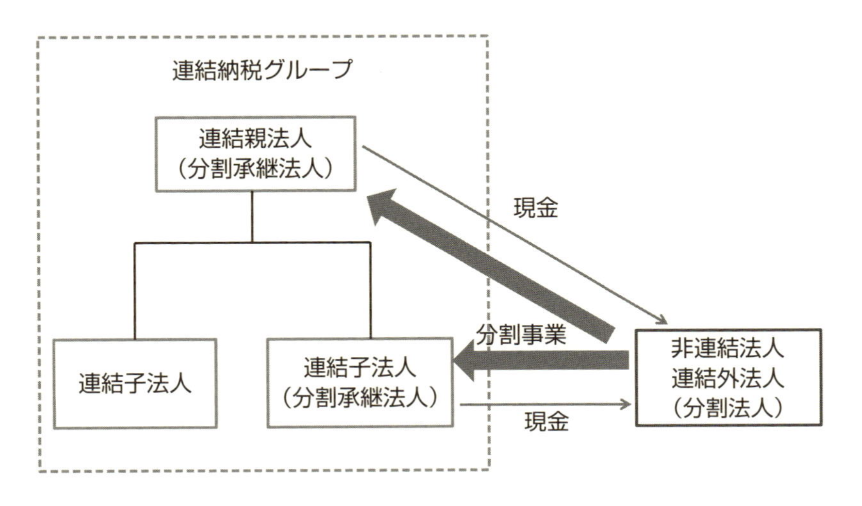

（適格要件）

現金を対価とするため非適格となる（法法2十二の十一）。

❶ 連結法人（分割承継法人）の税務上の取扱い

取扱項目／適格・非適格		非適格の場合
資産の受入		時価受入
分割承継法人の繰越欠損金の利用制限	法人税	利用制限は生じない。
	住民税	利用制限は生じない。
	事業税	利用制限は生じない。
特定資産譲渡等損失額の損金算入制限（特定引継資産・特定保有資産）		損金算入制限は生じない。

❷ 非連結法人又は連結外法人（分割法人）の税務上の取扱い

取扱項目／適格・非適格	非適格の場合
資産の移転	時価譲渡

Case 6 非連結法人が連結親法人に分社型分割又は分割型分割を行うケース（分割対価が分割承継法人株式の場合）

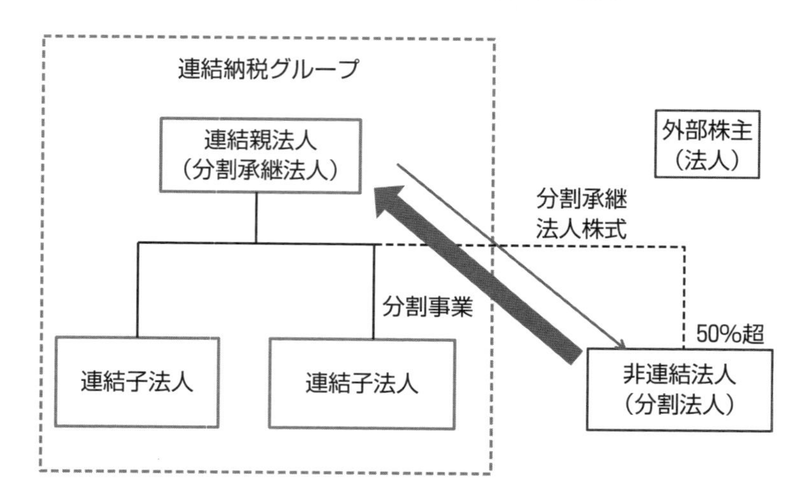

（適格要件）

当事者間の支配関係がある場合の適格要件を満たす場合，適格となる（法法2十二の十一，法令4の3⑦）。

- 金銭等の交付がないこと
- 支配関係継続要件（分割型分割の場合は不要）
- 資産負債引継要件
- 従業者引継要件
- 事業継続要件

なお，支配関係がある場合の適格要件を満たさない場合でも共同事業要件を満たす場合は適格と判定される。

❶　連結親法人（分割承継法人）の税務上の取扱い

取扱項目／適格・非適格		適格の場合	非適格の場合
資産の受入		簿価受入	時価受入
分割承継法人の繰越欠損金の利用制限	法人税	次の要件のいずれも満たさない場合，利用制限が生じる（法法81の９⑤三・57④，法令112③⑩・155の19⑦・155の20④⑤）。 ①５年前の日又は設立日からの支配関係継続要件 ②みなし共同事業要件 ただし，含み損益の特例計算の適用がある（法令113①④⑤・155の20⑥）。	利用制限は生じない。
	住民税	利用制限は生じない。	利用制限は生じない。
	事業税	法人税に係る繰越欠損金と同様の利用制限が生じる（地令20の３②）。	利用制限は生じない。
特定資産譲渡等損失額の損金算入制限（特定引継資産・特定保有資産）		次の要件のいずれも満たさない場合，損金算入制限が生じる（法法81の３・62の７①・57④，法令112③⑩・123の８①）。 ①５年前の日又は設立日からの支配関係継続要件 ②みなし共同事業要件 ただし，含み損益の特例計算の適用がある（法令123の９①⑥⑨）。	損金算入制限が生じない。

分割法人株式	みなし配当	• 分社型分割の場合，課税関係は生じない。 • 分割型分割の場合，みなし配当は生じない。	• 分社型分割の場合，課税関係は生じない。 • 分割型分割の場合，みなし配当が生じる（法法24①二）
	株式譲渡損益	• 分社型分割の場合，課税関係は生じない。 • 分割型分割の場合，株式譲渡損益は生じない（法法61の２④)。分割法人株式の分割純資産対応帳簿価額の分割承継法人株式への付け替えが行われる（法令119①六・119の３⑪・119の４①・119の８①・23①二)。この分割承継法人株式の帳簿価額は，資本金等の額から減算される（法令８①二十一)。	• 分社型分割の場合，課税関係は生じない。 • 分割型分割の場合，株式譲渡損益は生じない（法法61の２④)。分割法人株式の分割純資産対応帳簿価額及びみなし配当の分割承継法人株式への付け替えが行われる（法令119①六・119の３⑪・119の４①・119の８①・23①二)。この分割承継法人株式の帳簿価額は，資本金等の額から減算される（法令８①二十一)。
連結子法人株式の帳簿価額の修正		• 分社型分割の場合，投資簿価修正は生じない。 • 分割型分割の場合，投資簿価修正は生じない。	• 分社型分割の場合，投資簿価修正は生じない。 • 分割型分割の場合，投資簿価修正は生じない。

❷ 非連結法人（分割法人）の税務上の取扱い

取扱項目／適格・非適格	適格の場合	非適格の場合
資産の移転	簿価譲渡（適格分割型分割の場合，簿価引継。〔Case７～11，14，18，19〕に同じ）	時価譲渡

❸ 外部株主（分割法人の株主）の税務上の取扱い

取扱項目／適格・非適格		適格の場合	非適格の場合
分割法人株式	みなし配当	• 分社型分割の場合，課税関係は生じない。 • 分割型分割の場合，みなし配当は生じない。	• 分社型分割の場合，課税関係は生じない。 • 分割型分割の場合，みなし配当が生じる（法法24①二)。

	株式譲渡損益	• 分社型分割の場合，課税関係は生じない。 • 分割型分割の場合，株式譲渡損益は生じない（法法61の２④）。分割法人株式の分割純資産対応帳簿価額の分割承継法人株式への付け替えが行われる（法令119①六・119の３⑪・119の４①・119の８①・23①二）。	• 分社型分割の場合，課税関係は生じない。 • 分割型分割の場合，株式譲渡損益は生じない（法法61の２④）。分割法人株式の分割純資産対応帳簿価額及びみなし配当の分割承継法人株式への付け替えが行われる（法令119①六・119の３⑪・119の４①・119の８①・23①二）。

Case 7　連結外法人が連結親法人に分社型分割又は分割型分割を行うケース（分割対価が分割承継法人株式の場合）

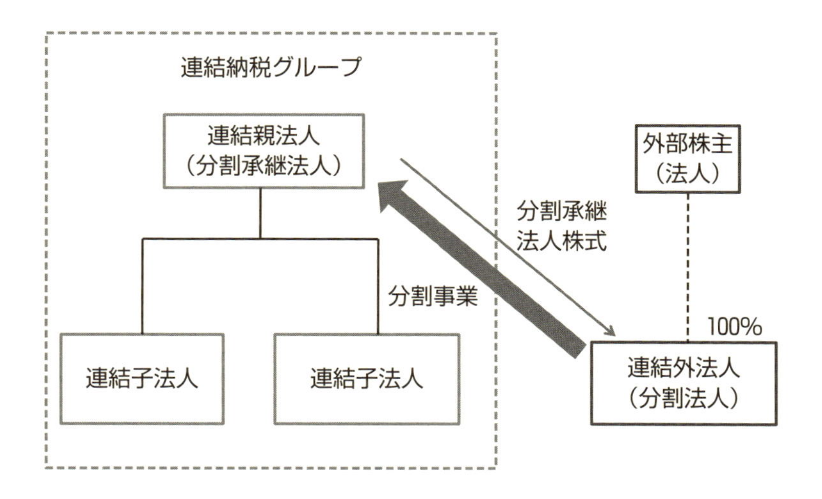

（適格要件）

共同事業要件を満たす場合，適格となる（法法２十二の十一，法令４の３⑧）。

• 金銭等の交付がないこと
• 事業関連性要件
• 事業規模要件又は経営参画要件

- 資産負債引継要件
- 従業者引継要件
- 事業継続要件
- 株式継続保有要件

❶ 連結親法人（分割承継法人）の税務上の取扱い

取扱項目／適格・非適格		適格の場合	非適格の場合
資産の受入		簿価受入	時価受入
分割承継法人の繰越欠損金の利用制限	法人税	利用制限が生じない。	利用制限は生じない。
	住民税	利用制限は生じない。	利用制限は生じない。
	事業税	利用制限は生じない。	利用制限は生じない。
特定資産譲渡等損失額の損金算入制限（特定引継資産・特定保有資産）		損金算入制限は生じない。	損金算入制限が生じない。
連結子法人株式の帳簿価額の修正		• 分社型分割の場合，投資簿価修正は生じない。 • 分割型分割の場合，投資簿価修正は生じない。	• 分社型分割の場合，投資簿価修正は生じない。 • 分割型分割の場合，投資簿価修正は生じない。

❷ 連結外法人（分割法人）の税務上の取扱い

取扱項目／適格・非適格	適格の場合	非適格の場合
資産の移転	簿価譲渡	時価譲渡

❸ 外部株主（分割法人の株主）の税務上の取扱い

取扱項目／適格・非適格		適格の場合	非適格の場合
分割法人株式	みなし配当	• 分社型分割の場合，課税関係は生じない。 • 分割型分割の場合，みなし配当は生じない。	• 分社型分割の場合，課税関係は生じない。 • 分割型分割の場合，みなし配当が生じる（法法24①二）。
	株式譲渡損益	• 分社型分割の場合，課税関係は生じない。 • 分割型分割の場合，株式譲渡損益は生じない（法法61の２④）。分割法人株式の	• 分社型分割の場合，課税関係は生じない。 • 分割型分割の場合，株式譲渡損益は生じない（法法61の２④）。分割法人株式の

		分割純資産対応帳簿価額の分割承継法人株式への付け替えが行われる（法令119①六・119の３⑪・119の４①・119の８①・23①二）。	分割純資産対応帳簿価額及びみなし配当の分割承継法人株式への付け替えが行われる（法令119①六・119の３⑪・119の４①・119の８①・23①二）。

Case 8 非連結法人が連結子法人に分社型分割又は分割型分割を行うケース（分割対価が分割承継法人株式の場合）

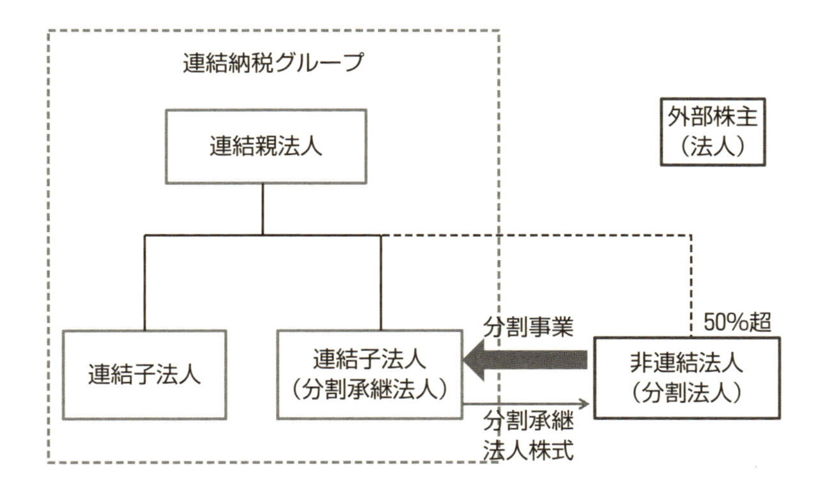

（適格要件）

同一者による支配関係がある場合の適格要件を満たす場合，適格となる（法法２十二の十一，法令４の３⑦）。

- 金銭等の交付がないこと
- 支配関係継続要件
- 資産負債引継要件
- 従業者引継要件
- 事業継続要件

なお，支配関係がある場合の適格要件を満たさない場合でも共同事業要件を満たす場合は適格と判定される。

（連結納税からの離脱）

分割承継法人である連結子法人が連結法人以外の者に株式を発行するため，当該連結子法人は分割日に連結納税から離脱する（法法４の５②五）。

当該連結子法人の連結納税離脱によるみなし事業年度は次のとおりである（法法14①八・15の２①三・４の５②五）。なお，離脱日は分割日となる。

① その連結事業年度開始日から離脱日の前日までの期間（連結単体申告。ただし，離脱日の前日が連結親法人事業年度終了の日である場合は，連結申告）

② 離脱日からその連結事業年度終了日までの期間（単体申告）

③ その終了日の翌日から当該翌日の属する事業年度終了日までの期間（単体申告）

❶ 連結子法人（分割承継法人）の税務上の取扱い

取扱項目／適格・非適格		適格の場合	非適格の場合
資産の受入		• 簿価受入 • 受入処理は，連結納税離脱後の事業年度（分割日の属する事業年度）に行われる。	• 時価受入 • 受入処理は，連結納税離脱後の事業年度（分割日の属する事業年度）に行われる。
連結欠損金個別帰属額		連結欠損金個別帰属額は，分割日の前日の属する事業年度（分割日が連結事業年度終了の日の翌日である場合は，分割日の属する事業年度）以後，単体納税の繰越欠損金とみなされる（法法57⑥）。	連結欠損金個別帰属額は，分割日の前日の属する事業年度（分割日が連結事業年度終了の日の翌日である場合は，分割日の属する事業年度）以後，単体納税の繰越欠損金とみなされる（法法57⑥）。
分割承継法人の繰越欠損金の利用制限	法人税	• 次の要件のいずれも満たさない場合，利用制限が生じる（法法57④，法令112③④⑨⑩）。 ①５年前の日又は設立日からの支配関係継続要件 ②みなし共同事業要件	利用制限は生じない。

		ただし，含み損益の特例計算の適用がある（法令113①④⑤）。 • 利用制限は，連結納税離脱後の事業年度（分割日の属する事業年度）に生じる。	
	住民税	利用制限は生じない。	利用制限は生じない。
	事業税	• 法人税に係る繰越欠損金と同様の利用制限が生じる（地令20の３①）。 • 利用制限は，連結納税離脱後の事業年度（分割日の属する事業年度）に生じる。	利用制限は生じない。
特定資産譲渡等損失額の損金算入制限（特定引継資産・特定保有資産）		次の要件のいずれも満たさない場合，損金算入制限が生じる（法法62の７①・57④，法令112③⑩・123の８①）。 ①５年前の日又は設立日からの支配関係継続要件 ②みなし共同事業要件 　ただし，含み損益の特例計算の適用がある（法令123の９①⑥⑨）。 • 損金算入制限は，連結納税離脱後の事業年度（分割日の属する事業年度）以後に生じる。	損金算入制限が生じない。
連結子法人株式の帳簿価額の修正		連結子法人が他の連結子法人の株式を所有する場合，連結納税から離脱する他の連結子法人株式の投資簿価修正が生じる（法令９②五）。	連結子法人が他の連結子法人の株式を所有する場合，連結納税から離脱する他の連結子法人株式の投資簿価修正が生じる（法令９②五）。
再加入		再加入制限（法令14の６①四）	再加入制限（法令14の６①四）

❷　非連結法人（分割法人）の税務上の取扱い

取扱項目／適格・非適格	適格の場合	非適格の場合
資産の移転	簿価譲渡	時価譲渡

❸ 連結親法人の税務上の取扱い

取扱項目／適格・非適格		適格の場合	非適格の場合
分割法人株式	みなし配当	• 分社型分割の場合，課税関係は生じない。 • 分割型分割の場合，みなし配当は生じない。	• 分社型分割の場合，課税関係は生じない。 • 分割型分割の場合，みなし配当が生じる（法法24①二）。
	株式譲渡損益	• 分社型分割の場合，課税関係は生じない。 • 分割型分割の場合，株式譲渡損益は生じない（法法61の2④）。分割法人株式の分割純資産対応帳簿価額の分割承継法人株式への付け替えが行われる（法令119①六・119の3⑪・119の4①・119の8①・23①二）。	• 分社型分割の場合，課税関係は生じない。 • 分割型分割の場合，株式譲渡損益は生じない（法法61の2④）。分割法人株式の分割純資産対応帳簿価額及びみなし配当の分割承継法人株式への付け替えが行われる（法令119①六・119の3⑪・119の4①・119の8①・23①二）。
連結子法人株式の帳簿価額の修正		離脱する連結子法人の投資簿価修正が生じる（法令9②三）。	離脱する連結子法人の投資簿価修正が生じる（法令9②三）。

❹ 外部株主（分割法人の株主）の税務上の取扱い

取扱項目／適格・非適格		適格の場合	非適格の場合
分割法人株式	みなし配当	• 分社型分割の場合，課税関係は生じない。 • 分割型分割の場合，みなし配当は生じない。	• 分社型分割の場合，課税関係は生じない。 • 分割型分割の場合，みなし配当が生じる（法法24①二）。
	株式譲渡損益	• 分社型分割の場合，課税関係は生じない。 • 分割型分割の場合，株式譲渡損益は生じない（法法61の2④）。分割法人株式の分割純資産対応帳簿価額の分割承継法人株式への付け替えが行われる（法令119①六・119の3⑪・119の4	• 分社型分割の場合，課税関係は生じない。 • 分割型分割の場合，株式譲渡損益は生じない（法法61の2④）。分割法人株式の分割純資産対応帳簿価額及びみなし配当の分割承継法人株式への付け替えが行われる（法令119①六・119の

		①・119の８①・23①二)。	３⑪・119の４①・119の８①・23①二)。

Case 9　連結外法人が連結子法人に分社型分割又は分割型分割を行うケース（分割対価が分割承継法人株式の場合）

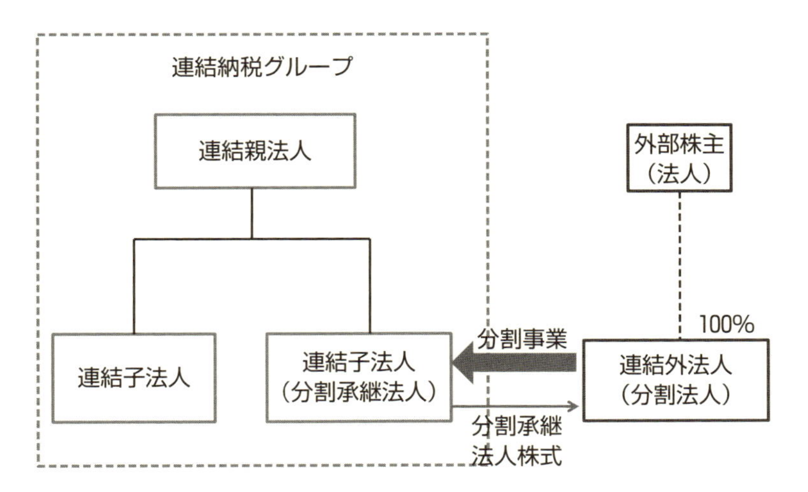

（適格要件）

共同事業要件を満たす場合，適格となる（法法２十二の十一，法令４の３⑧)。

- 金銭等の交付がないこと
- 事業関連性要件
- 事業規模要件又は経営参画要件
- 資産負債引継要件
- 従業者引継要件
- 事業継続要件
- 株式継続保有要件

（連結納税からの離脱）

分割承継法人である連結子法人が連結法人以外の者に株式を発行するため，当該連結子法人は分割日に連結納税から離脱する（法法４の５②五)。

当該連結子法人の連結納税離脱によるみなし事業年度は〔Case 8〕のとおりである。なお，離脱日は分割日となる。

❶ 連結子法人（分割承継法人）の税務上の取扱い

取扱項目／適格・非適格		適格の場合	非適格の場合
資産の受入		•簿価受入 •受入処理は，連結納税離脱後の事業年度（分割日の属する事業年度）に行われる。	•時価受入 •受入処理は，連結納税離脱後の事業年度（分割日の属する事業年度）に行われる。
連結欠損金個別帰属額		連結欠損金個別帰属額は，分割日の前日の属する事業年度（分割日が連結事業年度終了の日の翌日である場合は，分割日の属する事業年度）以後，単体納税の繰越欠損金とみなされる（法法57⑥）。	連結欠損金個別帰属額は，分割日の前日の属する事業年度（分割日が連結事業年度終了の日の翌日である場合は，分割日の属する事業年度）以後，単体納税の繰越欠損金とみなされる（法法57⑥）。
分割承継法人の繰越欠損金の利用制限	法人税	利用制限は生じない。	利用制限は生じない。
	住民税	利用制限は生じない。	利用制限は生じない。
	事業税	利用制限は生じない。	利用制限は生じない。
特定資産譲渡等損失額の損金算入制限（特定引継資産・特定保有資産）		損金算入制限が生じない。	損金算入制限が生じない。
連結子法人株式の帳簿価額の修正		連結子法人が他の連結子法人の株式を所有する場合，連結納税から離脱する他の連結子法人株式の投資簿価修正が生じる（法令9②五）。	連結子法人が他の連結子法人の株式を所有する場合，連結納税から離脱する他の連結子法人株式の投資簿価修正が生じる（法令9②五）。
再加入		再加入制限（法令14の6①四）	再加入制限（法令14の6①四）

❷ 連結外法人（分割法人）の税務上の取扱い

取扱項目／適格・非適格	適格の場合	非適格の場合
資産の移転	簿価譲渡	時価譲渡

❸ 連結親法人の税務上の取扱い

取扱項目／適格・非適格	適格の場合	非適格の場合
連結子法人株式の帳簿価額の修正	離脱する連結子法人の投資簿価修正が生じる（法令９②三）。	離脱する連結子法人の投資簿価修正が生じる（法令９②三）。

❹ 外部株主（分割法人の株主）の税務上の取扱い

取扱項目／適格・非適格		適格の場合	非適格の場合
分割法人株式	みなし配当	• 分社型分割の場合，課税関係は生じない。 • 分割型分割の場合，みなし配当は生じない。	• 分社型分割の場合，課税関係は生じない。 • 分割型分割の場合，みなし配当が生じる（法法24①二）。
	株式譲渡損益	• 分社型分割の場合，課税関係は生じない。 • 分割型分割の場合，株式譲渡損益は生じない（法法61の２④）。分割法人株式の分割純資産対応帳簿価額の分割承継法人株式への付け替えが行われる（法令119①六・119の３⑪・119の４①・119の８①・23①二）。	• 分社型分割の場合，課税関係は生じない。 • 分割型分割の場合，株式譲渡損益は生じない（法法61の２④）。分割法人株式の分割純資産対応帳簿価額及びみなし配当の分割承継法人株式への付け替えが行われる（法令119①六・119の３⑪・119の４①・119の８①・23①二）。

Case 10 非連結法人が連結子法人に分社型分割又は分割型分割を行うケース（分割対価が連結親法人株式の場合）

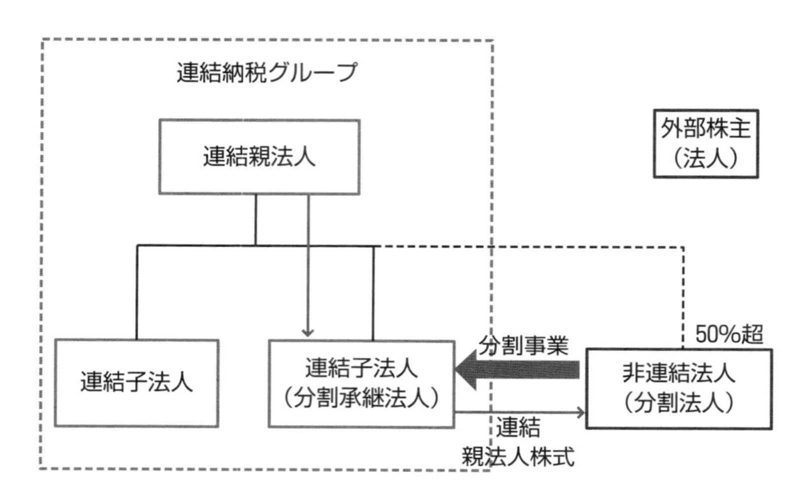

（適格要件）

同一者による支配関係がある場合の適格要件を満たす場合，適格となる（法法2十二の十一，法令4の3⑦）。

- 金銭等の交付がないこと
- 支配関係継続要件
- 資産負債引継要件
- 従業者引継要件
- 事業継続要件

なお，支配関係がある場合の適格要件を満たさない場合でも共同事業要件を満たす場合は適格と判定される。

（分割承継親法人株式の定義）

本ケースにおける分割対価となる連結親法人株式は，第3章「3－2－3」で定める適格要件を満たす分割承継親法人株式に該当するものとする（以下，本章において同じ）。

また，本ケースでは，連結子法人は，分割承継親法人株式を所有していないものとし，連結親法人は，連結子法人に対して分割法人又は分割法人の株主に交付するための分割対価として，連結親法人株式の発行をすることとする。したがって，分割承継親法人株式について譲渡損益は生じない（法法61の２㉓，法令119の11の２）。

なお，分割対価の範囲であれば，親会社株式の取得及び保有制限の規定は適用されない（会社法800①②）。

❶　連結子法人（分割承継法人）の税務上の取扱い

取扱項目／適格・非適格		適格の場合	非適格の場合
資産の受入		簿価受入	時価受入
分割承継法人の繰越欠損金の利用制限	法人税	次の要件のいずれも満たさない場合，利用制限が生じる（法法81の９⑤三・57④，法令112③⑩・155の19⑦・155の20④⑤）。 ①５年前の日又は設立日からの支配関係継続要件 ②みなし共同事業要件 ただし，含み損益の特例計算の適用がある（法令113①④⑤・155の20⑥）。	利用制限は生じない。
	住民税	利用制限は生じない。	利用制限は生じない。
	事業税	法人税に係る繰越欠損金と同様の利用制限が生じる（地令20の３②）。	利用制限は生じない。
特定資産譲渡等損失額の損金算入制限（特定引継資産・特定保有資産）		次の要件のいずれも満たさない場合，損金算入制限が生じる（法法62の７①・57④，法令112③⑩・123の８①）。 ①５年前の日又は設立日からの支配関係継続要件 ②みなし共同事業要件 ただし，含み損益の特例計算の適用がある（法令123の９①⑥⑨）。	損金算入制限が生じない。

❷　非連結法人（分割法人）の税務上の取扱い

取扱項目／適格・非適格	適格の場合	非適格の場合
資産の移転	簿価譲渡	時価譲渡

❸ 連結親法人の税務上の取扱い

取扱項目／適格・非適格		適格の場合	非適格の場合
分割法人株式	みなし配当	• 分社型分割の場合，課税関係は生じない。 • 分割型分割の場合，みなし配当は生じない。	• 分社型分割の場合，課税関係は生じない。 • 分割型分割の場合，みなし配当が生じる（法法24①二）。
	株式譲渡損益	• 分社型分割の場合，課税関係は生じない。 • 分割型分割の場合，株式譲渡損益は生じない（法法61の2④）。分割法人株式の分割純資産対応帳簿価額の分割承継親法人株式への付け替えが行われる（法令119①六・119の3⑪・119の4①・119の8①・23①二）。この分割承継親法人株式の帳簿価額は，資本金等の額から減算される（法令8①二十一）。	• 分社型分割の場合，課税関係は生じない。 • 分割型分割の場合，株式譲渡損益は生じない（法法61の2④）。分割法人株式の分割純資産対応帳簿価額及びみなし配当の分割承継親法人株式への付け替えが行われる（法令119①六・119の3⑪・119の4①・119の8①・23①二）。この分割承継親法人株式の帳簿価額は，資本金等の額から減算される（法令8①二十一）。
連結子法人株式の帳簿価額の修正		投資簿価修正が生じない。	投資簿価修正が生じない。

❹ 外部株主（分割法人の株主）の税務上の取扱い

取扱項目／適格・非適格		適格の場合	非適格の場合
分割法人株式	みなし配当	• 分社型分割の場合，課税関係は生じない。 • 分割型分割の場合，みなし配当は生じない。	• 分社型分割の場合，課税関係は生じない。 • 分割型分割の場合，みなし配当が生じる（法法24①二）。
	株式譲渡損益	• 分社型分割の場合，課税関係は生じない。 • 分割型分割の場合，株式譲渡損益は生じない（法法61の2④）。分割法人株式の分割純資産対応帳簿価額の分割承継親法人株式への付	• 分社型分割の場合，課税関係は生じない。 • 分割型分割の場合，株式譲渡損益は生じない（法法61の2④）。分割法人株式の分割純資産対応帳簿価額及びみなし配当の分割承継親

		け替えが行われる（法令119①六・119の3⑪・119の4①・119の8①・23①二）。	法人株式への付け替えが行われる（法令119①六・119の3⑪・119の4①・119の8①・23①二）。

Case 11　連結外法人が連結子法人に分社型分割又は分割型分割を行うケース（分割対価が連結親法人株式の場合）

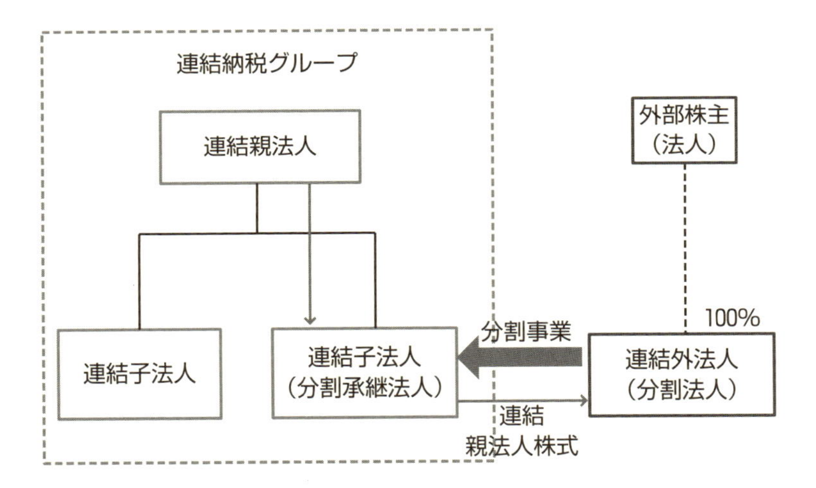

（適格要件）

共同事業要件を満たす場合，適格となる（法法２十二の十一，法令４の３⑧）。

- 金銭等の交付がないこと
- 事業関連性要件
- 事業規模要件又は経営参画要件
- 資産負債引継要件
- 従業者引継要件
- 事業継続要件
- 株式継続保有要件

（分割承継親法人株式の定義）

〔Case10〕と同じ。

❶ 連結子法人（分割承継法人）の税務上の取扱い

取扱項目／適格・非適格		適格の場合	非適格の場合
資産の受入		簿価受入	時価受入
分割承継法人の繰越欠損金の利用制限	法人税	利用制限は生じない。	利用制限は生じない。
	住民税	利用制限は生じない。	利用制限は生じない。
	事業税	利用制限は生じない。	利用制限は生じない。
特定資産譲渡等損失額の損金算入制限（特定引継資産・特定保有資産）		損金算入制限が生じない。	損金算入制限が生じない。

❷ 連結外法人（分割法人）の税務上の取扱い

取扱項目／適格・非適格	適格の場合	非適格の場合
資産の移転	簿価譲渡	時価譲渡

❸ 連結親法人の税務上の取扱い

取扱項目／適格・非適格	適格の場合	非適格の場合
連結子法人株式の帳簿価額の修正	投資簿価修正が生じない。	投資簿価修正が生じない。

❹ 外部株主（分割法人の株主）の税務上の取扱い

取扱項目／適格・非適格		適格の場合	非適格の場合
分割法人株式	みなし配当	• 分社型分割の場合，課税関係は生じない。 • 分割型分割の場合，みなし配当は生じない。	• 分社型分割の場合，課税関係は生じない。 • 分割型分割の場合，みなし配当が生じる（法法24①二）。
	株式譲渡損益	• 分社型分割の場合，課税関係は生じない。 • 分割型分割の場合，株式譲渡損益は生じない（法法61の2④）。分割法人株式の分割純資産対応帳簿価額の分割承継親法人株式への付	• 分社型分割の場合，課税関係は生じない。 • 分割型分割の場合，株式譲渡損益は生じない（法法61の2④）。分割法人株式の分割純資産対応帳簿価額及びみなし配当の分割承継親

		け替えが行われる（法令119①六・119の３⑪・119の４①・119の８①・23①二）。	法人株式への付け替えが行われる（法令119①六・119の３⑪・119の４①・119の８①・23①二）。

Case 12 連結親法人が新設分社型分割を行うケース

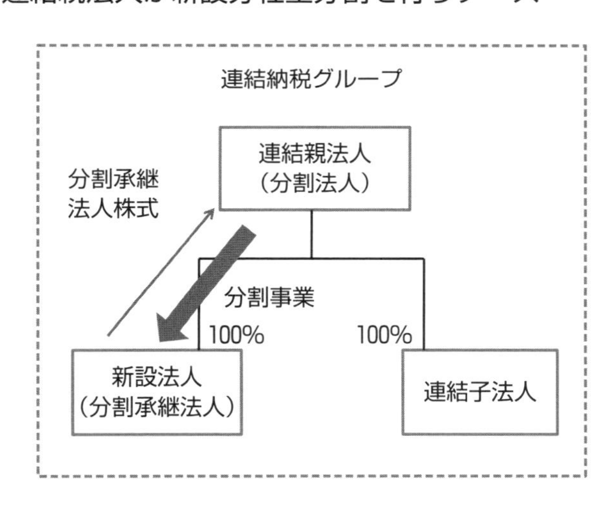

（適格要件）

当事者間の完全支配関係がある場合の適格要件を満たす場合，適格となる（法法２十二の十一，法令４の３⑥）。

- 金銭等の交付がないこと
- 支配関係継続要件

なお，完全支配関係がある場合の適格要件を満たさない場合でも支配関係がある場合の適格要件を満たす場合は適格と判定される。

（連結子法人の範囲）

新設法人は，連結親法人と連結完全支配関係があるため，連結子法人に該当する（法法４の２）。

❶ 新設法人（分割承継法人）の税務上の取扱い

取扱項目／適格・非適格		適格の場合	非適格の場合
資産の受入		簿価受入	時価受入
分割承継法人の繰越欠損金の利用制限	法人税	利用制限は生じない。	利用制限は生じない。
	住民税	利用制限は生じない。	利用制限は生じない。
	事業税	利用制限は生じない。	利用制限は生じない。
特定資産譲渡等損失額の損金算入制限（特定引継資産・特定保有資産）		損金算入制限が生じない。	損金算入制限が生じない。

❷ 連結親法人（分割法人）の税務上の取扱い

取扱項目／適格・非適格	適格の場合	非適格の場合
資産の移転	簿価譲渡 分割資産に他の連結子法人株式が含まれている場合，当該他の連結子法人株式の投資簿価修正は生じない（法令９②一ロ）。	時価譲渡 譲渡損益調整資産について譲渡損益が繰り延べられる（法法61の13①，法令122の14②）。 分割資産に他の連結子法人株式が含まれている場合，当該他の連結子法人株式の帳簿価額の修正が行われ，修正後の帳簿価額で移転処理が行われる（法令９②一）。

Case 13 連結親法人が新設分割型分割（スピンオフ）を行うケース

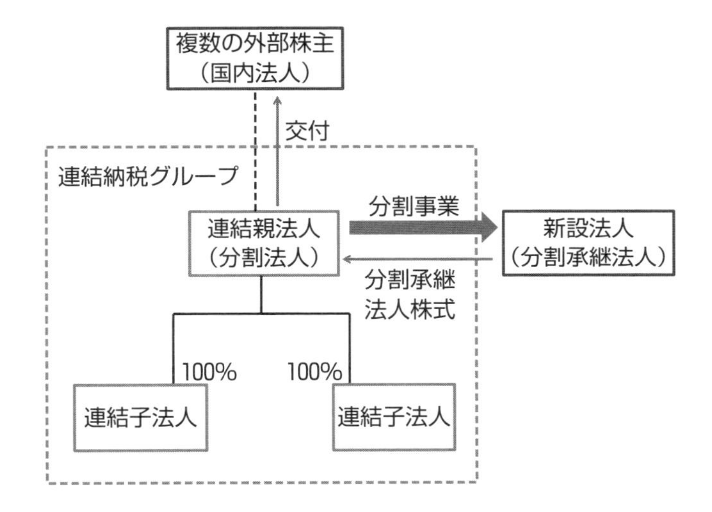

（適格要件）

①　外部株主と連結親法人との間に支配関係がある場合

同一者による支配関係がある場合の適格要件を満たす場合，適格となる（法法２十二の十一，法令４の３⑦）。

- 金銭等の交付がないこと
- 支配関係継続要件
- 資産負債引継要件
- 従業者引継要件
- 事業継続要件

②　外部株主と連結親法人との間に支配関係がない場合

単独新設分割のうち，分割法人が行っていた事業をその分割型分割により新たに設立する分割承継法人において独立して行うための分割として次に掲げる要件を満たす場合，適格となる（法法２十二の十一二，法令４の３⑨）。

- 株式按分交付要件
- 非支配要件

- 役員引継要件
- 資産負債引継要件
- 従業者引継要件
- 事業継続要件

(連結子法人の範囲)

新設法人は，連結親法人と連結完全支配関係がないため，連結子法人に該当しない（法法4の2）。

❶ 新設法人（分割承継法人）の税務上の取扱い

取扱項目／適格・非適格		適格の場合	非適格の場合
資産の受入		簿価受入	時価受入
分割承継法人の繰越欠損金の利用制限	法人税	利用制限は生じない。	利用制限は生じない。
	住民税	利用制限は生じない。	利用制限は生じない。
	事業税	利用制限は生じない。	利用制限は生じない。
特定資産譲渡等損失額の損金算入制限（特定引継資産・特定保有資産）		損金算入制限が生じない。	損金算入制限が生じない。

❷ 連結親法人（分割法人）の税務上の取扱い

取扱項目／適格・非適格	適格の場合	非適格の場合
資産の移転	簿価引継 分割資産に他の連結子法人株式が含まれている場合，当該他の連結子法人株式の帳簿価額の修正が行われ，修正後の帳簿価額で移転処理が行われる（法令9②三）。	時価譲渡 分割資産に他の連結子法人株式が含まれている場合，当該他の連結子法人株式の帳簿価額の修正が行われ，修正後の帳簿価額で移転処理が行われる（法令9②三）。

❸ 外部株主（分割法人の株主）の税務上の取扱い

取扱項目／適格・非適格		適格の場合	非適格の場合
分割法人株式	みなし配当	みなし配当は生じない。	みなし配当が生じる（法法24①二）。

	株式譲渡損益	株式譲渡損益は生じない（法法61の２④）。分割法人株式の分割純資産対応帳簿価額の分割承継法人株式への付け替えが行われる（法令119①六・119の３⑪・119の４①・119の８①・23①二）。	株式譲渡損益は生じない（法法61の２④）。分割法人株式の分割純資産対応帳簿価額及びみなし配当の分割承継法人株式への付け替えが行われる（法令119①六・119の３⑪・119の４①・119の８①・23①二）。

Case 14　連結子法人が新設分社型分割又は新設分割型分割を行うケース

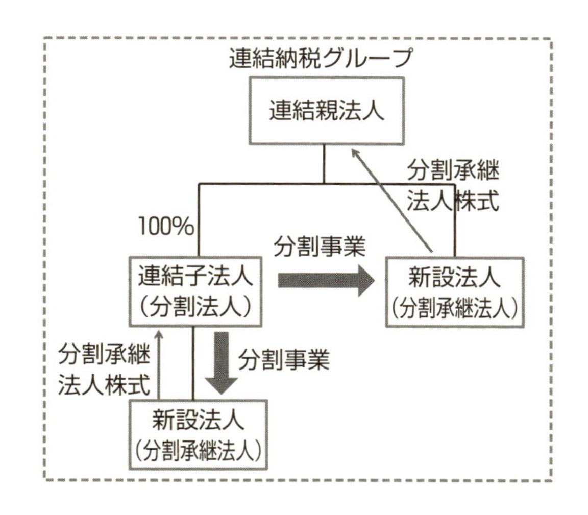

（適格要件）

当事者間又は同一者による完全支配関係がある場合の適格要件を満たす場合，適格となる（法法２十二の十一，法令４の３⑥）。

- 金銭等の交付がないこと
- 支配関係継続要件

なお，完全支配関係がある場合の適格要件を満たさない場合でも支配関係がある場合の適格要件を満たす場合は適格と判定される。

（連結子法人の範囲）

新設法人は，連結親法人と連結完全支配関係があるため，連結子法人に該当する（法法４の２）。

❶ 新設法人（分割承継法人）の税務上の取扱い

取扱項目／適格・非適格		適格の場合	非適格の場合
資産の受入		簿価受入	時価受入
分割承継法人の繰越欠損金の利用制限	法人税	利用制限は生じない。	利用制限は生じない。
	住民税	利用制限は生じない。	利用制限は生じない。
	事業税	利用制限は生じない。	利用制限は生じない。
特定資産譲渡等損失額の損金算入制限（特定引継資産・特定保有資産）		損金算入制限が生じない。	損金算入制限が生じない。

❷ 連結子法人（分割法人）の税務上の取扱い

取扱項目／適格・非適格	適格の場合	非適格の場合
資産の移転	簿価譲渡 分割資産に他の連結子法人株式が含まれている場合，適格分社型分割の場合，当該他の連結子法人株式の投資簿価修正は生じない（法令９②一ロ）。適格分割型分割の場合，「譲渡」に該当しないため，当該他の連結子法人株式の投資簿価修正は生じない（法令９②，法法62の２②）。	時価譲渡 譲渡損益調整資産について譲渡損益が繰り延べられる（法法61の13①，法令122の14②）。 分割資産に他の連結子法人株式が含まれている場合，当該他の連結子法人株式の帳簿価額の修正が行われ，修正後の帳簿価額で移転処理が行われる（法令９②一）。

❸ 連結親法人（分割法人の株主）の税務上の取扱い

取扱項目／適格・非適格		適格の場合	非適格の場合
分割法人株式	みなし配当	• 分社型分割の場合，課税関係は生じない。 • 分割型分割の場合，みなし配当は生じない（法法24①二）。	• 分社型分割の場合，課税関係は生じない。 • 分割型分割の場合，みなし配当が生じる（法法24①二）。

	株式譲渡損益	• 分社型分割の場合，課税関係は生じない。 • 分割型分割の場合，株式譲渡損益は生じない（法法61の２④）。分割法人株式の分割純資産対応帳簿価額の分割承継法人株式への付け替えが行われる（法令119①六・119の３⑪・119の４①・119の８①・23①二）。	• 分社型分割の場合，課税関係は生じない。 • 分割型分割の場合，株式譲渡損益は生じない（法法61の２④）。分割法人株式の分割純資産対応帳簿価額及びみなし配当の分割承継法人株式への付け替えが行われる（法令119①六・119の3⑪・119の4①・119の8①・23①二）。
連結子法人株式の帳簿価額の修正		• 分社型分割の場合，投資簿価修正は生じない。 • 分割型分割の場合，投資簿価修正は生じない（法令９②一イ）。	• 分社型分割の場合，投資簿価修正は生じない。 • 分割型分割の場合，分割法人である連結子法人株式の投資簿価修正が行われ，修正後の帳簿価額により，分割法人株式の分割処理が行われる（法令９②四）。なお，連結子法人株式の帳簿価額修正額は，通常の帳簿価額修正額（既修正等額を減算する前の修正額）が０を超えるとき，又は，みなし配当が生じるときは，マイナスの既修正等額となる（法令９③）。

Case 15 連結法人が非連結法人又は連結外法人に分社型分割を行うケース（分割対価が現金の場合）

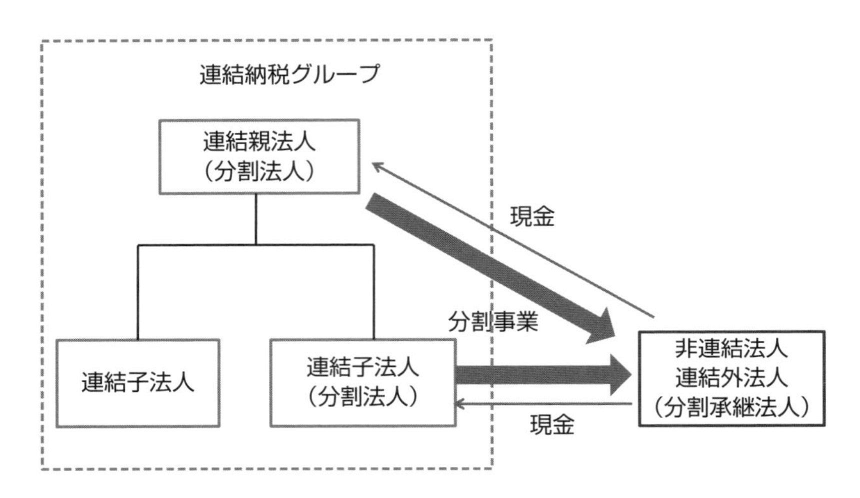

（適格要件）

現金を対価とするため非適格となる（法法２十二の十一）。

❶ 連結法人（分割法人）の税務上の取扱い

取扱項目／適格・非適格	非適格の場合
資産の移転	時価譲渡 分割資産に他の連結子法人株式が含まれている場合，当該他の連結子法人株式の帳簿価額の修正が行われ，修正後の帳簿価額で移転処理が行われる（法令９②三）。

❷ 非連結法人又は連結外法人（分割承継法人）の税務上の取扱い

取扱項目／適格・非適格		非適格の場合
資産の受入		時価受入
分割承継法人の繰越欠損金の利用制限	法人税	利用制限は生じない。
	住民税	利用制限は生じない。
	事業税	利用制限は生じない。

特定資産譲渡等損失額の損金算入制限（特定引継資産・特定保有資産）	損金算入制限は生じない。

Case 16 連結親法人が非連結法人に分社型分割を行うケース（分割対価が分割承継法人株式の場合）

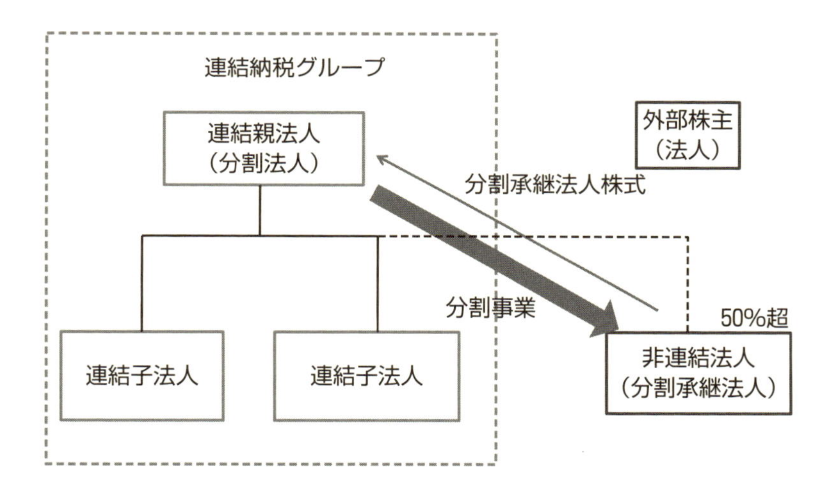

（適格要件）

当事者間の支配関係がある場合の適格要件を満たす場合，適格となる（法法２十二の十一，法令４の３⑦）。

- 金銭等の交付がないこと
- 支配関係継続要件
- 資産負債引継要件
- 従業者引継要件
- 事業継続要件

なお，支配関係がある場合の適格要件を満たさない場合でも共同事業要件を満たす場合は適格と判定される。

❶ 連結親法人（分割法人）の税務上の取扱い

取扱項目／適格・非適格	適格の場合	非適格の場合
資産の移転	簿価譲渡 分割資産に他の連結子法人株式が含まれている場合，当該他の連結子法人株式の帳簿価額の修正が行われ，修正後の帳簿価額で移転処理が行われる（法令9②三）。	時価譲渡 分割資産に他の連結子法人株式が含まれている場合，当該他の連結子法人株式の帳簿価額の修正が行われ，修正後の帳簿価額で移転処理が行われる（法令9②三）。

❷ 非連結法人（分割承継法人）の税務上の取扱い

取扱項目／適格・非適格		適格の場合	非適格の場合
資産の受入		簿価受入	時価受入
分割承継法人の繰越欠損金の利用制限	法人税	次の要件のいずれも満たさない場合，利用制限が生じる（法法57④，法令112③④⑨⑩）。 ①５年前の日又は設立日からの支配関係継続要件 ②みなし共同事業要件 ただし，含み損益の特例計算の適用がある（法令113①④⑤）。	利用制限は生じない。
	住民税	利用制限は生じない。	利用制限は生じない。
	事業税	法人税に係る繰越欠損金と同様の利用制限が生じる（地令20の３①）。	利用制限は生じない。
特定資産譲渡等損失額の損金算入制限（特定引継資産・特定保有資産）		次の要件のいずれも満たさない場合，損金算入制限が生じる（法法62の７①・57④，法令112③⑩・123の８①）。 ①５年前の日又は設立日からの支配関係継続要件 ②みなし共同事業要件 ただし，含み損益の特例計算の適用がある（法令123の９①⑥⑨）。	損金算入制限が生じない。

Case 17 連結親法人が連結外法人に分社型分割を行うケース（分割対価が分割承継法人株式の場合）

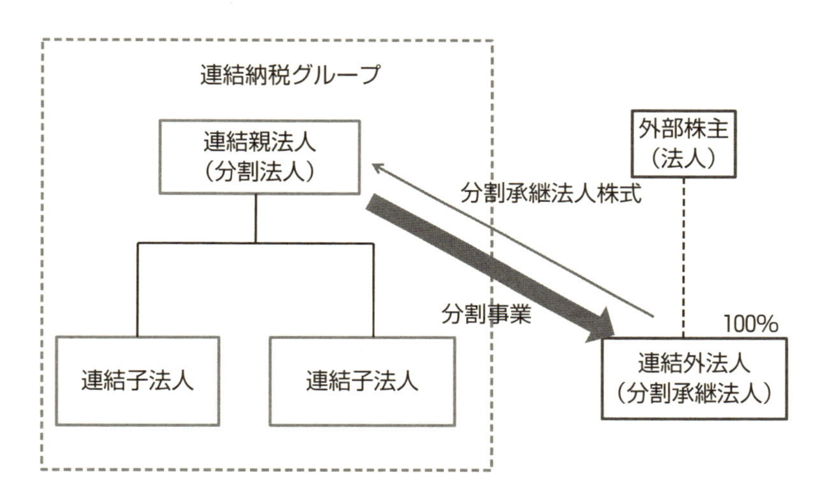

（適格要件）

共同事業要件を満たす場合，適格となる（法法2十二の十一，法令4の3⑧）。

- 金銭等の交付がないこと
- 事業関連性要件
- 事業規模要件又は経営参画要件
- 資産負債引継要件
- 従業者引継要件
- 事業継続要件
- 株式継続保有要件

❶ 連結親法人（分割法人）の税務上の取扱い

取扱項目／適格・非適格	適格の場合	非適格の場合
資産の移転	簿価譲渡 分割資産に他の連結子法人株式が含まれている場合，当該他の連結子法人株式の帳簿価額の修正が行われ，修正後の	時価譲渡 分割資産に他の連結子法人株式が含まれている場合，当該他の連結子法人株式の帳簿価額の修正が行われ，修正後の

	帳簿価額で移転処理が行われる（法令9②三）。	帳簿価額で移転処理が行われる（法令9②三）。

❷ 連結外法人（分割承継法人）の税務上の取扱い

取扱項目／適格・非適格		適格の場合	非適格の場合
資産の受入		簿価受入	時価受入
分割承継法人の繰越欠損金の利用制限	法人税	利用制限は生じない。	利用制限は生じない。
	住民税	利用制限は生じない。	利用制限は生じない。
	事業税	利用制限は生じない。	利用制限は生じない。
特定資産譲渡等損失額の損金算入制限（特定引継資産・特定保有資産）		損金算入制限が生じない。	損金算入制限が生じない。

Case 18 連結子法人が非連結法人に分社型分割又は分割型分割を行うケース（分割対価が分割承継法人株式の場合）

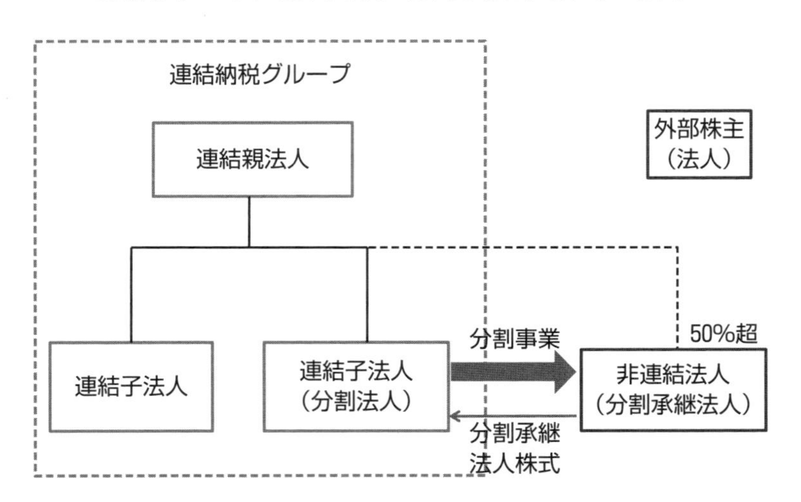

（適格要件）

同一者による支配関係がある場合の適格要件を満たす場合，適格となる（法法2十二の十一，法令4の3⑦）。

- 金銭等の交付がないこと
- 支配関係継続要件
- 資産負債引継要件
- 従業者引継要件
- 事業継続要件

なお，支配関係がある場合の適格要件を満たさない場合でも共同事業要件を満たす場合は適格と判定される。

❶　連結子法人（分割法人）の税務上の取扱い

取扱項目／適格・非適格	適格の場合	非適格の場合
資産の移転	簿価譲渡 分割資産に他の連結子法人株式が含まれている場合，当該他の連結子法人株式の帳簿価額の修正が行われ，修正後の帳簿価額で移転処理が行われる（法令９②三）。	時価譲渡 分割資産に他の連結子法人株式が含まれている場合，当該他の連結子法人株式の帳簿価額の修正が行われ，修正後の帳簿価額で移転処理が行われる（法令９②三）。

❷　非連結法人（分割承継法人）の税務上の取扱い

取扱項目／適格・非適格		適格の場合	非適格の場合
資産の受入		簿価受入	時価受入
分割承継法人の繰越欠損金の利用制限	法人税	次の要件のいずれも満たさない場合，利用制限が生じる（法法57④，法令112③④⑨⑩）。 ①５年前の日又は設立日からの支配関係継続要件 ②みなし共同事業要件 ただし，含み損益の特例計算の適用がある（法令113①④⑤）。	利用制限は生じない。
	住民税	利用制限は生じない。	利用制限は生じない。
	事業税	法人税に係る繰越欠損金と同様の利用制限が生じる（地令20の３①）。	利用制限は生じない。
特定資産譲渡等損失額の損金算入制限（特定引継資産・特定保有資産）		次の要件のいずれも満たさない場合，損金算入制限が生じる（法法62の７①・57④，法令112③⑩・123の８①）。	損金算入制限が生じない。

	①5年前の日又は設立日からの支配関係継続要件 ②みなし共同事業要件 ただし，含み損益の特例計算の適用がある（法令123の9①⑥⑨）。	

❸ 連結親法人（分割法人の株主）の税務上の取扱い

取扱項目／適格・非適格		適格の場合	非適格の場合
分割法人株式	みなし配当	• 分社型分割の場合，課税関係は生じない。 • 分割型分割の場合，みなし配当は生じない。	• 分社型分割の場合，課税関係は生じない。 • 分割型分割の場合，みなし配当が生じる（法法24①二）。
	株式譲渡損益	• 分社型分割の場合，課税関係は生じない。 • 分割型分割の場合，株式譲渡損益は生じない（法法61の2④）。分割法人株式の分割純資産対応帳簿価額の分割承継法人株式への付け替えが行われる（法令119①六・119の3⑪・119の4①・119の8①・23①二）。	• 分社型分割の場合，課税関係は生じない。 • 分割型分割の場合，株式譲渡損益は生じない（法法61の2④）。分割法人株式の分割純資産対応帳簿価額及びみなし配当の分割承継法人株式への付け替えが行われる（法令119①六・119の3⑪・119の4①・119の8①・23①二）。
連結子法人株式の帳簿価額の修正		• 分社型分割の場合，投資簿価修正は生じない。 • 分割型分割の場合，分割法人である連結子法人株式の帳簿価額の修正が行われ，修正後の帳簿価額で分割法人株式の分割処理が行われる（法令9②一）。	• 分社型分割の場合，投資簿価修正は生じない。 • 分割型分割の場合，分割法人である連結子法人株式の投資簿価修正が行われ，修正後の帳簿価額により，分割法人株式の分割処理が行われる（法令9②四）。なお，連結子法人株式の帳簿価額修正額は，通常の帳簿価額修正額（既修正等額を減算する前の修正額）が0を超えるとき，又は，みなし配当が生じるときは，マイナスの既修正等額となる

		（法令９③）。

Case 19 連結子法人が連結外法人に分社型分割又は分割型分割を行うケース（分割対価が分割承継法人株式の場合）

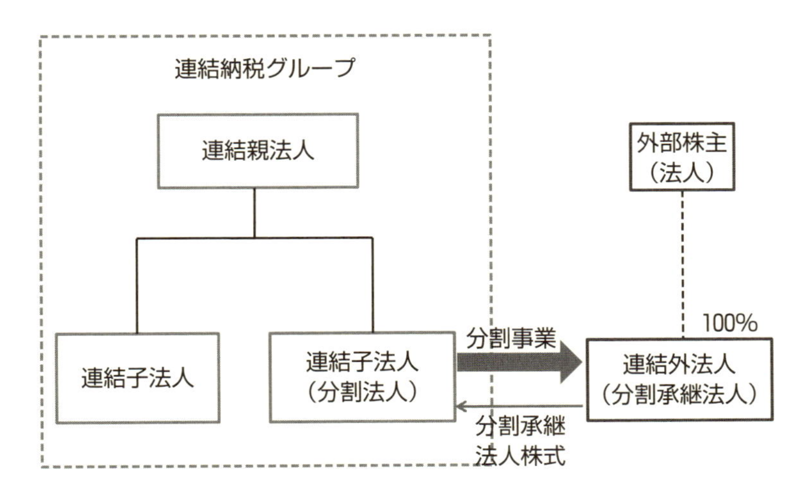

（適格要件）

共同事業要件を満たす場合，適格となる（法法２十二の十一，法令４の３⑧）。

- 金銭等の交付がないこと
- 事業関連性要件
- 事業規模要件又は経営参画要件
- 資産負債引継要件
- 従業者引継要件
- 事業継続要件
- 株式継続保有要件

❶ 連結子法人（分割法人）の税務上の取扱い

取扱項目／適格・非適格	適格の場合	非適格の場合
資産の移転	簿価譲渡 分割資産に他の連結子法人株式が含まれている場合，当該他の連結子法人株式の帳簿価額の修正が行われ，修正後の帳簿価額で移転処理が行われる（法令9②三）。	時価譲渡 分割資産に他の連結子法人株式が含まれている場合，当該他の連結子法人株式の帳簿価額の修正が行われ，修正後の帳簿価額で移転処理が行われる（法令9②三）。

❷ 連結外法人（分割承継法人）の税務上の取扱い

取扱項目／適格・非適格		適格の場合	非適格の場合
資産の受入		簿価受入	時価受入
分割承継法人の繰越欠損金の利用制限	法人税	利用制限は生じない。	利用制限は生じない。
	住民税	利用制限は生じない。	利用制限は生じない。
	事業税	利用制限は生じない。	利用制限は生じない。
特定資産譲渡等損失額の損金算入制限（特定引継資産・特定保有資産）		損金算入制限が生じない。	損金算入制限が生じない。

❸ 連結親法人（分割法人の株主）の税務上の取扱い

取扱項目／適格・非適格		適格の場合	非適格の場合
分割法人株式	みなし配当	• 分社型分割の場合，課税関係は生じない。 • 分割型分割の場合，みなし配当は生じない。	• 分社型分割の場合，課税関係は生じない。 • 分割型分割の場合，みなし配当が生じる（法法24①二）。
	株式譲渡損益	• 分社型分割の場合，課税関係は生じない。 • 分割型分割の場合，株式譲渡損益は生じない（法法61の2④）。分割法人株式の分割純資産対応帳簿価額の分割承継法人株式への付け替えが行われる（法令119①六・119の3⑪・119の4	• 分社型分割の場合，課税関係は生じない。 • 分割型分割の場合，株式譲渡損益は生じない（法法61の2④）。分割法人株式の分割純資産対応帳簿価額及びみなし配当の分割承継法人株式への付け替えが行われる（法令119①六・119の

	①・119の８①・23①二）。	３⑪・119の４①・119の８①・23①二）。
連結子法人株式の帳簿価額の修正	• 分社型分割の場合，投資簿価修正は生じない。 • 分割型分割の場合，分割法人である連結子法人株式の帳簿価額の修正が行われ，修正後の帳簿価額で分割法人株式の分割処理が行われる（法令９②一）。	• 分社型分割の場合，投資簿価修正は生じない。 • 分割型分割の場合，分割法人である連結子法人株式の投資簿価修正が行われ，修正後の帳簿価額により，分割法人株式の分割処理が行われる（法令９②四）。なお，連結子法人株式の帳簿価額修正額は，通常の帳簿価額修正額（既修正等額を減算する前の修正額）が０を超えるとき，又は，みなし配当が生じるときは，マイナスの既修正等額となる（法令９③）。

第6章

連結納税適用後の現物出資のケーススタディ

◆この章のテーマ◆

第３章までの連結納税と組織再編税制の取扱いにつき，現物出資に係るケースごとの連結親法人及び連結子法人の税務上の取扱い

Case１　連結親法人が連結子法人に現物出資を行うケース
Case２　連結子法人が他の連結子法人に現物出資を行うケース
Case３　連結親法人が非連結法人に現物出資を行うケース
Case４　連結親法人が連結外法人に現物出資を行うケース
Case５　連結子法人が非連結法人に現物出資を行うケース
Case６　連結子法人が連結外法人に現物出資を行うケース
Case７　連結外法人が連結親法人に現物出資を行うケース
Case８　非連結法人が連結子法人に現物出資を行うケース
Case９　連結外法人が連結子法人に現物出資を行うケース

第３章までに解説した連結納税と組織再編税制の取扱いについて，現物出資に係るケースごとの連結親法人及び連結子法人の税務上の取扱いは次のとおりである。

前提条件は次のとおりである。

① 現物出資は平成29年10月１日以後に行われるものとする。

② 連結親法人の株式の50％超を直接・間接に保有する者はいないものとする。

③ 現物出資による資産の移転や連結法人が他の連結法人との間に完全支配関係を有しなくなることによる繰延譲渡損益の実現処理の取扱いは解説を省略している。

④ 連結親法人又は連結子法人が最初連結事業年度に現物出資を行った場合の特有の取扱いは，第９章を参照してほしい。

⑤ ケーススタディにおける非連結法人又は連結外法人は，単体納税を採用しているものとする。したがって，非連結法人又は連結外法人が連結納税を採用している場合の非連結法人又は連結外法人の税務上の取扱いは，本章の他のケーススタディにおける被現物出資法人又は現物出資法人となる連結親法人又は連結子法人の税務上の取扱いを参考としてほしい。

Case 1 連結親法人が連結子法人に現物出資を行うケース

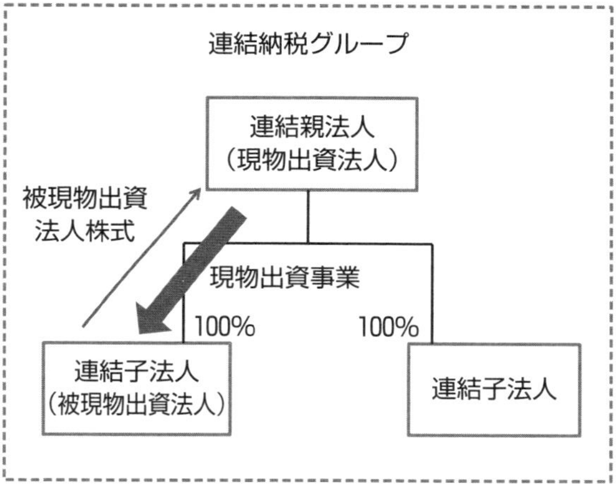

連結納税グループ

連結親法人
（現物出資法人）

被現物出資
法人株式

現物出資事業

100%　　100%

連結子法人
（被現物出資法人）

連結子法人

（適格要件）

当事者間の完全支配関係がある場合の適格要件を満たす場合，適格となる（法法2十二の十四，法令4の3⑬）。

- 被現物出資法人の株式のみが交付されること
- 支配関係継続要件

なお，完全支配関係がある場合の適格要件を満たさない場合でも支配関係がある場合の適格要件又は共同事業要件を満たす場合は適格と判定される。

❶ 連結子法人（被現物出資法人）の税務上の取扱い

取扱項目／適格・非適格		適格の場合	非適格の場合
資産の受入		簿価受入	時価受入
被現物出資法人の繰越欠損金の利用制限	法人税（注1）	利用制限は生じない。	利用制限は生じない。
	住民税（注2）	利用制限は生じない。	利用制限は生じない。
	事業税（注3）	次の要件のいずれも満たさない場合，利用制限が生じる（法法57④，法令112③④⑨⑩，地令20の3②）。	利用制限は生じない。

		①５年前の日又は設立日からの支配関係継続要件 ②みなし共同事業要件 ただし，含み損益の特例計算の適用がある（法令113①④⑤，地令20の３②）。	
特定資産譲渡等損失額の損金算入制限（特定引継資産・特定保有資産）		次の要件のいずれも満たさない場合，損金算入制限が生じる（法法81の３・62の７①・57④，法令112③⑩・123の８①）。 ①５年前の日又は設立日からの支配関係継続要件 ②みなし共同事業要件 ただし，含み損益の特例計算の適用がある（法令123の９①⑥⑨）。	損金算入制限が生じない。

（注１）　法人税に係る繰越欠損金は，連結欠損金個別帰属額又は単体納税における繰越欠損金をいうものとする（以下，本章において同じ）。
（注２）　住民税に係る繰越欠損金は，連結納税又は単体納税を採用している場合の控除対象個別帰属調整額又は控除対象個別帰属税額をいうものとする（以下，本章において同じ）。
（注３）　事業税に係る繰越欠損金は，連結納税又は単体納税を採用している場合の事業税の繰越欠損金をいうものとする（以下，本章において同じ）。

❷　連結親法人（現物出資法人）の税務上の取扱い

取扱項目／適格・非適格	適格の場合	非適格の場合
資産の移転	簿価譲渡 現物出資資産に他の連結子法人株式が含まれている場合，当該他の連結子法人株式の投資簿価修正は生じない（法令９②一ロ）。	時価譲渡 譲渡損益調整資産について譲渡損益が繰り延べられる（法法61の13①，法令122の14②）。 現物出資資産に他の連結子法人株式が含まれている場合，当該他の連結子法人株式の帳簿価額の修正が行われ，修正後の帳簿価額で移転処理が行われる（法令９②一）。

Case 2　連結子法人が他の連結子法人に現物出資を行うケース

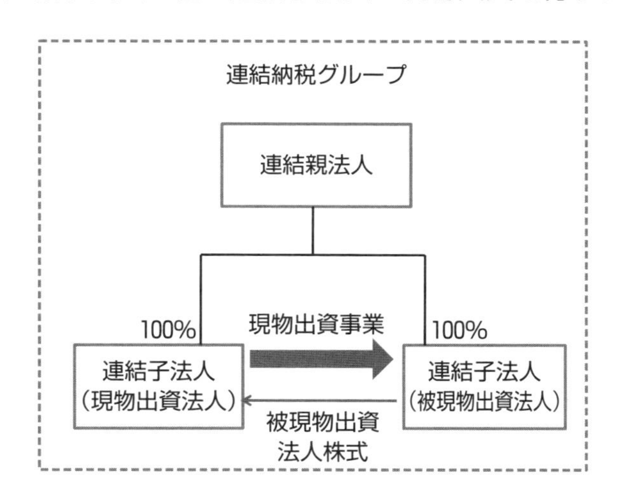

（適格要件）

同一者による完全支配関係がある場合の適格要件を満たす場合，適格となる（法法２十二の十四，法令４の３⑬）。

- 被現物出資法人の株式のみが交付されること
- 支配関係継続要件

なお，完全支配関係がある場合の適格要件を満たさない場合でも支配関係がある場合の適格要件又は共同事業要件を満たす場合は適格と判定される。

❶　連結子法人（被現物出資法人）の税務上の取扱い

取扱項目／適格・非適格		適格の場合	非適格の場合
資産の受入		簿価受入	時価受入
被現物出資法人の繰越欠損金の利用制限	法人税	利用制限は生じない。	利用制限は生じない。
	住民税	利用制限は生じない。	利用制限は生じない。
	事業税	次の要件のいずれも満たさない場合，利用制限が生じる（法法57④，法令112③④⑨⑩，地令20の３②）。 ①５年前の日又は設立日からの支配関係継続要件	利用制限は生じない。

		②みなし共同事業要件 　ただし，含み損益の特例計算の適用がある（法令113①④⑤，地令20の3②）。	
特定資産譲渡等損失額の損金算入制限（特定引継資産・特定保有資産）		次の要件のいずれも満たさない場合，損金算入制限が生じる（法法81の3・62の7①・57④，法令112③⑩・123の8①）。 ①5年前の日又は設立日からの支配関係継続要件 ②みなし共同事業要件 　ただし，含み損益の特例計算の適用がある（法令123の9①⑥⑨）。	損金算入制限が生じない。

❷ 連結子法人（現物出資法人）の税務上の取扱い

取扱項目／適格・非適格	適格の場合	非適格の場合
資産の移転	簿価譲渡 現物出資資産に他の連結子法人株式が含まれている場合，当該他の連結子法人株式の投資簿価修正は生じない（法令9②一ロ）。	時価譲渡 譲渡損益調整資産について譲渡損益が繰り延べられる（法法61の13①，法令122の14②）。 現物出資資産に他の連結子法人株式が含まれている場合，当該他の連結子法人株式の帳簿価額の修正が行われ，修正後の帳簿価額で移転処理が行われる（法令9②一）。

Case 3 連結親法人が非連結法人に現物出資を行うケース

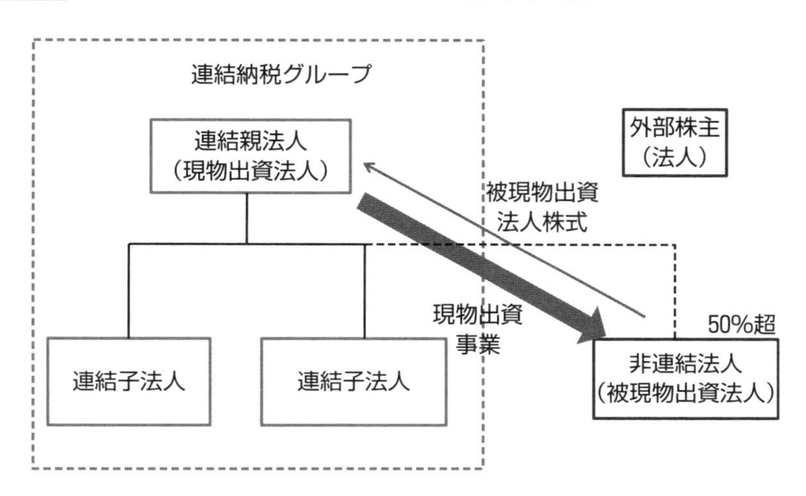

（適格要件）

当事者間の支配関係がある場合の適格要件を満たす場合，適格となる（法法2十二の十四，法令4の3⑭）。

- 被現物出資法人の株式のみが交付されること
- 支配関係継続要件
- 資産負債引継要件
- 従業者引継要件
- 事業継続要件

なお，支配関係がある場合の適格要件を満たさない場合でも共同事業要件を満たす場合は適格と判定される。

❶ 連結親法人（現物出資法人）の税務上の取扱い

取扱項目／適格・非適格	適格の場合	非適格の場合
資産の移転	簿価譲渡 現物出資資産に他の連結子法人株式が含まれている場合，当該他の連結子法人株式の帳簿価額の修正が行われ，修正	時価譲渡 現物出資資産に他の連結子法人株式が含まれている場合，当該他の連結子法人株式の帳簿価額の修正が行われ，修正

	後の帳簿価額で移転処理が行われる（法令9②三）。	後の帳簿価額で移転処理が行われる（法令9②三）。

❷ 非連結法人（被現物出資法人）の税務上の取扱い

取扱項目／適格・非適格		適格の場合	非適格の場合
資産の受入		簿価受入	時価受入
被現物出資法人の繰越欠損金の利用制限	法人税	次の要件のいずれも満たさない場合，利用制限が生じる（法法57④，法令112③④⑨⑩）。 ①5年前の日又は設立日からの支配関係継続要件 ②みなし共同事業要件 ただし，含み損益の特例計算の適用がある（法令113①④⑤）。	利用制限は生じない。
	住民税	利用制限は生じない。	利用制限は生じない。
	事業税	法人税に係る繰越欠損金と同様の利用制限が生じる（地令20の3①）。	利用制限は生じない。
特定資産譲渡等損失額の損金算入制限（特定引継資産・特定保有資産）		次の要件のいずれも満たさない場合，損金算入制限が生じる（法法62の7①・57④，法令112③⑩・123の8①）。 ①5年前の日又は設立日からの支配関係継続要件 ②みなし共同事業要件 ただし，含み損益の特例計算の適用がある（法令123の9①⑥⑨）。	損金算入制限が生じない。

Case 4 連結親法人が連結外法人に現物出資を行うケース

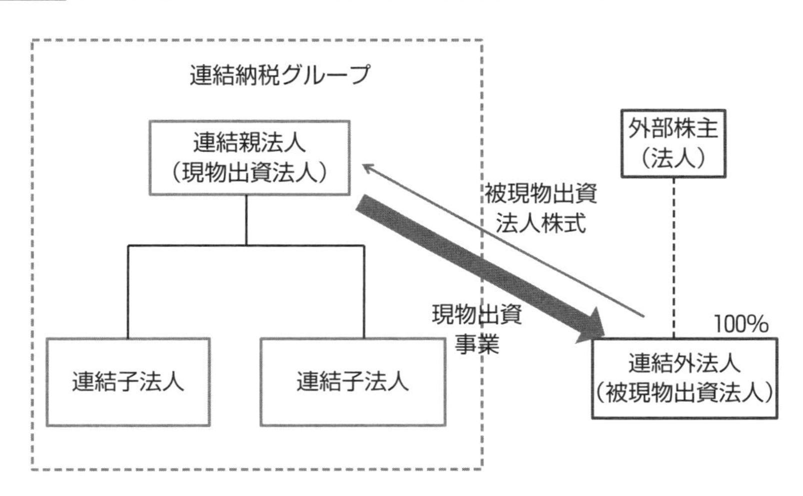

（適格要件）

共同事業要件を満たす場合，適格となる（法法２十二の十四，法令４の３⑮）。

- 被現物出資法人の株式のみが交付されること
- 事業関連性要件
- 事業規模要件又は経営参画要件
- 資産負債引継要件
- 従業者引継要件
- 事業継続要件
- 株式継続保有要件

❶　連結親法人（現物出資法人）の税務上の取扱い

取扱項目／適格・非適格	適格の場合	非適格の場合
資産の移転	簿価譲渡 現物出資資産に他の連結子法人株式が含まれている場合，当該他の連結子法人株式の帳簿価額の修正が行われ，修正後の帳簿価額で移転処理が行	時価譲渡 現物出資資産に他の連結子法人株式が含まれている場合，当該他の連結子法人株式の帳簿価額の修正が行われ，修正後の帳簿価額で移転処理が行

	われる（法令9②三）。	われる（法令9②三）。

❷ 連結外法人（被現物出資法人）の税務上の取扱い

取扱項目／適格・非適格		適格の場合	非適格の場合
資産の受入		簿価受入	時価受入
被現物出資法人の繰越欠損金の利用制限	法人税	利用制限は生じない。	利用制限は生じない。
	住民税	利用制限は生じない。	利用制限は生じない。
	事業税	利用制限は生じない。	利用制限は生じない。
特定資産譲渡等損失額の損金算入制限（特定引継資産・特定保有資産）		損金算入制限が生じない。	損金算入制限が生じない。

Case 5 連結子法人が非連結法人に現物出資を行うケース

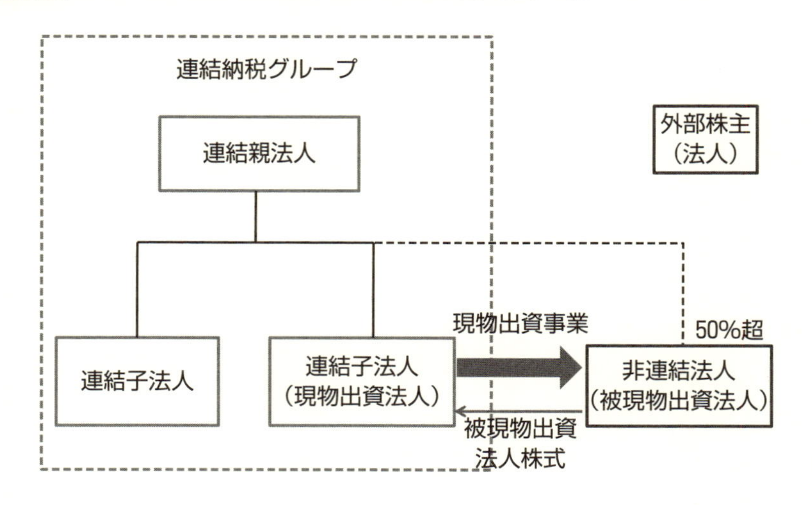

（適格要件）

同一者による支配関係がある場合の適格要件を満たす場合，適格となる（法法2十二の十四，法令4の3⑭）。

- 被現物出資法人の株式のみが交付されること
- 支配関係継続要件

- 資産負債引継要件
- 従業者引継要件
- 事業継続要件

なお，支配関係がある場合の適格要件を満たさない場合でも共同事業要件を満たす場合は適格と判定される。

❶ 連結子法人（現物出資法人）の税務上の取扱い

取扱項目／適格・非適格	適格の場合	非適格の場合
資産の移転	簿価譲渡 現物出資資産に他の連結子法人株式が含まれている場合，当該他の連結子法人株式の帳簿価額の修正が行われ，修正後の帳簿価額で移転処理が行われる（法令9②三）。	時価譲渡 現物出資資産に他の連結子法人株式が含まれている場合，当該他の連結子法人株式の帳簿価額の修正が行われ，修正後の帳簿価額で移転処理が行われる（法令9②三）。

❷ 非連結法人（被現物出資法人）の税務上の取扱い

取扱項目／適格・非適格		適格の場合	非適格の場合
資産の受入		簿価受入	時価受入
被現物出資法人の繰越欠損金の利用制限	法人税	次の要件のいずれも満たさない場合，利用制限が生じる（法法57④，法令112③④⑨⑩）。 ①5年前の日又は設立日からの支配関係継続要件 ②みなし共同事業要件 ただし，含み損益の特例計算の適用がある（法令113①④⑤）。	利用制限は生じない。
	住民税	利用制限は生じない。	利用制限は生じない。
	事業税	法人税に係る繰越欠損金と同様の利用制限が生じる（地令20の3①）。	利用制限は生じない。
特定資産譲渡等損失額の損金算入制限（特定引継資産・特定保有資産）		次の要件のいずれも満たさない場合，損金算入制限が生じる（法法62の7①・57④，法令112③⑩・123の8①）。 ①5年前の日又は設立日からの支配関係継続要件 ②みなし共同事業要件	損金算入制限が生じない。

	ただし，含み損益の特例計算の適用がある（法令123の９①⑥⑨）。	

Case 6 連結子法人が連結外法人に現物出資を行うケース

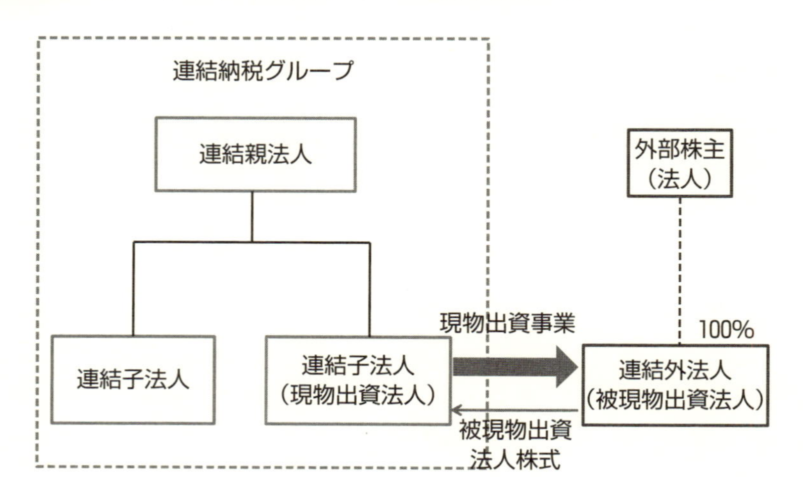

（適格要件）

共同事業要件を満たす場合，適格となる（法法２十二の十四，法令４の３⑮）。

- 被現物出資法人の株式のみが交付されること
- 事業関連性要件
- 事業規模要件又は経営参画要件
- 資産負債引継要件
- 従業者引継要件
- 事業継続要件
- 株式継続保有要件

❶ 連結子法人（現物出資法人）の税務上の取扱い

取扱項目／適格・非適格	適格の場合	非適格の場合
資産の移転	簿価譲渡 現物出資資産に他の連結子法	時価譲渡 現物出資資産に他の連結子法

	人株式が含まれている場合，当該他の連結子法人株式の帳簿価額の修正が行われ，修正後の帳簿価額で移転処理が行われる（法令９②三）。	人株式が含まれている場合，当該他の連結子法人株式の帳簿価額の修正が行われ，修正後の帳簿価額で移転処理が行われる（法令９②三）。

❷　連結外法人（被現物出資法人）の税務上の取扱い

取扱項目／適格・非適格		適格の場合	非適格の場合
資産の受入		簿価受入	時価受入
被現物出資法人の繰越欠損金の利用制限	法人税	利用制限は生じない。	利用制限は生じない。
	住民税	利用制限は生じない。	利用制限は生じない。
	事業税	利用制限は生じない。	利用制限は生じない。
特定資産譲渡等損失額の損金算入制限（特定引継資産・特定保有資産）		損金算入制限が生じない。	損金算入制限が生じない。

Case 7　連結外法人が連結親法人に現物出資を行うケース

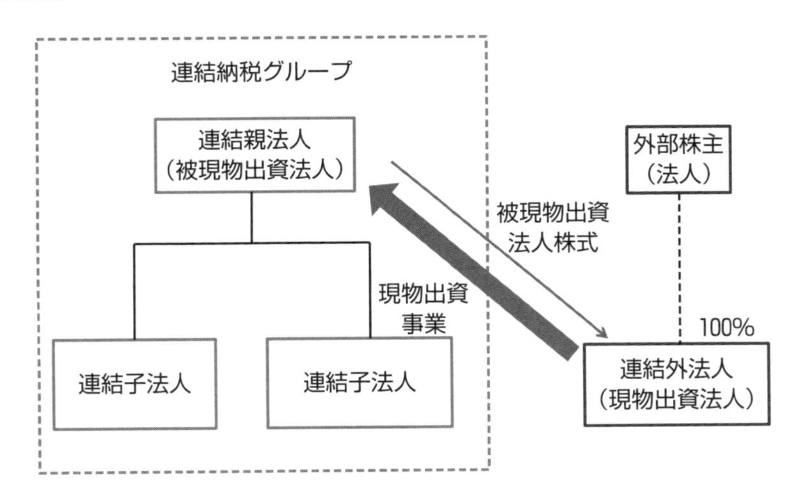

（適格要件）

共同事業要件を満たす場合，適格となる（法法２十二の十四，法令４の３⑮）。

- 被現物出資法人の株式のみが交付されること
- 事業関連性要件
- 事業規模要件又は経営参画要件
- 資産負債引継要件
- 従業者引継要件
- 事業継続要件
- 株式継続保有要件

❶ 連結親法人（被現物出資法人）の税務上の取扱い

<table>
<tr><th colspan="2">取扱項目／適格・非適格</th><th>適格の場合</th><th>非適格の場合</th></tr>
<tr><td colspan="2">資産の受入</td><td>簿価受入</td><td>時価受入</td></tr>
<tr><td rowspan="3">被現物出資法人の繰越欠損金の利用制限</td><td>法人税</td><td>利用制限が生じない。</td><td>利用制限は生じない。</td></tr>
<tr><td>住民税</td><td>利用制限は生じない。</td><td>利用制限は生じない。</td></tr>
<tr><td>事業税</td><td>利用制限は生じない。</td><td>利用制限は生じない。</td></tr>
<tr><td colspan="2">特定資産譲渡等損失額の損金算入制限（特定引継資産・特定保有資産）</td><td>損金算入制限が生じない。</td><td>損金算入制限は生じない。</td></tr>
</table>

❷ 連結外法人（現物出資法人）の税務上の取扱い

取扱項目／適格・非適格	適格の場合	非適格の場合
資産の移転	簿価譲渡	時価譲渡

Case 8 非連結法人が連結子法人に現物出資を行うケース

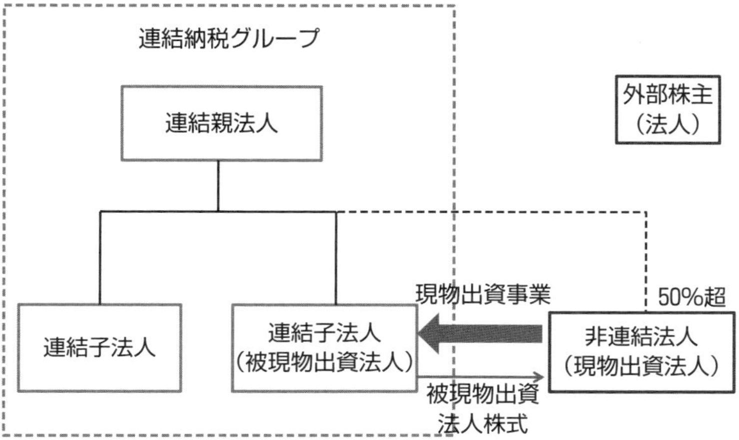

（適格要件）

同一者による支配関係がある場合の適格要件を満たす場合，適格となる（法法２十二の十四，法令４の３⑭）。

- 被現物出資法人の株式のみが交付されること
- 支配関係継続要件
- 資産負債引継要件
- 従業者引継要件
- 事業継続要件

なお，支配関係がある場合の適格要件を満たさない場合でも共同事業要件を満たす場合は適格と判定される。

（連結納税からの離脱）

被現物出資法人である連結子法人が連結法人以外の者に株式を発行するため，連結子法人は現物出資日に連結納税から離脱する（法法４の５②五）。

連結子法人の連結納税離脱によるみなし事業年度は次のとおりである（法法14①八・15の２①三・４の５②五）。なお，離脱日は現物出資日となる。

①　その連結事業年度開始日から離脱日の前日までの期間（連結単体申告。

ただし，離脱日の前日が連結親法人事業年度終了の日である場合は，連結申告）

② 離脱日からその連結事業年度終了日までの期間（単体申告）

③ その終了日の翌日から当該翌日の属する事業年度終了日までの期間（単体申告）

❶ 連結子法人（被現物出資法人）の税務上の取扱い

取扱項目／適格・非適格		適格の場合	非適格の場合
資産の受入		• 簿価受入 • 受入処理は，連結納税離脱後の事業年度（現物出資日の属する事業年度）に行われる。	• 時価受入 • 受入処理は，連結納税離脱後の事業年度（現物出資日の属する事業年度）に行われる。
連結欠損金個別帰属額		連結欠損金個別帰属額は，現物出資日の前日の属する事業年度（現物出資日が連結事業年度終了の日の翌日である場合は，現物出資日の属する事業年度）以後，単体納税の繰越欠損金とみなされる（法法57⑥）。	連結欠損金個別帰属額は，現物出資日の前日の属する事業年度（現物出資日が連結事業年度終了の日の翌日である場合は，現物出資日の属する事業年度）以後，単体納税の繰越欠損金とみなされる（法法57⑥）。
被現物出資法人の繰越欠損金の利用制限	法人税	• 次の要件のいずれも満たさない場合，利用制限が生じる（法法57④，法令112③④⑨⑩）。 ①５年前の日又は設立日からの支配関係継続要件 ②みなし共同事業要件 ただし，含み損益の特例計算の適用がある（法令113①④⑤）。 • 利用制限は，連結納税離脱後の事業年度（現物出資日の属する事業年度）に生じる。	利用制限は生じない。
	住民税	利用制限は生じない。	利用制限は生じない。
	事業税	• 法人税に係る繰越欠損金と同様の利用制限が生じる（地令20の３①）。	利用制限は生じない。

		• 利用制限は，連結納税離脱後の事業年度（現物出資日の属する事業年度）に生じる。	
特定資産譲渡等損失額の損金算入制限（特定引継資産・特定保有資産）		• 次の要件のいずれも満たさない場合，損金算入制限が生じる（法法62の7①・57④，法令112③⑩・123の8①）。 ①5年前の日又は設立日からの支配関係継続要件 ②みなし共同事業要件 ただし，含み損益の特例計算の適用がある（法令123の9①⑥⑨）。 • 損金算入制限は，連結納税離脱後の事業年度（現物出資日の属する事業年度）以後に生じる。	損金算入制限が生じない。
連結子法人株式の帳簿価額の修正		連結子法人が他の連結子法人の株式を所有する場合，連結納税から離脱する他の連結子法人株式の投資簿価修正が生じる（法令9②五）。	連結子法人が他の連結子法人の株式を所有する場合，連結納税から離脱する他の連結子法人株式の投資簿価修正が生じる（法令9②五）。
再加入		再加入制限（法令14の6①四）	再加入制限（法令14の6①四）

❷　非連結法人（現物出資法人）の税務上の取扱い

取扱項目／適格・非適格	適格の場合	非適格の場合
資産の移転	簿価譲渡	時価譲渡

❸　連結親法人の税務上の取扱い

取扱項目／適格・非適格	適格の場合	非適格の場合
連結子法人株式の帳簿価額の修正	離脱する連結子法人の投資簿価修正が生じる（法令9②三）。	離脱する連結子法人の投資簿価修正が生じる（法令9②三）。

Case 9 連結外法人が連結子法人に現物出資を行うケース

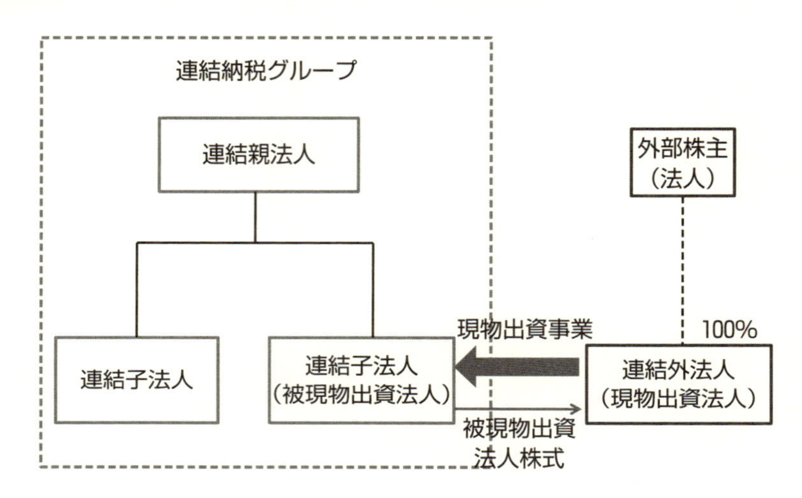

(適格要件)

共同事業要件を満たす場合，適格となる（法法2十二の十四，法令4の3⑮)。

- 被現物出資法人の株式のみが交付されること
- 事業関連性要件
- 事業規模要件又は経営参画要件
- 資産負債引継要件
- 従業者引継要件
- 事業継続要件
- 株式継続保有要件

(連結納税からの離脱)

被現物出資法人である連結子法人が連結法人以外の者に株式を発行するため，連結子法人は現物出資日に連結納税から離脱する（法法4の5②五)。

連結子法人の連結納税離脱によるみなし事業年度は〔Case 8〕のとおりである。なお，離脱日は現物出資日となる。

❶ 連結子法人（被現物出資法人）の税務上の取扱い

<table>
<tr><th colspan="2">取扱項目／適格・非適格</th><th>適格の場合</th><th>非適格の場合</th></tr>
<tr><td colspan="2">資産の受入</td><td>• 簿価受入
• 受入処理は，連結納税離脱後の事業年度（現物出資日の属する事業年度）に行われる。</td><td>• 時価受入
• 受入処理は，連結納税離脱後の事業年度（現物出資日の属する事業年度）に行われる。</td></tr>
<tr><td colspan="2">連結欠損金個別帰属額</td><td>連結欠損金個別帰属額は，現物出資日の前日の属する事業年度（現物出資日が連結事業年度終了の日の翌日である場合は，現物出資日の属する事業年度）以後，単体納税の繰越欠損金とみなされる（法法57⑥）。</td><td>連結欠損金個別帰属額は，現物出資日の前日の属する事業年度（現物出資日が連結事業年度終了の日の翌日である場合は，現物出資日の属する事業年度）以後，単体納税の繰越欠損金とみなされる（法法57⑥）。</td></tr>
<tr><td rowspan="3">被現物出資法人の繰越欠損金の利用制限</td><td>法人税</td><td>利用制限は生じない。</td><td>利用制限は生じない。</td></tr>
<tr><td>住民税</td><td>利用制限は生じない。</td><td>利用制限は生じない。</td></tr>
<tr><td>事業税</td><td>利用制限は生じない。</td><td>利用制限は生じない。</td></tr>
<tr><td colspan="2">特定資産譲渡等損失額の損金算入制限（特定引継資産・特定保有資産）</td><td>損金算入制限が生じない。</td><td>損金算入制限が生じない。</td></tr>
<tr><td colspan="2">連結子法人株式の帳簿価額の修正</td><td>連結子法人が他の連結子法人の株式を所有する場合，連結納税から離脱する他の連結子法人株式の投資簿価修正が生じる（法令9②五）。</td><td>連結子法人が他の連結子法人の株式を所有する場合，連結納税から離脱する他の連結子法人株式の投資簿価修正が生じる（法令9②五）。</td></tr>
<tr><td colspan="2">再加入</td><td>再加入制限（法令14の6①四）</td><td>再加入制限（法令14の6①四）</td></tr>
</table>

❷ 連結外法人（現物出資法人）の税務上の取扱い

取扱項目／適格・非適格	適格の場合	非適格の場合
資産の移転	簿価譲渡	時価譲渡

❸ 連結親法人の税務上の取扱い

取扱項目／適格・非適格	適格の場合	非適格の場合
連結子法人株式の帳簿価額の修正	離脱する連結子法人の投資簿価修正が生じる（法令９②三）。	離脱する連結子法人の投資簿価修正が生じる（法令９②三）。

第7章

連結納税適用後の現物分配のケーススタディ

◆この章のテーマ◆

第３章までの連結納税と組織再編税制の取扱いにつき，現物分配に係るケースごとの連結親法人及び連結子法人の税務上の取扱い

Case１　連結子法人が連結親法人に現物分配を行うケース
Case２　完全支配関係のある非連結法人が連結親法人又は連結子法人に現物分配を行うケース
Case３　連結親法人が連結子法人株式を株式分配（スピンオフ）するケース

第３章までに解説した連結納税と組織再編税制の取扱いについて，現物分配に係るケースごとの連結親法人及び連結子法人の税務上の取扱いは次のとおりである。

なお，現物分配は平成29年10月１日以後に行われるものとする。

また，連結親法人又は連結子法人が最初連結事業年度に現物分配を行った場合の特有の取扱いは，第９章で解説している。

Case 1 連結子法人が連結親法人に現物分配を行うケース

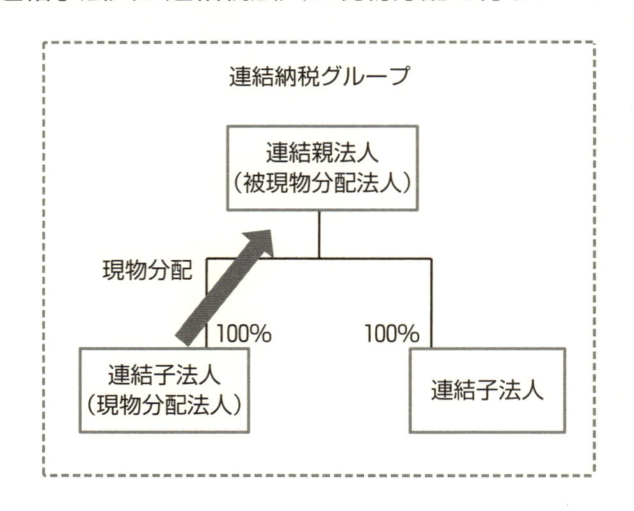

（適格要件）

現物分配により資産の移転を受ける者がその現物分配の直前において現物分配を行う連結子法人との間に完全支配関係がある連結親法人のみであるため，適格となる（法法十二の十五）。

❶ 連結親法人（被現物分配法人）の税務上の取扱い

取扱項目／適格・非適格		適格の場合
資産の受入		簿価受入
被現物分配法人の繰越欠損金の利用制限	法人税（注１）	利用制限は生じない。
	住民税（注２）	利用制限は生じない。
	事業税（注３）	５年前の日又は設立日からの支配関係継続要件を満たさない場合，利用制限が生じる（法法57④，法令112④⑨，地令20の３②）。 ただし，含み損益の特例計算の適用がある（法法57④，法令113①④⑤，地令20の３②）。
特定資産譲渡等損失額の損金算入制限（特定引継資産・特定保有資産）		５年前の日又は設立日からの支配関係継続要件を満たさない場合，損金算入制限が生じる（法法62の７①，法令123の８①）。 ただし，含み損益の特例計算の適用がある（法令123の９①⑥⑨）。

（注１）法人税に係る繰越欠損金は，連結欠損金個別帰属額又は単体納税における繰越欠損金をいうものとする（以下，本章において同じ）。
（注２）住民税に係る繰越欠損金は，連結納税又は単体納税を採用している場合の控除対象個別帰属調整額又は控除対象個別帰属税額をいうものとする（以下，本章において同じ）。
（注３）事業税に係る繰越欠損金は，連結納税又は単体納税を採用している場合の事業税の繰越欠損金をいうものとする（以下，本章において同じ）。

❷ 連結子法人（現物分配法人）の税務上の取扱い

取扱項目／適格・非適格	適格の場合
資産の移転	簿価譲渡 現物分配資産に他の連結子法人株式が含まれている場合，当該他の連結子法人株式の投資簿価修正は生じない（法令９②一ロ）。

Case 2 完全支配関係のある非連結法人が連結親法人又は連結子法人に現物分配を行うケース

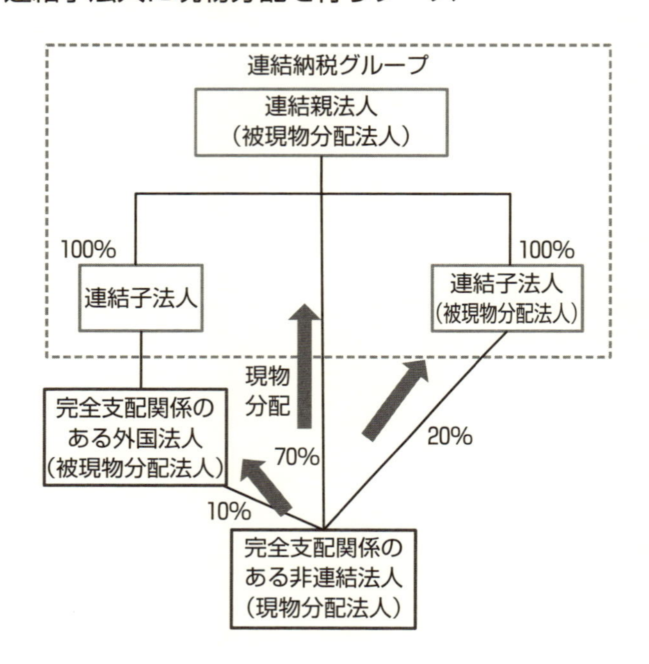

(適格要件)

現物分配により資産の移転を受ける者が，その現物分配の直前において，現物分配を行う法人との間に完全支配関係がある内国法人のみでないため，非適格となる（法法十二の十五）。

❶ 連結親法人及び連結子法人（被現物分配法人）の税務上の取扱い

取扱項目／適格・非適格		非適格の場合
資産の受入		時価受入
被現物分配法人の繰越欠損金の利用制限	法人税	利用制限は生じない。
	住民税	利用制限は生じない。
	事業税	利用制限は生じない。

特定資産譲渡等損失額の損金算入制限（特定引継資産・特定保有資産）	損金算入制限が生じない。

❷　完全支配関係のある非連結法人（現物分配法人）の税務上の取扱い

取扱項目／適格・非適格	非適格の場合
資産の移転	時価譲渡 譲渡損益調整資産について譲渡損益が繰り延べられる（法法61の13①，法令122の14②）。

Case 3 連結親法人が連結子法人株式を株式分配（スピンオフ）するケース

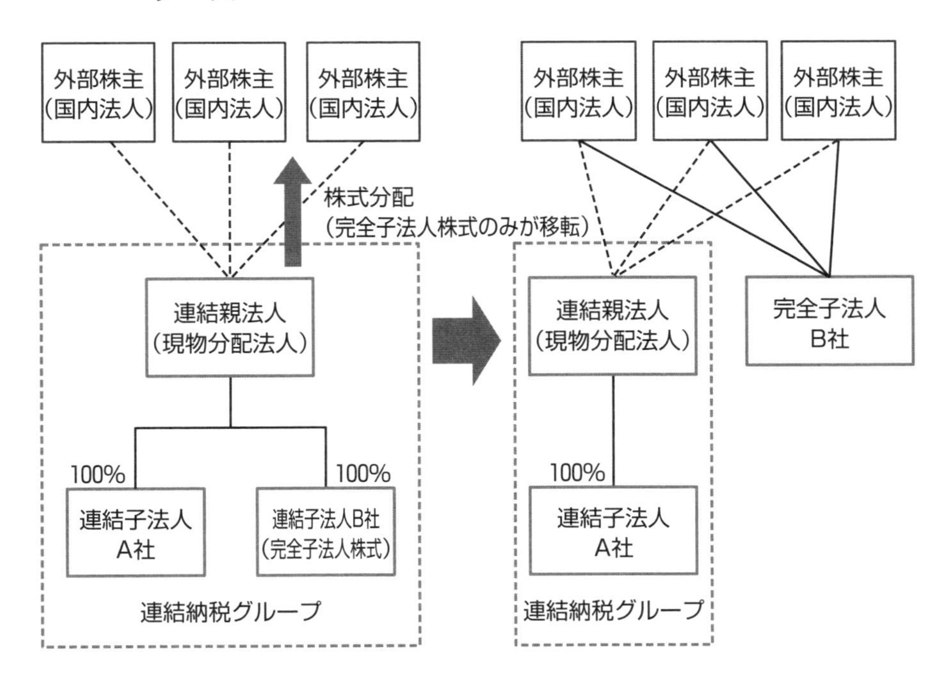

（適格要件）

現物分配により資産の移転を受ける者が，その現物分配の直前において，現物分配を行う法人との間に完全支配関係がある内国法人のみでないため，完全子法人の発行済株式の全部が移転する現物分配として，株式分配に該当する（法法２十二の十五の二）。

完全子法人の株式のみが移転する株式分配のうち，完全子法人と現物分配法人とが独立して事業を行うための株式分配として次に掲げる要件を満たす場合，適格となる（法法２十二の十五の三，法令４の３⑯）。

- 株式按分交付要件
- 非支配要件
- 役員引継要件
- 従業者引継要件
- 事業継続要件

（連結納税からの離脱）

連結子法人株式は株式分配されるため，当該連結子法人は株式分配日に連結納税から離脱する（法法４の５②五）。

当該連結子法人の連結納税離脱によるみなし事業年度は次のとおりである（法法14①八・15の２①三・４の５②五）。なお，離脱日は株式分配日となる。

① その連結事業年度開始日から離脱日の前日までの期間（連結単体申告。ただし，離脱日の前日が連結親法人事業年度終了の日である場合は，連結申告）

② 離脱日からその連結事業年度終了日までの期間（単体申告）

③ その終了日の翌日から当該翌日の属する事業年度終了日までの期間（単体申告）

❶ 連結親法人（現物分配法人）の税務上の取扱い

取扱項目／適格・非適格	適格の場合	非適格の場合
資産の移転	簿価譲渡	時価譲渡
連結子法人株式の帳簿価額の修正	離脱する連結子法人の投資簿価修正が生じる（法令９②三）。修正後の帳簿価額により完全子法人株式（連結子法人株式）の譲渡処理が行われる。	離脱する連結子法人の投資簿価修正が生じる（法令９②三）。修正後の帳簿価額により完全子法人株式（連結子法人株式）の譲渡処理が行われる。

❷ 連結子法人（完全子法人）の税務上の取扱い

取扱項目／適格・非適格		適格又は非適格の場合
連結子法人の繰越欠損金	法人税	連結納税離脱後，連結欠損金個別帰属額は単体納税の繰越欠損金とみなされる（法法57⑥）。
	住民税	連結納税離脱後も控除対象個別帰属調整額又は控除対象個別帰属税額を保有する。
	事業税	連結納税離脱後も繰越欠損金を保有する。
連結子法人株式の帳簿価額の修正		連結子法人が他の連結子法人の株式を所有する場合，他の連結子法人株式の投資簿価修正が生じる（法令９②五）。
再加入		再加入制限（法令14の６①四）

❸ 外部株主（連結親法人の株主）の税務上の取扱い

取扱項目／適格・非適格		適格の場合	非適格の場合
完全子法人株式	みなし配当	みなし配当は生じない。	みなし配当が生じる（法法24①三）。
	株式譲渡損益	株式譲渡損益は生じない（法法61の２⑧）。株式分配法人株式の完全子法人株式対応帳簿価額の完全子法人株式への付け替えが行われる（法令23①三・119①八・119の８の２①）。	株式譲渡損益は生じない（法法61の２⑧）。株式分配法人株式の完全子法人株式対応帳簿価額及びみなし配当の完全子法人株式への付け替えが行われる（法令23①三・119①八・119の８の２①）。

第8章

連結納税適用後の株式交換等のケーススタディ

◆この章のテーマ◆

第３章までの連結納税と組織再編税制の取扱いにつき，株式交換等に係るケースごとの連結親法人及び連結子法人の税務上の取扱い

Case 1　連結親法人が連結子法人と株式交換を行うケース
（交換対価が株式交換完全親法人株式又は無対価の場合）
Case 2　連結親法人が非連結法人と株式交換を行うケース
（交換対価が株式交換完全親法人株式の場合）
Case 3　連結親法人が連結外法人と株式交換を行うケース
（交換対価が株式交換完全親法人株式の場合）
Case 4　連結子法人が非連結法人と株式交換を行うケース
（交換対価が株式交換完全親法人株式の場合）
Case 5　連結子法人が連結外法人と株式交換を行うケース
（交換対価が株式交換完全親法人株式の場合）
Case 6　連結子法人が非連結法人と株式交換を行うケース
（交換対価が連結親法人株式の場合）
Case 7　連結子法人が連結外法人と株式交換を行うケース
（交換対価が連結親法人株式の場合）
Case 8　連結親法人が非連結法人を現金交付型株式交換により完全子会社化するケース
（スクイーズアウトによる完全子法人化）
Case 9　連結親法人が非連結法人を全部取得条項付種類株式方式，株式併合方式，株式売渡請求方式により完全子会社化するケース（スクイーズアウトによる完全子法人化）
Case10　連結子法人が非連結法人を現金交付型株式交換により完全子会社化するケース
（スクイーズアウトによる完全子法人化）
Case11　連結子法人が非連結法人を全部取得条項付種類株式方式，株式併合方式，株式売渡請求方式により完全子会社化するケース（スクイーズアウトによる完全子法人化）

第３章までに解説した連結納税と組織再編税制の取扱いについて，株式交換等に係るケースごとの連結親法人及び連結子法人の税務上の取扱いは次のとおりである。

前提条件は次のとおりである。

① 株式交換等は平成29年10月１日以後に行われるものとする。

② 連結親法人の株式の50％超を直接・間接に保有する者はいないものとする。

③ 株式交換等により連結法人が他の連結法人との間に完全支配関係を有しなくなることによる繰延譲渡損益の実現処理の取扱いは解説を省略している。

④ 連結親法人又は連結子法人が最初連結事業年度に株式交換等を行った場合の特有の取扱いは第９章で解説している。

⑤ ケーススタディにおける非連結法人及び連結外法人は，単体納税を採用しているものとする。

非連結法人又は連結外法人が連結納税を採用している場合，株式交換等完全子法人となる非連結法人又は連結外法人は，連結納税が取りやめ又は連結納税から離脱することとなる。

この場合，株式交換等完全子法人となる非連結法人又は連結外法人の連結欠損金個別帰属額を単体納税における繰越欠損金とみなして，連結納税加入時の繰越欠損金の取扱いが適用される。

Case 1 連結親法人が連結子法人と株式交換を行うケース（交換対価が株式交換完全親法人株式又は無対価の場合）

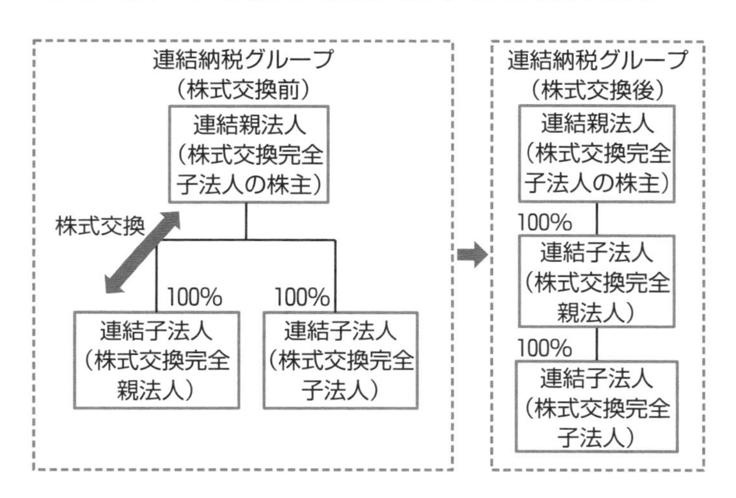

（適格要件）

同一者による完全支配関係がある場合の適格要件を満たす場合，適格となる（法法２十二の十七，法令４の３⑱）。

- 金銭等の交付がないこと（株式交換完全親法人が株式交換完全子法人の３分の２以上の株式を有している場合の金銭等の交付は要件を満たす）
- 支配関係継続要件

なお，完全支配関係がある場合の適格要件を満たさない場合でも支配関係がある場合の適格要件又は共同事業要件を満たす場合は適格と判定される。

❶ 連結子法人（株式交換完全親法人）の税務上の取扱い

取扱項目／適格・非適格	適格の場合	非適格の場合
株式交換完全子法人株式の取得価額	連結親法人の株式交換完全子法人株式の帳簿価額（法令119①十）	完全支配関係のある法人間の株式交換であるため，非適格となった場合でも，連結親法人の株式交換完全子法人株式の帳簿価額となる

		（法令119①十）

❷ 連結子法人（株式交換完全子法人）の税務上の取扱い

取扱項目／適格・非適格		適格の場合	非適格の場合
保有資産の評価		簿価評価（法法62の9①）	簿価評価 完全支配関係のある法人間の株式交換であるため，非適格となった場合でも株式交換完全子法人の時価評価は生じない（法法62の9①）。
株式交換完全子法人の繰越欠損金の切捨て	法人税（注1）	切捨ては生じない。	切捨ては生じない。
	住民税（注2）	切捨ては生じない。	切捨ては生じない。
	事業税（注3）	切捨ては生じない。	切捨ては生じない。

（注1） 法人税に係る繰越欠損金は，連結欠損金個別帰属額又は単体納税における繰越欠損金をいうものとする（以下，本章において同じ）。

（注2） 住民税に係る繰越欠損金は，連結納税又は単体納税を採用している場合の控除対象個別帰属調整額又は控除対象個別帰属税額をいうものとする（以下，本章において同じ）。

（注3） 事業税に係る繰越欠損金は，連結納税又は単体納税を採用している場合の事業税の繰越欠損金をいうものとする（以下，本章において同じ）。

❸ 連結親法人（株式交換完全子法人の株主）の税務上の取扱い

取扱項目／適格・非適格	適格の場合	非適格の場合
株式交換完全子法人株式	• 株式譲渡損益は生じない（法法61の2⑨）。 • 株式交換完全子法人株式の帳簿価額が，株式交換完全親法人株式の帳簿価額に付け替わる（法令119①九・119の3⑮・119の4①）。	• 株式譲渡損益は生じない（法法61の2⑨）。 • 対価が発行される場合，株式交換完全子法人株式の帳簿価額が，株式交換完全親法人株式の帳簿価額に付け替わる（法令119①九）。
連結子法人株式の帳簿価額の修正	株式交換完全子法人である連結子法人株式の投資簿価修正は生じない（法令9②一ハ）。	株式交換完全子法人である連結子法人株式の投資簿価修正が生じる（法令9②一）。 投資簿価修正後に株式交換完全子法人株式の交換処理を行う。

Case 2 連結親法人が非連結法人と株式交換を行うケース（交換対価が株式交換完全親法人株式の場合）

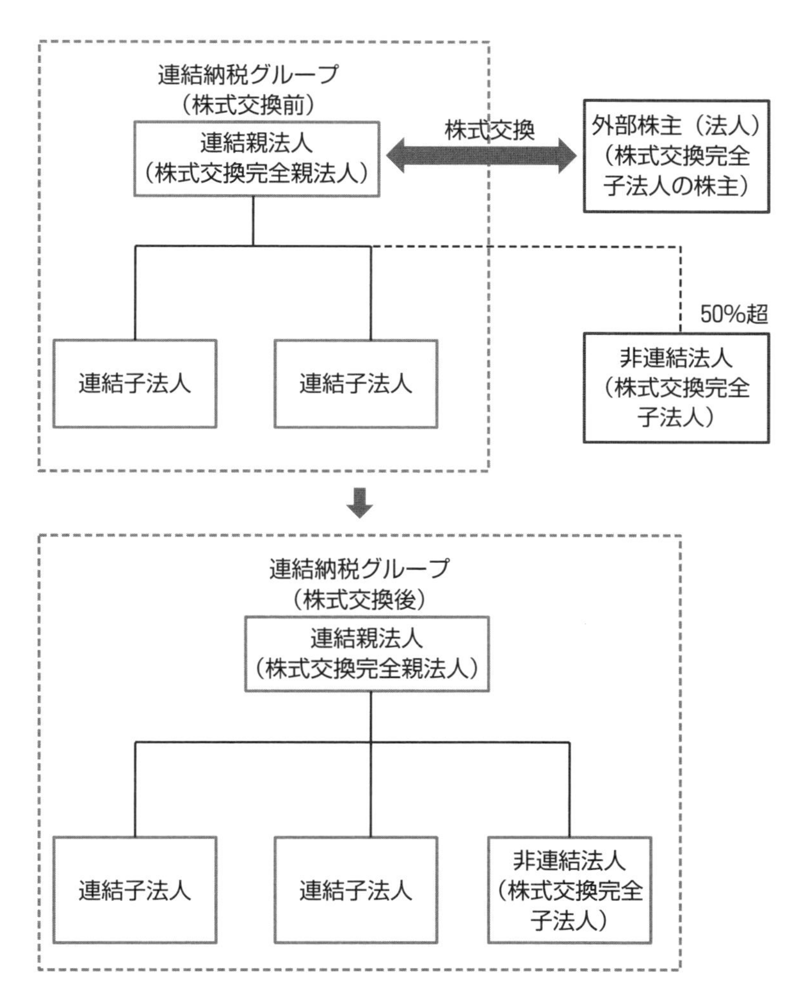

（適格要件）

当事者間の支配関係がある場合の適格要件を満たす場合，適格となる（法法２十二の十七，法令４の３⑲）。

- 金銭等の交付がないこと（株式交換完全親法人が株式交換完全子法人の３分

の２以上の株式を有している場合の金銭等の交付は要件を満たす）

- 支配関係継続要件
- 従業者引継要件
- 事業継続要件

なお，支配関係がある場合の適格要件を満たさない場合でも共同事業要件を満たす場合は適格と判定される。

❶ 連結親法人（株式交換完全親法人）の税務上の取扱い

取扱項目／適格・非適格	適格の場合	非適格の場合
株式交換完全子法人株式の取得価額	• 株式交換完全子法人の株主が50名未満の場合，株式交換完全子法人の株主の株式交換完全子法人株式の帳簿価額の合計額（法令119①十） • 株式交換完全子法人の株主が50名以上の場合，株式交換完全子法人の簿価純資産価額の取得株数相当額（法令119①十，法規26の９）	時価（法令119①二十七）

❷ 非連結法人（株式交換完全子法人）の税務上の取扱い

取扱項目／適格・非適格		適格の場合	非適格の場合
保有資産の評価		簿価評価 • 特定連結子法人に該当するため，連結加入直前事業年度に時価評価は生じない（法法61の12①二）。 • 株式交換日の属する事業年度に時価評価は生じない（法法62の９①）。	時価評価 • 特定連結子法人に該当しないため，連結加入直前事業年度に時価評価が生じる（法法61の12①）。 • 株式交換日の属する事業年度に時価評価が生じる（法法62の９①）。
株式交換完全子法人の繰越欠損金の切捨て	法人税	• 切り捨てられずに持ち込まれる（法法81の９②・61の12①二）。 • 特定連結欠損金として株式交換完全子法人の個別所得を限度に利用可能となる（法法81の９①・②一・③一）。	切り捨てられる。

	住民税	株式交換直前に有している控除対象個別帰属調整額又は控除対象個別帰属税額は連結納税に加入しても切り捨てられない。	• 株式交換直前に有している控除対象個別帰属調整額又は控除対象個別帰属税額は連結納税に加入しても切り捨てられない。 • 連結納税の加入により切り捨てられる法人税に係る繰越欠損金は，控除対象個別帰属調整額となる（地法53⑤⑥・321の8⑤⑥）。
	事業税	切り捨てられない。	切り捨てられない。
株式交換完全子法人の完全支配関係がある子法人の取扱い		株式交換完全子法人の完全支配関係がある子法人のうち，株式交換により連結子法人となる法人には，連結子法人が加入した場合の税務上の取扱いが適用される（第1章「6－2」参照）。	株式交換完全子法人の完全支配関係がある子法人のうち，株式交換により連結子法人となる法人には，連結子法人が加入した場合の税務上の取扱いが適用される（第1章「6－2」参照）。
みなし事業年度		連結納税加入に伴う次のみなし事業年度を設定する（法法14①六・②・15の2①四・②・4の3⑩）。 ①加入日の前日の属する事業年度開始日から当該前日までの期間（単体申告） ②加入日から連結親法人事業年度終了日までの期間（連結申告）	連結納税加入に伴う次のみなし事業年度を設定する（法法14①六・②・15の2①四・②・4の3⑩）。 ①加入日の前日の属する事業年度開始日から当該前日までの期間（単体申告） ②加入日から連結親法人事業年度終了日までの期間（連結申告）

❸ 外部株主（株式交換完全子法人の株主）の税務上の取扱い

取扱項目／適格・非適格	適格の場合	非適格の場合
株式交換完全子法人株式	• 株式譲渡損益は生じない（法法61の2⑨）。 • 株式交換完全子法人株式の帳簿価額が，株式交換完全親法人株式の帳簿価額に付け替わる（法令119①九）。	• 株式譲渡損益は生じない（法法61の2⑨）。 • 株式交換完全子法人株式の帳簿価額が，株式交換完全親法人株式の帳簿価額に付け替わる（法令119①九）。

Case 3 連結親法人が連結外法人と株式交換を行うケース （交換対価が株式交換完全親法人株式の場合）

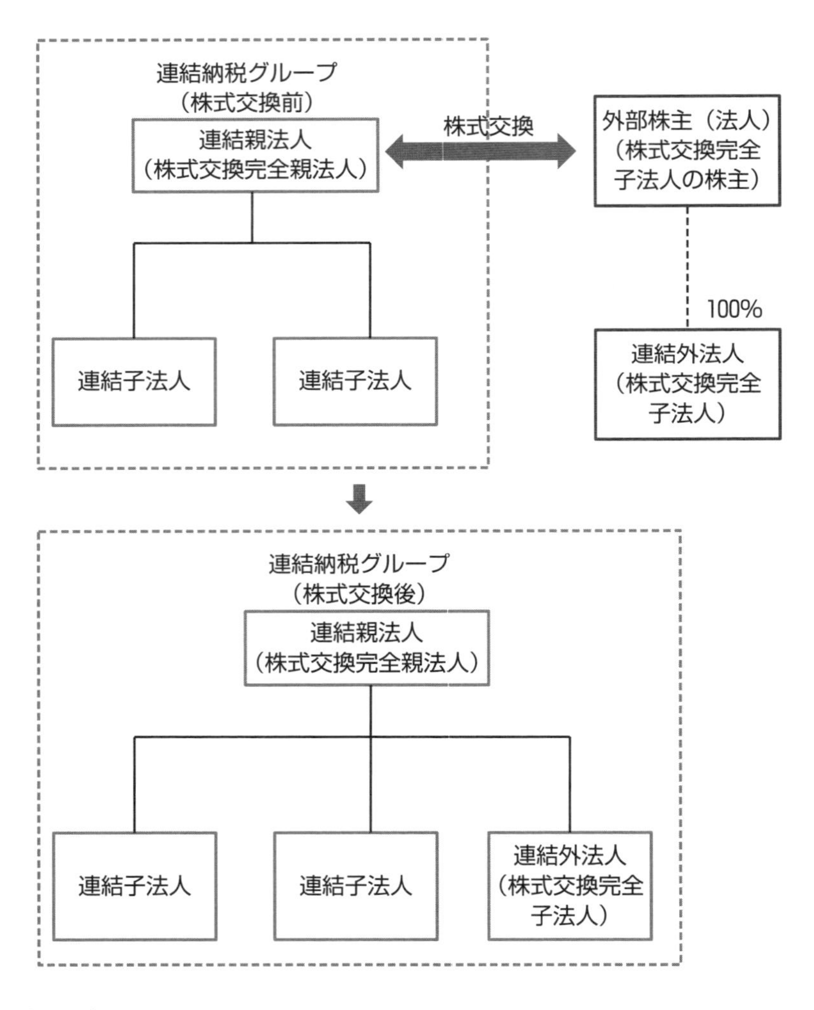

（適格要件）

共同事業要件を満たす場合，適格となる（法法２十二の十七，法令４の３⑳）。

- 金銭等の交付がないこと（株式交換完全親法人が株式交換完全子法人の３分の２以上の株式を有している場合の金銭等の交付は要件を満たす）

- 事業関連性要件
- 事業規模要件又は経営参画要件
- 従業者引継要件
- 事業継続要件
- 株式交換完全子法人の株主の株式継続保有要件
- 株式交換完全親法人の株式継続保有要件

❶　連結親法人（株式交換完全親法人）の税務上の取扱い

取扱項目／適格・非適格	適格の場合	非適格の場合
株式交換完全子法人株式の取得価額	• 株式交換完全子法人の株主が50名未満の場合，株式交換完全子法人の株主の株式交換完全子法人株式の帳簿価額の合計額（法令119①十） • 株式交換完全子法人の株主が50名以上の場合，株式交換完全子法人の簿価純資産価額の取得株数相当額（法令119①十，法規26の９）	時価（法令119①二十七）

❷　連結外法人（株式交換完全子法人）の税務上の取扱い

<table>
<tr><th colspan="2">取扱項目／適格・非適格</th><th>適格の場合</th><th>非適格の場合</th></tr>
<tr><td colspan="2">保有資産の評価</td><td>簿価評価
• 特定連結子法人に該当するため，連結加入直前事業年度に時価評価は生じない（法法61の12①二）。
• 株式交換日の属する事業年度に時価評価は生じない（法法62の９①）。</td><td>時価評価
• 特定連結子法人に該当しないため，連結加入直前事業年度に時価評価が生じる（法法61の12①）。
• 株式交換日の属する事業年度に時価評価が生じる（法法62の９①）。</td></tr>
<tr><td>株式交換完全子法人の繰越欠損金の切捨て</td><td>法人税</td><td>• 切り捨てられずに持ち込まれる（法法81の９②・61の12①二）。
• 特定連結欠損金として株式交換完全子法人の個別所得を限度に利用可能となる（法法81の９①・②一・③一）。</td><td>切り捨てられる。</td></tr>
</table>

	住民税	株式交換直前に有している控除対象個別帰属調整額又は控除対象個別帰属税額は連結納税に加入しても切り捨てられない。	• 株式交換直前に有している控除対象個別帰属調整額又は控除対象個別帰属税額は連結納税に加入しても切り捨てられない。 • 連結納税の加入により切り捨てられる法人税に係る繰越欠損金は，控除対象個別帰属調整額となる（地法53⑤⑥，321の8⑤⑥）。
	事業税	切り捨てられない。	切り捨てられない。
株式交換完全子法人の完全支配関係がある子法人の取扱い		株式交換完全子法人の完全支配関係がある子法人のうち，株式交換により連結子法人となる法人には，連結子法人が加入した場合の税務上の取扱いが適用される（第1章「6－2」参照）。	株式交換完全子法人の完全支配関係がある子法人のうち，株式交換により連結子法人となる法人には，連結子法人が加入した場合の税務上の取扱いが適用される（第1章「6－2」参照）。
みなし事業年度		連結納税加入に伴う次のみなし事業年度を設定する（法法14①六・②・15の2①四・②・4の3⑩）。 ①加入日の前日の属する事業年度開始日から当該前日までの期間（単体申告） ②加入日から連結親法人事業年度終了日までの期間（連結申告）	連結納税加入に伴う次のみなし事業年度を設定する（法法14①六・②・15の2①四・②・4の3⑩）。 ①加入日の前日の属する事業年度開始日から当該前日までの期間（単体申告） ②加入日から連結親法人事業年度終了日までの期間（連結申告）

❸　外部株主（株式交換完全子法人の株主）の税務上の取扱い

取扱項目／適格・非適格	適格の場合	非適格の場合
株式交換完全子法人株式	• 株式譲渡損益は生じない（法法61の2⑨）。 • 株式交換完全子法人株式の帳簿価額が，株式交換完全親法人株式の帳簿価額に付け替わる（法令119①九）。	• 株式譲渡損益は生じない（法法61の2⑨）。 • 株式交換完全子法人株式の帳簿価額が，株式交換完全親法人株式の帳簿価額に付け替わる（法令119①九）。

Case 4 連結子法人が非連結法人と株式交換を行うケース（交換対価が株式交換完全親法人株式の場合）

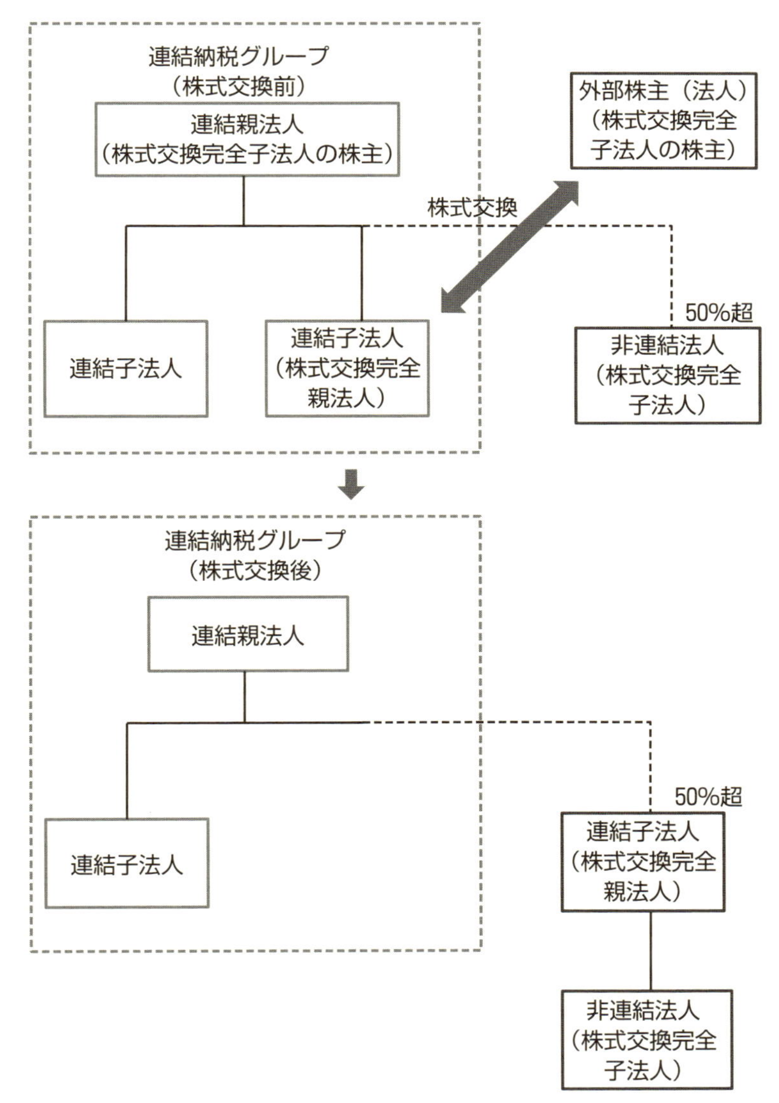

（注）本ケースは，株式交換後，連結親法人が株式交換完全親法人の株式の50%超を保有するものとする。

（適格要件）

同一者による支配関係がある場合の適格要件を満たす場合，適格となる（法法２十二の十七，法令４の３⑲）。

- 金銭等の交付がないこと（株式交換完全親法人が株式交換完全子法人の３分の２以上の株式を有している場合の金銭等の交付は要件を満たす）
- 支配関係継続要件
- 従業者引継要件
- 事業継続要件

なお，支配関係がある場合の適格要件を満たさない場合でも共同事業要件を満たす場合は適格と判定される。

（連結納税からの離脱）

株式交換完全親法人である連結子法人が連結法人以外の者に株式を発行するため，連結子法人は株式交換日に連結納税から離脱する（法法４の５②五）。

連結子法人の連結納税離脱によるみなし事業年度は次のとおりである（法法14①八・15の２①三・４の５②五）。なお，離脱日は株式交換日となる。

① その連結事業年度開始日から離脱日の前日までの期間（連結単体申告。ただし，離脱日の前日が連結親法人事業年度終了の日である場合は，連結申告）

② 離脱日からその連結事業年度終了日までの期間（単体申告）

③ その終了日の翌日から当該翌日の属する事業年度終了日までの期間（単体申告）

❶ 連結子法人（株式交換完全親法人）の税務上の取扱い

取扱項目／適格・非適格	適格の場合	非適格の場合
連結欠損金個別帰属額	連結欠損金個別帰属額は，株式交換日の前日の属する事業年度（株式交換日が連結事業年度終了の日の翌日である場合は，株式交換日の属する事業年度）以後，単体納税の繰越欠損金とみなされる（法法57⑥）。	連結欠損金個別帰属額は，株式交換日の前日の属する事業年度（株式交換日が連結事業年度終了の日の翌日である場合は，株式交換日の属する事業年度）以後，単体納税の繰越欠損金とみなされる（法法57⑥）。

株式交換完全子法人株式の取得価額	• 株式交換完全子法人の株主が50名未満の場合，株式交換完全子法人の株主の株式交換完全子法人株式の帳簿価額の合計額（法令119①十） • 株式交換完全子法人の株主が50名以上の場合，株式交換完全子法人の簿価純資産価額の取得株数相当額（法令119①十，法規26の９）	時価（法令119①二十七）
連結子法人株式の帳簿価額の修正	連結子法人が他の連結子法人の株式を所有する場合，連結納税から離脱する他の連結子法人株式の投資簿価修正が生じる（法令９②五）。	連結子法人が他の連結子法人の株式を所有する場合，連結納税から離脱する他の連結子法人株式の投資簿価修正が生じる（法令９②五）。
再加入	再加入制限（法令14の６①四）	再加入制限（法令14の６①四）

❷　非連結法人（株式交換完全子法人）の税務上の取扱い

取扱項目／適格・非適格	適格の場合	非適格の場合
保有資産の評価	簿価評価	時価評価（法法62の９①）

❸　連結親法人（株式交換完全子法人の株主）の税務上の取扱い

取扱項目／適格・非適格	適格の場合	非適格の場合
株式交換完全子法人株式	• 株式譲渡損益は生じない（法法61の２⑨）。 • 株式交換完全子法人株式の帳簿価額が，株式交換完全親法人株式の帳簿価額に付け替わる（法令119①九）。	• 株式譲渡損益は生じない（法法61の２⑨）。 • 株式交換完全子法人株式の帳簿価額が，株式交換完全親法人株式の帳簿価額に付け替わる（法令119①九）。
連結子法人株式の帳簿価額の修正	離脱する連結子法人株式の投資簿価修正が生じる（法令９②三）。	離脱する連結子法人株式の投資簿価修正が生じる（法令９②三）。

❹ 外部株主（株式交換完全子法人の株主）の税務上の取扱い

取扱項目／適格・非適格	適格の場合	非適格の場合
株式交換完全子法人株式	• 株式譲渡損益は生じない（法法61の2⑨）。 • 株式交換完全子法人株式の帳簿価額が，株式交換完全親法人株式の帳簿価額に付け替わる（法令119①九）。	• 株式譲渡損益は生じない（法法61の2⑨）。 • 株式交換完全子法人株式の帳簿価額が，株式交換完全親法人株式の帳簿価額に付け替わる（法令119①九）。

Case 5 連結子法人が連結外法人と株式交換を行うケース（交換対価が株式交換完全親法人株式の場合）

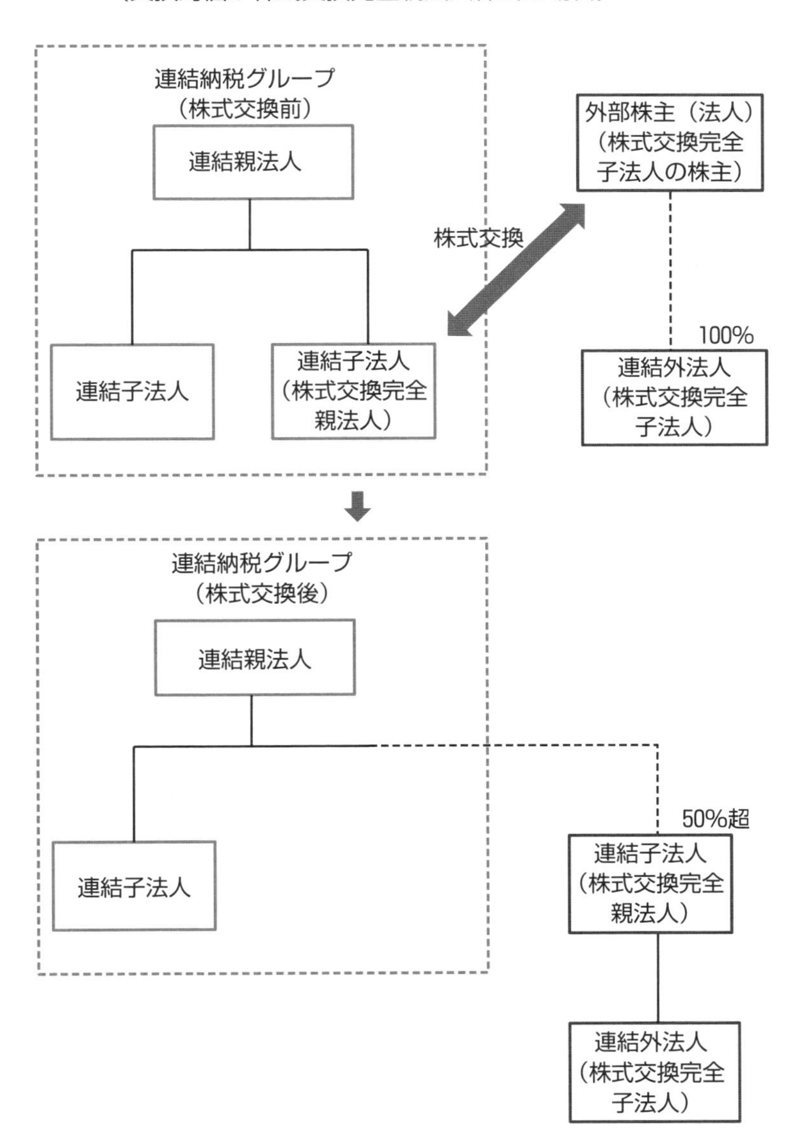

（適格要件）

共同事業要件を満たす場合，適格となる（法法２十二の十七，法令４の３⑳）。

- 金銭等の交付がないこと（株式交換完全親法人が株式交換完全子法人の３分の２以上の株式を有している場合の金銭等の交付は要件を満たす）
- 事業関連性要件
- 事業規模要件又は経営参画要件
- 従業者引継要件
- 事業継続要件
- 株式交換完全子法人の株主の株式継続保有要件
- 株式交換完全親法人の株式継続保有要件

（連結納税からの離脱）

株式交換完全親法人である連結子法人が連結法人以外の者に株式を発行するため，連結子法人は株式交換日に連結納税から離脱する（法法４の５②五）。

連結子法人の連結納税離脱によるみなし事業年度は〔Case 4〕のとおりである。なお，離脱日は株式交換日となる。

❶ 連結子法人（株式交換完全親法人）の税務上の取扱い

取扱項目／適格・非適格	適格の場合	非適格の場合
連結欠損金個別帰属額	連結欠損金個別帰属額は，株式交換日の前日の属する事業年度（株式交換日が連結事業年度終了の日の翌日である場合は，株式交換日の属する事業年度）以後，単体納税の繰越欠損金とみなされる（法法57⑥）。	連結欠損金個別帰属額は，株式交換日の前日の属する事業年度（株式交換日が連結事業年度終了の日の翌日である場合は，株式交換日の属する事業年度）以後，単体納税の繰越欠損金とみなされる（法法57⑥）。
株式交換完全子法人株式の取得価額	•株式交換完全子法人の株主が50名未満の場合，株式交換完全子法人の株主の株式交換完全子法人株式の帳簿価額の合計額（法令119①十）	時価（法令119①二十七）

	• 株式交換完全子法人の株主が50名以上の場合，株式交換完全子法人の簿価純資産価額の取得株数相当額（法令119①十，法規26の９）	
連結子法人株式の帳簿価額の修正	連結子法人が他の連結子法人の株式を所有する場合，連結納税から離脱する他の連結子法人株式の投資簿価修正が生じる（法令９②五）。	連結子法人が他の連結子法人の株式を所有する場合，連結納税から離脱する他の連結子法人株式の投資簿価修正が生じる（法令９②五）。
再加入	再加入制限（法令14の６①四）	再加入制限（法令14の６①四）

❷　連結外法人（株式交換完全子法人）の税務上の取扱い

取扱項目／適格・非適格	適格の場合	非適格の場合
保有資産の評価	簿価評価	時価評価（法法62の９①）

❸　連結親法人の税務上の取扱い

取扱項目／適格・非適格	適格の場合	非適格の場合
連結子法人株式の帳簿価額の修正	離脱する連結子法人株式の投資簿価修正が生じる（法令９②三）。	離脱する連結子法人株式の投資簿価修正が生じる（法令９②三）。

❹　外部株主（株式交換完全子法人の株主）の税務上の取扱い

取扱項目／適格・非適格	適格の場合	非適格の場合
株式交換完全子法人株式	• 株式譲渡損益は生じない（法法61の２⑨）。 • 株式交換完全子法人株式の帳簿価額が，株式交換完全親法人株式の帳簿価額に付け替わる（法令119①九）。	• 株式譲渡損益は生じない（法法61の２⑨）。 • 株式交換完全子法人株式の帳簿価額が，株式交換完全親法人株式の帳簿価額に付け替わる（法令119①九）。

Case 6 連結子法人が非連結法人と株式交換を行うケース（交換対価が連結親法人株式の場合）

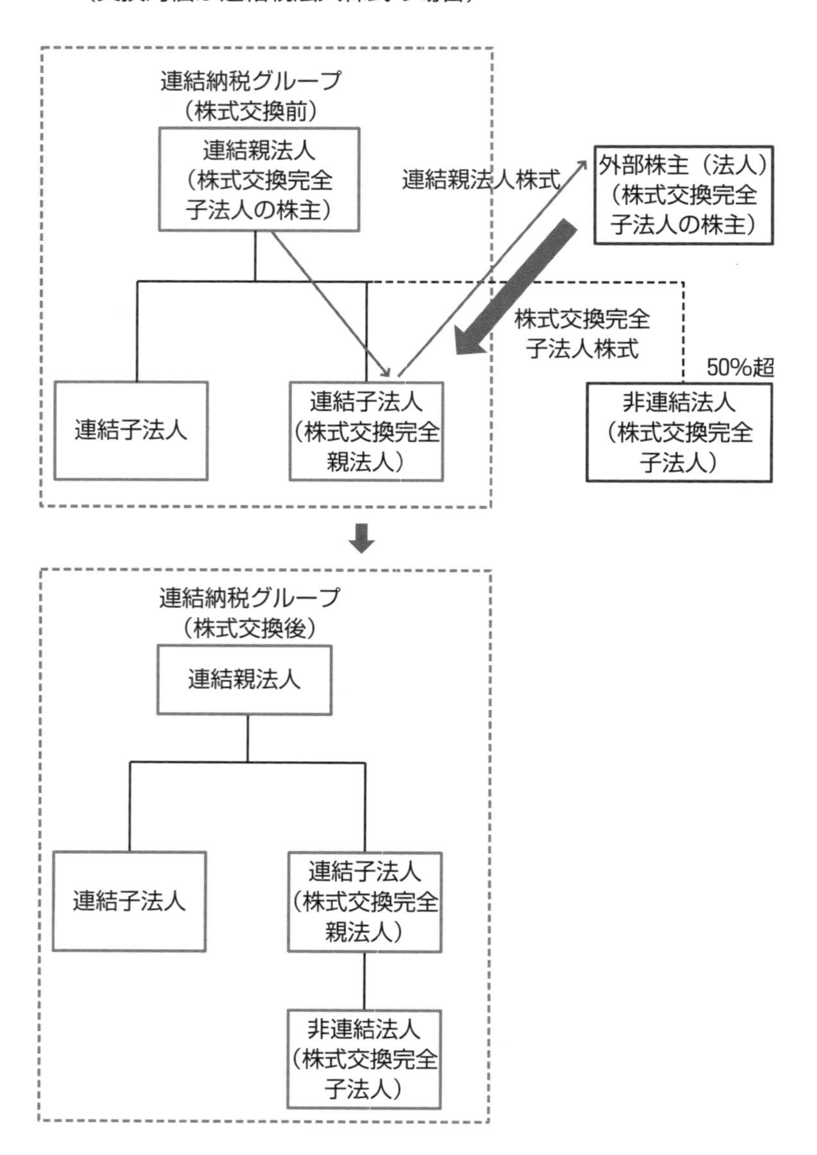

（適格要件）

同一者による支配関係がある場合の適格要件を満たす場合，適格となる（法法２十二の十七，法令４の３⑲）。

- 金銭等の交付がないこと（株式交換完全親法人が株式交換完全子法人の３分の２以上の株式を有している場合の金銭等の交付は要件を満たす）
- 支配関係継続要件
- 従業者引継要件
- 事業継続要件

なお，支配関係がある場合の適格要件を満たさない場合でも共同事業要件を満たす場合は適格と判定される。

（株式交換完全支配親法人株式の定義）

金銭等に該当しない交換対価となる株式交換完全支配親法人株式は，株式交換完全親法人との間に株式交換完全親法人の発行済株式の全部を保有する関係がある法人の株式をいう（法法２十二の十七，法令４の３⑰）。

ここで，発行済株式の全部を保有する関係とは，次の２つの要件を満たす場合の株式交換完全親法人と親法人との間の関係となる。

- 株式交換の直前に株式交換完全親法人と株式交換完全親法人以外の法人（親法人）との間に親法人による直接完全支配関係（二の法人のいずれか一方の法人が他方の法人の発行済株式の全部を保有する関係をいう）があること
- 株式交換後に株式交換完全親法人と親法人との間に親法人による直接完全支配関係が継続することが見込まれていること

本ケースにおける交換対価となる連結親法人株式は，上記の株式交換完全支配親法人株式の要件を満たすものとする（以下，本章において同じ）。

また，本ケースでは，連結子法人は，株式交換完全支配親法人株式を所有していないものとし，連結親法人は，連結子法人に対して株式交換完全子法人の株主に交付するための交換対価として，連結親法人株式の発行をすることとする。したがって，株式交換完全支配親法人株式について譲渡損益は生じない（法法61の２㉓，法令119の11の２）。

なお，交換対価の範囲であれば，親会社株式の取得及び保有制限の規定は適用されない（会社法800①②）。

❶　連結子法人（株式交換完全親法人）の税務上の取扱い

取扱項目／適格・非適格	適格の場合	非適格の場合
株式交換完全子法人株式の取得価額	• 株式交換完全子法人の株主が50名未満の場合，株式交換完全子法人の株主の株式交換完全子法人株式の帳簿価額の合計額(法令119①十) • 株式交換完全子法人の株主が50名以上の場合，株式交換完全子法人の簿価純資産価額の取得株数相当額（法令119①十，法規26の９）	時価（法令119①二十七）

❷　非連結法人（株式交換完全子法人）の税務上の取扱い

取扱項目／適格・非適格		適格の場合	非適格の場合
保有資産の評価		簿価評価 • 特定連結子法人に該当するため，連結加入直前事業年度に時価評価は生じない(法法61の12①二)。 • 株式交換日の属する事業年度に時価評価は生じない(法法62の９①)。	時価評価 • 特定連結子法人に該当しないため，連結加入直前事業年度に時価評価が生じる(法法61の12①)。 • 株式交換日の属する事業年度に時価評価が生じる（法法62の９①)。
株式交換完全子法人の繰越欠損金の切捨て	法人税	• 切り捨てられずに持ち込まれる（法法81の９②・61の12①二)。 • 特定連結欠損金として株式交換完全子法人の個別所得を限度に利用可能となる(法法81の9①・②一・③一)。	切り捨てられる。
	住民税	株式交換直前に有している控除対象個別帰属調整額又は控除対象個別帰属税額は連結納税に加入しても切り捨てられない。	• 株式交換直前に有している控除対象個別帰属調整額又は控除対象個別帰属税額は連結納税に加入しても切り捨てられない。 • 連結納税の加入により切り捨てられる法人税に係る繰越欠損金は，控除対象個別

			帰属調整額となる（地法53⑤⑥・321の８⑤⑥）。
	事業税	切り捨てられない。	切り捨てられない。
株式交換完全子法人の完全支配関係がある子法人の取扱い		株式交換完全子法人の完全支配関係がある子法人のうち，株式交換により連結子法人となる法人には，連結子法人が加入した場合の税務上の取扱いが適用される（第１章「６－２」参照）。	株式交換完全子法人の完全支配関係がある子法人のうち，株式交換により連結子法人となる法人には，連結子法人が加入した場合の税務上の取扱いが適用される（第１章「６－２」参照）。
みなし事業年度		連結納税加入に伴う次のみなし事業年度を設定する（法法14①六・②・15の２①四・②・４の３⑩）。 ①加入日の前日の属する事業年度開始日から当該前日までの期間（単体申告） ②加入日から連結親法人事業年度終了日までの期間（連結申告）	連結納税加入に伴う次のみなし事業年度を設定する（法法14①六・②・15の２①四・②・４の３⑩）。 ①加入日の前日の属する事業年度開始日から当該前日までの期間（単体申告） ②加入日から連結親法人事業年度終了日までの期間（連結申告）

❸　連結親法人（株式交換完全子法人の株主）の税務上の取扱い

取扱項目／適格・非適格	適格の場合	非適格の場合
株式交換完全子法人株式	•株式譲渡損益は生じない（法法61の２⑨） •株式交換完全子法人株式の帳簿価額が株式交換完全支配親法人株式の帳簿価額に付け替わる（法令119①九）。この株式交換完全支配親法人株式の帳簿価額は，資本金等の額から減算される（法令８①二十一）。	•株式譲渡損益は生じない（法法61の２⑨） •株式交換完全子法人株式の帳簿価額が株式交換完全支配親法人株式の帳簿価額に付け替わる（法令119①九）。この株式交換完全支配親法人株式の帳簿価額は，資本金等の額から減算される（法令８①二十一）。

❹ 外部株主（株式交換完全子法人の株主）の税務上の取扱い

取扱項目／適格・非適格	適格の場合	非適格の場合
株式交換完全子法人株式	• 株式譲渡損益は生じない（法法61の2⑨） • 株式交換完全子法人株式の帳簿価額が，株式交換完全支配親法人株式の帳簿価額に付け替わる（法令119①九）。	• 株式譲渡損益は生じない（法法61の2⑨） • 株式交換完全子法人株式の帳簿価額が，株式交換完全支配親法人株式の帳簿価額に付け替わる（法令119①九）。

Case 7 連結子法人が連結外法人と株式交換を行うケース（交換対価が連結親法人株式の場合）

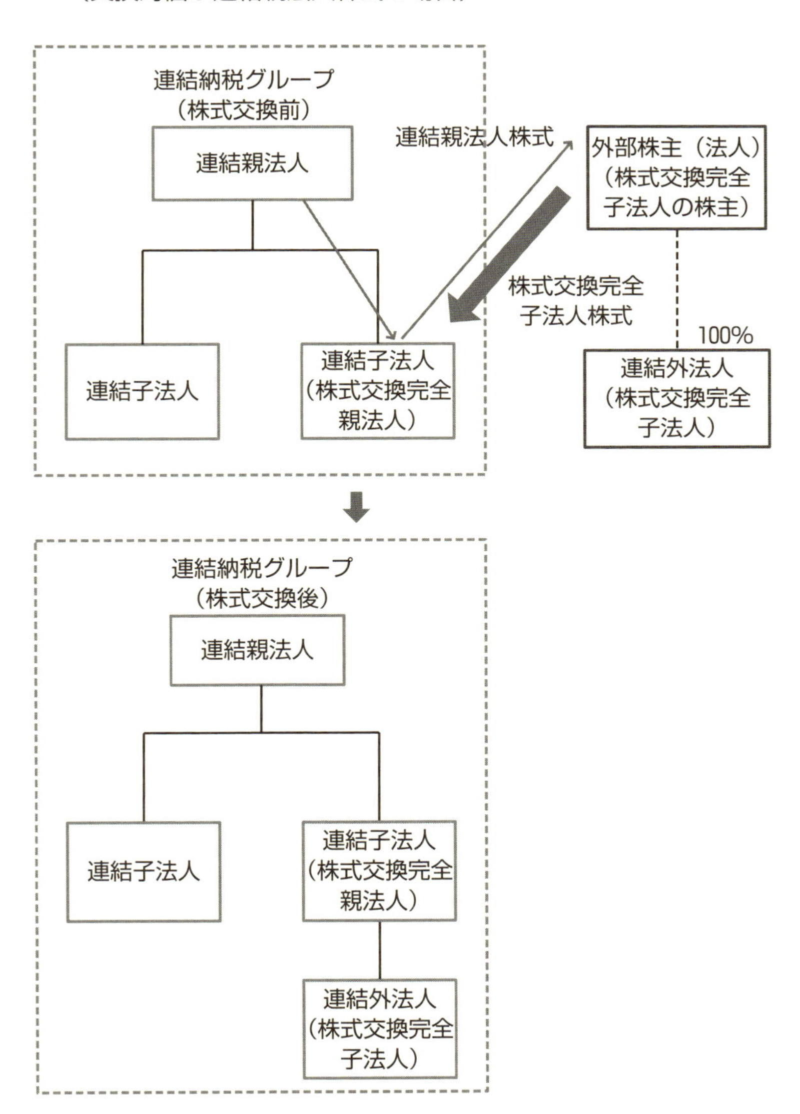

（適格要件）

共同事業要件を満たす場合，適格となる（法法２十二の十七，法令４の３⑳）。

- 金銭等の交付がないこと（株式交換完全親法人が株式交換完全子法人の３分の２以上の株式を有している場合の金銭等の交付は要件を満たす）
- 事業関連性要件
- 事業規模要件又は経営参画要件
- 従業者引継要件
- 事業継続要件
- 株式交換完全子法人の株主の株式継続保有要件
- 株式交換完全親法人の株式継続保有要件

（株式交換完全支配親法人株式の定義）

〔Case 6〕と同じ。

❶ 連結子法人（株式交換完全親法人）の税務上の取扱い

取扱項目／適格・非適格	適格の場合	非適格の場合
株式交換完全子法人株式の取得価額	• 株式交換完全子法人の株主が50名未満の場合，株式交換完全子法人の株主の株式交換完全子法人株式の帳簿価額の合計額（法令119①十） • 株式交換完全子法人の株主が50名以上の場合，株式交換完全子法人の簿価純資産価額の取得株数相当額（法令119①十，法規26の９）	時価（法令119①二十七）

❷ 連結外法人（株式交換完全子法人）の税務上の取扱い

取扱項目／適格・非適格	適格の場合	非適格の場合
保有資産の評価	簿価評価 • 特定連結子法人に該当するため，連結加入直前事業年度に時価評価は生じない（法法61の12①二）。 • 株式交換日の属する事業年度に時価評価は生じない	時価評価 • 特定連結子法人に該当しないため，連結加入直前事業年度に時価評価が生じる（法法61の12①）。 • 株式交換日の属する事業年度に時価評価が生じる（法

		(法法62の9①)。	法62の9①)。
株式交換完全子法人の繰越欠損金の切捨て	法人税	• 切り捨てられずに持ち込まれる（法法81の9②・61の12①二)。 • 特定連結欠損金として株式交換完全子法人の個別所得を限度に利用可能となる（法法81の9①・②一・③一)。	切り捨てられる。
	住民税	株式交換直前に有している控除対象個別帰属調整額又は控除対象個別帰属税額は連結納税に加入しても切り捨てられない。	• 株式交換直前に有している控除対象個別帰属調整額又は控除対象個別帰属税額は連結納税に加入しても切り捨てられない。 • 連結納税の加入により切り捨てられる法人税に係る繰越欠損金は，控除対象個別帰属調整額となる（地法53⑤⑥・321の8⑤⑥)。
	事業税	切り捨てられない。	切り捨てられない。
株式交換完全子法人の完全支配関係がある子法人の取扱い		株式交換完全子法人の完全支配関係がある子法人のうち，株式交換により連結子法人となる法人には，連結子法人が加入した場合の税務上の取扱いが適用される（第1章「6－2」参照)。	株式交換完全子法人の完全支配関係がある子法人のうち，株式交換により連結子法人となる法人には，連結子法人が加入した場合の税務上の取扱いが適用される（第1章「6－2」参照)。
みなし事業年度		連結納税加入に伴う次のみなし事業年度を設定する（法法14①六・②・15の2①四・②・4の3⑩)。 ①加入日の前日の属する事業年度開始日から当該前日までの期間（単体申告） ②加入日から連結親法人事業年度終了日までの期間（連結申告）	連結納税加入に伴う次のみなし事業年度を設定する（法法14①六・②・15の2①四・②・4の3⑩)。 ①加入日の前日の属する事業年度開始日から当該前日までの期間（単体申告） ②加入日から連結親法人事業年度終了日までの期間（連結申告）

❸ 外部株主（株式交換完全子法人の株主）の税務上の取扱い

取扱項目／適格・非適格	適格の場合	非適格の場合
株式交換完全子法人株式	•株式譲渡損益は生じない（法法61の2⑨） •株式交換完全子法人株式の帳簿価額が，株式交換完全支配親法人株式の帳簿価額に付け替わる（法令119①九）。	•株式譲渡損益は生じない（法法61の2⑨） •株式交換完全子法人株式の帳簿価額が，株式交換完全支配親法人株式の帳簿価額に付け替わる（法令119①九）。

Case 8 連結親法人が非連結法人を現金交付型株式交換により完全子会社化するケース（スクイーズアウトによる完全子法人化）

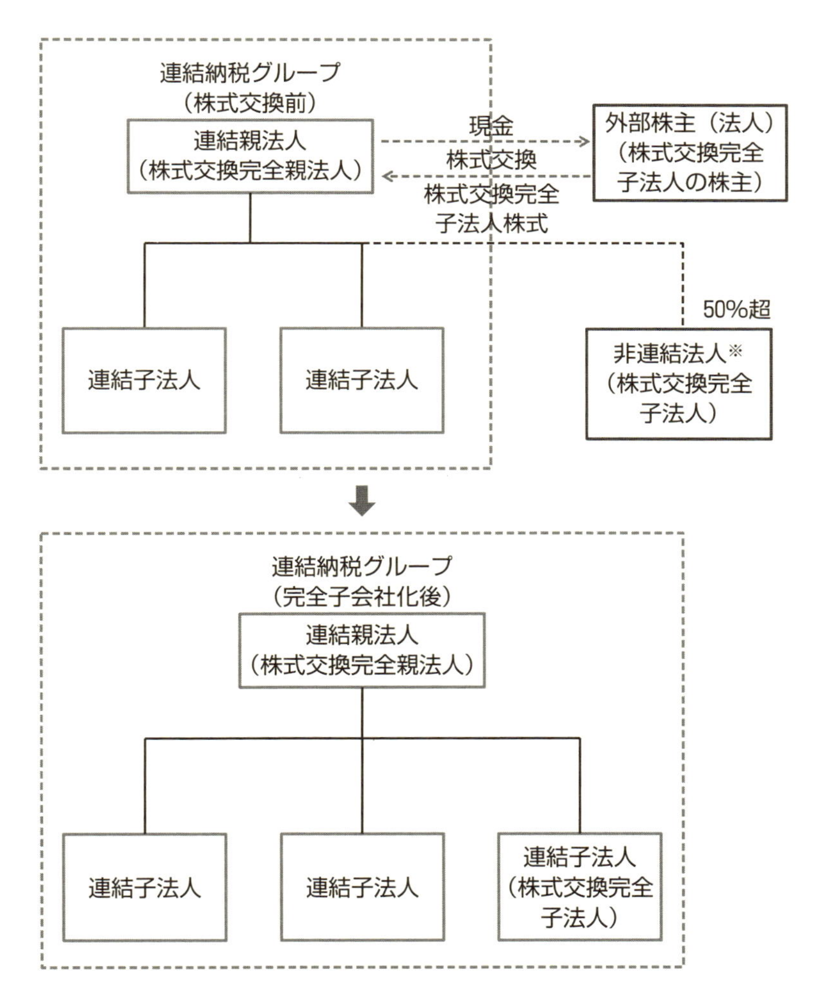

※連結外法人について，連結親法人が，TOB・株式買取・第三者割当増資等により支配権を確保して非連結法人とした後にスキームを実行する場合を含むものとする。

（適格要件）

当事者間の支配関係がある場合の適格要件を満たす場合，適格となる（法法2十二の十七，法令4の3⑲）。

- 金銭等の交付がないこと（株式交換完全親法人が株式交換完全子法人の3分の2以上の株式を有している場合の金銭等の交付は要件を満たす）
- 支配関係継続要件
- 従業者引継要件
- 事業継続要件

なお，支配関係がある場合の適格要件を満たさない場合でも共同事業要件を満たす場合は適格と判定される。

❶ 連結親法人（株式交換完全親法人）の税務上の取扱い

取扱項目／適格・非適格	適格の場合	非適格の場合
株式交換完全子法人株式の取得価額	時価（法令119①二十七）	時価（法令119①二十七）

❷ 非連結法人（株式交換完全子法人）の税務上の取扱い

<table>
<tr><th colspan="2">取扱項目／適格・非適格</th><th>適格の場合</th><th>非適格の場合</th></tr>
<tr><td colspan="2">保有資産の評価</td><td>簿価評価
• 特定連結子法人に該当するため，連結加入直前事業年度に時価評価は生じない（法法61の12①二）。
• 株式交換日の属する事業年度に時価評価は生じない（法法62の9①）。</td><td>時価評価
• 特定連結子法人に該当しないため，連結加入直前事業年度に時価評価が生じる（法法61の12①）。
• 株式交換日の属する事業年度に時価評価が生じる（法法62の9①）。</td></tr>
<tr><td>株式交換完全子法人の繰越欠損金の切捨て</td><td>法人税</td><td>• 切り捨てられずに持ち込まれる（法法81の9②・61の12①二）。
• 特定連結欠損金として株式交換完全子法人の個別所得を限度に利用可能となる（法法81の9①・②一・③一）。</td><td>切り捨てられる。</td></tr>
</table>

	住民税	株式交換直前に有している控除対象個別帰属調整額又は控除対象個別帰属税額は，連結納税に加入しても切り捨てられない。	•株式交換直前に有している控除対象個別帰属調整額又は控除対象個別帰属税額は，連結納税に加入しても切り捨てられない。 •連結納税の加入により切り捨てられる法人税に係る繰越欠損金は，控除対象個別帰属調整額となる（地法53⑤⑥・321の８⑤⑥）。
	事業税	切り捨てられない。	切り捨てられない。
株式交換完全子法人の完全支配関係がある子法人の取扱い		株式交換完全子法人の完全支配関係がある子法人のうち，株式交換により連結子法人となる法人には，連結子法人が加入した場合の税務上の取扱いが適用される（第１章「６－２」参照）。	株式交換完全子法人の完全支配関係がある子法人のうち，株式交換により連結子法人となる法人には，連結子法人が加入した場合の税務上の取扱いが適用される（第１章「６－２」参照）。
みなし事業年度		連結納税加入に伴う次のみなし事業年度を設定する（法法14①六・②・15の２①四・②・４の３⑩）。 ①加入日の前日の属する事業年度開始日から当該前日までの期間（単体申告） ②加入日から連結親法人事業年度終了日までの期間（連結申告）	連結納税加入に伴う次のみなし事業年度を設定する（法法14①六・②・15の２①四・②・４の３⑩）。 ①加入日の前日の属する事業年度開始日から当該前日までの期間（単体申告） ②加入日から連結親法人事業年度終了日までの期間（連結申告）

❸　外部株主（株式交換完全子法人の株主）の税務上の取扱い

取扱項目／適格・非適格	適格の場合	非適格の場合
株式交換完全子法人株式	株式譲渡損益が生じる（法法61の２①）。	株式譲渡損益が生じる（法法61の２①）。

Case 9 連結親法人が非連結法人を全部取得条項付種類株式方式，株式併合方式，株式売渡請求方式により完全子会社化するケース（スクイーズアウトによる完全子法人化）

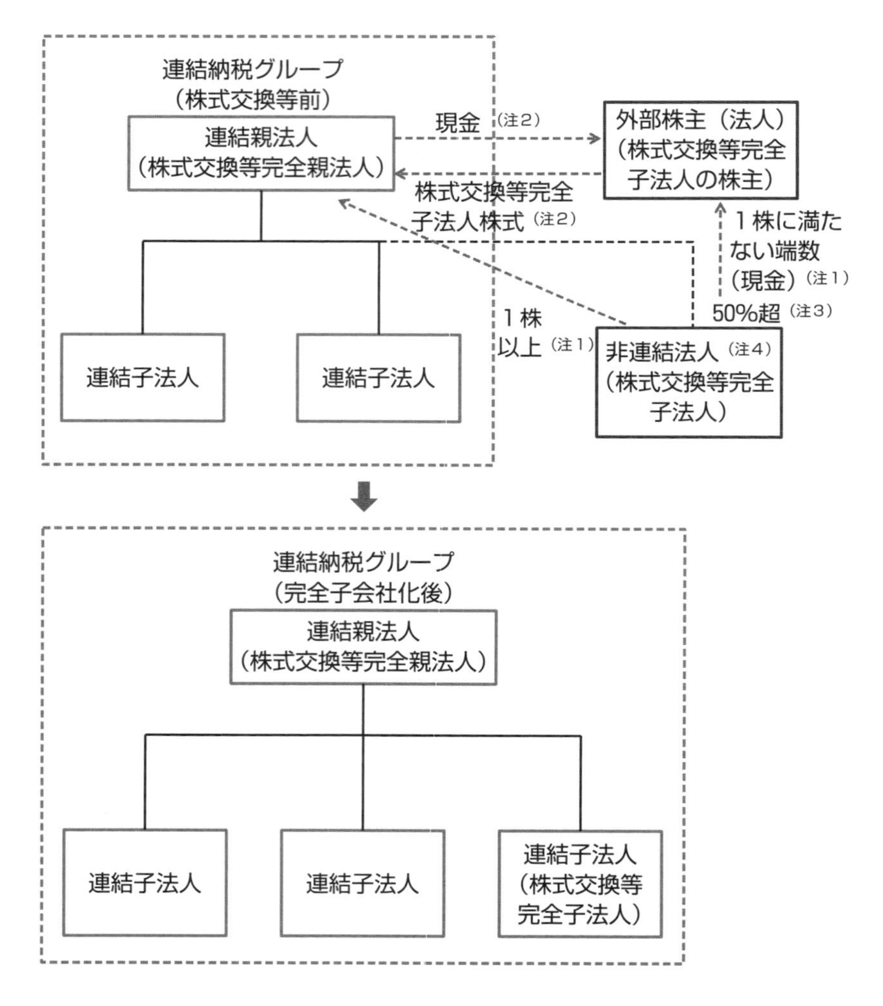

（注1） 全部取得条項付種類株式方式又は株式併合方式の場合
（注2） 株式売渡請求方式の場合
（注3） 株式売渡請求方式の場合，90%以上となる。
（注4） 連結外法人について，連結親法人が，TOB・株式買取・第三者割当増資等により支配権を確保して非連結法人とした後にスキームを実行する場合を含むものとする。

（適格要件）

当事者間の支配関係がある場合の適格要件を満たす場合，適格となる（法法2十二の十七，法令4の3⑲）。

- 金銭等の交付がないこと

全部取得条項付種類株式方式，株式併合方式，株式売渡請求方式に係る金銭等不交付要件は，第2章「2－3－6」を参照していただきたい。

- 支配関係継続要件
- 従業者引継要件
- 事業継続要件

また，全部取得条項付種類株式方式，株式併合方式，株式売渡請求方式の場合における，株式交換等完全子法人の連結納税に加入する日となる完全支配関係発生日は，第1章「6－1」を参照していただきたい。

❶ 連結親法人（株式交換等完全親法人）の税務上の取扱い

取扱項目／適格・非適格	適格の場合	非適格の場合
株式交換等完全子法人株式の取得価額	・全部取得条項付種類株式方式 当該取得前から有していた株式交換等完全子法人株式の取得価額は，従来の帳簿価額のまま変わらない（法令119①十九）。また，株式譲渡損益は生じない（端数相当額を除く。法法61の2⑭三）。 ・株式併合方式 当該併合前から有していた株式交換等完全子法人株式の取得価額は，従来の帳簿価額のまま変わらない。また，株式譲渡損益は生じない（端数相当額を除く）。 ・株式売渡請求方式 追加で取得した株式交換	・全部取得条項付種類株式方式 当該取得前から有していた株式交換等完全子法人株式の取得価額は，従来の帳簿価額のまま変わらない（法令119①十九）。また，株式譲渡損益は生じない（端数相当額を除く。法法61の2⑭三）。 ・株式併合方式 当該併合前から有していた株式交換等完全子法人株式の取得価額は，従来の帳簿価額のまま変わらない。また，株式譲渡損益は生じない（端数相当額を除く）。 ・株式売渡請求方式 追加で取得した株式交換

	等完全子法人株式の取得価額は，買取価額（時価）となる（法令119①一）。	等完全子法人株式の取得価額は，買取価額（時価）となる（法令119①一）。

❷ 非連結法人（株式交換等完全子法人）の税務上の取扱い

取扱項目／適格・非適格		適格の場合	非適格の場合
保有資産の評価		簿価評価 ・特定連結子法人に該当するため，連結加入直前事業年度に時価評価は生じない（法法61の12①二）。 ・株式交換等の日の属する事業年度に時価評価は生じない（法法62の9①）。	時価評価 ・特定連結子法人に該当しないため，連結加入直前事業年度に時価評価が生じる（法法61の12①）。 ・株式交換等の日の属する事業年度に時価評価が生じる（法法62の9①）。
株式交換等完全子法人の繰越欠損金の切捨て	法人税	・切り捨てられずに持ち込まれる（法法81の9②，61の12①二）。 ・特定連結欠損金として株式交換等完全子法人の個別所得を限度に利用可能となる（法法81の9①・②一・③一）。	切り捨てられる。
	住民税	株式交換等の直前に有している控除対象個別帰属調整額又は控除対象個別帰属税額は，連結納税に加入しても切り捨てられない。	・株式交換等の直前に有している控除対象個別帰属調整額又は控除対象個別帰属税額は，連結納税に加入しても切り捨てられない。 ・連結納税の加入により切り捨てられる法人税に係る繰越欠損金は，控除対象個別帰属調整額となる(地法53⑤⑥・321の8⑤⑥)。
	事業税	切り捨てられない。	切り捨てられない。

株式交換等完全子法人の完全支配関係がある子法人の取扱い	株式交換等完全子法人の完全支配関係がある子法人のうち，株式交換等により連結子法人となる法人には，連結子法人が加入した場合の税務上の取扱いが適用される（第１章「６－２」参照）。	株式交換等完全子法人の完全支配関係がある子法人のうち，株式交換等により連結子法人となる法人には，連結子法人が加入した場合の税務上の取扱いが適用される（第１章「６－２」参照）。
みなし事業年度	連結納税加入に伴う次のみなし事業年度を設定する（法法14①六・②・15の２①四・②・４の３⑩）。 ①加入日の前日の属する事業年度開始日から当該前日までの期間（単体申告） ②加入日から連結親法人事業年度終了日までの期間（連結申告）	連結納税加入に伴う次のみなし事業年度を設定する（法法14①六・②・15の２①四・②・４の３⑩）。 ①加入日の前日の属する事業年度開始日から当該前日までの期間（単体申告） ②加入日から連結親法人事業年度終了日までの期間（連結申告）

❸　外部株主（株式交換等完全子法人の株主）の税務上の取扱い

取扱項目／適格・非適格	適格の場合	非適格の場合
株式交換等完全子法人株式	株式譲渡損益が生じる（法法61の２①）。	株式譲渡損益が生じる（法法61の２①）。

Case 10 連結子法人が非連結法人を現金交付型株式交換により完全子会社化するケース（スクイーズアウトによる完全子法人化）

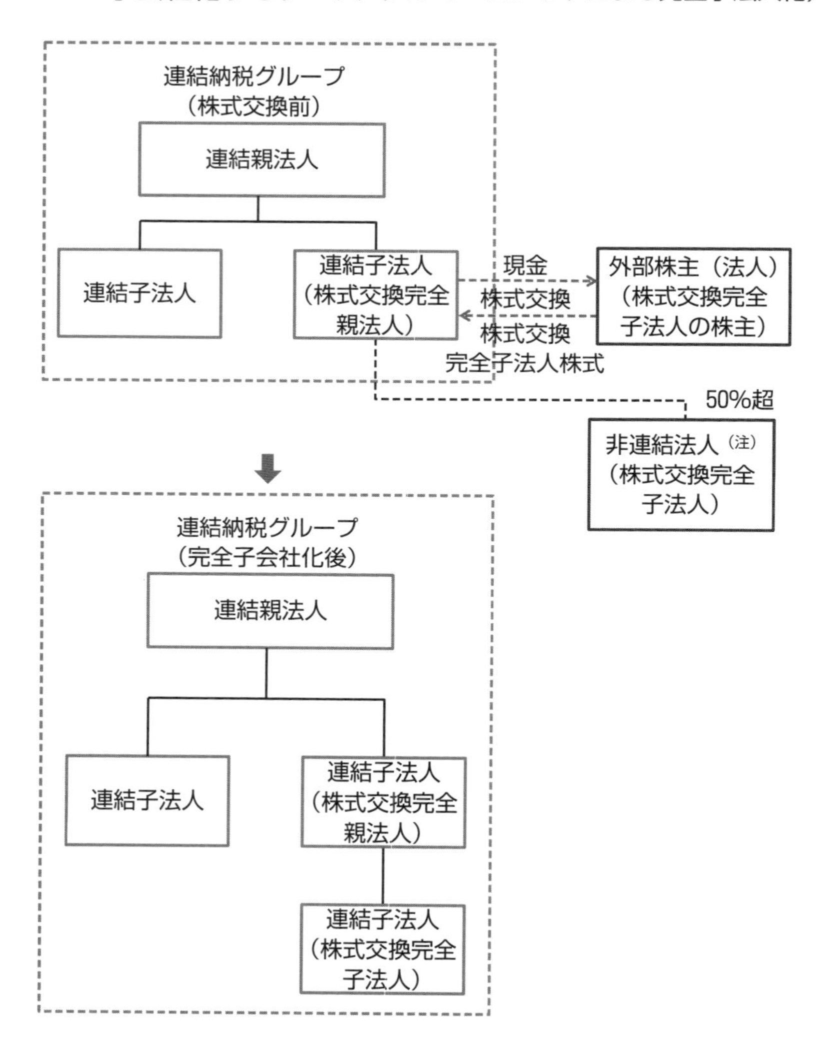

（注） 連結外法人について，連結子法人が，TOB・株式買取・第三者割当増資等により支配権を確保して非連結法人とした後にスキームを実行する場合を含むものとする。

（適格要件）

同一者による支配関係がある場合の適格要件を満たす場合，適格となる（法法２十二の十七，法令４の３⑲）。

- 金銭等の交付がないこと（株式交換完全親法人が株式交換完全子法人の３分の２以上の株式を有している場合の金銭等の交付は要件を満たす）
- 支配関係継続要件
- 従業者引継要件
- 事業継続要件

なお，同一者による支配関係がある場合の適格要件を満たさない場合でも当事者間の支配関係がある場合の適格要件を満たす場合又は共同事業要件を満たす場合は適格と判定される。

❶　連結子法人（株式交換完全親法人）の税務上の取扱い

取扱項目／適格・非適格	適格の場合	非適格の場合
株式交換完全子法人株式の取得価額	時価（法令119①二十七）	時価（法令119①二十七）

❷　非連結法人（株式交換完全子法人）の税務上の取扱い

取扱項目／適格・非適格		適格の場合	非適格の場合
保有資産の評価		簿価評価 • 特定連結子法人に該当するため，連結加入直前事業年度に時価評価は生じない（法法61の12①二）。 • 株式交換日の属する事業年度に時価評価は生じない（法法62の９①）。	時価評価 • 特定連結子法人に該当しないため，連結加入直前事業年度に時価評価が生じる（法法61の12①）。 • 株式交換日の属する事業年度に時価評価が生じる（法法62の９①）。
株式交換完全子法人の繰越欠損金の切捨て	法人税	• 切り捨てられずに持ち込まれる（法法81の９②・61の12①二）。 • 特定連結欠損金として株式交換完全子法人の個別所得を限度に利用可能となる（法法81の	切り捨てられる。

		9①・②一・③一)。	
	住民税	株式交換直前に有している控除対象個別帰属調整額又は控除対象個別帰属税額は，連結納税に加入しても切り捨てられない。	•株式交換直前に有している控除対象個別帰属調整額又は控除対象個別帰属税額は，連結納税に加入しても切り捨てられない。 •連結納税の加入により切り捨てられる法人税に係る繰越欠損金は，控除対象個別帰属調整額となる(地法53⑤⑥・321の8⑤⑥)。
	事業税	切り捨てられない。	切り捨てられない。
株式交換完全子法人の完全支配関係がある子法人の取扱い		株式交換完全子法人の完全支配関係がある子法人のうち，株式交換により連結子法人となる法人には，連結子法人が加入した場合の税務上の取扱いが適用される（第1章「6－2」参照)。	株式交換完全子法人の完全支配関係がある子法人のうち，株式交換により連結子法人となる法人には，連結子法人が加入した場合の税務上の取扱いが適用される（第1章「6－2」参照)。
みなし事業年度		連結納税加入に伴う次のみなし事業年度を設定する（法法14①六・②・15の2①四・②・4の3⑩)。 ① 加入日の前日の属する事業年度開始日から当該前日までの期間（単体申告) ② 加入日から連結親法人事業年度終了日までの期間（連結申告)	連結納税加入に伴う次のみなし事業年度を設定する（法法14①六・②・15の2①四・②・4の3⑩)。 ① 加入日の前日の属する事業年度開始日から当該前日までの期間（単体申告) ② 加入日から連結親法人事業年度終了日までの期間（連結申告)

❸ 外部株主（株式交換完全子法人の株主）の税務上の取扱い

取扱項目／適格・非適格	適格の場合	非適格の場合
株式交換完全子法人株式	株式譲渡損益が生じる（法法61の2①)。	株式譲渡損益が生じる（法法61の2①)。

Case 11 連結子法人が非連結法人を全部取得条項付種類株式方式，株式併合方式，株式売渡請求方式により完全子会社化するケース（スクイーズアウトによる完全子法人化）

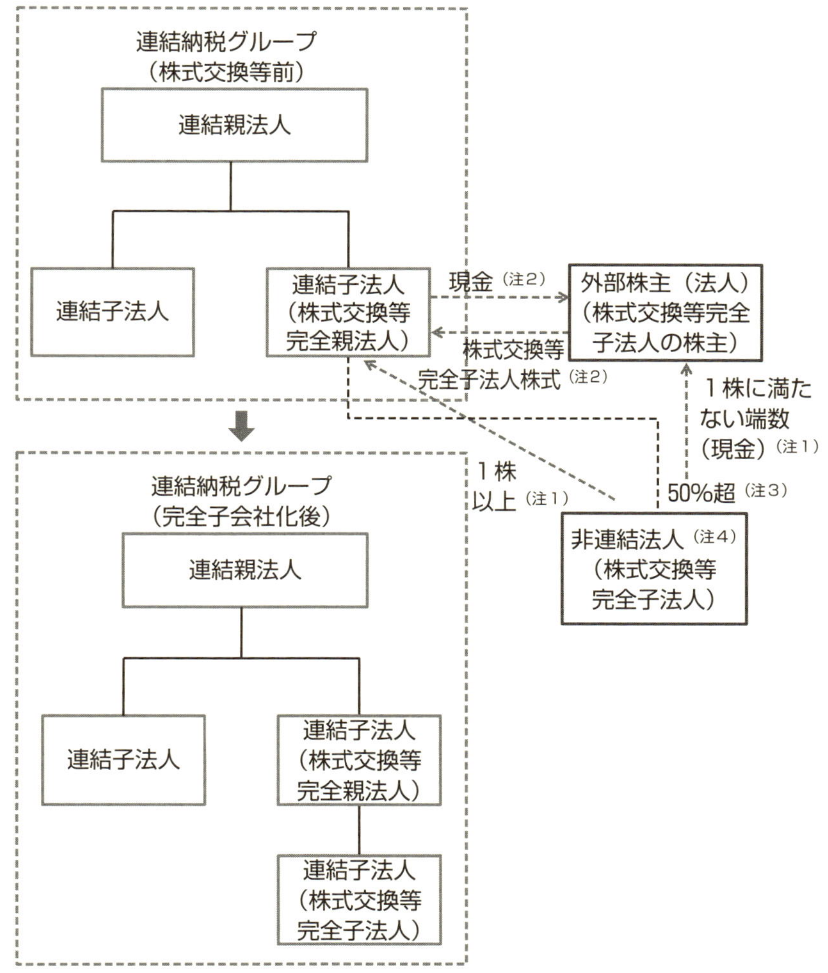

（注１）　全部取得条項付種類株式方式又は株式併合方式の場合
（注２）　株式売渡請求方式の場合
（注３）　株式売渡請求方式の場合，90％以上となる。
（注４）　連結外法人について，連結子法人がTOB・株式買取・第三者割当増資等により支配権を確保して非連結法人とした後にスキームを実行する場合を含むものとする。

（適格要件）

同一者による支配関係がある場合の適格要件を満たす場合，適格となる（法法2十二の十七，法令4の3⑲）。

- 金銭等の交付がないこと
- 全部取得条項付種類株式方式，株式併合方式，株式売渡請求方式に係る金銭等不交付要件は，第2章「2－3－6」を参照していただきたい。
- 支配関係継続要件
- 従業者引継要件
- 事業継続要件

なお，同一者による支配関係がある場合の適格要件を満たさない場合でも当事者間の支配関係がある場合の適格要件を満たす場合は適格と判定される。

全部取得条項付種類株式方式，株式併合方式，株式売渡請求方式の場合における，株式交換等完全子法人の連結納税に加入する日となる完全支配関係発生日は，第1章「6－1」を参照していただきたい。

❶ 連結子法人（株式交換等完全親法人）の税務上の取扱い

取扱項目／適格・非適格	適格の場合	非適格の場合
株式交換等完全子法人株式の取得価額	•全部取得条項付種類株式方式 当該取得前から有していた株式交換等完全子法人株式の取得価額は，従来の帳簿価額のまま変わらない（法令119①十九）。また，株式譲渡損益は生じない（端数相当額を除く。法法61の2⑭三）。 •株式併合方式 当該併合前から有していた株式交換等完全子法人株式の取得価額は，従来の帳簿価額のまま変わらない。また，株式譲渡損益は生じない（端数相当額を除く）。	•全部取得条項付種類株式方式 当該取得前から有していた株式交換等完全子法人株式の取得価額は，従来の帳簿価額のまま変わらない（法令119①十九）。また，株式譲渡損益は生じない（端数相当額を除く。法法61の2⑭三）。 •株式併合方式 当該併合前から有していた株式交換等完全子法人株式の取得価額は，従来の帳簿価額のまま変わらない。また，株式譲渡損益は生じない（端数相当額を除く）。

	•株式売渡請求方式 追加で取得した株式交換等完全子法人株式の取得価額は，買取価額（時価）となる（法令119①一）。	•株式売渡請求方式 追加で取得した株式交換等完全子法人株式の取得価額は，買取価額（時価）となる（法令119①一）。

❷　非連結法人（株式交換等完全子法人）の税務上の取扱い

取扱項目／適格・非適格		適格の場合	非適格の場合
保有資産の評価		簿価評価 •特定連結子法人に該当するため，連結加入直前事業年度に時価評価は生じない（法法61の12①二）。 •株式交換等の日の属する事業年度に時価評価は生じない（法法62の9①）。	時価評価 •特定連結子法人に該当しないため，連結加入直前事業年度に時価評価が生じる（法法61の12①）。 •株式交換等の日の属する事業年度に時価評価が生じる（法法62の9①）。
株式交換等完全子法人の繰越欠損金の切捨て	法人税	•切り捨てられずに持ち込まれる（法法81の9②・61の12①二）。 •特定連結欠損金として株式交換等完全子法人の個別所得を限度に利用可能となる（法法81の9①・②一・③一）。	切り捨てられる。
	住民税	株式交換等の直前に有している控除対象個別帰属調整額又は控除対象個別帰属税額は，連結納税に加入しても切り捨てられない。	•株式交換等の直前に有している控除対象個別帰属調整額又は控除対象個別帰属税額は，連結納税に加入しても切り捨てられない。 •連結納税の加入により切り捨てられる法人税に係る繰越欠損金は，控除対象個別帰属調整額となる（地法53⑤⑥・321の８⑤⑥）。
	事業税	切り捨てられない。	切り捨てられない。

株式交換等完全子法人の完全支配関係がある子法人の取扱い	株式交換等完全子法人の完全支配関係がある子法人のうち，株式交換等により連結子法人となる法人には，連結子法人が加入した場合の税務上の取扱いが適用される（第1章「6－2」参照）。	株式交換等完全子法人の完全支配関係がある子法人のうち，株式交換等により連結子法人となる法人には，連結子法人が加入した場合の税務上の取扱いが適用される（第1章「6－2」参照）。
みなし事業年度	連結納税加入に伴う次のみなし事業年度を設定する（法法14①六・②・15の2①四・②・4の3⑩）。 ①加入日の前日の属する事業年度開始日から当該前日までの期間（単体申告） ②加入日から連結親法人事業年度終了日までの期間（連結申告）	連結納税加入に伴う次のみなし事業年度を設定する（法法14①六・②・15の2①四・②・4の3⑩）。 ①加入日の前日の属する事業年度開始日から当該前日までの期間（単体申告） ②加入日から連結親法人事業年度終了日までの期間（連結申告）

❸　外部株主（株式交換等完全子法人の株主）の税務上の取扱い

取扱項目／適格・非適格	適格の場合	非適格の場合
株式交換等完全子法人株式	株式譲渡損益が生じる（法法61の2①）。	株式譲渡損益が生じる（法法61の2①）。

第9章

連結親法人又は連結子法人が最初連結事業年度に組織再編を行う場合の取扱い

◆この章のテーマ◆

第４章～第８章において解説したケースについて，連結親法人又は連結子法人が最初連結事業年度に組織再編を行った場合の取扱い，連結子法人が短期間に加入・離脱する場合の取扱い及び連結子法人が最初連結親法人事業年度に離脱する場合の取扱い

第４章～第８章において解説したケースについて，連結親法人又は連結子法人が最初連結事業年度に組織再編を行った場合の取扱いを解説したい（注）。

ここで，最初連結事業年度に組織再編を行う場合とは，組織再編日が最初連結事業年度終了日以前となる場合を意味している。

また，連結子法人が最初連結事業年度に組織再編を行い，その直後に連結納税から離脱する場合には，連結子法人が短期間で連結納税への加入と離脱を行う場合の取扱いや連結子法人が最初連結親法人事業年度に離脱する場合の取扱いが適用されることになるため，それぞれの取扱いについても解説することとする（注）。

なお，連結親法人は，法人税法４条の３第６項で定める申請期限の特例制度（設立事業年度又は設立翌事業年度を連結納税開始事業年度とするための申請期限の特例制度）を適用していないものとする。

（注）　連結子法人が最初連結事業年度に離脱，合併，残余財産が確定した場合の繰越欠損金の取扱いについては，『実務解説 連結納税の欠損金Q＆A』（中央経済社，足立好幸著）において，その考え方を解説しているので参考にしていただきたい。

1　連結子法人が短期間に加入・離脱する場合の取扱い

企業買収では，ある会社（買収会社）がある会社（被買収会社）を取引先や業務提携先と共同で買収しようとする際に，買収の受け皿会社としていったん買収会社が被買収会社を完全子会社として，その発行済株式の100％を取得しておき，その後，取引先や業務提携先に被買収会社の株式の一部を譲渡し，あるいは，取引先や業務提携先が被買収会社に第三者割当増資をすることがある。また，企業売却では，100％未満子会社の売却において売主が売却直前にその子会社を100％化して，その後，買収会社にその子会社株式の全部を売却することがある。

これは，売主又は買主との交渉や契約当事者を買収会社又は売主に一本化することで，企業買収におけるリスクの集約化や事務手続の簡素化などの面でメリットがあることによるが，買収会社又は売主が連結法人である場合は，連結法人（買収会社又は売主）と被買収会社との間にいったん完全支配関係が生じ，被買収会社は，新たな連結子法人として連結納税に加入することとなり，その直後，株式譲渡や第三者割当増資により連結法人（買収会社又は売主）との間に完全支配関係がなくなるため，被買収会社（連結子法人）は連結納税から離脱することとなる。

このような場合，短期間であるが，その被買収会社は形式的には連結納税にいったん加入しているため，原則どおり，みなし事業年度が設定され，繰越欠損金が切り捨てられ，保有資産の時価評価が必要となるのであろうか？　仮に，このような企業買収や企業売却のための受け皿会社として連結法人が一時的に被買収会社を完全子会社化した場合にその被買収会社の有する繰越欠損金が切り捨てられたり，多額な含み益課税が生じることになると，受け皿会社を使った企業買収ができなくなり，M&Aにおいて税務が障害となる場面が多くなってしまう。

その点，連結納税では，極力そのようなことがないように，短期間で連結納税への加入と離脱を行う連結子法人について，個々の制度ごとに連結納税特有の取扱いを緩和する特例が存在する。

そして，この取扱いは，連結子法人が最初連結事業年度に組織再編を行った場合で，その直後に連結納税から離脱する場合においても適用されることとなる。

そこで，短期間で連結納税への加入と離脱を行う連結子法人の税務上の取扱いについて，連結納税への加入期間ごとにその留意事項を解説することとする。

＜ケース１：子会社を共同買収する場合に，
買主が100%化してから共同者に売却する場合＞

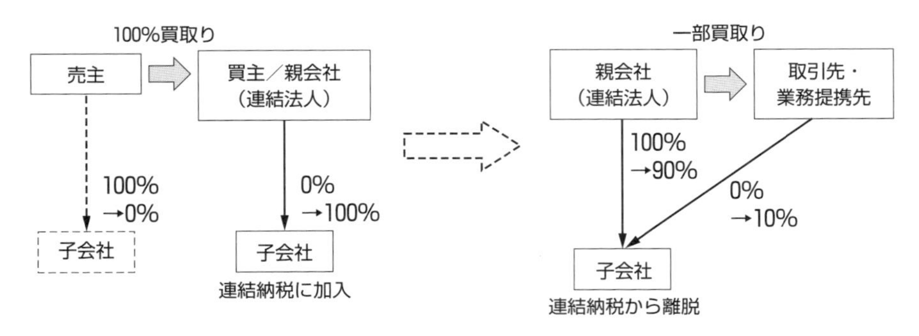

＜ケース２：子会社を売却する場合に，
売主が100%化してから売却する場合＞

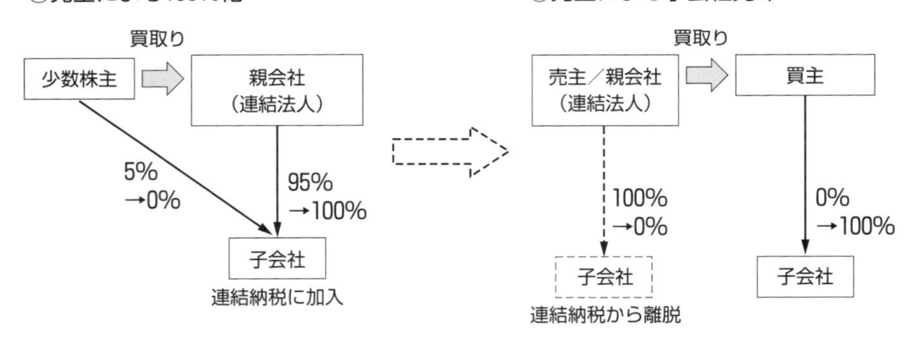

なお，以下では，次の事項を前提として解説することとする。

- 特に断りのない限り，連結親法人，連結子法人，短期間で連結納税への加入と離脱を行う連結子法人の会計期間は４月１日～３月31日とする。
- 本項において，連結納税からの「離脱」とは，連結子法人が連結親法人との間に連結親法人による完全支配関係を有しなくなったこと（法法４の５②五）をいうものとする。そして，連結子法人の解散（合併又は破産手続開始の決定による解散に限る）又は残余財産の確定が生じること（法法4の5②四）は，本項では，「離脱」には含まないこととする。

［パターン1］連結納税加入後，連結親法人事業年度終了日後に離脱するケース

連結子法人が連結納税加入後，連結親法人事業年度終了日後に離脱するケース（［パターン4］に該当する場合を除く）については，原則どおり，第1章「6－2」「6－4」で解説した加入時と離脱時の連結納税特有の取扱いが適用されることとなる。

［パターン2］連結納税加入後，連結親法人事業年度終了日以前に離脱するケース

連結納税加入後，連結親法人事業年度終了日以前に離脱するケース（［パターン3］，［パターン5］，［パターン6］に該当する場合を除く）については，次のみなし事業年度を設定し，申告を行う（法法4の3⑩・4の5②五・14①六・八・②一・15の2①三・四・②）。

① 加入日の前日の属する事業年度開始日からその前日までの期間（単体申告）

② 加入日から離脱日の前日までの期間（連結単体申告）

③ 離脱日から連結親法人事業年度終了日までの期間（単体申告）

④ その終了日の翌日からその翌日の属する事業年度終了日までの期間（単体申告）

以後，その法人の会計期間と一致する。

ここで，加入日とは，完全支配関係発生日をいうが，所定の手続（注1）に従い，法人税法14条2項1号の規定（以下，第9章において「第1号加入日の特例規定」という）（注2，3）の適用を受ける場合，完全支配関係発生日の前日の属する月次決算期間の末日（以下，第9章において，「加入月次決算日」という）の翌日を加入日とすることができる（以下，第9章において同じ）。

（注1） 所定の手続とは，この規定の適用がないものとした場合に完全支配関係が生じた日

の前日の属する事業年度に係る確定申告書の提出期限となる日までに所轄税務署長に所定の届出書を提出することである（法法14②）。

（注２） 第１号加入日の特例規定は，完全支配関係発生日から完全支配関係発生日の前日の属する月次決算期間（法人の会計期間をその開始の日以後１月ごとに区分した各期間（最後に１月未満の期間が生じたときは，その１月未満の期間）をいう）の末日まで継続して連結親法人による完全支配関係がある場合に適用される（法法14②一）。

（注３） ただし，連結親法人による完全支配関係が生じた法人が完全支配関係が生じる直前まで他の連結親法人の連結子法人だった場合（同時に他の連結納税グループを離脱する場合）は，この適用を受けることはできない（法法14②）。

この場合，連結納税に加入後，一度も連結申告（連結納税グループの合算課税）に参加しないこととなるため，非特定連結子法人の繰越欠損金は切り捨てられずに，離脱後の単体申告において利用することが可能となる（法法57⑨二）。また，一度も連結申告に参加しないが，連結単体申告期間の利益積立金の増減について，離脱する連結子法人株式を所有する連結法人において連結子法人株式の帳簿価額修正が行われる（法令９①六・②三・③・④・９の２①四・②・③）。それ以外の連結納税特有の取扱いについては，［パターン１］と同様となる。

［パターン３］連結納税加入日以後，２か月以内，かつ，連結親法人事業年度終了日以前に離脱するケース

連結納税加入日以後，２か月以内，かつ，連結親法人事業年度終了日以前に離脱するケース（［パターン５］，［パターン６］に該当する場合を除く）については，その非特定連結子法人が保有する資産は時価評価資産には該当しない（法令122の12①九）。

それ以外の連結納税特有の取扱いについては，［パターン２］と同様となる。

［パターン４］連結納税加入日以後，２か月以内，かつ，連結親法人事業年度終了日後に離脱するケース

連結納税加入日以後２か月以内，かつ，連結親法人事業年度終了日後に離脱するケースについては，［パターン３］の時価評価の対象資産からの除外規定は適用されない。

つまり，連結納税加入日以後２か月以内に連結納税グループから離脱する場

合であっても，その加入日の属する連結親法人事業年度終了日後に離脱する場合は，その非特定連結子法人の保有する資産は時価評価の対象となる（法令122の12①九）。

したがって，［パターン１］と同様となる。

［パターン５］連結納税加入日に離脱するケース

加入日と離脱日が同日であるケース（［パターン６］に該当する場合を除く）は，次のみなし事業年度を設定し，申告を行う（法法４の３⑩・４の５②五・14①六・八・②一・15の２①三・四・②）。

なお，加入日と離脱日が同日になる場合とは，完全支配関係発生日と離脱日が同日である場合又は第１号加入日の特例規定の適用による加入月次決算日の翌日と離脱日が同日である場合が該当する。

① 完全支配関係発生日の前日の属する事業年度開始日から加入日（離脱日）の前日までの期間（単体申告）

② 離脱日（加入日）から連結親法人事業年度終了日までの期間（単体申告）

③ その終了日の翌日からその翌日の属する事業年度終了日までの期間（単体申告）

以後，その法人の会計期間と一致する。

したがって，連結単体申告は行われず，連結子法人株式の帳簿価額修正額も発生しない。

それ以外の連結納税特有の取扱いについては，［パターン３］と同様となる。

［パターン６］連結納税加入後，加入月次決算日までに離脱するケース

連結納税加入後，加入月次決算日までに離脱するケースについては，所定の手続（注４）に従い，法人税法14条２項２号の規定（以下，第９章において「第２号加入日の特例規定」という）（注５，６）の適用を受ける場合，みなし事業年度を設定しないことができる（法法14②二）。

（注４）所定の手続とは，この規定の適用がないものとした場合に完全支配関係が生じた日の前日の属する事業年度に係る確定申告書の提出期限となる日までに所轄税務署長に

所定の届出書を提出することである（法法14②）。

（注５）　第２号加入日の特例規定は，完全支配関係発生日から完全支配関係発生日の前日の属する月次決算期間（法人の会計期間をその開始の日以後１月ごとに区分した各期間（最後に１月未満の期間を生じたときは，その１月未満の期間）をいう）の末日まで継続して連結親法人による完全支配関係がない場合に適用される（法法14②二）。

（注６）　ただし，連結親法人による完全支配関係が生じた法人が完全支配関係が生じる直前まで他の連結親法人の連結子法人だった場合（同時に他の連結納税グループを離脱する場合）は，この適用を受けることはできない（法法14②）。したがって，この場合，［パターン３］と同様の取扱いとなる。

この場合，連結親法人による完全支配関係が生じた法人は，そもそも連結納税に加入しない，つまり，最初から連結子法人に該当しないこととなる。

したがって，連結親法人による完全支配関係が生じた法人は，みなし事業年度の設定も，繰越欠損金の切捨ても，保有資産の時価評価もすべて生じない。また，完全支配関係が生じた法人の株主となる連結法人において連結子法人株式の帳簿価額の修正も行われない。

なお，連結納税加入後，加入月次決算日まで，かつ，連結親法人事業年度終了日後に離脱するケース（連結親法人及び完全支配関係が生じた法人の決算日が一致している場合は，このようなケースは生じないため，例えば，連結親法人の決算日が３月31日，完全支配関係が生じた法人の決算日が３月20日である場合に，３月25日に完全支配関係が生じて，４月15日に完全支配関係を有しなくなった場合がこれに該当する。下図の［参考］参照）についても同様の取扱いとなる（法法14②）。

以上より，［パターン１］～［パターン６］をまとめると次のとおりとなる。

パターン		1	2	3	4	5	6
加入と離脱のタイミング	加入期間	２か月を超える	２か月を超える	２か月以内	２か月以内	加入日のみ	加入月次決算日まで
	離脱日が連結親法人事業年度終了日をまたぐか	またぐ	またがない	またがない	またぐ	またがない	またがない
連結納税への加入	加入する	加入する	加入する	加入する	加入する	加入する	加入しない

みなし事業年度（注１）	単体申告	有	有	有	有	有	−
	連結申告	有	無	無	有	無	−
	連結単体申告	有	有	有	有	無	−
繰越欠損金の切捨て（注１，２）		有	無	無	有	無	−
保有資産の時価評価（注１，２）		有	有	無	有	無	−
連結子法人株式の帳簿価額の修正（注３）		有	有	有	有	無	−

（注１）　加入及び離脱をする連結子法人での税務処理となる。
（注２）　加入する連結子法人が非特定連結子法人の場合となる。加入する連結子法人が特定連結子法人の場合，繰越欠損金の切捨ても保有資産の時価評価も行われない。
（注３）　離脱する連結子法人の株主である連結法人での税務処理となる。

［パターン１］連結納税加入後，連結親法人事業年度終了日後に離脱するケース

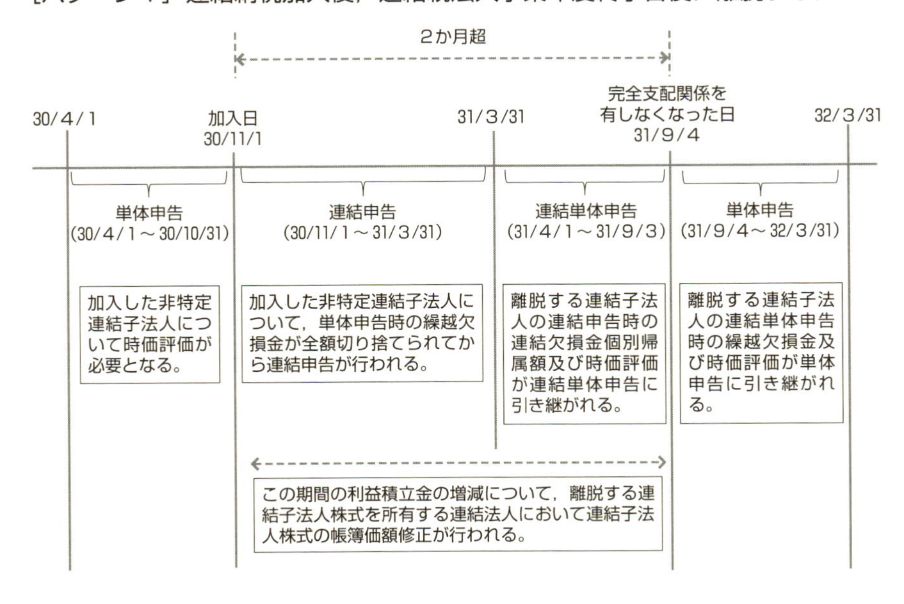

［パターン2］連結納税加入後，連結親法人事業年度終了日以前に離脱するケース

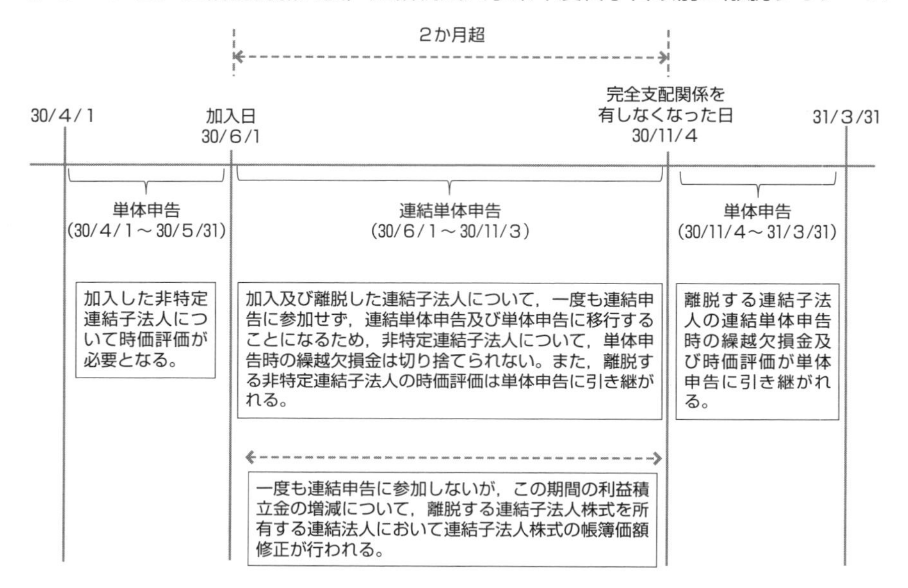

［パターン3］連結納税加入日以後2か月以内，かつ，連結親法人事業年度終了日以前に離脱するケース

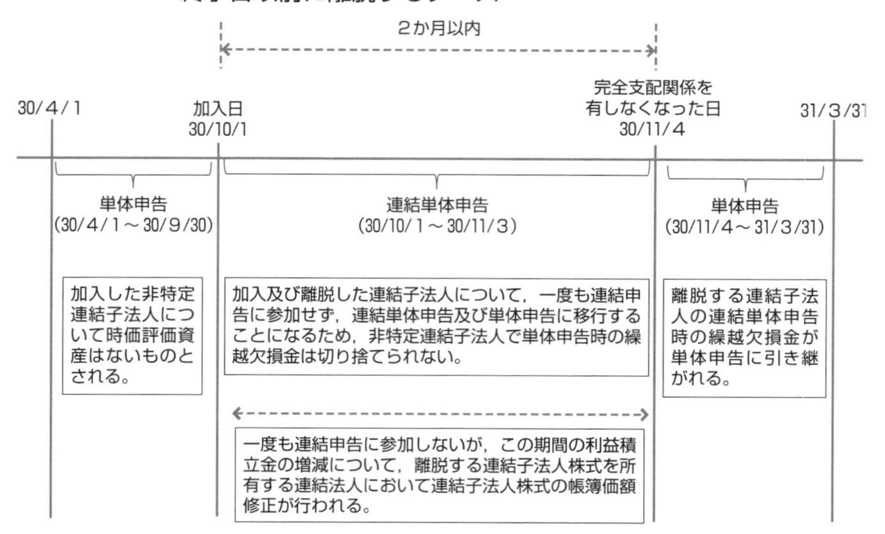

[パターン4]　連結納税加入日以後2か月以内，かつ，連結親法人事業年度終了日後に離脱するケース

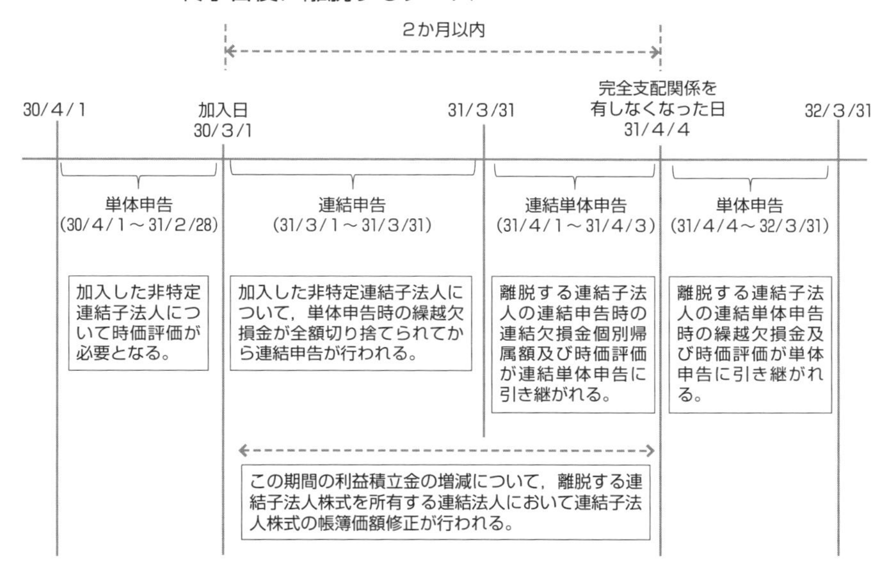

[パターン5]　連結納税加入日に離脱するケース

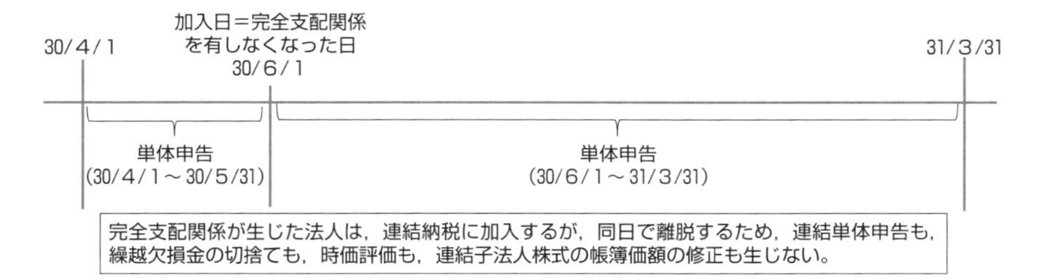

［パターン６］連結納税加入後，加入月次決算日までに離脱するケース
（第２号加入日の特例規定を適用する場合）

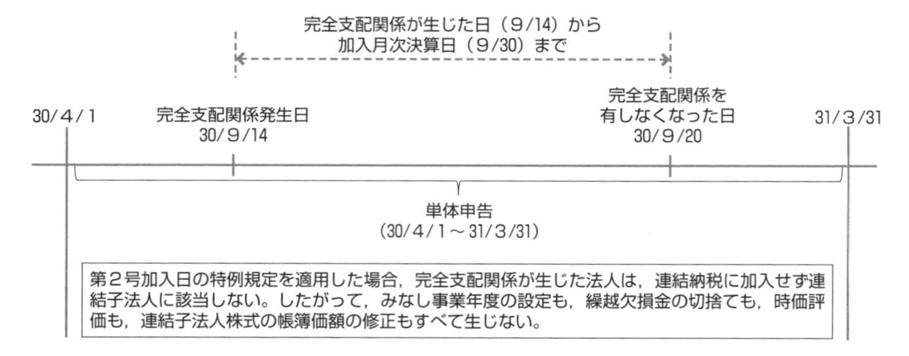

［参考］連結納税加入後，加入月次決算日まで，かつ，連結親法人事業年度終了日後に離脱するケース（第２号加入日の特例規定を適用する場合）

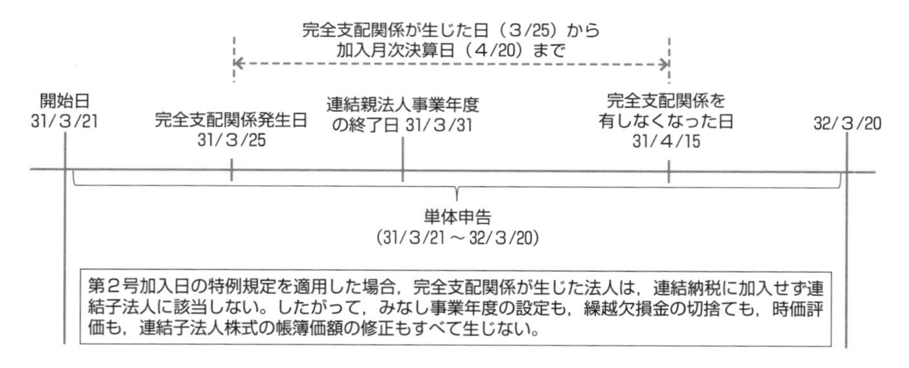

2　連結子法人が最初連結親法人事業年度に離脱する場合の取扱い

連結納税開始時の連結子法人が最初連結親法人事業年度に連結納税から離脱する場合，加入日の特例規定（法法14②）の適用もなく，支配日以後２か月以内に離脱した場合の時価評価資産からの除外規定（法令122の12①八）についても，支配日が完全支配関係発生日であるため適用されない場合が多い。

したがって，この場合の取扱いは以下のようにまとめられる。

パターン		連結親法人事業年度終了日以前に離脱するケース	連結親法人事業年度開始日に離脱するケース
みなし事業年度（注１）	連結申告	無	無
	連結単体申告	有	無
繰越欠損金の切捨て（注１）（注２）		無	無
保有資産の時価評価（注１）（注２）（注３）		有	有
連結子法人株式の帳簿価額の修正（注４）		有	無

（注１）　連結納税開始時の連結子法人での税務処理となる。
（注２）　連結納税開始時の連結子法人が非特定連結子法人の場合となる。連結納税開始時の連結子法人が特定連結子法人の場合，繰越欠損金の切捨ても保有資産の時価評価も行われない。
（注３）　時価評価は，完全支配関係発生日（支配日）以後２か月以内に離脱する場合は，時価評価資産は生じない。
（注４）　離脱する連結子法人の株主である連結法人での税務処理となる。

3　連結法人が最初連結事業年度に合併を行った場合の取扱い

第４章のケースのうち，次のものについて，連結法人が最初連結事業年度に合併を行った場合の取扱いは次のとおりである。

なお，下記以外のケースは，連結親法人及び連結子法人に，通常の連結納税開始時又は加入時の取扱いが適用された後に，第４章で解説した取扱いが適用される。

■連結親法人が連結子法人を吸収合併するケース［第４章 **Case 1**］

連結子法人が最初連結事業年度に被合併法人として連結親法人に吸収合併されるケースについては，以下の取扱いが生じることとなる。それ以外の取扱いについては第４章の〔Case 1〕と同じ取扱いとなる。

なお，連結子法人が最初連結親法人事業年度に被合併法人として連結親法人に吸収合併されるケースについても，下記に準じた取扱いとなる。

⑴　加入日以外に吸収合併されるケース

このケースでは，第４章の〔Case 1〕の取扱いのうち，次に掲げるものは以下の取扱いとなる。

❶ 連結親法人（合併法人）の税務上の取扱い

取扱項目／適格・非適格		適格の場合
被合併法人の繰越欠損金の引継制限	法人税	•被合併法人が特定連結子法人の場合，連結納税加入前の繰越欠損金は連結納税に持ち込まれ，特定連結欠損金として合併法人に引き継がれる（法法81の９②二，法令155の21②一・⑤一）。 •被合併法人が非特定連結子法人である場合，連結納税加入前の繰越欠損金は切り捨てられ，合併法人に引き継がれない。 •被合併法人の最終事業年度（単体事業年度）の連結単体申告により発生した欠損金は，合併法人の合併日の属する連結事業年度の損金に算入される（法法81の９④）。
	住民税	•被合併法人が特定連結子法人の場合，連結納税加入前の繰越欠損金は連結納税に持ち込まれるため，控除対象個別帰属調整額は生じない。そのため，合併法人に引き継がれない（地法53⑤⑥⑦・321の８⑤⑥⑦）。 •被合併法人が非特定連結子法人の場合，連結納税加入前の繰越欠損金は切り捨てられるため，最終事業年度において控除対象個別帰属調整額が生じる。そして，合併時に合併法人に引き継がれる（地法53⑤⑥⑦・321の８⑤⑥⑦，地令８の14・48の11の３）。

❷ 連結子法人（被合併法人）の税務上の取扱い

取扱項目／適格・非適格	適格の場合
みなし事業年度	最初連結事業年度開始日から合併日の前日までの期間（連結単体申告）（法法14①六・十・②一・15の２①二・②）。
連結納税加入前の繰越欠損金	❶「被合併法人の繰越欠損金の引継制限」及び下記「合併日の前日の属する事業年度の繰越欠損金の繰越控除の取扱い」参照。
連結納税加入時の時価評価	•被合併法人が特定連結子法人の場合，連結納税加入直前事業年度において時価評価は不要となる。 •被合併法人が非特定連結子法人の場合，連結納税加入直前事業年度において時価評価が必要と

	なる（法法61の12①）。なお，支配日以後２か月以内に完全支配関係を有しなくなる場合でも，他の連結法人に吸収合併される場合は，時価評価資産からの除外規定は適用されない（法令122の14①九）。
合併日の前日の属する事業年度の繰越欠損金の繰越控除の取扱い	合併日の前日の属する事業年度（連結単体申告）において単体納税の繰越欠損金の繰越控除は次のように取り扱われる（法法57⑨一）。 • 被合併法人が特定連結子法人の場合，連結納税加入前の繰越欠損金は，最終事業年度（連結単体申告）において単体納税の繰越欠損金として繰越控除される（法法57⑨一）。 • 被合併法人が非特定連結子法人の場合，最初連結期間（連結親法人との間に連結完全支配関係を有することとなった日から連結親法人事業年度終了の日までの期間）内に他の連結法人を合併法人とする吸収合併が行われた場合（合併日が最初連結期間の開始の日である場合を除く）に該当するため，連結納税加入前の繰越欠損金は，連結納税加入時に切り捨てられ，最終事業年度（連結単体申告）において繰越控除することはできない（法法57⑨一）。ただし，切り捨てられた連結納税加入前の繰越欠損金に対応する控除対象個別帰属調整額が最終事業年度（連結単体申告）において繰越控除される（地法53⑤⑥・321の８⑤⑥，地令８の14・48の11の３）。

(2)　加入日に吸収合併されるケース

これは，連結納税加入直後に合併するケースであり，具体的には以下の場合となる。

①　合併日が完全支配関係発生日である場合

②　合併がないものとした場合の加入月次決算日の翌日以前に合併した場合で第１号加入日の特例規定を適用した場合（注）

（注）　合併により解散する場合，合併日の前日が月次決算期間の末日となるため，合併がないものとした場合の加入月次決算日以前に合併した場合でも，第２号加入日の特例規定は適用できず，第１号加入日の特例規定が適用される（法法14②）。

この場合，連結子法人（被合併法人）は，いったん連結納税に加入し，その直後に合併することになり，第４章の〔Case 1〕の取扱いのうち，次に掲げるものは以下の取扱いとなる。

❶　連結親法人（合併法人）の税務上の取扱い

取扱項目／適格・非適格		適格の場合
被合併法人の合併日の前日の属する事業年度の欠損金の損金算入の取扱い		最終事業年度は単体申告となるため，合併法人において被合併法人の最終事業年度の欠損金の損金算入の取扱いは適用されない（法法81の９④）。
被合併法人の繰越欠損金の引継制限	法人税	• 被合併法人が特定連結子法人の場合，連結納税加入前の繰越欠損金は連結納税に持ち込まれ，特定連結欠損金として合併法人に引き継がれる（法法81の９②二，法令155の21②一・⑤一）。 • 被合併法人が非特定連結子法人である場合，連結納税加入前の繰越欠損金は切り捨てられ，合併法人に引き継がれない。
	住民税	• 被合併法人が特定連結子法人の場合，連結納税加入前の繰越欠損金は連結納税に持ち込まれるため，控除対象個別帰属調整額は生じない（地法53⑤⑥・321の８⑤⑥）。そのため，合併法人に引き継がれない（地法53⑦・321の８⑦）。 • 被合併法人が非特定連結子法人の場合，連結納税加入前の繰越欠損金は切り捨てられるが，控除対象個別帰属調整額は生じない。そのため，合併法人に引き継がれない（地法53⑤⑥⑦・321の８⑤⑥⑦。最初連結期間開始日に合併するため，地令８の14・48の11の３は適用されない）。

❷　連結子法人（被合併法人）の税務上の取扱い

取扱項目／適格・非適格	適格の場合
みなし事業年度	完全支配関係発生日の前日の属する事業年度開始日から合併日の前日までの期間（単体申告）（法法14①二・六・②一・15の２①二・②）。
連結納税加入前の繰越欠損金	❶「被合併法人の繰越欠損金の引継制限」参照。
連結納税加入時の時価評価	• 被合併法人が特定連結子法人の場合，連結納税加入直前事業年度において時

	価評価は不要となる。 • 被合併法人が非特定連結子法人の場合，連結納税加入直前事業年度において時価評価が必要となる（法法61の12①）。なお，支配日以後２か月以内に完全支配関係を有しなくなるが，他の連結法人に吸収合併される場合は，時価評価資産からの除外規定は適用されない（法令122の14①九）。
合併日の前日の属する事業年度の繰越欠損金の繰越控除の取扱い	最終事業年度（単体申告）において単体納税の繰越欠損金が継続して繰越控除される（法法57①）。

■連結子法人が他の連結子法人を吸収合併するケース
（合併対価が合併法人株式又は無対価の場合）［第４章 Case6 ］

連結子法人が最初連結事業年度に被合併法人として他の連結子法人に吸収合併されるケースについては，以下の取扱いが生じることとなる。それ以外の取扱いについては第４章の〔Case 6〕と同じ取扱いとなる。

なお，連結子法人が最初連結親法人事業年度に被合併法人として他の連結子法人に吸収合併されるケースについても下記に準じた取扱いとなる。

⑴　加入日以外に吸収合併されるケース

このケースでは，第４章の〔Case 6〕の取扱いのうち，次に掲げるものは以下の取扱いとなる。

❶　連結子法人（合併法人）の税務上の取扱い

取扱項目／適格・非適格		適格の場合	非適格の場合
被合併法人の繰越欠損金の引継制限	法人税	• 被合併法人が特定連結子法人の場合，連結納税加入前の繰越欠損金は連結納税に持ち込まれ，特定連結欠損金として合併法人に引き継がれる（法法81の９②二，法令155の21②一・⑤一）。	• 被合併法人が特定連結子法人又は非特定連結子法人のいずれであっても，引き継ぐことはできない。 • 被合併法人の最終事業年度（単体事業年度）の連結単体申告により発生し

		• 被合併法人が非特定連結子法人である場合，連結納税加入前の繰越欠損金は切り捨てられ，合併法人に引き継がれない。 • 被合併法人の最終事業年度（単体事業年度）の連結単体申告により発生した欠損金は，合併法人の合併日の属する連結事業年度の損金に算入される（法法81の9④）。	た欠損金は，合併法人の合併日の属する連結事業年度の損金に算入される（法法81の9④）。
	住民税	• 被合併法人が特定連結子法人の場合，連結納税加入前の繰越欠損金は連結納税に持ち込まれるため，控除対象個別帰属調整額は生じない。そのため，合併法人に引き継がれない（地法53⑤⑥⑦・321の8⑤⑥⑦）。 • 被合併法人が非特定連結子法人の場合，連結納税加入前の繰越欠損金は切り捨てられるため，最終事業年度において控除対象個別帰属調整額が生じる。そして，合併時に合併法人に引き継がれる（地法53⑤⑥⑦・321の8⑤⑥⑦，地令8の14・48の11の3）。	引き継ぐことはできない。そもそも最終事業年度（連結単体申告）において控除対象個別帰属調整額が生じない（次の❷参照）。

❷ 連結子法人（被合併法人）の税務上の取扱い

取扱項目／適格・非適格	適格の場合	非適格の場合
みなし事業年度	最初連結事業年度開始日から合併日の前日までの期間（連結単体申告）（法法14①六・十・②一・15の2①二・②）。	最初連結事業年度開始日から合併日の前日までの期間（連結単体申告）（法法14①六・十・②一・15の2①二・②）。

連結納税加入前の繰越欠損金	❶「被合併法人の繰越欠損金の引継制限」及び下記「合併日の前日の属する事業年度の繰越欠損金の繰越控除の取扱い」参照。	❶「被合併法人の繰越欠損金の引継制限」及び下記「合併日の前日の属する事業年度の繰越欠損金の繰越控除の取扱い」参照。
連結納税加入時の時価評価	• 被合併法人が特定連結子法人の場合，連結納税加入直前事業年度において時価評価は不要となる。 • 被合併法人が非特定連結子法人の場合，連結納税加入直前事業年度において時価評価が必要となる（法法61の12①）。なお，支配日以後2か月以内に完全支配関係を有しなくなる場合でも，他の連結法人に吸収合併される場合は，時価評価資産からの除外規定は適用されない（法令122の14①九）。	• 被合併法人が特定連結子法人の場合，連結納税加入直前事業年度において時価評価は不要となる。 • 被合併法人が非特定連結子法人の場合，連結納税加入直前事業年度において時価評価が必要となる（法法61の12①）。なお，支配日以後2か月以内に完全支配関係を有しなくなる場合でも，他の連結法人に吸収合併される場合は，時価評価資産からの除外規定は適用されない（法令122の14①九）。
合併日の前日の属する事業年度の繰越欠損金の繰越控除の取扱い	最終事業年度（連結単体申告）において単体納税の繰越欠損金の繰越控除は次のように取り扱われる。 • 被合併法人が特定連結子法人の場合，連結納税加入前の繰越欠損金は，最終事業年度（連結単体申告）において単体納税の繰越欠損金として繰越控除される（法法57⑨一）。 • 被合併法人が非特定連結子法人の場合，最初連結期間（連結親法人との間に連結完全支配関係を有することとなった日から連結親法人事業年度終了の日までの期間）内に他の連結法人を合併法人と	最終事業年度（連結単体申告）において単体納税の繰越欠損金の繰越控除は次のように取り扱われる。 • 被合併法人が特定連結子法人の場合，連結納税加入前の繰越欠損金は，最終事業年度（連結単体申告）において単体納税の繰越欠損金として繰越控除される（法法57⑨一）。 • 被合併法人が非特定連結子法人の場合，最初連結期間（連結親法人との間に連結完全支配関係を有することとなった日から連結親法人事業年度終了の日までの期間）内に他の連結法人を合併法人と

	する吸収合併が行われた場合（合併日が最初連結期間の開始の日である場合を除く）に該当するため，連結納税加入前の繰越欠損金は，連結納税加入時に切り捨てられ，最終事業年度（連結単体申告）において繰越控除することはできない（法法57⑨一）。ただし，切り捨てられた連結納税加入前の繰越欠損金に対応する控除対象個別帰属調整額が最終事業年度（連結単体申告）において繰越控除される（地法53⑤⑥・321の8⑤⑥，地令8の14・48の11の3）。	する吸収合併が行われた場合（合併日が最初連結期間の開始の日である場合を除く）に該当するため，連結納税加入前の繰越欠損金は，連結納税加入時に切り捨てられ，最終事業年度（連結単体申告）において繰越控除することはできない（法法57⑨一）。さらに，最終事業年度（連結単体申告）において，切り捨てられた連結納税加入前の繰越欠損金に対応する控除対象個別帰属調整額は生じない（地法53⑤⑥・321の8⑤⑥。非適格合併の場合，地令8の14・48の11の3は適用されない）。

(2) 加入日に吸収合併されるケース

これは，連結納税加入直後に合併するケースであり，具体的には〔Case 1〕の(2)と同じ場合となる。

この場合，連結子法人（被合併法人）は，いったん連結納税に加入し，その直後に合併することになり，第4章の〔Case 6〕の取扱いのうち，次に掲げるものは以下の取扱いとなる。

❶ 連結子法人（合併法人）の税務上の取扱い

取扱項目／適格・非適格	適格の場合	非適格の場合
被合併法人の合併日の前日の属する事業年度の欠損金の損金算入の取扱い	最終事業年度は単体申告となるため，合併法人において被合併法人の最終事業年度の欠損金の損金算入の取扱いは適用されない（法法81の9④）。	最終事業年度は単体申告となるため，合併法人において被合併法人の最終事業年度の欠損金の損金算入の取扱いは適用されない（法法81の9④）。

被合併法人の繰越欠損金の引継制限	法人税	• 被合併法人が特定連結子法人の場合，連結納税加入前の繰越欠損金は連結納税に持ち込まれ，特定連結欠損金として合併法人に引き継がれる（法法81の9②二，法令155の21②一・⑤一）。 • 被合併法人が非特定連結子法人である場合，連結納税加入前の繰越欠損金は切り捨てられ，合併法人に引き継がれない。	被合併法人が特定連結子法人又は非特定連結子法人のいずれであっても，引き継ぐことはできない。
	住民税	• 被合併法人が特定連結子法人の場合，連結納税加入前の繰越欠損金は連結納税に持ち込まれるため，控除対象個別帰属調整額は生じない（地法53⑤⑥・321の8⑤⑥）。そのため，合併法人に引き継がれない（地法53⑦・321の8⑦）。 • 被合併法人が非特定連結子法人の場合，連結納税加入前の繰越欠損金は切り捨てられるが，控除対象個別帰属調整額は生じない。そのため，合併法人に引き継がれない（地法53⑤⑥⑦・321の8⑤⑥⑦。最初連結期間開始日に合併するため，地令8の14・48の11の3は適用されない）。	引き継ぐことはできない。なお，そもそも切り捨てられる連結納税加入前の繰越欠損金に対応する控除対象個別帰属調整額は生じない（地法53⑤⑥⑦・321の8⑤⑥⑦。最初連結期間開始日に合併する場合又は非適格合併の場合，地令8の14・48の11の3は適用されない）。

❷ 連結子法人（被合併法人）の税務上の取扱い

取扱項目／適格・非適格	適格の場合	非適格の場合
みなし事業年度	完全支配関係発生日の前日の属する事業年度開始日から合併日の前日までの期間（単体申告）（法法14①二・六・②一・15の2①二・②）。	完全支配関係発生日の前日の属する事業年度開始日から合併日の前日までの期間（単体申告）（法法14①二・六・②一・15の2①二・②）。
連結納税加入前の繰越欠損金	❶「被合併法人の繰越欠損金の引継制限」及び下記「合併日の前日の属する事業年度の繰越欠損金の繰越控除の取扱い」参照。	❶「被合併法人の繰越欠損金の引継制限」及び下記「合併日の前日の属する事業年度の繰越欠損金の繰越控除の取扱い」参照。
連結納税加入時の時価評価	• 被合併法人が特定連結子法人の場合，連結納税加入直前事業年度において時価評価は不要となる。 • 被合併法人が非特定連結子法人の場合，連結納税加入直前事業年度において時価評価が必要となる（法法61の12①）。なお，支配日以後2か月以内に完全支配関係を有しなくなるが，他の連結法人に吸収合併される場合は，時価評価資産からの除外規定は適用されない（法令122の14①九）。	• 被合併法人が特定連結子法人の場合，連結納税加入直前事業年度において時価評価は不要となる。 • 被合併法人が非特定連結子法人の場合，連結納税加入直前事業年度において時価評価が必要となる（法法61の12①）。なお，支配日以後2か月以内に完全支配関係を有しなくなるが，他の連結法人に吸収合併される場合は，時価評価資産からの除外規定は適用されない（法令122の14①九）。
合併日の前日の属する事業年度の繰越欠損金の繰越控除の取扱い	合併日の前日の属する事業年度（単体申告）において単体納税の繰越欠損金が継続して繰越控除される（法法57①）。	合併日の前日の属する事業年度（単体申告）において単体納税の繰越欠損金が継続して繰越控除される（法法57①）。

■連結子法人が非連結法人を吸収合併するケース
（合併対価が連結親法人株式の場合）［第４章 Case7 ］

連結子法人が最初連結事業年度に非連結法人を吸収合併するケースについては，以下の取扱いが生じることとなる。それ以外は第４章の〔Case７〕と同じ取扱いとなる。

なお，連結子法人が最初連結親法人事業年度に非連結法人を吸収合併するケースについても同じ取扱いとなる。

また，〔Case１〕のように，加入日以外に吸収合併するケースと加入日に吸収合併するケースで取扱いは相違しない。

- 連結子法人（合併法人）の税務上の取扱い

取扱項目／適格・非適格		適格の場合	非適格の場合
合併法人の繰越欠損金の利用制限	法人税	・合併法人が特定連結子法人の場合，連結納税に持ち込まれた連結納税加入前の繰越欠損金（特定連結欠損金個別帰属額）について，一定の要件（第４章の〔Case７〕参照）を満たさない場合，利用制限が生じる。 ・合併法人が非特定連結子法人である場合，連結納税加入前の繰越欠損金は切り捨てられているため，利用制限が生じるものはない。	・合併法人が特定連結子法人の場合，連結納税に持ち込まれた連結納税加入前の繰越欠損金（特定連結欠損金個別帰属額）について，利用制限は生じない。 ・合併法人が非特定連結子法人である場合，連結納税加入前の繰越欠損金は切り捨てられている。
	住民税	・合併法人が特定連結子法人の場合，連結納税加入前の繰越欠損金は連結納税に持ち込まれるため，控除対象個別帰属調整額は生じない。 ・合併法人が非特定連結子法人の場合，控除対象個別帰属調整額が生	・合併法人が特定連結子法人の場合，連結納税加入前の繰越欠損金は連結納税に持ち込まれるため，控除対象個別帰属調整額は生じない。 ・合併法人が非特定連結子法人の場合，控除対象個別帰属調整額が生

		じるが，合併により利用制限は生じない。	じるが，合併により利用制限は生じない。
連結納税加入時の時価評価		• 合併法人が特定連結子法人の場合，連結納税加入直前事業年度において時価評価は不要となる。 • 合併法人が非特定連結子法人の場合，連結納税加入直前事業年度において時価評価が必要となる（法法61の12①）。	• 合併法人が特定連結子法人の場合，連結納税加入直前事業年度において時価評価は不要となる。 • 合併法人が非特定連結子法人の場合，連結納税加入直前事業年度において時価評価が必要となる（法法61の12①）。

■連結子法人が連結外法人を吸収合併するケース
（合併対価が連結親法人株式の場合）［第４章 Case8 ］

第４章の〔Case 8〕と同じ取扱いとなる。なお，連結納税加入前の繰越欠損金，時価評価，控除対象個別帰属調整額の連結納税加入時の取扱いは，〔Case 7〕と同じとなる。

■連結子法人が非連結法人を吸収合併するケース
（合併対価が現金の場合）［第４章 Case9 ］

第４章の〔Case 9〕と同じ取扱いとなる。なお，連結納税加入前の繰越欠損金，時価評価，控除対象個別帰属調整額の連結納税加入時の取扱いは，〔Case 7〕と同じとなる。

■連結子法人が連結外法人を吸収合併するケース
（合併対価が現金の場合）［第４章 Case10 ］

第４章の〔Case10〕と同じ取扱いとなる。なお，連結納税加入前の繰越欠損金，時価評価，控除対象個別帰属調整額の連結納税加入時の取扱いは，〔Case 7〕と同じとなる。

■連結子法人が非連結法人を吸収合併するケース（合併対価が合併法人株式の場合）［第４章 Case11 ］

連結子法人が最初連結事業年度に非連結法人を吸収合併するケース（合併対価が合併法人株式の場合）については，合併日を離脱日として，本章1の連結子法人が短期間に加入・離脱する場合（［パターン2］，［パターン3］，［パターン5］，［パターン6］）の取扱い又は本章2の連結子法人が最初連結親法人事業年度に離脱する場合の取扱いが適用される（なお，時価評価について，最初連結親法人事業年度開始日に合併をした場合の時価評価資産からの除外の取扱いは，第1章「4－7」を参照すること）。

それ以外については，第4章の〔Case11〕の取扱いと同じとなる。

■連結子法人が連結外法人を吸収合併するケース（合併対価が合併法人株式の場合）［第４章 Case12 ］

連結子法人が最初連結事業年度に連結外法人を吸収合併するケース（合併対価が合併法人株式の場合）については，合併日を離脱日として，本章1の連結子法人が短期間に加入・離脱する場合（［パターン2］，［パターン3］，［パターン5］，［パターン6］）の取扱い又は本章2の連結子法人が最初連結親法人事業年度に離脱する場合の取扱いが適用される（時価評価については，〔Case11〕参照）。

それ以外については，第4章の〔Case12〕の取扱いと同じとなる。

■連結子法人が株式の３分の２以上を保有する非連結法人を吸収合併するケース（合併対価が現金の場合）［第４章 Case13 ］

第4章の〔Case13〕と同じ取扱いとなる。なお，連結納税加入前の繰越欠損金，時価評価，控除対象個別帰属調整額の連結納税加入時の取扱いは，〔Case 7〕と同じとなる。

■連結子法人が50%超の株式を保有する非連結法人を吸収合併するケース（合併対価が合併法人株式の場合）［第４章 Case14 ］

連結子法人が最初連結事業年度に50％超の株式を保有する非連結法人を吸収

合併するケース（合併対価が合併法人株式の場合）については，〔Case11〕と同じ取扱いが生じることとなる。それ以外は第４章の〔Case14〕と同じ取扱いとなる。

■非連結法人が連結子法人を吸収合併するケース（合併対価が合併法人株式の場合）［第４章 Case17 ］

連結子法人が最初連結事業年度に被合併法人として非連結法人に吸収合併されるケース（合併対価が合併法人株式の場合）については，以下の取扱いが生じることとなる。それ以外は第４章の〔Case17〕と同じ取扱いとなる。

なお，連結子法人が最初連結親法人事業年度に被合併法人として非連結法人に吸収合併されるケースについても下記に準じた取扱いとなる（なお，時価評価について，最初連結親法人事業年度開始日に合併をした場合の時価評価資産からの除外の取扱いは，第１章「４－７」を参照すること）。

⑴　加入日以外に吸収合併されるケース

この場合，連結子法人（被合併法人）では，最初連結事業年度開始日から合併日の前日の属する事業年度（連結単体申告）のみなし事業年度が設定される（法法14①六・十・②一・15の２①二・②）。

このケースでは，第４章の〔Case17〕の取扱いのうち，次に掲げるものは以下の取扱いとなる。

・連結子法人（被合併法人）の税務上の取扱い

取扱項目／適格・非適格	適格の場合	非適格の場合
連結納税加入前の繰越欠損金	・最初連結事業年度終了日以前に連結完全支配関係を有しなくなるため，被合併法人が特定連結子法人又は非特定連結子法人のいずれであっても連結納税加入前の繰越欠損金は切り捨てられない（法法57⑨）。 ・そのため，控除対象個別	・最初連結事業年度終了日以前に連結完全支配関係を有しなくなるため，被合併法人が特定連結子法人又は非特定連結子法人のいずれであっても連結納税加入前の繰越欠損金は切り捨てられない（法法57⑨）。 ・そのため，控除対象個別

	帰属調整額は生じない。	帰属調整額は生じない。
連結納税加入時の時価評価	• 被合併法人が特定連結子法人の場合，連結納税加入直前事業年度において時価評価は不要となる。 • 被合併法人が非特定連結子法人の場合，連結納税加入直前事業年度において時価評価が必要となる（法法61の12①）。なお，支配日以後2か月以内に吸収合併される場合，時価評価資産からの除外規定が適用される（法令122の14①九）。	• 被合併法人が特定連結子法人の場合，連結納税加入直前事業年度において時価評価は不要となる。 • 被合併法人が非特定連結子法人の場合，連結納税加入直前事業年度において時価評価が必要となる（法法61の12①）。なお，支配日以後2か月以内に吸収合併される場合，時価評価資産からの除外規定が適用される（法令122の14①九）。
合併日の前日の属する事業年度の繰越欠損金の繰越控除の取扱い	最初連結事業年度に連結法人以外の法人に吸収合併されるため，被合併法人が特定連結子法人又は非特定連結子法人のいずれであっても，連結納税加入前の繰越欠損金は，最終事業年度（連結単体申告）において単体納税の繰越欠損金として繰越控除される。そして，その単体納税の繰越欠損金について，合併法人への引継ぎ及び引継制限の規定が適用される（法法57②③）。	最初連結事業年度に連結法人以外の法人に吸収合併されるため，被合併法人が特定連結子法人又は非特定連結子法人のいずれであっても，連結納税加入前の繰越欠損金は，最終事業年度（連結単体申告）において単体納税の繰越欠損金として繰越控除される。そして，その単体納税の繰越欠損金は非適格合併により合併法人への引継ぎができない（法法57②）。
連結欠損金個別帰属額	同上	同上

(2)　加入日に吸収合併されるケース

これは，連結納税加入直後に合併するケースであり，具体的には〔Case 1〕の(2)と同じ場合となる。

この場合，連結子法人（被合併法人）は，いったん連結納税に加入し，その直後に合併することになり，みなし事業年度は，完全支配関係発生日の前日の属する事業年度開始日から合併日の前日までの期間（単体申告）となる（法法14①二・六・②一・15の2①二・②）。

このケースでは，第４章の〔Case17〕の取扱いのうち，次に掲げるものは以下の取扱いとなる。

• 連結子法人（被合併法人）の税務上の取扱い

取扱項目／適格・非適格	適格の場合	非適格の場合
連結納税加入前の繰越欠損金	• 最初連結事業年度終了日以前に連結完全支配関係を有しなくなるため，被合併法人が特定連結子法人又は非特定連結子法人のいずれであっても連結納税加入前の繰越欠損金は切り捨てられない（法法57⑨）。 • そのため，控除対象個別帰属調整額は生じない。	• 最初連結事業年度終了日以前に連結完全支配関係を有しなくなるため，被合併法人が特定連結子法人又は非特定連結子法人のいずれであっても連結納税加入前の繰越欠損金は切り捨てられない（法法57⑨）。 • そのため，控除対象個別帰属調整額は生じない。
連結納税加入時の時価評価	• 被合併法人が特定連結子法人の場合，連結納税加入直前事業年度（合併日の前日の属する事業年度）において時価評価は不要となる。 • 被合併法人が非特定連結子法人の場合であっても，支配日以後２か月以内に吸収合併されるため，時価評価資産からの除外規定が適用される（法令122の14①九）。	• 被合併法人が特定連結子法人の場合，連結納税加入直前事業年度（合併日の前日の属する事業年度）において時価評価は不要となる。 • 被合併法人が非特定連結子法人の場合であっても，支配日以後２か月以内に吸収合併されるため，時価評価資産からの除外規定が適用される（法令122の14①九）。
合併日の前日の属する事業年度の繰越欠損金の繰越控除の取扱い	最終事業年度（単体申告）では単体納税の繰越欠損金が継続して繰越控除される。そして，その単体納税の繰越欠損金について，合併法人への引継ぎ及び引継制限の規定が適用される（法法57②③）。	最終事業年度（単体申告）では単体納税の繰越欠損金が継続して繰越控除される。そして，その単体納税の繰越欠損金について，非適格合併により合併法人への引継ぎができない（法法57②）。
連結欠損金個別帰属額	同上	同上

■非連結法人が連結子法人を吸収合併するケース（合併対価が現金の場合）［第4章 Case18 ］

連結子法人が最初連結事業年度に被合併法人として非連結法人に吸収合併されるケース（合併対価が現金の場合）については，〔Case17〕の非適格の場合と同じ取扱いが生じることとなる。それ以外は第4章の〔Case18〕と同じ取扱いとなる。

4　連結法人が最初連結事業年度に分割を行った場合の取扱い

第5章のケースのうち，次のものについて，連結法人が最初連結事業年度に分割を行った場合の取扱いは次のとおりである。

なお，下記以外のケースは，連結親法人及び連結子法人に，通常の連結納税開始時又は加入時の取扱いが適用された後に，第5章で解説した取扱いが適用される。

■非連結法人が連結子法人に分社型分割又は分割型分割を行うケース（分割対価が分割承継法人株式の場合）［第5章 Case8 ］

最初連結事業年度に連結子法人が非連結法人から分割されるケース（分割対価が分割承継法人株式の場合）については，分割日を離脱日として，本章1の連結子法人が短期間に加入・離脱する場合（［パターン2］，［パターン3］，［パターン5］，［パターン6］）の取扱い又は本章2の連結子法人が最初連結親法人事業年度に離脱する場合の取扱いが適用される。

それ以外については，第5章の〔Case 8〕の取扱いと同じとなる。

■連結外法人が連結子法人に分社型分割又は分割型分割を行うケース（分割対価が分割承継法人株式の場合）［第5章 Case9 ］

最初連結事業年度に連結子法人が連結外法人から分割されるケース（分割対価が分割承継法人株式の場合）については，分割日を離脱日として，本章1の連結子法人が短期間に加入・離脱する場合（[パターン２]，[パターン３]，[パターン５]，[パターン６]）の取扱い又は本章２の連結子法人が最初連結親法人事業年度に離脱する場合の取扱いが適用される。

それ以外については，第５章の〔Case９〕の取扱いと同じとなる。

■非連結法人が連結子法人に分社型分割又は分割型分割を行うケース（分割対価が連結親法人株式の場合）[第５章 Case10]

最初連結事業年度に連結子法人が非連結法人から分割されるケースについては，以下の取扱いが生じることとなる。それ以外は第５章の〔Case10〕と同じ取扱いとなる。

なお，連結子法人が最初連結親法人事業年度に非連結法人を分割法人として分割するケースについても同じ取扱いとなる。

• 連結子法人（分割承継法人）の税務上の取扱い

取扱項目／適格・非適格		適格の場合	非適格の場合
分割承継法人の繰越欠損金の利用制限	法人税	• 分割承継法人が特定連結子法人の場合，連結納税に持ち込まれた連結納税加入前の繰越欠損金（特定連結欠損金個別帰属額）について，一定の要件（第５章の〔Case10〕参照）を満たさない場合，利用制限が生じる。 • 分割承継法人が非特定連結子法人である場合，連結納税加入前の繰越欠損金は切り捨てられているため，利用制限が生じるものはない。	• 分割承継法人が特定連結子法人の場合，連結納税に持ち込まれた連結納税加入前の繰越欠損金（特定連結欠損金個別帰属額）について，利用制限は生じない。 • 分割承継法人が非特定連結子法人である場合，連結納税加入前の繰越欠損金は切り捨てられている。
	住民税	• 分割承継法人が特定連結子法人の場合，連結納税加入前の繰越欠損金は連結納税に持ち込まれるため，控除対象個別帰属調	• 分割承継法人が特定連結子法人の場合，連結納税加入前の繰越欠損金は連結納税に持ち込まれるため，控除対象個別帰属調

		整額は生じない。 ・分割承継法人が非特定連結子法人の場合，控除対象個別帰属調整額が生じるが，分割により利用制限は生じない。	整額は生じない。 ・分割承継法人が非特定連結子法人の場合，控除対象個別帰属調整額が生じるが，分割により利用制限は生じない。
連結納税加入時の時価評価		・分割承継法人が特定連結子法人の場合，連結納税加入直前事業年度において時価評価は不要となる。 ・分割承継法人が非特定連結子法人の場合，連結納税加入直前事業年度において時価評価が必要となる（法法61の12①）。	・分割承継法人が特定連結子法人の場合，連結納税加入直前事業年度において時価評価は不要となる。 ・分割承継法人が非特定連結子法人の場合，連結納税加入直前事業年度において時価評価が必要となる（法法61の12①）。

■連結外法人が連結子法人に分社型分割又は分割型分割を行うケース（分割対価が連結親法人株式の場合）［第５章 Case11 ］

第５章の〔Case11〕と同じ取扱いとなる。なお，連結納税加入前の繰越欠損金，時価評価，控除対象個別帰属調整額の連結納税加入時の取扱いは，〔Case10〕と同じとなる。

5　連結法人が最初連結事業年度に現物出資を行った場合の取扱い

第６章のケースのうち，次のものについて，連結法人が最初連結事業年度に現物出資を行った場合の取扱いは次のとおりである。

なお，下記以外のケースは，連結親法人及び連結子法人に，通常の連結納税開始時又は加入時の取扱いが適用された後に，第６章で解説した取扱いが適用される。

■非連結法人が連結子法人に現物出資を行うケース

［第6章 **Case8** ］

最初連結事業年度に連結子法人が非連結法人から現物出資されるケースについては，現物出資日を離脱日として，本章1の連結子法人が短期間に加入・離脱する場合（［パターン2］，［パターン3］，［パターン5］，［パターン6］）の取扱い又は本章2の連結子法人が最初連結親法人事業年度に離脱する場合の取扱いが適用される。

それ以外については，第6章の〔Case 8〕の取扱いと同じとなる。

■連結外法人が連結子法人に現物出資を行うケース

［第6章 **Case9** ］

最初連結事業年度に連結子法人が連結外法人から現物出資されるケースについては，現物出資日を離脱日として，本章1の連結子法人が短期間に加入・離脱する場合（［パターン2］，［パターン3］，［パターン5］，［パターン6］）の取扱い又は本章2の連結子法人が最初連結親法人事業年度に離脱する場合の取扱いが適用される。

それ以外については，第6章の〔Case 9〕の取扱いと同じとなる。

6 連結法人が最初連結事業年度に現物分配を行った場合の取扱い

第7章のケースのうち，次のものについて，連結法人が最初連結事業年度に現物分配を行った場合の取扱いは次のとおりである。

なお，下記以外のケースは，連結親法人及び連結子法人に，通常の連結納税開始時又は加入時の取扱いが適用された後に，第7章で解説した取扱いが適用される。

■連結親法人が連結子法人株式を株式分配（スピンオフ）するケース［第７章 Case3 ］

連結親法人については，通常の連結納税開始時の取扱いが適用された後，現物分配について第７章の〔Case３〕と同じ取扱いとなる。

また，連結子法人株式が株式分配されることで，最初連結事業年度に当該連結子法人が離脱する場合は，株式分配日を離脱日として，本章１の連結子法人が短期間に加入・離脱する場合（［パターン２］，［パターン３］，［パターン５］，［パターン６］）の取扱い又は本章２の連結子法人が最初連結親法人事業年度に離脱する場合の取扱いが適用される。

7　連結法人が最初連結事業年度に株式交換等を行った場合の取扱い

第８章のケースのうち，次のものについて，連結法人が最初連結事業年度に株式交換等を行った場合の取扱いは次のとおりである。

なお，下記以外のケースは，連結親法人及び連結子法人に，通常の連結納税開始時又は加入時の取扱いが適用された後に，第８章で解説した取扱いが適用される。

■連結子法人が非連結法人と株式交換を行うケース（交換対価が株式交換完全親法人株式の場合）［第８章 Case4 ］

最初連結事業年度に連結子法人を株式交換完全親法人，非連結法人を株式交換完全子法人として株式交換を行うケース（交換対価が株式交換完全親法人株式の場合）については，株式交換日を離脱日として，本章１の連結子法人が短期間に加入・離脱する場合（［パターン２］，［パターン３］，［パターン５］，［パターン６］）の取扱い又は本章２の連結子法人が最初連結親法人事業年度に離脱する場合の取扱いが適用される。

それ以外については，第８章の〔Case４〕の取扱いと同じとなる。

■連結子法人が連結外法人と株式交換を行うケース
（交換対価が株式交換完全親法人株式の場合）［第８章 Case5 ］

最初連結事業年度に連結子法人を株式交換完全親法人，連結外法人を株式交換完全子法人として株式交換を行うケース（交換対価が株式交換完全親法人株式の場合）については，株式交換日を離脱日として，本章１の連結子法人が短期間に加入・離脱する場合（［パターン２］，［パターン３］，［パターン５］，［パターン６］）の取扱い又は本章２の連結子法人が最初連結親法人事業年度に離脱する場合の取扱いが適用される。

それ以外については，第８章の〔Case 5〕の取扱いと同じとなる。

第10章

連結納税開始前と開始後の組織再編の有利・不利

◆この章のテーマ◆

連結納税開始前又は開始後のいずれで組織再編を実行するのか，株主はどのグループ会社になるのか，再編対価はいずれにするのか等，ケースごとの選択に係る有利・不利の検討

1　合併の選択に係る有利・不利
- Case１　非特定連結子法人を被合併法人とした合併を行うケース（引継制限が生じない場合）
- Case２　特定連結子法人を被合併法人とした合併を行うケース（引継制限が生じない場合）
- Case３　特定連結子法人を被合併法人とした合併を行うケース（引継制限が生じる場合）
- Case４　連結親法人が非連結法人又は連結外法人を合併するケース（利用制限が生じない場合）
- Case５　連結子法人が非連結法人又は連結外法人を合併するケース（利用制限が生じない場合）
- Case６　特定連結子法人又は非特定連結子法人のいずれかを合併法人，もう一方を被合併法人とする合併を行うケース

2　分割の選択に係る有利・不利
- Case７　連結法人を分割法人，他の連結法人（特定連結子法人）を分割承継法人とした分割を行うケース（利用制限が生じる場合）
- Case８　非特定連結子法人の含み益資産を分割により移転するケース

連結納税の採用を予定している企業グループが，グループ会社の組織再編を計画している場合，連結納税開始前又は開始後のいずれで組織再編を実行するのか，合併法人，分割承継法人はどのグループ会社になるのか，再編対価は現金，連結親法人株式，連結子法人株式（無対価を含む）のいずれにするのか，によって，繰越欠損金及び時価評価の取扱いが異なるため，本章では，ケースごとにその選択に係る有利・不利を解説することとする。

なお，本章における共通条件は次のとおりとなる。

- 「開始前」とは，連結納税開始直前事業年度（X１年４月１日～X２年３月31日）をいう。
- 「開始後」とは，連結納税開始事業年度（X２年４月１日～X３年３月31日）をいう。
- 「連結親法人」は，連結納税を採用した場合に連結親法人となる法人である。
- 「特定連結子法人」は，連結納税を採用した場合に特定連結子法人に該当する連結子法人となる法人である。
- 「非特定連結子法人」は，連結納税を採用した場合に特定連結子法人に該当しない連結子法人となる法人である。
- 「連結法人」とは，連結親法人，特定連結子法人，非特定連結子法人のいずれかになる法人をいう。
- 「非連結法人」とは，連結法人との間に支配関係がある連結法人以外の法人をいう。
- 「連結外法人」とは，連結法人及び非連結法人以外の法人をいう。
- ここでいう「繰越欠損金」とは，特段の断りがない限り，法人税に係る繰越欠損金又は連結欠損金個別帰属額とする。
- 有利・不利判定において，「×」は○と比べて不利な取扱い，「○」は×と比べて有利な取扱い，「◎」は○と比べて有利な取扱いを意味している。ただし，実際の税負担に有利・不利が生じるかは，繰越欠損金及び含み損益の発生状況や適格要件，繰越欠損金の利用要件，特定資産譲渡等損失額の損金算入要件を満たしているかどうかにより異なることに留意する必要がある。

1　合併の選択に係る有利・不利

連結納税の採用を予定している企業グループが，グループ会社の合併を計画している場合，次の選択を行うことになる。

［選択１］　タイミングの選択

これは，合併を連結納税開始前と開始後のいずれで行うかの選択である。

［選択２］　合併法人の選択

これは，グループ会社のいずれを合併法人とするかの選択である。

［選択３］　合併対価の選択

これは，合併対価を連結親法人株式又は連結子法人株式のいずれで行うかの選択である。

合併における［選択１］［選択２］［選択３］に係るケース別の有利・不利は次のとおりとなる。

Case 1　非特定連結子法人を被合併法人とした合併を行うケース（引継制限が生じない場合）

（再編の概要）

非特定連結子法人を被合併法人とし，他の法人を合併法人とする合併を連結納税開始前又は開始後に行う予定である。

（前提条件）

1　被合併法人には，繰越欠損金と含み益資産がある。

2　本ケースにおける合併は，適格合併である。

3　本ケースの合併は，みなし共同事業要件を満たすため，被合併法人及び合併法人の繰越欠損金の利用制限は生じない。

4　本ケースの合併は，みなし共同事業要件を満たすため，特定資産譲渡等損失額の損金算入制限は生じない。

（パターン別の有利・不利）

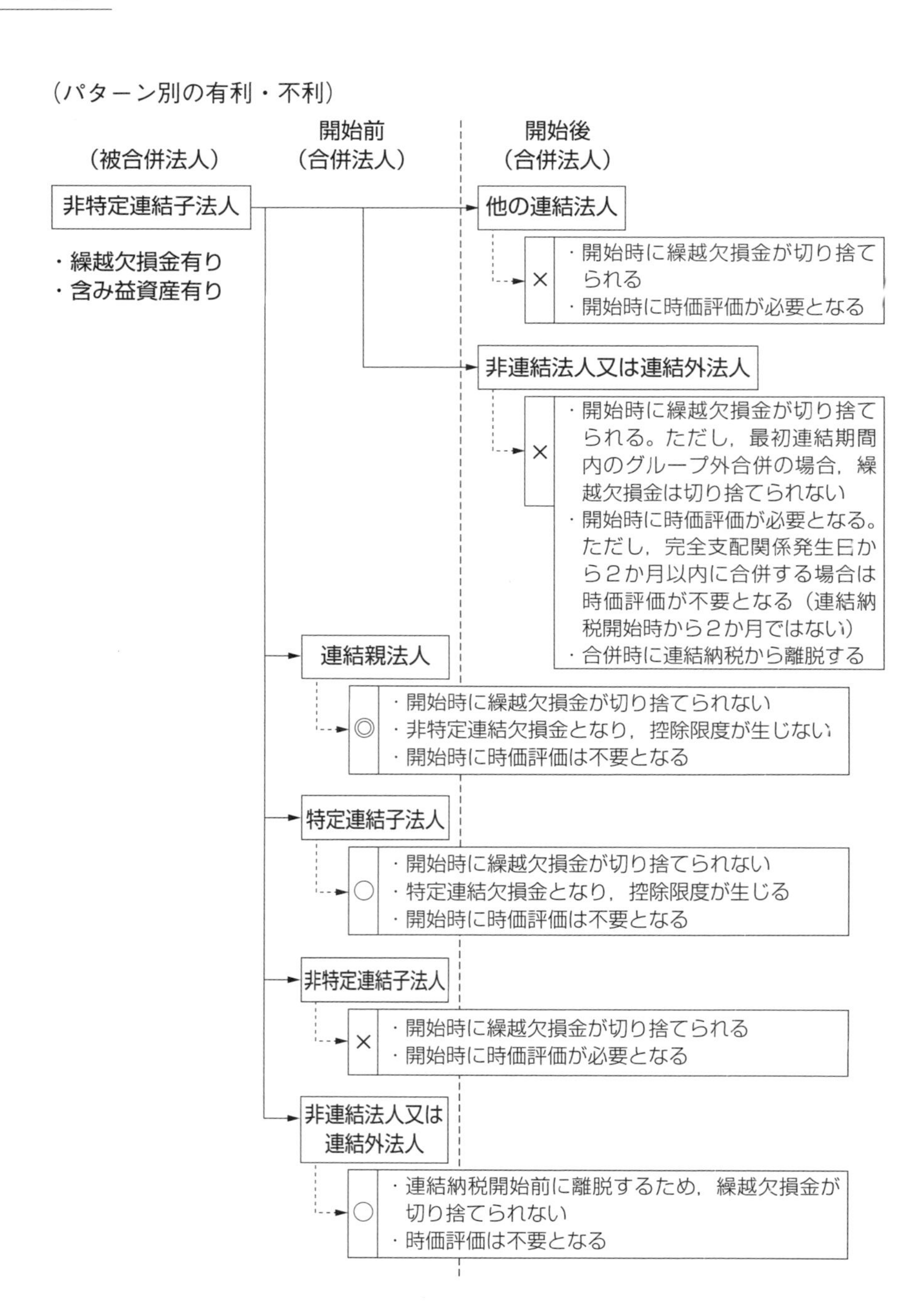

開始前
開始後
（被合併法人）
（合併法人）
（合併法人）
非特定連結子法人
・繰越欠損金有り
・含み益資産有り
他の連結法人
×
・開始時に繰越欠損金が切り捨てられる
・開始時に時価評価が必要となる
非連結法人又は連結外法人
×
・開始時に繰越欠損金が切り捨てられる。ただし，最初連結期間内のグループ外合併の場合，繰越欠損金は切り捨てられない
・開始時に時価評価が必要となる。ただし，完全支配関係発生日から２か月以内に合併する場合は時価評価が不要となる（連結納税開始時から２か月ではない）
・合併時に連結納税から離脱する
連結親法人
◎
・開始時に繰越欠損金が切り捨てられない
・非特定連結欠損金となり，控除限度が生じない
・開始時に時価評価は不要となる
特定連結子法人
○
・開始時に繰越欠損金が切り捨てられない
・特定連結欠損金となり，控除限度が生じる
・開始時に時価評価は不要となる
非特定連結子法人
×
・開始時に繰越欠損金が切り捨てられる
・開始時に時価評価が必要となる
非連結法人又は連結外法人
○
・連結納税開始前に離脱するため，繰越欠損金が切り捨てられない
・時価評価は不要となる

Case 2 特定連結子法人を被合併法人とした合併を行うケース（引継制限が生じない場合）

（再編の概要）

特定連結子法人を被合併法人とし，他の法人を合併法人とする合併を連結納税開始前又は開始後に行う予定である。

（前提条件）

1　被合併法人には，繰越欠損金と含み益資産がある。

2　本ケースにおける合併は，適格合併である。

3　本ケースの合併は，みなし共同事業要件を満たすため，被合併法人及び合併法人の繰越欠損金の利用制限は生じない。

4　本ケースの合併は，みなし共同事業要件を満たすため，特定資産譲渡等損失額の損金算入制限は生じない。

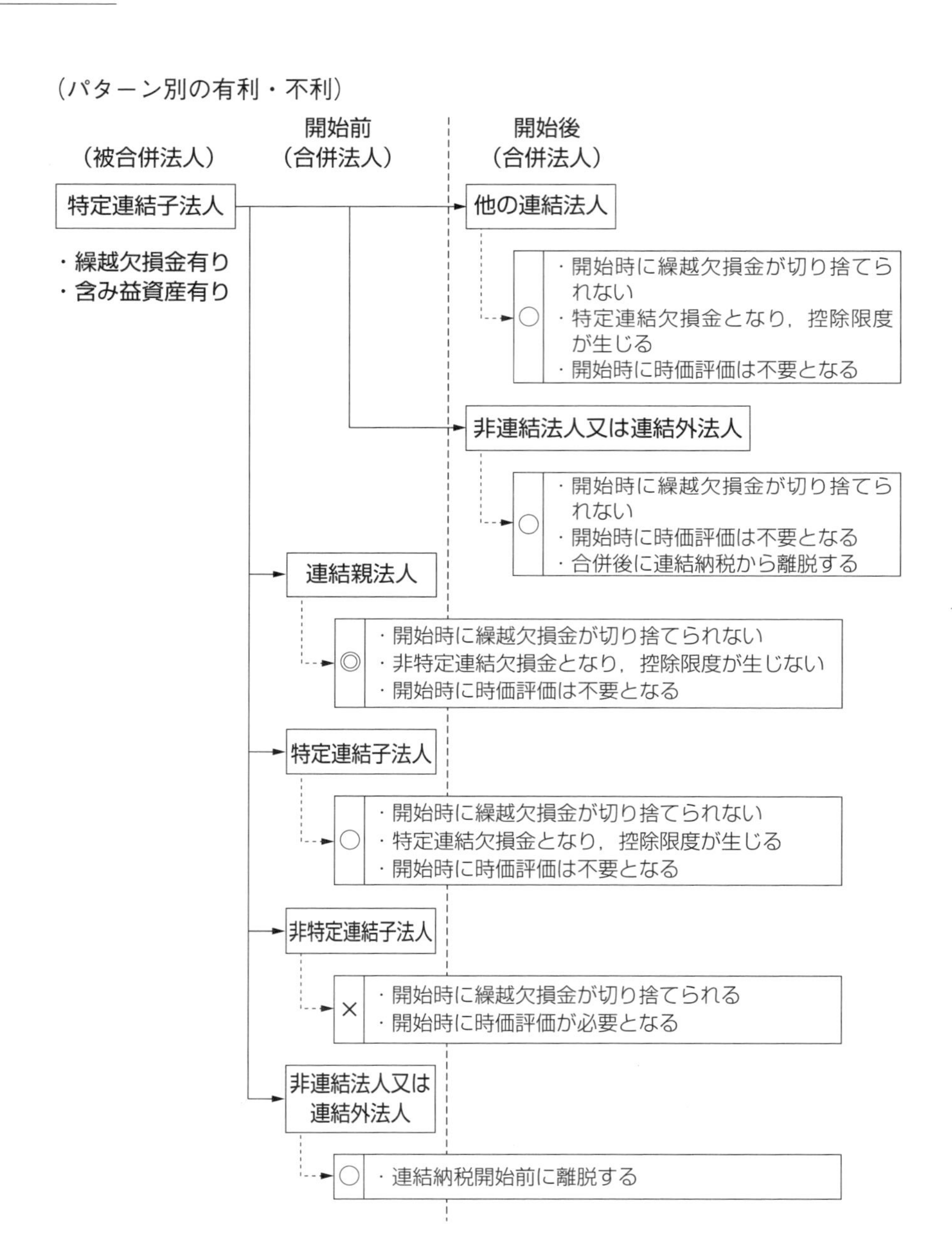
（パターン別の有利・不利）
開始前
開始後
（被合併法人）
（合併法人）
（合併法人）
特定連結子法人
・繰越欠損金有り
・含み益資産有り
他の連結法人
○
・開始時に繰越欠損金が切り捨てられない
・特定連結欠損金となり，控除限度が生じる
・開始時に時価評価は不要となる
非連結法人又は連結外法人
○
・開始時に繰越欠損金が切り捨てられない
・開始時に時価評価は不要となる
・合併後に連結納税から離脱する
連結親法人
◎
・開始時に繰越欠損金が切り捨てられない
・非特定連結欠損金となり，控除限度が生じない
・開始時に時価評価は不要となる
特定連結子法人
○
・開始時に繰越欠損金が切り捨てられない
・特定連結欠損金となり，控除限度が生じる
・開始時に時価評価は不要となる
非特定連結子法人
×
・開始時に繰越欠損金が切り捨てられる
・開始時に時価評価が必要となる
非連結法人又は連結外法人
○
・連結納税開始前に離脱する

Case 3 特定連結子法人を被合併法人とした合併を行うケース（引継制限が生じる場合）

（再編の概要）

特定連結子法人を被合併法人とし，他の連結法人を合併法人とする合併を連結納税開始前又は開始後に行う予定である。

（前提条件）

1　被合併法人には，繰越欠損金と含み益資産がある。

2　本ケースにおける合併は，適格合併である。

3　本ケースの合併は，5年前の日又は設立日からの支配関係継続要件及びみなし共同事業要件を満たさないため，被合併法人及び合併法人の繰越欠損金に利用制限が生じる。

4　本ケースの合併は，特定引継資産及び特定保有資産に含み損資産がないため，特定資産譲渡等損失額の損金算入制限が生じない。

（パターン別の有利・不利）

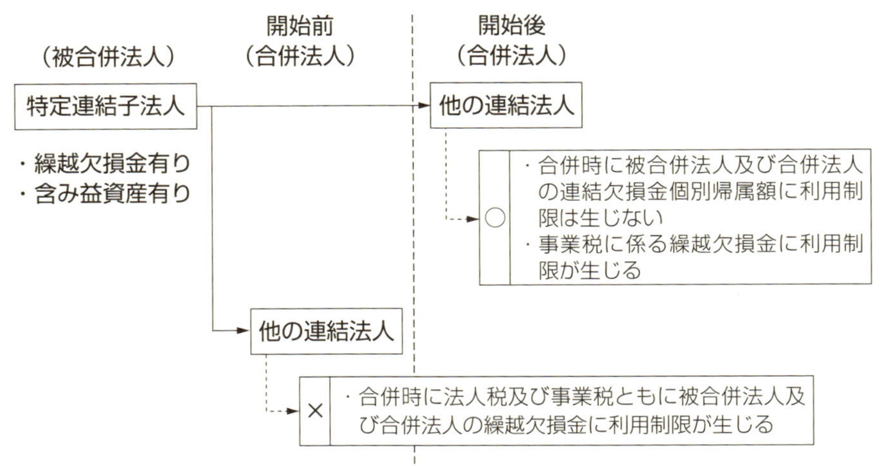

Case 4 連結親法人が非連結法人又は連結外法人を合併するケース（利用制限が生じない場合）

（再編の概要）

非連結法人又は連結外法人を被合併法人とし，連結親法人を合併法人とする合併を連結納税開始前又は開始後に行う予定である。

（前提条件）

1　被合併法人には，繰越欠損金と含み益資産がある。

2　本ケースにおける合併は，適格合併である。

3　本ケースの支配関係のある法人間の合併は，みなし共同事業要件を満たすため，被合併法人及び合併法人の繰越欠損金の利用制限は生じない。

4　本ケースの支配関係のない法人間の合併は，共同事業要件（適格要件）を満たすため，被合併法人及び合併法人の繰越欠損金の利用制限は生じない。

5　本ケースの支配関係のある法人間の合併は，みなし共同事業要件を満たすため，特定資産譲渡等損失額の損金算入制限は生じない。

6　本ケースの支配関係のない法人間の合併は，共同事業要件（適格要件）を満たすため，特定資産譲渡等損失額の損金算入制限は生じない。

7　本ケースの合併対価は，連結親法人株式とする。

（パターン別の有利・不利）

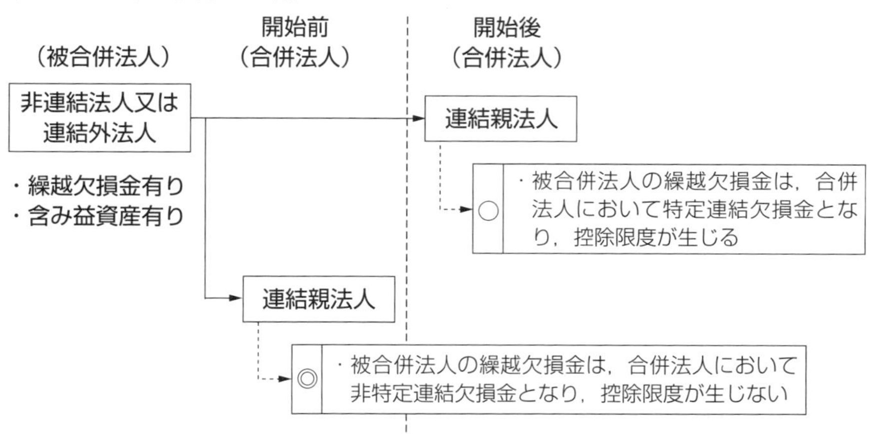

Case 5 連結子法人が非連結法人又は連結外法人を合併するケース（利用制限が生じない場合）

（再編の概要）

非連結法人又は連結外法人を被合併法人とし，連結子法人を合併法人とする合併を連結納税開始前又は開始後に行う予定である。

（前提条件）

1　被合併法人には，繰越欠損金と含み益資産がある。

2　本ケースにおける合併は，適格合併である。

3　本ケースの支配関係のある法人間の合併は，みなし共同事業要件を満たすため，被合併法人及び合併法人の繰越欠損金の利用制限は生じない。

4　本ケースの支配関係のない法人間の合併は，共同事業要件（適格要件）を満たすため，被合併法人及び合併法人の繰越欠損金の利用制限は生じない。

5　本ケースの支配関係のある法人間の合併は，みなし共同事業要件を満たすため，特定資産譲渡等損失額の損金算入制限は生じない。

6　本ケースの支配関係のない法人間の合併は，共同事業要件（適格要件）を満たすため，特定資産譲渡等損失額の損金算入制限は生じない。

7　本ケースの合併対価は，現金，連結親法人株式，合併法人株式のいずれかとする。なお，現金の場合は，合併法人が被合併法人の株式の３分の２以上を保有しているものとする。

（パターン別の有利・不利）

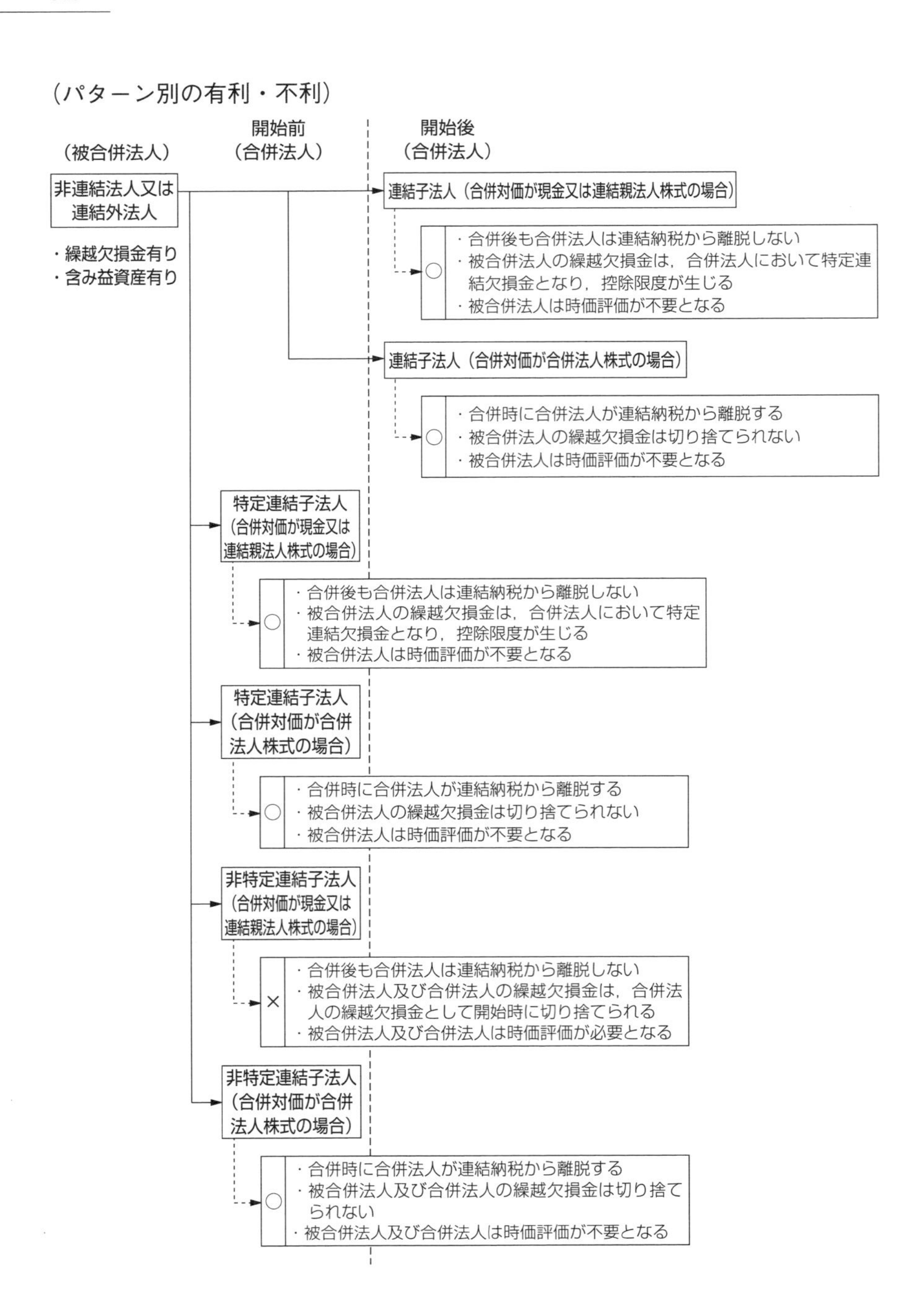
開始前
（合併法人）
開始後
（合併法人）
（被合併法人）
非連結法人又は連結外法人
・繰越欠損金有り
・含み益資産有り
連結子法人（合併対価が現金又は連結親法人株式の場合）
○
・合併後も合併法人は連結納税から離脱しない
・被合併法人の繰越欠損金は，合併法人において特定連結欠損金となり，控除限度が生じる
・被合併法人は時価評価が不要となる
連結子法人（合併対価が合併法人株式の場合）
○
・合併時に合併法人が連結納税から離脱する
・被合併法人の繰越欠損金は切り捨てられない
・被合併法人は時価評価が不要となる
特定連結子法人（合併対価が現金又は連結親法人株式の場合）
○
・合併後も合併法人は連結納税から離脱しない
・被合併法人の繰越欠損金は，合併法人において特定連結欠損金となり，控除限度が生じる
・被合併法人は時価評価が不要となる
特定連結子法人（合併対価が合併法人株式の場合）
○
・合併時に合併法人が連結納税から離脱する
・被合併法人の繰越欠損金は切り捨てられない
・被合併法人は時価評価が不要となる
非特定連結子法人（合併対価が現金又は連結親法人株式の場合）
×
・合併後も合併法人は連結納税から離脱しない
・被合併法人及び合併法人の繰越欠損金は，合併法人の繰越欠損金として開始時に切り捨てられる
・被合併法人及び合併法人は時価評価が必要となる
非特定連結子法人（合併対価が合併法人株式の場合）
○
・合併時に合併法人が連結納税から離脱する
・被合併法人及び合併法人の繰越欠損金は切り捨てられない
・被合併法人及び合併法人は時価評価が不要となる

Case 6 特定連結子法人又は非特定連結子法人のいずれかを合併法人，もう一方を被合併法人とする合併を行うケース

（再編の概要）

特定連結子法人又は非特定連結子法人のいずれかを合併法人，もう一方を被合併法人とする合併を連結納税開始前に行う予定である。

（前提条件）

1　連結子法人A社は特定連結子法人，連結子法人B社は非特定連結子法人に該当する。

2　連結子法人A社及びB社には，繰越欠損金と含み益資産がある。

3　本ケースにおける合併は，適格合併となる。

4　本ケースの合併は，みなし共同事業要件を満たすため，被合併法人及び合併法人の繰越欠損金の利用制限は生じない。

5　本ケースの合併は，みなし共同事業要件を満たすため，特定資産譲渡等損失額の損金算入制限は生じない。

（パターン別の有利・不利）

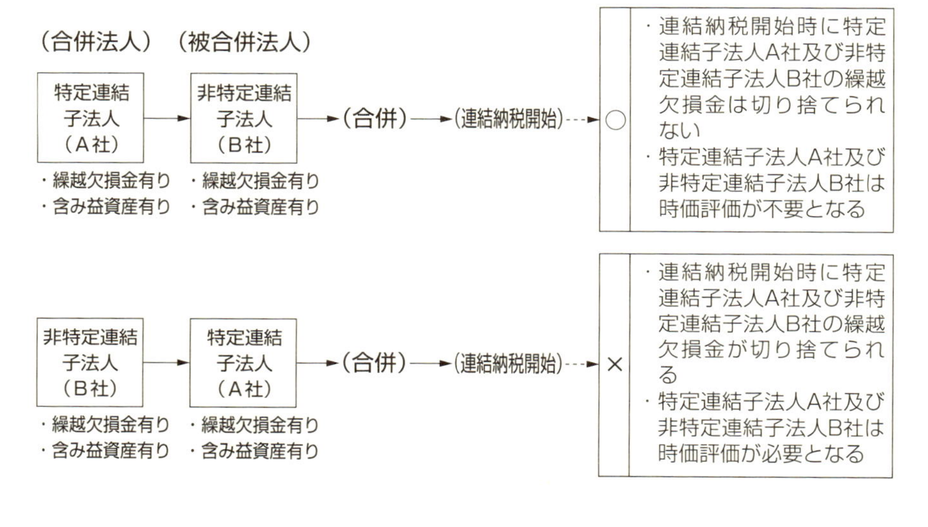

2　分割の選択に係る有利・不利

連結納税の採用を予定している企業グループが，連結法人の分割を計画している場合，次の選択を行うことになる。

[選択]　タイミングの選択

これは，分割を連結納税開始前と開始後のいずれで行うかの選択である。

分割における選択に係るケース別の有利・不利のパターンは次のとおりとなる。

Case 7　連結法人を分割法人，他の連結法人（特定連結子法人）を分割承継法人とした分割を行うケース（利用制限が生じる場合）

（再編の概要）

連結法人を分割法人とし，他の連結法人（特定連結子法人）を分割承継法人とする分割を連結納税開始前又は開始後に行う予定である。

（前提条件）

1　分割承継法人は，特定連結子法人である。

2　分割承継法人には，繰越欠損金がある。

3　本ケースにおける分割は，適格分割である。

4　本ケースの分割は，５年前の日又は設立日からの支配関係継続要件及びみなし共同事業要件を満たさないため，分割承継法人の繰越欠損金に利用制限が生じる。

5　本ケースの分割は，特定引継資産及び特定保有資産に含み損資産がないため，特定資産譲渡等損失額の損金算入制限は生じない。

（パターン別の有利・不利）

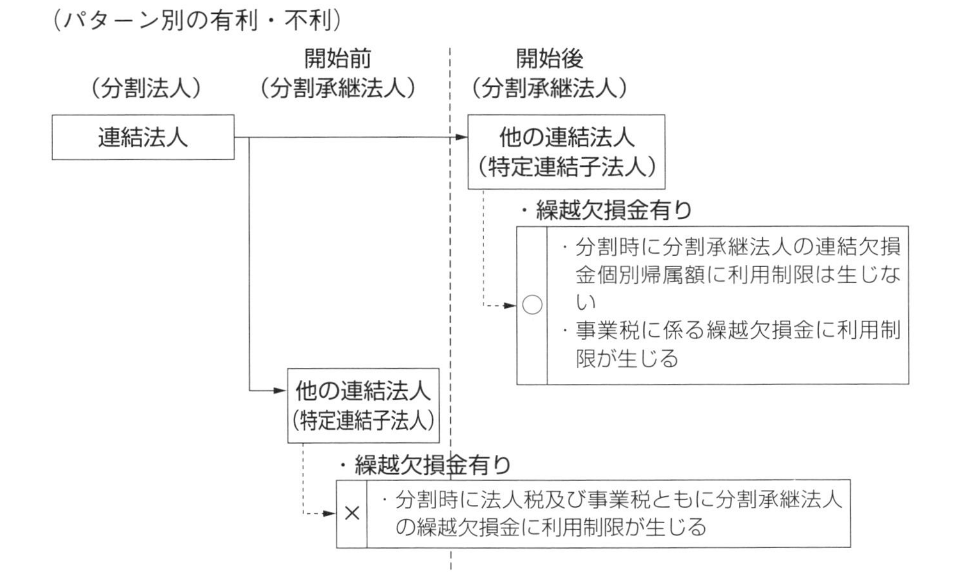

Case 8 非特定連結子法人の含み益資産を分割により移転するケース

（再編の概要）

非特定連結子法人を分割法人とし，他の連結法人を分割承継法人とする分割で，分割資産が含み益資産である分割を連結納税開始前又は開始後に行う予定である。

（前提条件）

1　本ケースにおける分割は，適格分割である。

2　分割法人に繰越欠損金はない。

3　本ケースの分割は，５年前の日又は設立日からの支配関係継続要件又はみなし共同事業要件を満たすため，分割承継法人の繰越欠損金に利用制限及び特定資産譲渡等損失額の損金算入制限は生じない。

（パターン別の有利・不利）

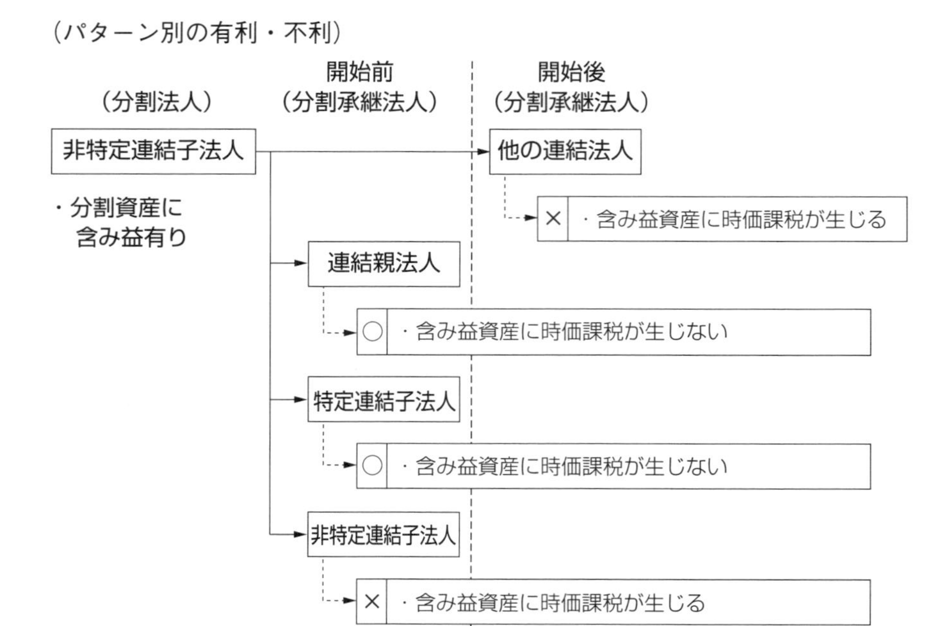

上記の取扱いは，適格現物出資，適格現物分配による含み益資産の移転についても同様となる（ただし，繰越欠損金の利用制限や特定資産譲渡等損失額の損金算入制限の取扱いも同様に適用される）。

第11章

連結納税による組織再編のスキーム選択の有利・不利

◆この章のテーマ◆

組織再編にあたってどのようなスキームを選択するかによって繰越欠損金及び時価評価の取扱いが異なるため，ケースごとのスキーム選択に係る有利・不利の検討

1　合併のスキーム選択に係る有利・不利

Case１　連結親法人が非連結法人を吸収合併するケース

Case２　連結子法人が非連結法人を吸収合併するケース

2　完全子会社化のスキーム選択に係る有利・不利

Case３　連結親法人が非連結法人を完全子法人化するケース

Case４　連結子法人が非連結法人を完全子法人化するケース

連結納税を採用している企業グループが，グループ会社の組織再編を計画している場合，どのようなスキームを選択するかによって，繰越欠損金及び時価評価の取扱いが異なるため，本章では，ケースごとに当該選択に係る有利・不利を解説することとする。

なお，本章における共通条件は第10章と同じになる。

1 合併のスキーム選択に係る有利・不利

連結納税を採用している企業グループが，グループ会社又はグループ外の会社の合併を計画している場合，次のスキーム選択を行うことになる。

［選択1］ 100％化の選択

これは，被合併法人となる非連結法人又は連結外法人を完全子会社化してから合併するか又は直接合併するかの選択である。

［選択2］ 合併の手法の選択

これは，非連結法人又は連結外法人を直接合併する場合に，対価をどうするかの選択である。

［選択3］ 100％化の手法の選択

これは，非連結法人又は連結外法人を完全子会社化してから合併する場合に，完全子会社化を現金買取又は株式交換等のうち，いずれを行うか，また対価をどうするかの選択である。

合併における［選択1］［選択2］［選択3］に係るケース別の有利・不利のパターンは次のとおりとなる。

Case 1 連結親法人が非連結法人を吸収合併するケース

（再編の概要）

連結親法人を合併法人，非連結法人を被合併法人とした吸収合併をするために，直接合併又は完全子法人化後の合併のいずれかのスキームを検討している。

なお，連結外法人について，連結親法人がTOB・株式買取・第三者割当増資等により支配権を確保して非連結法人とした後にスキームを実行する場合を含むものとする。

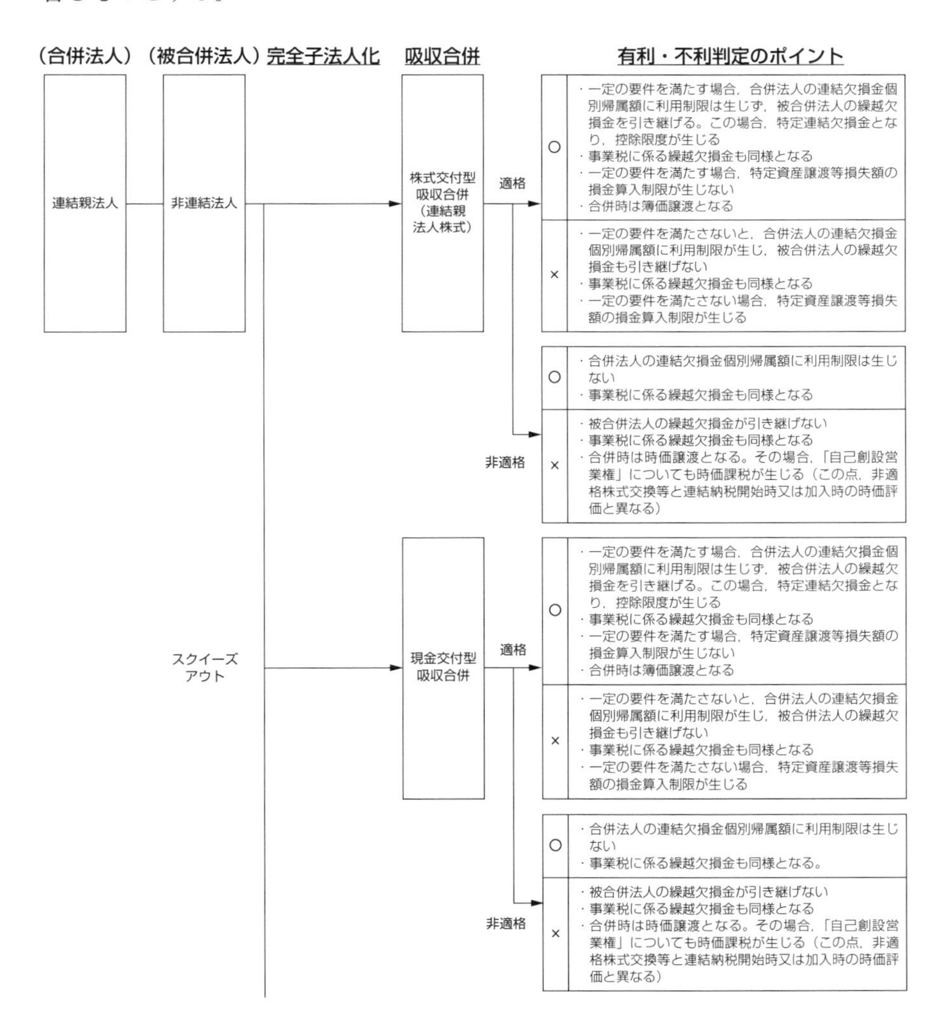

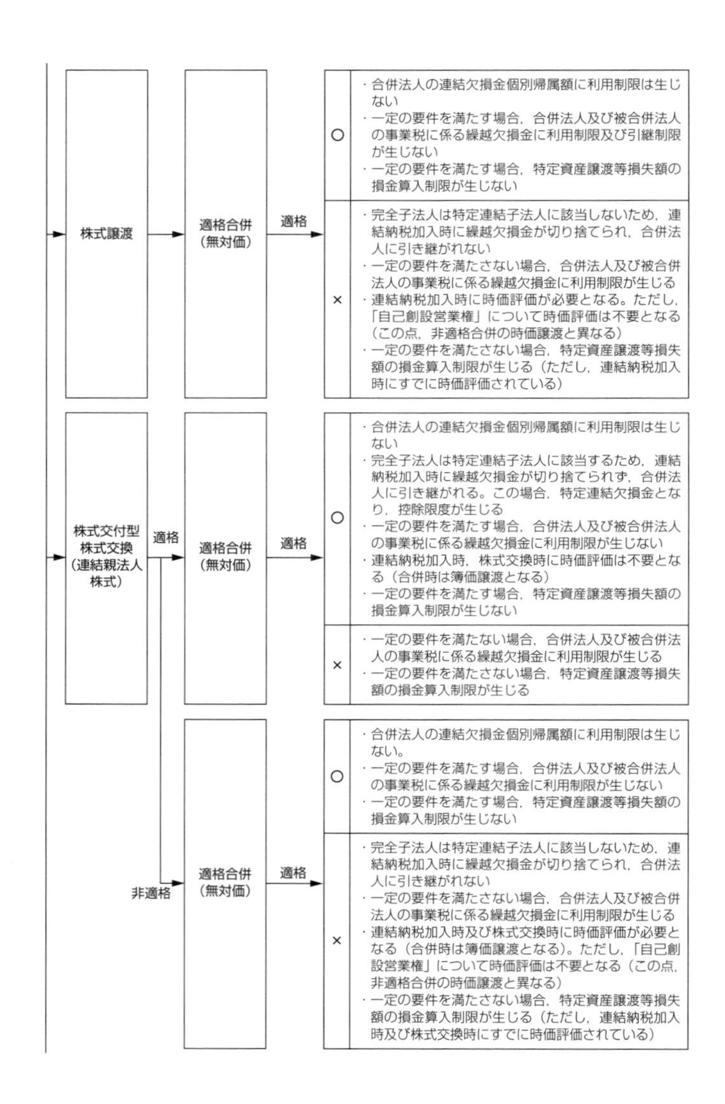

株式譲渡
適格合併
(無対価)
適格
○
・合併法人の連結欠損金個別帰属額に利用制限は生じない
・一定の要件を満たす場合，合併法人及び被合併法人の事業税に係る繰越欠損金に利用制限及び引継制限が生じない
・一定の要件を満たす場合，特定資産譲渡等損失額の損金算入制限が生じない
×
・完全子法人は特定連結子法人に該当しないため，連結納税加入時に繰越欠損金が切り捨てられ，合併法人に引き継がれない
・一定の要件を満たさない場合，合併法人及び被合併法人の事業税に係る繰越欠損金に利用制限が生じる
・連結納税加入時に時価評価が必要となる。ただし，「自己創設営業権」について時価評価は不要となる（この点，非適格合併の時価譲渡と異なる）
・一定の要件を満たさない場合，特定資産譲渡等損失額の損金算入制限が生じる（ただし，連結納税加入時にすでに時価評価されている）
株式交付型
株式交換
(連結親法人
株式)
適格
適格合併
(無対価)
適格
○
・合併法人の連結欠損金個別帰属額に利用制限は生じない
・完全子法人は特定連結子法人に該当するため，連結納税加入時に繰越欠損金が切り捨てられず，合併法人に引き継がれる。この場合，特定連結欠損金となり，控除限度が生じる
・一定の要件を満たす場合，合併法人及び被合併法人の事業税に係る繰越欠損金に利用制限が生じない
・連結納税加入時，株式交換時に時価評価は不要となる（合併時は簿価譲渡となる）
・一定の要件を満たす場合，特定資産譲渡等損失額の損金算入制限が生じない
×
・一定の要件を満たない場合，合併法人及び被合併法人の事業税に係る繰越欠損金に利用制限が生じる
・一定の要件を満たさない場合，特定資産譲渡等損失額の損金算入制限が生じる
非適格
適格合併
(無対価)
適格
○
・合併法人の連結欠損金個別帰属額に利用制限は生じない。
・一定の要件を満たす場合，合併法人及び被合併法人の事業税に係る繰越欠損金に利用制限が生じない
・一定の要件を満たす場合，特定資産譲渡等損失額の損金算入制限が生じない
×
・完全子法人は特定連結子法人に該当しないため，連結納税加入時に繰越欠損金が切り捨てられ，合併法人に引き継がれない
・一定の要件を満たさない場合，合併法人及び被合併法人の事業税に係る繰越欠損金に利用制限が生じる
・連結納税加入時及び株式交換時に時価評価が必要となる（合併時は簿価譲渡となる）。ただし，「自己創設営業権」について時価評価は不要となる（この点，非適格合併の時価譲渡と異なる）
・一定の要件を満たさない場合，特定資産譲渡等損失額の損金算入制限が生じる（ただし，連結納税加入時及び株式交換時にすでに時価評価されている）

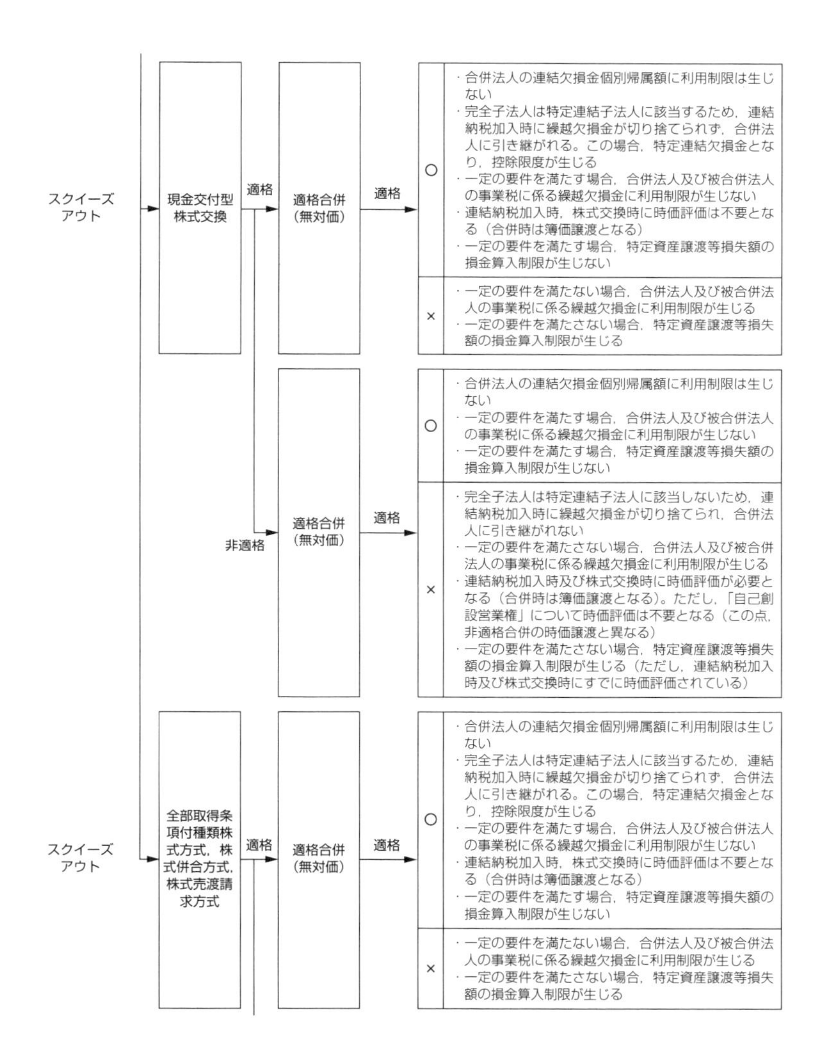

スクイーズアウト
現金交付型株式交換
適格
適格合併(無対価)
適格
○
・合併法人の連結欠損金個別帰属額に利用制限は生じない
・完全子法人は特定連結子法人に該当するため，連結納税加入時に繰越欠損金が切り捨てられず，合併法人に引き継がれる。この場合，特定連結欠損金となり，控除限度が生じる
・一定の要件を満たす場合，合併法人及び被合併法人の事業税に係る繰越欠損金に利用制限が生じない
・連結納税加入時，株式交換時に時価評価は不要となる（合併時は簿価譲渡となる）
・一定の要件を満たす場合，特定資産譲渡等損失額の損金算入制限が生じない
×
・一定の要件を満たない場合，合併法人及び被合併法人の事業税に係る繰越欠損金に利用制限が生じる
・一定の要件を満たさない場合，特定資産譲渡等損失額の損金算入制限が生じる
非適格
適格合併(無対価)
適格
○
・合併法人の連結欠損金個別帰属額に利用制限は生じない
・一定の要件を満たす場合，合併法人及び被合併法人の事業税に係る繰越欠損金に利用制限が生じない
・一定の要件を満たす場合，特定資産譲渡等損失額の損金算入制限が生じない
×
・完全子法人は特定連結子法人に該当しないため，連結納税加入時に繰越欠損金が切り捨てられ，合併法人に引き継がれない
・一定の要件を満たさない場合，合併法人及び被合併法人の事業税に係る繰越欠損金に利用制限が生じる
・連結納税加入時及び株式交換時に時価評価が必要となる（合併時は簿価譲渡となる）。ただし，「自己創設営業権」について時価評価は不要となる（この点，非適格合併の時価譲渡と異なる）
・一定の要件を満たさない場合，特定資産譲渡等損失額の損金算入制限が生じる（ただし，連結納税加入時及び株式交換時にすでに時価評価されている）
スクイーズアウト
全部取得条項付種類株式方式，株式併合方式，株式売渡請求方式
適格
適格合併(無対価)
適格
○
・合併法人の連結欠損金個別帰属額に利用制限は生じない
・完全子法人は特定連結子法人に該当するため，連結納税加入時に繰越欠損金が切り捨てられず，合併法人に引き継がれる。この場合，特定連結欠損金となり，控除限度が生じる
・一定の要件を満たす場合，合併法人及び被合併法人の事業税に係る繰越欠損金に利用制限が生じない
・連結納税加入時，株式交換時に時価評価は不要となる（合併時は簿価譲渡となる）
・一定の要件を満たす場合，特定資産譲渡等損失額の損金算入制限が生じない
×
・一定の要件を満たない場合，合併法人及び被合併法人の事業税に係る繰越欠損金に利用制限が生じる
・一定の要件を満たさない場合，特定資産譲渡等損失額の損金算入制限が生じる

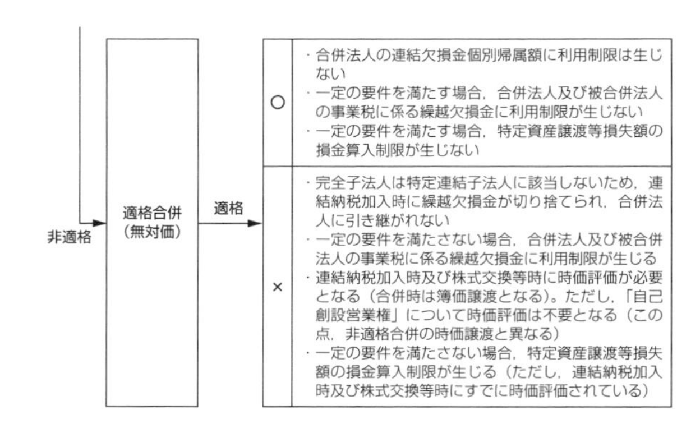

⑴ いきなり合併するより，スクイーズアウトしてから合併した方が有利なのか？（繰越欠損金の有利・不利）

以下，法人税に係る繰越欠損金の有利・不利について解説する。事業税に係る繰越欠損金は単体納税と同様の取扱いとなる。

例えば，連結親法人P社が連結グループ外のB社を吸収合併する場合に採用される手法には，次のようなものがある。

> １－１　現金交付型吸収合併
> １－２　株式交付型吸収合併
> １－３　株式譲渡⇒吸収合併
> １－４　株式交付型株式交換⇒吸収合併
> １－５　スクイーズアウトの手法⇒吸収合併
>
> スクイーズアウトの手法とは，現金交付型株式交換，全部取得条項付種類株式方式，株式併合方式，株式売渡請求方式とする。

現金交付型吸収合併（１－１）又は株式交付型吸収合併（１－２）を採用する場合，B社は，適格合併に該当する場合，簿価譲渡になるとともに，５年前の日又は設立日からの支配関係継続要件又はみなし共同事業要件のいずれかを満たす場合，合併法人である連結親法人P社に被合併法人B社の繰越欠損金が引き継がれることになる（法法62の２①・81の９②二・57②③）（注１）。

また，被合併法人B社の100％子会社C社がある場合，C社（注２）についても，適格合併に該当する場合，特定連結子法人に該当することになるため，時価評価は不要になるとともに，連結納税加入前の繰越欠損金が連結納税に持ち込まれることになる（法法61の12①三・81の９②一）。

したがって，現金交付型吸収合併（１－１）を採用する場合は税務上の不利益を受けずに少数株主を排除することが可能となる。

（注１）　５年前の日又は設立日からの支配関係継続要件又はみなし共同事業要件のいずれも満たさない場合，被合併法人の繰越欠損金及び合併法人の連結欠損金個別帰属額のうち，一定のものについて利用制限が生じることになる（法法81の９②二・⑤三・57③④）。

（注２）　適格合併の日の５年前の日又は設立日からB社との間にB社による完全支配関係が生じている場合に限る（法法61の12①三）。

次に，連結納税加入後に連結親法人に吸収合併（無対価合併）される手法として，株式譲渡⇒吸収合併（１－３）を採用した場合，B社とC社は，連結納税加入に伴い，非特定連結子法人に該当することになるため，時価評価が必要になるとともに，連結納税加入前の繰越欠損金が切り捨てられ，その後の適格合併でも，合併法人である連結親法人P社は，被合併法人であるB社の繰越欠損金を引き継ぐことはできず，結果的にB社とC社の繰越欠損金は連結納税に持ち込まれないこととなる（法法61の12①二・三・81の９②）。

また，株式交付型株式交換⇒吸収合併（１－４）を採用した場合，B社とC社（注３）は，適格株式交換に該当する場合（注４），特定連結子法人に該当することになるため，時価評価は不要になるとともに，連結納税加入前の繰越欠損金が連結納税に持ち込まれ，その後の適格合併で，合併法人である連結親法人P社は，被合併法人であるB社の繰越欠損金を引き継ぐことになる（法法61の12①二・三，81の９②）。しかし，この場合，少数株主は連結親法人の株主になるため，少数株主を排除するとはできない。

（注３）　適格株式交換の日の５年前の日又は設立日からB社との間にB社による完全支配関係が生じている場合に限る（法法61の12①三）。

（注４）　株式交換等後に株式交換等完全子法人を被合併法人とする適格合併を行うことが見込まれている場合，第２章「２－３－６」の株式交換等の適格要件のうち，一部について次のように判定される。

適格要件	内容
支配関係継続要件	株式交換等の時から適格合併の直前の時まで当事者間又は同一者による完全支配関係又は支配関係が継続すること（株式交換等完全親法人との間に株式交換等完全親法人による完全支配関係が継続することを含む）が見込まれていること。
従業者引継要件	おおむね80％以上の従業者が，株式交換等完全子法人の業務だけでなく，その後の適格合併に係る合併法人の業務にも，引き続き従事することが見込まれていること（株式交換等の日と合併日が同日である場合を含む）。
事業継続要件	株式交換等完全子法人の株式交換等前に行う主要な事業が株式交換等完全子法人だけでなく，その後の適格合併に係る合併法人においても，引き続き行われることが見込まれていること（株式交換等の日と合併日が同日である場合を含む）。
株式交換完全親法人の株式継続保有要件	株式交換の時から適格合併の直前の時まで株式交換完全親法人と株式交換完全子法人との間に株式交換完全親法人による完全支配関係が継続することが見込まれていること。

そして，スクイーズアウトの手法⇒吸収合併（１－５）を採用した場合，B社とC社（注５）は，適格株式交換等に該当する場合（注６），特定連結子法人に該当することになるため，時価評価は不要になるとともに，連結納税加入前の繰越欠損金が連結納税に持ち込まれ，その後の適格合併で，合併法人である連結親法人P社は，被合併法人であるB社の繰越欠損金を引き継ぐことになる（法法61の12①二・三・81の９②）。

つまり，この場合，税務上の不利益を受けずに少数株主を排除することが可能となる。

（注５） 適格株式交換等の日の５年前の日又は設立日からB社との間にB社による完全支配関係が生じている場合に限る（法法61の12①三）。
（注６）（注４）参照。

各手法の取扱いは以上であるが，ここで問題となるのは，現金交付型吸収合併（１－１）とスクイーズアウトの手法⇒吸収合併（１－５）のスキームについて，連結納税グループの最終的な資本関係が同じ（少数株主排除を含めて出来上がり図が全く同じ）であるにもかかわらず，（１－１）では，「５年前の日又は設立日からの支配関係継続要件」又は「みなし共同事業要件」のいずれも満たさない場合，被合併法人の繰越欠損金及び合併法人の連結欠損金個別帰属額のうち，一定のものについて利用制限が生じることになるが，（1－5）では，被合併法人の繰越欠損金及び合併法人の連結欠損金個別帰属額に利用制限が生じない点である。

この点，少数株主を排除しないスキームである株式交付型吸収合併（1－2）と株式交付型株式交換⇒吸収合併（1－4）についても同様の有利・不利が生じる。

以上を表すと下記の図表のとおりとなる。

〈図表1〉連結親法人が非連結法人を吸収合併するケース
（繰越欠損金の有利・不利）

（1-1）現金交付型吸収合併

適格合併
（他の要件を満たす場合）
連結納税グループ
連結親法人
P社
現金
少数株主
甲・乙・丙
吸収合併
100%
連結子法人
A社
90%
（2/3以上）
10%⇒0
B社
簿価譲渡＆繰欠引継ぎ※
※一定の要件を満たさない場合，P社及びB社の繰欠に利用制限
100%
少数株主を
排除できる！さらに…
C社
特定連結子法人に該当
（「5年前の日又は設立日からの完全支配関係継続要件」を満たす場合）⇒簿価評価＆繰欠持込み

（1-2）株式交付型吸収合併

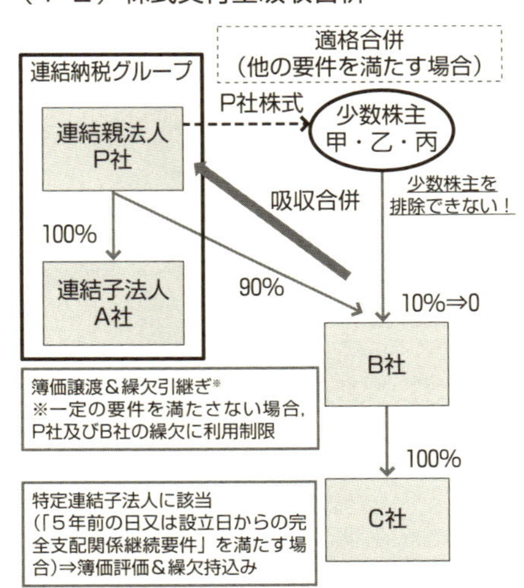

（1-3）株式譲渡⇒吸収合併

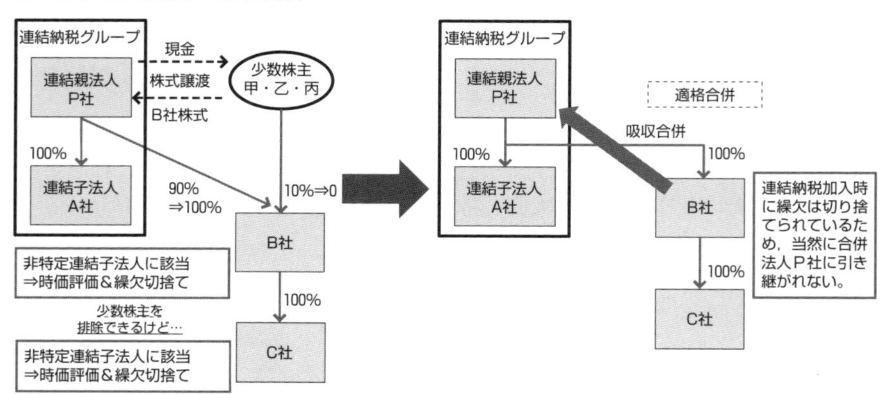

（1-4）株式交付型株式交換⇒吸収合併

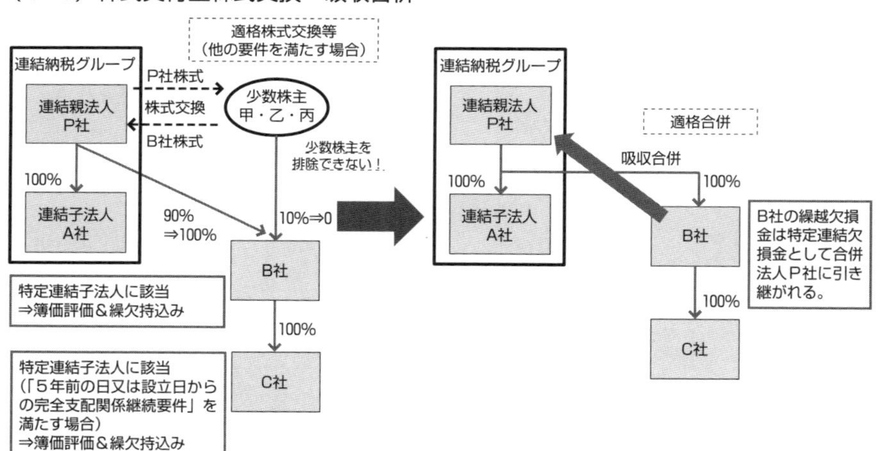

(1-5) スクイーズアウトの手法⇒吸収合併

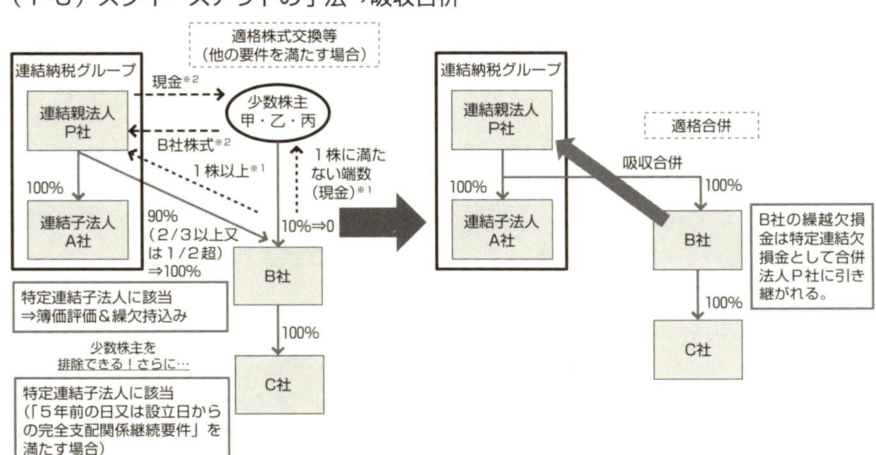

※1　全部取得条項付種類株式方式又は株式併合方式の場合
※2　現金交付型株式交換又は株式売渡請求方式の場合

(2) どうせ時価課税されるなら，合併で時価譲渡になる方がいいのか，スクイーズアウトで時価評価される方がいいのか？（時価課税の有利・不利）

先ほどの手法のうち，合併又は株式交換等がいずれも非適格となる場合，被合併法人の繰越欠損金を連結納税に持ち込むことはできない（法法61の12①二・81の9②）。

また，合併又は株式交換等がいずれも非適格となる場合，被合併法人では合併日の前日の属する事業年度又は株式交換等完全子法人では連結納税加入直前事業年度（注7）に時価課税されることとなる（法法61の12①二・62①②）。

ただし，非適格合併による時価譲渡は，合併対価が現金であれ，合併法人株式であれ，全資産・全事業を譲渡するものとして会社の時価総額，つまり，自己創設営業権を含めた時価での譲渡となる（法法62①）。その一方で，連結納税の時価評価及び非適格株式交換等の時価評価は特定の資産を指定する時価評価であり，自己創設営業権の時価評価は行われない（法法61の11①・61の12①・62の9①，法令122の12①・123の11①）。

したがって，合併又は株式交換等がいずれも非適格となる場合，正ののれんがある場合は，完全子法人化の合併スキーム（1－3，1－4，1－5）が有利となる。負ののれんがある場合は，直接合併のスキーム（1－1，1－2）が有利となる。

ただし，合併によって自己創設営業権（マイナスを含む）に課税が生じた場合であっても，合併法人において，それに対応する資産調整勘定又は負債調整勘定が計上されるため，それが減算認容又は加算認容される5年間トータルで考えると税負担に差異はない。

（注7） 非適格株式交換等の場合，連結納税加入直前事業年度だけでなく，株式交換等の日の属する事業年度（最初連結事業年度）においても時価評価が必要となるが，時価評価のタイミングが1日違い（加入日の特例規定を適用する場合でも1か月以内の違い）であり，また，対象資産の範囲が基本的に同じであるため，現実的に時価評価損益の差は生じない（法法62の9①，法令123の11①）。

以上を表すと次の図表のとおりとなる。

〈図表2〉連結親法人が非連結法人を吸収合併するケース（時価課税の有利・不利）

（1-1）現金交付型吸収合併
（1-2）株式交付型吸収合併

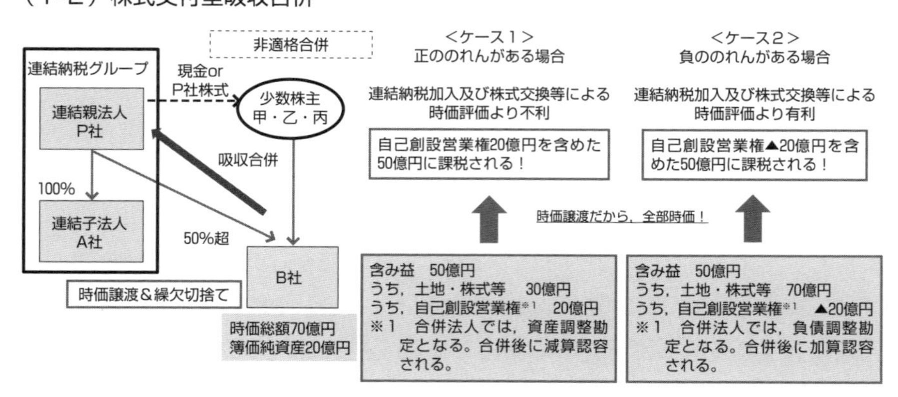

（1-3）株式譲渡⇒吸収合併
（1-4）株式交付型株式交換⇒吸収合併
（1-5）スクイーズアウトの手法⇒吸収合併

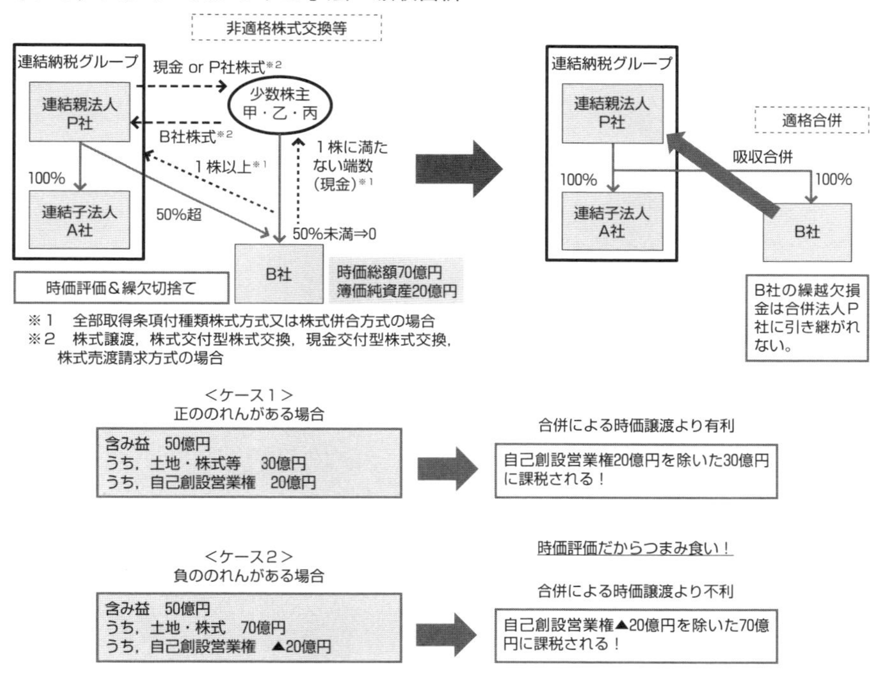

Case 2　連結子法人が非連結法人を吸収合併するケース

（再編の概要）

連結子法人を合併法人，非連結法人を被合併法人とした吸収合併をするために，直接合併又は完全子法人化後の合併のいずれかのスキームを検討している。

なお，連結外法人について，連結子法人がTOB・株式買取・第三者割当増資等により支配権を確保して非連結法人とした後にスキームを実行する場合を含むものとする。

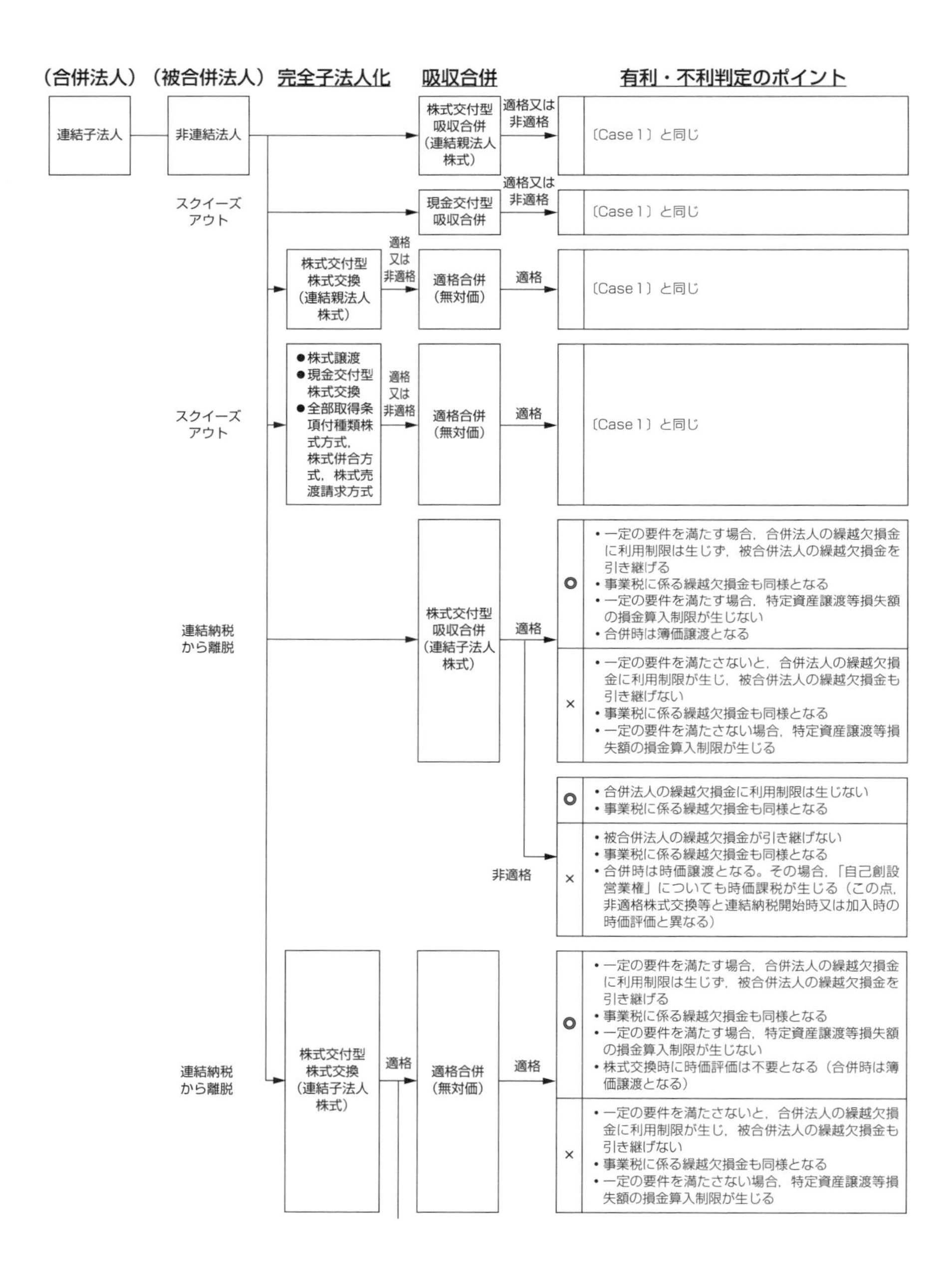
（合併法人）
（被合併法人）
完全子法人化
吸収合併
有利・不利判定のポイント
連結子法人
非連結法人
株式交付型
吸収合併
（連結親法人
株式）
適格又は
非適格
〔Case 1〕と同じ
スクイーズ
アウト
現金交付型
吸収合併
適格又は
非適格
〔Case 1〕と同じ
株式交付型
株式交換
（連結親法人
株式）
適格
又は
非適格
適格合併
（無対価）
適格
〔Case 1〕と同じ
スクイーズ
アウト
●株式譲渡
●現金交付型
株式交換
●全部取得条
項付種類株
式方式，
株式併合方
式，株式売
渡請求方式
適格
又は
非適格
適格合併
（無対価）
適格
〔Case 1〕と同じ
連結納税
から離脱
株式交付型
吸収合併
（連結子法人
株式）
適格
◎
・一定の要件を満たす場合，合併法人の繰越欠損金に利用制限は生じず，被合併法人の繰越欠損金を引き継げる
・事業税に係る繰越欠損金も同様となる
・一定の要件を満たす場合，特定資産譲渡等損失額の損金算入制限が生じない
・合併時は簿価譲渡となる
×
・一定の要件を満たさないと，合併法人の繰越欠損金に利用制限が生じ，被合併法人の繰越欠損金も引き継げない
・事業税に係る繰越欠損金も同様となる
・一定の要件を満たさない場合，特定資産譲渡等損失額の損金算入制限が生じる
非適格
◎
・合併法人の繰越欠損金に利用制限は生じない
・事業税に係る繰越欠損金も同様となる
×
・被合併法人の繰越欠損金が引き継げない
・事業税に係る繰越欠損金も同様となる
・合併時は時価譲渡となる。その場合，「自己創設営業権」についても時価課税が生じる（この点，非適格株式交換等と連結納税開始時又は加入時の時価評価と異なる）
連結納税
から離脱
株式交付型
株式交換
（連結子法人
株式）
適格
適格合併
（無対価）
適格
◎
・一定の要件を満たす場合，合併法人の繰越欠損金に利用制限は生じず，被合併法人の繰越欠損金を引き継げる
・事業税に係る繰越欠損金も同様となる
・一定の要件を満たす場合，特定資産譲渡等損失額の損金算入制限が生じない
・株式交換時に時価評価は不要となる（合併時は簿価譲渡となる）
×
・一定の要件を満たさないと，合併法人の繰越欠損金に利用制限が生じ，被合併法人の繰越欠損金も引き継げない
・事業税に係る繰越欠損金も同様となる
・一定の要件を満たさない場合，特定資産譲渡等損失額の損金算入制限が生じる

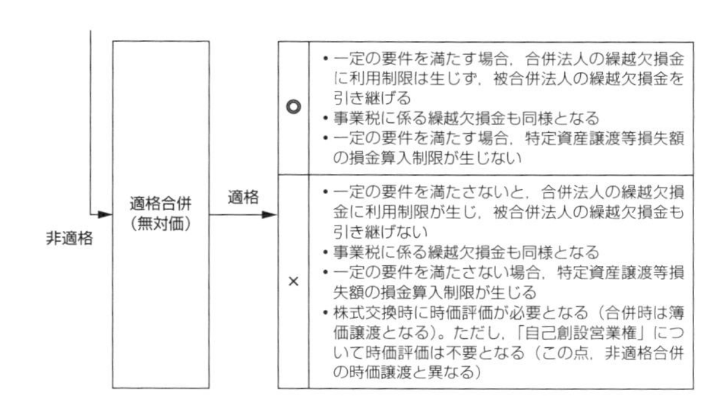

連結親法人株式を対価とする三角合併又は三角株式交換については，適格要件を満たす場合，かつ，「５年前の日又は設立日からの支配関係継続要件」又は「みなし共同事業要件」のいずれかを満たす場合であれば，税務上の不利益を受けないが，少数株主が排除できない。

しかも，三角株式交換又は三角合併が適格株式交換又は適格合併となるためには，連結親法人が連結子法人の発行済株式の全部を直接保有している必要がある（注）。そのため，連結孫法人を買収法人としたい場合には，適格株式交換又は適格合併となる三角株式交換又は三角合併が採用できない。

（注）　三角株式交換又は三角合併の適格要件となる再編対価（株式交換完全支配親法人株式又は合併親法人株式）は，株式交換完全親法人又は合併法人の発行済株式の全部を保有する法人の株式又は出資となる（法法２十二の八・十二の十七，法令４の３①⑰）。

また，合併法人株式（連結子法人株式）を対価とした場合は，適格要件を満たす場合，かつ，「５年前の日又は設立日からの支配関係継続要件」又は「みなし共同事業要件」のいずれかを満たす場合であれば，税務上の不利益を受けないが，買収法人である連結子法人が連結納税から離脱してしまう。

その一方で，株式譲渡の手法以外のスクイーズアウトの手法を採用すれば，適格要件を満たす場合，かつ，「５年前の日又は設立日からの支配関係継続要件」又は「みなし共同事業要件」のいずれかを満たす場合であれば，買収法人である連結子法人を連結納税から離脱させず，税務上の不利益を受けず，少数株主を排除することが可能となる。

2　完全子会社化のスキーム選択に係る有利・不利

連結納税を採用している企業グループが，グループ会社又はグループ外の会社の完全子会社化を計画している場合，次のスキーム選択を行うことになる。

［選択１］　100％化の手法の選択

これは，非連結法人又は連結外法人の完全子会社化を現金買取，株式交換等のうち，いずれで行うかの選択である。

［選択２］　買収対価の選択

これは，買収対価を現金，連結親法人株式，連結子法人株式のいずれで行うかの選択である。

完全子会社化における［選択１］［選択２］に係るケース別の有利・不利は次のとおりとなる。

Case 3　連結親法人が非連結法人を完全子法人化するケース

（再編の概要）

連結親法人を買収法人，非連結法人を買収対象法人とした完全子法人化のスキームを検討している。

なお，連結外法人について，連結親法人がTOB・株式買取・第三者割当増資等により支配権を確保して非連結法人とした後にスキームを実行する場合を含むものとする。

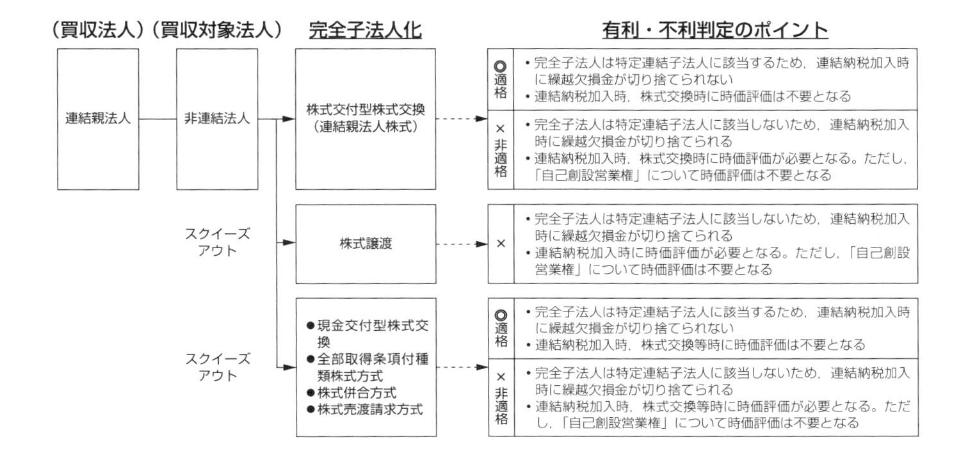

Case4 連結子法人が非連結法人を完全子法人化するケース

（再編の概要）

連結子法人を買収法人，非連結法人を買収対象法人とした完全子法人化のスキームを検討している。

なお，連結外法人について，連結子法人がTOB・株式買取・第三者割当増資等により支配権を確保して非連結法人とした後にスキームを実行する場合を含むものとする。

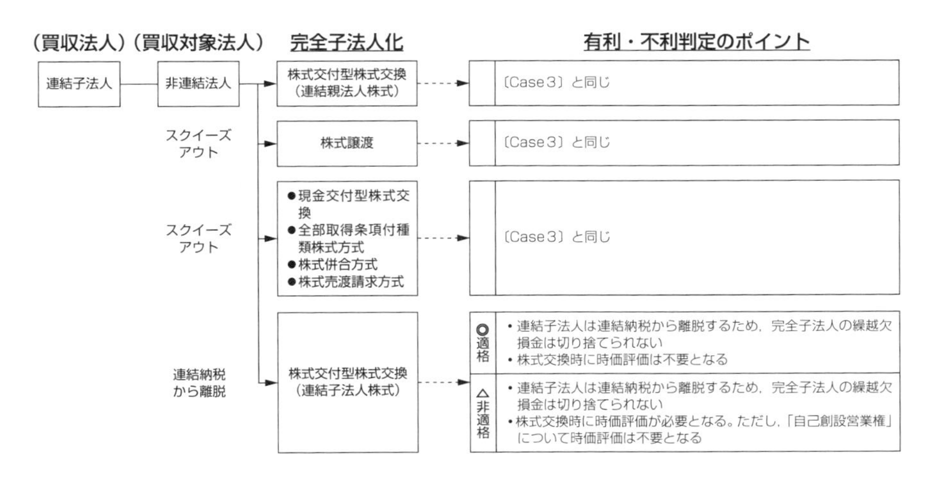

［著者紹介］

足立　好幸（あだち・よしゆき）

公認会計士・税理士。税理士法人トラスト

連結納税を専門にグループ企業の税制最適化，企業グループ税制に係る業務を行う。著書に，『ケーススタディでわかる連結納税申告書の作り方』『連結納税の欠損金Q&A』『連結納税導入プロジェクト』『連結納税の税効果会計』（以上，中央経済社），『連結納税採用の有利・不利とシミュレーション』『グループ法人税制Q&A』『M&A・組織再編のスキーム選択』（以上，清文社）など。

連結納税の組織再編税制ケーススタディ

2018年1月10日　第1版第1刷発行

著　者　足　立　好　幸
発行者　山　本　　継
発行所　㈱中央経済社
発売元　㈱中央経済グループパブリッシング

〒101-0051　東京都千代田区神田神保町1-31-2
電話　03（3293）3371（編集代表）
03（3293）3381（営業代表）
http://www.chuokeizai.co.jp/
印刷／三英印刷㈱
製本／誠製本㈱

ISBN978-4-502-24541-1　C3034